《民法典》背景下
房产纠纷与执行异议之诉

疑难问题全解与
典型案例裁判规则

张春光 著

MINFADIAN BEIJINGXIA
FANGCHANJIUFEN YU
ZHIXINGYIYI ZHISU
yinanwenti quanjie yu dianxinganli caipanguize

法律出版社 LAW PRESS
北京

图书在版编目(CIP)数据

《民法典》背景下房产纠纷与执行异议之诉疑难问题全解与典型案例裁判规则 / 张春光著. -- 北京 : 法律出版社, 2022
ISBN 978 - 7 - 5197 - 7242 - 0

Ⅰ. ①民… Ⅱ. ①张… Ⅲ. ①房屋纠纷-案例-中国 Ⅳ. ①D922.385

中国版本图书馆 CIP 数据核字(2022)第 200162 号

《民法典》背景下房产纠纷与执行异议之诉疑难问题全解与典型案例裁判规则
《MINFADIAN》BEIJING XIA FANGCHAN JIUFEN YU ZHIXING YIYI ZHISU YINAN WENTI QUANJIE YU DIANXING ANLI CAIPAN GUIZE

张春光 著

策划编辑 李沂蔚
责任编辑 李沂蔚
装帧设计 鲍龙卉

出版发行 法律出版社
编辑统筹 法律应用出版分社
责任校对 朱海波
责任印制 刘晓伟
经　　销 新华书店

开本 710 毫米×1000 毫米 1/16
印张 23.5　　字数 406 千
版本 2022 年 12 月第 1 版
印次 2022 年 12 月第 1 次印刷
印刷 北京金康利印刷有限公司

地址:北京市丰台区莲花池西里 7 号(100073)
网址:www.lawpress.com.cn
投稿邮箱:info@lawpress.com.cn
举报盗版邮箱:jbwq@lawpress.com.cn
销售电话:010-83938349
客服电话:010-83938350
咨询电话:010-63939796

书号:ISBN 978-7-5197-7242-0
定价:89.00 元

目　录

第一编　房产纠纷

第三编　房产纠纷与执行异议成功案例分享

第一编

房产纠纷

第一章
合同的成立与效力

1. 不能强制对方签订房屋买卖合同

《民法典》第五条规定："民事主体从事民事活动，应当遵循自愿原则，按照自己的意思设立、变更、终止民事法律关系。"根据该条规定，在房屋买卖中，任何一方都不能强迫对方与自己签订房屋买卖合同。如果一方当事人认为对方应当与自己签订房屋买卖合同并完成交易，且打算诉至法院，那么，该当事人应当注意双方之间是否存在基础法律关系，存在什么基础法律关系。该基础法律关系是和房屋买卖合同关系无关的法律关系，还是房屋买卖合同的预约，还是房屋买卖合同本约；如果是房屋买卖合同本约，诉讼请求要怎么写。此外，还涉及法官的释明问题。

如果双方毫无基础法律关系，一方完全出于单方意愿要求与对方建立房屋买卖合同关系，那么，其请求自然不能得到支持。

如果双方有基础法律关系，也要看是什么样的基础法律关系。例如，双方之间是民间借贷法律关系，即便债务人未履行还本付息的义务，债权人也无权单方要求与之建立房屋买卖关系；又如，双方之间是租赁、仓储、借用等合同关系，或侵权法律关系等，这些基础法律关系都不是一方要求对方与之建立房屋买卖合同关系的基础。

比较常见的是双方之间就标的房屋买卖签订过认购书、订购书、预订书等，甚至签有定金协议、居间协议等，且约定将来签订房屋买卖合同或预售合同或销售合同等，对此，需要分析这些协议是预约还是本约：如果是预约，则合同一方不得强制要求与对方签订本约；如果是本约，在没有履行障碍的情况下，可以要求对方继续履行，但是诉讼请求不能写要求对方与之签订房屋买卖合同，而要直接写要求对方配合办理过户、交房等手续。之所以不能写要求对方与之签订房屋买卖合同，是因为这个诉讼请求无法强制执行，且既然双方之间已经存在房屋买卖合同关系，也没有必要再在形式上签订合同，而只需按照双方之间的房屋买卖合同关系继续履行即可。

当然，有时还涉及法院的释明问题。如果法官审判过程中发现双方当事人之间已经存在房屋买卖合同关系，合同履行没有障碍，且原告诉讼请求的真实意思是要求继续履行合同，只不过表述不准确，此时法官应当就诉讼请求的规范化进行释明。需要特别注意的是，法院不能判决一方与另一方签订房屋买卖合同，也不能判决一方配合另一方办理贷款手续（涉及签字、提供相关材料等），因此，如果房屋买受人想贷款，则法院应向其释明，买受人想贷款的这个诉讼请求法院无法支持；如果买受人不能全款买房，则是合同履行的障碍，买受人要求过户和交房的诉讼请求也无法得到法院裁判文书的支持，买受人只能变更诉讼请求为解除合同、退还房款、赔偿损失。

1－1 张某华与富民房地产公司房屋买卖合同纠纷案

裁判要旨：民事主体从事民事活动，应当遵循自愿原则，按照自己的意思设立、变更、终止民事法律关系。

案情简介：富民房地产公司于2015年10月18日、2015年11月5日分别为张某华出具了涉案房屋房款收据一张，上述收据盖有富民房地产公司财务专用章。张某华于2017年8月31日入住涉案房屋至今，并于2017年11月16日交纳了该房屋的住宅专项维修资金。之后，张某华诉至法院，要求富民房地产公司履行在张某华购买涉案房屋的《商品房买卖合同》上的签章义务、为张某华开具增值税发票、办理备案登记、配合张某华办理不动产权登记手续并向张某华支付违约金。

裁判观点：【案号：河北省承德市中级人民法院（2021）冀08民终4064号】依照《民法典》第五条之规定，民事主体从事民事活动，应当遵循自愿原则，按照自己的意思设立、变更、终止民事法律关系。本案中，张某华诉请富民房地产公司为其在落款日期为2016年11月11日的《商品房买卖合同》上加盖印章，开具增值税发票，办理备案登记，按每日129.00元支付至取得房地产权属证书之日止的违约金，办理不动产权登记手续。但是，张某华自认其将部分购房款交予案外人张某民，现富民房地产公司对此不予追认，亦不同意在案涉《商品房买卖合同》上加盖印章。张某华的诉讼请求实质上是请求富民房地产公司与其设立商品房买卖的法律关系，其诉讼请求有违《民法典》规定的自愿原则，不予支持。

2. 房屋买卖合同未采用书面形式，不影响合同的成立

合同是否成立是一个事实判断的过程，合同是否有效是一个价值判断的过程。唯有合同已经成立，才可以谈论其是否有效。房屋买卖合同未采取书面的形式是否成立及生效，关系到未签订书面形式的房屋买卖双方的利益。司法实践中，未采取书面形式订立房屋买卖合同的案例并不多，但是，对于房屋买卖合同的补充协议或变更协议也不采取书面形式的却非常多。如果房屋买卖合同不采取书面形式即不成立或者不生效，则未采取书面形式的补充协议或变更协议也不发生效力，这对房屋买卖双方的利益影响非常大。

一、未采取书面形式的房屋买卖合同成立

《民法典》第一百三十五条规定："民事法律行为可以采用书面形式、口头形式或者其他形式；法律、行政法规规定或者当事人约定采用特定形式的，应当采用特定形式。"

《民法典》第四百六十九条规定："当事人订立合同，可以采用书面形式、口头形式或者其他形式。书面形式是合同书、信件、电报、电传、传真等可以有形地表现所载内容的形式。以电子数据交换、电子邮件等方式能够有形地表现所载内容，并可以随时调取查用的数据电文，视为书面形式。"

根据上述法律规定，只要房屋买卖合同双方当事人就房屋买卖达成了合意，房屋买卖合同即告成立，不以采取书面形式为合同成立的必要条件。

二、司法实践中需要注意的问题

（一）当事人通过要约和承诺达成合意时合同成立

要约是希望与他人订立合同的意思表示，承诺是受要约人同意要约的意思表示，承诺生效时合同成立，即当事人就房屋买卖关系达成意思表示一致（合意）时合同成立。私法自治，是否有房屋买卖的合意，是判断合同成立与否的核心标准。

（二）合同因履行而成立

当事人一方已经履行主要义务，对方接受时，该合同成立。二手房买卖中，如果买受人已经支付房款，出卖人已经交房给买受人，则可以判断双方存在房屋买卖合同关系。当然，根据房产管理部门的要求，办理过户手续前必须要签订书面网签

合同。

（三）微信聊天记录视为书面形式

以电子数据交换、电子邮件等方式能够有形地表现所载内容，并可以随时调取查用的数据电文，视为书面形式。微信聊天记录符合上述书面形式的内涵（能够有形地表现所载内容，并可以随时调取查用），应属书面形式。

吴某澜诉上海聚仁生物科技有限公司买卖合同纠纷案，法院认为，微信作为能够有形地表现所载内容，并可以随时调取查用的数据电文，亦属于书面形式范畴。[①]

（四）注意是沟通过程还是达成了合意

对于当事人提交微信聊天记录、录音等证据证明房屋买卖合同（尤其是买卖合同签署后的补充协议）的合意已达成，合同已成立的，法院应当重点审查这些证据证明的是当事人沟通的过程，还是确实最终达成了合意。

例如，笔者代理的羊某（房屋买受人）与陈某（房屋出卖人）房屋买卖合同纠纷一案[案号：上海市浦东新区人民法院（2017）沪 0115 民初 6050 号]，羊某与陈某就房屋买卖事宜签署《房地产买卖居间合同》后，陈某就延期迁出户口、延期交房等事宜与羊某进行了沟通。诉讼中，陈某将其与羊某的微信聊天记录作为证据提交至法院，欲证明其已就延期迁出户口、延期交房等事宜与羊某达成了补充协议，变更了原协议的约定，但是笔者代理方（羊某）认为买卖双方的微信聊天记录等证据只是一个沟通过程，双方并未达成补充协议变更原协议。最终，法院采纳了笔者代理方的意见。

又如，笔者代理的秦某宇（房屋出卖人）与徐某梅（房屋买受人）房屋买卖合同纠纷案[案号：上海市黄浦区人民法院（2021）沪 0101 民初 11693 号]中，买卖双方经中介公司居间就涉案房屋签订《房地产买卖合同》后，徐某梅与秦某宇在中介公司协商，徐某梅提出对《房地产买卖合同》的付款方式、付款时间作变更，并与秦某宇进行了约 10 小时的协商，最终没能就协议的变更达成一致。诉讼中，徐某梅向法院提交了约 47 分钟的录音，欲证明双方就付款方式、付款时间的变更达成了合意。笔者代理方在中介公司调取了约 10 小时的当天双方协商全过程的录音录像并提交给了法院，以证明双方并未就付款方式、付款时间的变更达成合意，双方仍应按照

---

① 《最高人民法院公报》2021 年第 6 期公报案例。

已签署的《房地产买卖合同》履行。最终，法院采纳了笔者代理方的意见，认为双方只是对付款方式、付款时间的变更进行了协商，但是并未达成变更合意。

（五）注意达成的口头协议是预约还是本约

如房屋买卖双方未签订任何书面买卖协议，但是房屋出卖人出具收条确认收到房屋买受人定金×元，且收条中载明了房屋坐落和房屋总价。那么，这算双方达成了预约合同还是本约合同？上海市静安区人民法院（2021）沪0106民初18208号民事判决认为这是本约，房屋出卖人要继续履行合同；上海市第二中级人民法院（2021）沪02民终10324号民事判决认为这是预约，且双方无法就本约房地产买卖合同条款达成一致，属于因不可归责于双方当事人的事由导致本约无法签订，出卖人返还定金，买卖双方互相不负违约责任。

1－2 王某龙与王某光等房屋买卖合同纠纷案

案情简介：王某龙与王某1（王某光的父亲，2019年去世）系兄弟关系，同系北京某村村民。王某龙主张其1994年就购买了涉案房屋，房款2万元，其已付清房款，王某1也将房屋交付其居住至今，故诉请确认其与王某1买卖涉案房屋的行为真实有效。

裁判观点：【案号：北京市通州区人民法院（2021）京0112民初8173号】民事法律行为可以采用书面形式、口头形式或者其他形式，民事法律行为自成立时生效。根据王某龙长期居住涉案房屋内，但王某光等无证据证明其曾提出异议，王某龙对涉案房屋进行过相关建设行为，但王某光等对此不甚了解；根据证人证言、村委会证明等证据，双方亲属关系及日常生活逻辑，法院认定王某龙与王某1存在房屋买卖合同关系且合法有效。［注：本案二审北京市第三中级人民法院（2021）京03民终16305号民事判决赞同一审判决观点，即王某龙与王某1达成了事实上的房屋买卖合同关系且合法有效］

3. 无权代理的被代理人不追认代理行为，又起诉合同相对人的，不符合起诉条件

无权代理的被代理人不追认代理人的代理行为，又起诉合同相对人的，裁定不予受理，已受理的，裁定驳回起诉。

一、无权代理对被代理人不发生法律效力

《民法典》第一百七十一条规定："行为人没有代理权、超越代理权或者代理权终止后，仍然实施代理行为，未经被代理人追认的，对被代理人不发生效力。相对人可以催告被代理人自收到通知之日起三十日内予以追认。被代理人未作表示的，视为拒绝追认。行为人实施的行为被追认前，善意相对人有撤销的权利。撤销应当以通知的方式作出。行为人实施的行为未被追认的，善意相对人有权请求行为人履行债务或者就其受到的损害请求行为人赔偿。但是，赔偿的范围不得超过被代理人追认时相对人所能获得的利益。相对人知道或者应当知道行为人无权代理的，相对人和行为人按照各自的过错承担责任。"

根据上述规定，代理人无权代理且被代理人不追认的，代理人的行为对被代理人不发生法律效力。比如，没有代理权的"代理人"代理被代理人与他人签订房屋买卖合同，此房屋买卖合同对被代理人不发生法律效力，被代理人不是该房屋买卖合同的当事人。

二、被代理人不符合起诉条件

《民事诉讼法》第一百二十二条规定："起诉必须符合下列条件：（一）原告是与本案有直接利害关系的公民、法人和其他组织；（二）有明确的被告；（三）有具体的诉讼请求和事实、理由；（四）属于人民法院受理民事诉讼的范围和受诉人民法院管辖。"

根据上述规定，代理人无权代理且被代理人不追认的，被代理人不是民事法律行为的当事人。被代理人起诉民事法律行为的相对人的，被代理人不是适格原告，不符合起诉条件。

三、不予受理或驳回起诉

《民事诉讼法》第一百二十六条规定："人民法院应当保障当事人依照法律规定享有的起诉权利。对符合本法第一百二十二条的起诉，必须受理。符合起诉条件的，应当在七日内立案，并通知当事人；不符合起诉条件的，应当在七日内作出裁定书，不予受理；原告对裁定不服的，可以提起上诉。"

《最高人民法院关于适用〈中华人民共和国民事诉讼法〉的解释》（以下简称《民诉法解释》）第二百零八条第三款规定："立案后发现不符合起诉条件或者属于民事诉讼法第一百二十七条规定情形的，裁定驳回起诉。"

根据上述规定，对于不符合起诉条件的：如未立案，则作出不予受理的裁定书；如已立案，则裁定驳回起诉。

1-3 毛某与罗某生、海皇城公司、毛某有房屋买卖合同纠纷案

裁判要旨：房屋买卖中，代理人无权代理且被代理人不追认的，被代理人非合同当事人。被代理人起诉合同相对人的，不符合起诉条件。法院已立案的，应裁定驳回起诉。

案情简介：毛某（1995年出生）系毛某有、李某琴之子。2021年5月11日，毛某有以买方毛某代理人的名义，姜某以卖方罗某生、罗某翠代理人的名义与海皇城公司（经纪方）共同签订《房屋买卖及中介服务合同书》，对涉案房屋买卖事宜作了约定。当日，毛某有、李某琴向罗某翠通过手机转账支付共20万元定金。毛某有向海皇城公司出具《佣金支付承诺书》并向该公司支付50%的中介费1.5万元。毛某诉至法院要求确认合同无效，罗某生返还定金和利息，海皇城公司返还中介费和利息。诉讼中，毛某本人对于毛某有以其代理人名义签订的《房屋买卖及中介服务合同书》坚持表示不予追认。

裁判观点：【案号：广东省珠海市中级人民法院（2021）粤04民终5746号】根据《民法典》第一百七十一条第一款、第二款、第四款之规定，行为人没有代理权实施民事行为，应当经过被代理人追认，方可对被代理人产生效力，本案中毛某对毛某有以其名义签订《房屋买卖及中介服务合同书》及支付定金等行为均不予追认，因此毛某有实施上述民事行为效力不能及于毛某，故毛某与本案并无直接利害关系。根据《民事诉讼法》第一百一十九条①的规定，“起诉必须符合下列条件：（一）原告是与本案有直接利害关系的公民、法人和其他组织；（二）有明确的被告；（三）有具体的诉讼请求和事实、理由；（四）属于人民法院受理民事诉讼的范围和受诉人民法院管辖”，毛某与本案并无直接利害关系，其提起的本案诉讼，法院应当裁定驳回起诉。

---

① 2021年修正后为第一百二十二条。

4. 买卖违建房屋的合同无效

一、买卖违建房屋合同无效的原因

买卖违建房屋合同无效的原因有两个：

（一）违反法律、行政法规的强制性规定

《民法典》第一百五十三条第一款规定："违反法律、行政法规的强制性规定的民事法律行为无效。但是，该强制性规定不导致该民事法律行为无效的除外。"

一般认为，买卖违建房屋的合同因违反法律、行政法规的强制性规定而无效。从法理的角度讲，买卖违建房屋的合同因买卖的标的物违法而无效。

（二）违背公序良俗

《民法典》第一百五十三条第二款规定："违背公序良俗的民事法律行为无效。"这里的"公序良俗"比原《合同法》第五十二条中的"社会公共利益"的内涵和外延都要大："公序"即公共秩序，是指法律秩序；"良俗"即善良风俗，是指道德准则。购买违建房屋违反的是法律秩序，即"公序"，因此，违背公序良俗也是购买违建房屋的合同无效的原因之一。

需要注意的是，"公序良俗"属一般条款，比较抽象，不同的人有不同的理解，因此，为防止"向一般条款逃逸"，应尽量减少仅依据"违背公序良俗"确认合同无效。

二、买卖违建房屋合同无效的法律后果

《民法典》第一百五十七条规定："民事法律行为无效、被撤销或者确定不发生效力后，行为人因该行为取得的财产，应当予以返还；不能返还或者没有必要返还的，应当折价补偿。有过错的一方应当赔偿对方由此所受到的损失；各方都有过错的，应当各自承担相应的责任。法律另有规定的，依照其规定。"

根据上述法律规定，买卖违建房屋合同无效的法律后果主要有：

（一）相互返还

出卖人应当将已收取的房款返还买受人；买受人应当将违建房屋返还出卖人，如违建房屋已被相关部门依法拆除，买受人不需返还，但应返还相应的替代物（如政府支付的补偿款等）。

（二）根据过错比例承担损失赔偿责任

1. 房屋价值的损失

如买受人返还违建房屋给出卖人前，违建房屋已被相关部门部分拆除，因违建房屋被相关部门依法拆除并非买受人的过错和原因导致的，买受人不需赔偿或补偿出卖人。但是，如买受人因违建房屋被相关部门依法拆除而获得了一定的补偿款，则该补偿款应当返还给出卖人。

2. 形成附合的装饰装修损失

对于已经形成附合的装饰装修损失，买卖双方应根据双方的过错承担。而双方过错的大小，要根据具体案情确定，比如，出卖人是否故意隐瞒了标的房屋系违建房屋，买受人是否明知标的房屋系违建房屋，对于装饰装修可能造成的损失出卖人是否作了相关的提示等。

3. 利息损失和房屋占用费

如买受人已占有使用了违建房屋，则买受人的利息损失和其占有使用违建房屋的利益大致互为对价，在这种情形下，买受人无权再主张利息损失，出卖人也无权向买受人主张房屋占用费。如房款支付和房屋占用在时间上相差太大且某一方逾期履行了付款或交付房屋的义务，则受损方可要求对方根据其过错比例支付相应的损失。

1－4 刘某侠与双阳河水库保护中心房屋买卖合同纠纷案

裁判要旨：买卖违建房屋的合同因违反法律、行政法规的强制性规定和违反公序良俗而无效。合同无效，买卖双方互负返还义务，返还前违建房屋已被相关部门依法拆除的，不需返还。此外，买卖双方应当根据过错比例相互承担损失赔偿责任。

案情简介：2015年5月15日，双阳河水库保护中心作为出卖人与买受人刘某侠签订了《房屋买卖协议书》将涉案房屋出售给刘某侠，同月，双阳河水库保护中心将涉案房屋及土地交付给刘某侠占有使用。刘某侠在占有使用期间对涉案房屋进行了改造和装修。2020年3月27日，依安县依龙镇人民政府下发《关于限期拆除违建的通知》，认定涉案房屋因距离双阳河水库主体工程周围不足500米，违反了规定，已被列为违建项目，要求拆除。该通知下发后，涉案房屋及附属设施即被拆除。

裁判观点：【案号：黑龙江省高级人民法院（2021）黑民终191号】案涉房屋及附属物因距离双阳河水库主体工程周围不足500米，被依龙镇人民政府认定为违建项目并被拆除。根据《民法典》第一百五十三条和《防洪法》《河道管理条例》的规定，案涉《房屋买卖协议书》违反法律、行政法规的强制性规定，同时违背公序良俗，属无效合同。根据《民法典》第一百五十七条的规定，民事法律行为无效，行为人因该行为取得的财产，应当予以返还；不能返还或没有必要返还的，应当折价补偿。有过错的一方应当赔偿对方由此所受到的损失；各方都有过错的，应当各自承担相应的责任。因案涉《房屋买卖协议书》无效，双阳河水库保护中心应当返还刘某侠购房款，刘某侠返还双阳河水库保护中心房屋。但因案涉房屋属违法建筑被依法拆除，刘某侠对案涉房屋被拆除并无过错，其无须再履行返还义务，仅由双阳河水库保护中心单方返还刘某侠购房款6,664,809.16元。关于刘某侠主张的装修、添附的损失问题。双阳河水库保护中心作为出卖人，同时作为双阳河水库的管理者，在未取得案涉房屋所有权及土地使用权的情况下，与刘某侠签订《房屋买卖协议书》，且买卖的房屋被认定为违章建筑，双阳河水库保护中心存在过错。刘某侠在签订合同时，对案涉房屋位置、状态是知悉的，其应当知晓案涉房屋买卖协议存在违反法律规定、损害公共利益情况，且未对案涉房屋权属情况进行必要审查，亦存在一定过错。一审法院酌定由双阳河水库保护中心对装修、添附的损失承担70%的赔偿责任即1,578,909.39元是适当的。虽然双阳河水库保护中心主张刘某侠自建了部分违章建筑的损失与其无关，但刘某侠系基于对案涉《房屋买卖协议书》的信赖而进行装修、添附，且一审法院已经酌定减免了其部分责任，对于剩余的1,578,909.39元损失双阳河水库保护中心应当赔偿。关于刘某侠主张的利息问题。虽然刘某侠交付购房款后造成了利息的损失，但是其一直占有使用案涉房屋，依据公平原则，亦应支付一定的使用费用，且刘某侠亦存在一定过错，一审法院酌情未支持其该项诉讼请求是适当的。

5. 开发商限制业主合同解除权的格式条款无效

《民法典》第四百九十六条规定："格式条款是当事人为了重复使用而预先拟定，并在订立合同时未与对方协商的条款。采用格式条款订立合同的，提供格式条款的一方应当遵循公平原则确定当事人之间的权利和义务，并采取合理的方式提示对方注意免除或者减轻其责任等与对方有重大利害关系的条款，按照对方的要求，对该条款予以说明。提供格式条款的一方未履行提示或者说明义务，致使对方没有注意或者理解与其有重大利害关系的条款的，对方可以主张该条款不成为合同的内容。"第四百九十七条规定："有下列情形之一的，该格式条款无效：(一)具有本法第一编第六章第三节和本法第五百零六条规定的无效情形；（二）提供格式条款一方不合理地免除或者减轻其责任、加重对方责任、限制对方主要权利；（三）提供格式条款一方排除对方主要权利。”根据上述规定，开发商限制业主合同解除权的格式条款无效。

1-5 王合公司与邹某波、农村商业银行房屋买卖合同纠纷案

裁判要旨：开发商限制业主合同解除权的格式条款无效。

案情简介：2019年1月29日，邹某波与王合公司签订了《烟台市新建商品房买卖合同》（以下简称《买卖合同》），《买卖合同》第八条约定房屋交付时间是2020年6月1日前；《买卖合同》第十条约定逾期交付责任，逾期超过90日，买受人有权解除合同。当日，邹某波与王合公司签订《补充协议》，协议第十三条约定“一方按照《买卖合同》及本协议的约定具有解除《买卖合同》事由的，自该事由发生之日起至十五日内，违约一方未收到享有解除权的一方发出的解除《买卖合同》和本协议的书面通知的，则视为享有解除权一方同意继续履行《买卖合同》和本协议，放弃解除权”。至2021年邹某波起诉时，涉案房屋尚未交付给邹某波。

裁判观点：【案号：山东省烟台市中级人民法院（2022）鲁06民终287号】涉案《买卖合同》第八条约定，王合公司应当在2020年6月1日前向邹某波交付涉案房屋；第十条约定，王合公司逾期交房超过90日，买受人有权解除合同。涉案《补充协议》第十三条约定，一方按照《买卖合同》及本协议的约定具有解除《买卖合同》事由的，自该事由发生之日起至十五日内，违约一方未收到享有解除权的一方发出的解除《买卖合同》和本协议的书面通知的，则视为享有解除权一方同意继续履行《买卖合同》和本协议，放弃解除权。王合公司主张，根据涉案《补充协议》第十三条的约定，邹某波未在合同约定的期限内向王合公司发出解除合同的通知，就放弃了解除权，故邹某波无权主张解除合同。本院认为，根据《民法典》第四百九十六条第一款“格式条款是当事人为了重复使用而预先拟定，并在订立合同时未与对方协商的条款”、第四百九十七条第（二）项“有下列情形之一的，该格式条款无效：……（二）提供格式条款一方不合理地免除或者减轻其责任、加重对方责任、限制对方主要权利”之规定，涉案《补充协议》第十三条系王合公司拟定的格式条款，且该条款的内容与涉案《买卖合同》第十条约定的逾期交房违约责任相比，明显限制了邹某波解除权的行使时间，该格式条款应为无效，王合公司应按涉案《买卖合同》第十条约定来承担逾期交房的违约责任。

6. 为套取银行贷款而签订的房屋买卖合同无效

为套取银行贷款而签订的房屋买卖合同因意思表示不真实、违背公序良俗而无效,但是,不宜以恶意串通损害第三人利益作为其无效的理由。

一、因意思表示不真实而无效

《民法典》第一百四十六条第一款规定:"行为人与相对人以虚假的意思表示实施的民事法律行为无效。"对于为套取银行贷款而签订的房屋买卖合同,房屋买卖并非合同当事人的真实意思表示,因此,房屋买卖合同无效。

二、因违背公序良俗而无效

《民法典》第一百五十三条第二款规定:"违背公序良俗的民事法律行为无效。"银行的房贷政策关乎人民群众居住权益的实现和国家的房产市场调控,甚至关乎国家的金融安全,如果房贷政策被滥用,则违背了上述公共秩序,应属无效。

三、不宜以恶意串通损害第三人利益作为其无效的理由

《民法典》第一百五十四条规定:"行为人与相对人恶意串通,损害他人合法权益的民事法律行为无效。"为套取银行贷款而签订房屋买卖合同是否符合"恶意串通"这个要件见仁见智,但是,很难说为套取银行贷款而签订房屋买卖合同一定会损害银行的利益,因为可能有相当多通过签订房屋买卖合同套取银行贷款的人能够按照贷款合同的约定还本付息,银行的权益并未受到损害。因此,不宜以"恶意串通,损害第三人利益"为由主张和确认合同无效。

1-6 张某瑜与万强公司等商品房销售合同纠纷案

裁判要旨:名为买卖,实为套取银行贷款的合同无效。

案情简介:2007 年 3 月 10 日,万强公司作为出卖人,张某瑜作为买受人,双方签订《商品房买卖合同》,约定张某瑜向万强公司购买案涉房屋,房屋总价款为 434,023元,买受人于 2007 年 3 月 11 日前付首付款 134,023 元,余款 300,000 元作银行按揭付款。合同签订后,万强公司出具了收到张某瑜首付款 134,023 元的收款收据,张某瑜从中国建设银行按揭贷款 30 万元。万强公司自 2007 年 4 月 25 日至 2010 年 2 月 21 日以张某瑜名义向中国建设银行偿还案涉房屋按揭贷款。庭审中,万

强公司称其与张某瑜签订的《商品房买卖合同》系万强公司为套取银行按揭贷款所签订的虚假合同,双方并无房屋买卖之真实意思表示,万强公司未实际收取张某瑜房屋首付款,张某瑜称其向万强公司原法人腾某以现金形式支付购房首付款134,023元。

裁判观点:【案号:陕西省西安市中级人民法院(2021)陕01民终13091号】《民法典》第一百四十六条规定,行为人与相对人以虚假的意思表示实施的民事法律行为无效。张某瑜与万强公司签订了《商品房买卖合同》,虽然张某瑜持有涉案房屋首付款发票,但是其并没有提供证据证明首付款交付的证据,且张某瑜的银行按揭的款项均由万强公司予以返还,房屋亦未交付给张某瑜,故法院认定该合同名为房屋买卖,实质为万强公司获取银行贷款,合同无效。

7. 无权处分不导致房屋买卖合同无效

1-7 岳某文、林某秀与凡某飞房屋买卖合同纠纷案

裁判要旨:无权处分不导致房屋买卖合同无效。

案情简介:2013年7月20日,华宇公司(公司方)与岳某文(职工方)签订《内部房屋买卖合同》,岳某文向华宇公司购买涉案房屋。落款时间是2014年7月20日,买方为凡某飞,卖方为岳某文、林某秀(岳某文的配偶)。岳某文称该合同上关于林某秀的所有签字捺印都为其本人代替,林某秀对此不知情。岳某文、林某秀以无权处分为由诉至法院要求确认其与凡某飞签订的房屋买卖合同无效。

裁判观点:【案号:北京市第二中级人民法院(2021)京02民终16518号】《民法典》第一百五十三条规定,违反法律、行政法规的强制性规定的民事法律行为无效。但是,该强制性规定不导致该民事法律行为无效的除外。违背公序良俗的民事法律行为无效。《民法典》第五百九十七条规定,因出卖人未取得处分权致使标的物所有权不能转移的,买受人可以解除合同并请求出卖人承担违约责任。法律、行政法规禁止或者限制转让的标的物,依照其规定。故法院对岳某文、林某秀上诉以岳某文无权处分案涉房屋为由主张合同无效,不予支持。

8. 做低房价合同的效力和法律后果

房屋买卖中有些合同当事人为了达到节约税费等目的而做低房价。所谓做低

房价，即网签合同的合同价只是房屋实际成交总价的一部分，实际成交总价的另一部分以装修补偿款等名义在补充协议里体现。

一、做低房价的合同条款无效

《民法典》第一百四十六条第一款规定："行为人与相对人以虚假的意思表示实施的民事法律行为无效。"做低的房价非真实合同价款，系无效条款。

二、做低房价，不影响合同的整体效力

《民法典》第一百五十六条规定："民事法律行为部分无效，不影响合同其他部分效力的，其他部分仍然有效。"做低房价，做低房价的合同条款无效，但是不影响其他部分的效力。合同其他条款只要没有违反法律、行政法规效力性强制性规定，没有违反公序良俗等，没有欺诈、胁迫、乘人之危导致的显失公平等可撤销事由，一般是有效的。即买卖双方的房屋买卖合同关系合法有效，在此合同关系中，房价即真实成交总价，其他条款按照合同约定。

三、法律后果

（一）合同有约定的从约定

做低房价，关于"多出来"的税费，如果买卖双方就做低房价失败需要按照真实的成交总价缴纳税费而"多出来"的税费有约定的，则从其约定。司法实践中，这种约定很少。

（二）合同没有约定的税费承担处理方式

1. 不得强制分配"多出来"的税费

《民法典》第五条规定："民事主体从事民事活动，应当遵循自愿原则，按照自己的意思设立、变更、终止民事法律关系。"根据合同自由原则，不得强制分配"多出来"的税费。房屋买卖合同中对于税费的承担都作了约定，但是这个约定是以做低房价为前提的，在做低房价这个前提不存在的情况下，再依照合同约定分配"多出来"的税费不符合合同当事人的真实意思表示。比如，合同约定房屋交易过程中所有税费全部由买方承担，但是这是以做低房价（税费较少）为前提的，如果做低房价失败，需要多缴纳税费，对于多缴纳的税费双方并无约定。且"羊毛出在羊身上"，买方之所以同意承担全部税费，是以做低房价（税费较少）为前提的，如果没有做低

房价（税费较少）这个前提，而是按照真实房屋成交总价缴纳更多的税费，买方的购房总成本就会增加，买方自然不会愿意接受更高的购房总成本。卖方虽然强调其"到手价"，但是卖方的"到手价"是双方协商的结果，卖方的"到手价"加上税费是买方的购房总成本，做低房价（税费较少）的前提下，买方能接受卖方的"到手价"，如果没有做低房价（税费较少）这个前提，买方自然不会接受卖方原来那个"到手价"。

2. 合同一方自愿承担"多出来"的税费，另一方有义务按约履行合同，否则要承担违约责任

《民法典》第五百七十七条规定："当事人一方不履行合同义务或者履行合同义务不符合约定的，应当承担继续履行、采取补救措施或者赔偿损失等违约责任。"合同一方自愿承担"多出来"的税费的，合同继续履行对于合同相对方没有损害，合同相对方需继续履行合同，否则就要按照合同约定和法律规定承担违约责任。

1-8 陆某红、黄某与申某茹、卞某永、中国银行股份有限公司上海市徐汇支行房屋买卖合同纠纷案

案情简介：2020年10月18日，陆某红、黄某（乙方）与申某茹、卞某永（甲方）签订《房地产买卖居间协议》，约定乙方向甲方购买系争房屋，总价3,140,666元。2020年10月18日，陆某红、黄某（乙方）与申某茹、卞某永（甲方）签订《上海市房地产买卖合同》，第二条约定，甲、乙双方经协商一致，同意上述房地产转让价款为270万元。2021年3月31日，陆某红（乙方）与申某茹（甲方）签订了《补充协议书》，约定乙方应在房屋过户当日之前支付房屋房款计人民币440,666元。陆某红、黄某按约履行了合同，但因申某茹、卞某永未按约归还银行贷款致诉。

裁判观点：【案号：上海市青浦区人民法院（2021）沪0118民初14613号】《民法典》第一百四十六条规定："行为人与相对人以虚假的意思表示实施的民事法律行为无效。以虚假的意思表示隐藏的民事法律行为的效力，依照有关法律规定处理。"虽然在《上海市房地产买卖合同》中约定房价为270万元，但根据双方签订的《补充协议书》的约定，陆某红、黄某除需按上述合同支付270万元外，还需支付申某茹、卞某永440,666元，前述金额总和3,140,666元。双方明知《上海市房地产买卖合同》中约定的成交价格270万元并非系争房屋的真实成交价格，故《上海市房

地产买卖合同》中成交价格270万元价格条款应为无效,3,140,666元为系争房屋的真实成交价格。因为申某茹、卞某永出卖房屋,陆某红、黄某购买房屋的意思表示是真实的,该条款无效并不影响房屋买卖合同的效力。

9. 合同不因房屋买受人无购房资格而无效

一、合同不因买受人无购房资格而无效

《民法典》第一百五十三条规定:"违反法律、行政法规的强制性规定的民事法律行为无效。但是,该强制性规定不导致该民事法律行为无效的除外。违背公序良俗的民事法律行为无效。"房屋买受人签订房屋买卖合同时没有购房资格,并未违反法律、行政法规的效力性强制性规定,并未违反公序良俗,因此,房屋买卖合同不因买受人没有购房资格而无效。

二、房屋买受人无购房资格的法律后果

房屋买受人签订房屋买卖合同时无购房资格这一法律事实本身并无太大的法律意义,但是这预示着房屋买卖合同可能会因房屋买受人无购房资格而无法履行,进而解除合同,买受人因此需承担违约责任。

(一)过户是房屋买受人的合同义务,也是出卖人的合同目的

房屋买卖合同是双务合同,合同双方互负对待给付义务,一般而言,过户和交房是房屋出卖人的主要合同义务,支付房款是房屋买受人的主要合同义务,那么,尽快过户是不是房屋买受人的主要合同义务呢?过户也是买受人的主要合同义务。原因很简单,过户需要买卖双方相互配合且买受人有购房资格才能完成,房屋出卖人单方无法完成过户这一合同履行行为,如果房屋买受人没有购房资格或者虽有购房资格但不配合,过户无法完成。从另外一个角度讲,完成过户是不是房屋出卖人的合同目的呢?完成过户是房屋出卖人的合同目的,因为:(1)只有完成了过户,房屋由出卖人名下变更到买受人名下,房屋出卖人才能腾出一个购房资格去另行购买房屋。(2)标的房屋一直登记在房屋出卖人名下,房屋出卖人可能因此多承担很多房产税,房屋出卖人再购买房屋并向银行申请贷款的时候可能需要支付更多的首付款,支付更高的利息。(3)只有完成了过户,房屋由出卖人名下变更到买受人名下,交易结束,法律关系才能处于稳定状态,否则房屋出卖人就会面临各

种不可预测的法律风险和纠纷。例如,①房屋出现质量瑕疵甚至灭失,出卖人是否要承担责任?②房屋出卖人因另案法律纠纷导致标的房屋被司法查封,出卖人是否要向买受人承担法律责任?③房屋买受人因另案法律纠纷导致法院要执行标的房屋,房屋出卖人难免会被牵连到一场与自己无关的法律纠纷中。笔者代理的上海市第一中级人民法院(2018)沪01民终163号案中,法院即认为过户也是房屋出卖人的合同目的。

(二)如果因房屋买受人无购房资格导致合同不能履行的,买受人构成违约

如果因房屋买受人无购房资格,导致无法办理变更登记,合同目的不能实现的,房屋买受人构成违约,需承担违约责任。在此,需注意以下两点:

1. 房屋买受人构成违约的时间节点

购房资格问题关系到能否办理变更登记(银行贷款审核在此不考虑),因此,合同约定的最晚过户日之前,即便买卖双方都确认买方无购房资格,也不能据此认定买方构成违约,因为在最晚过户日之前买方无购房资格这一法律事实还没有实质性地影响合同的履行,是否违约要看结果,而不能预测将来可能会违约。此外,即便合同约定了过户前买受人没有购房资格的买受人构成违约,鉴于过户前买受人是否具备购房资格尚不影响合同履行和合同目的的实现,基于鼓励交易原则,这个约定的实质法律意义也不大。

2. 房屋买受人构成根本违约的时间节点

一般而言,房屋买卖合同对于违约方的违约行为都会约定一个宽限期,比如15天,即违约方逾期履行超过这个宽限期才会构成根本违约,守约方才可以行使合同解除权。

(1)如果房屋买卖合同约定了因房屋买受人没有购房资格等买受人的原因导致无法按约定时间过户,买受人构成违约,逾期超过15天则视为买受人构成根本违约,房屋出卖人有权解除合同的,则从其约定,即宽限期15天届满买受人构成根本违约,出卖人有权解除合同并主张违约责任。

(2)如果房屋买卖合同中对于因房屋买受人没有购房资格等买受人原因导致无法过户则买受人构成违约没有约定,对于此情形下的宽限期更没有约定的,则房屋出卖人解除合同是基于法定解除权,而非约定解除权。《民法典》第五百六十三第一款规定:"有下列情形之一的,当事人可以解除合同:(一)因不可抗力致使不能实现合同目的;(二)在履行期限届满前,当事人一方明确表示或者以自己的行为表

明不履行主要债务;(三)当事人一方迟延履行主要债务,经催告后在合理期限内仍未履行;(四)当事人一方迟延履行债务或者有其他违约行为致使不能实现合同目的;(五)法律规定的其他情形。"根据《民法典》第五百六十三第一款第三项的规定,房屋出卖人在最晚过户日之后最好给房屋买受人一个书面的催告,催告期最好能和房屋买卖合同约定的其他违约行为的宽限期保持一致,催告期满之后,才能认定房屋买受人构成根本违约,房屋出卖人才有权解除合同并向房屋买受人主张违约责任。

(三)房屋买受人的违约责任

《民法典》第五百六十六条规定:"合同解除后,尚未履行的,终止履行;已经履行的,根据履行情况和合同性质,当事人可以请求恢复原状或者采取其他补救措施,并有权请求赔偿损失。合同因违约解除的,解除权人可以请求违约方承担违约责任,但是当事人另有约定的除外。主合同解除后,担保人对债务人应当承担的民事责任仍应当承担担保责任,但是担保合同另有约定的除外。"第五百八十五条规定:"当事人可以约定一方违约时应当根据违约情况向对方支付一定数额的违约金,也可以约定因违约产生的损失赔偿额的计算方法。约定的违约金低于造成的损失的,人民法院或者仲裁机构可以根据当事人的请求予以增加;约定的违约金过分高于造成的损失的,人民法院或者仲裁机构可以根据当事人的请求予以适当减少。当事人就迟延履行约定违约金的,违约方支付违约金后,还应当履行债务。"对于房屋买受人的违约责任,应注意如下两点:

1. 如果房屋买卖合同对于因房屋买受人没有购房资格等买受人的原因导致合同解除约定了违约金,则房屋出卖人可以直接主张违约金,至于法院依法调整违约金是另外一回事。如果房价下跌过多,主张违约金不足以弥补房屋出卖人的损失的,房屋出卖人可以选择主张房屋差价损失。

2. 如果合同对于因房屋买受人没有购房资格等买受人的原因导致合同解除没有约定违约金,房屋出卖人无权直接主张违约金,而只能主张实际损失,房屋出卖人的实际损失主要是房价下跌的损失、应付且已付的中介费损失等。如果房屋出卖人无法举证其实际损失的,其违约损害赔偿可能无法得到支持。在房价不断上涨的背景下,有些法院基于公平考虑,甚至会判决房屋出卖人给买受人一定的补偿,这虽不合法理,但似乎更公平。

1-9 原告(反诉被告)徐某伟、唐某与被告(反诉原告)孙某园、周某军房屋买卖合同纠纷案

裁判要旨:房屋买受人无购房资格的,不影响房屋买卖合同的效力。房屋买卖合同因房屋买受人无购房资格而无法办理变更登记的,房屋买受人构成违约,需承担违约责任。

案情简介:系争房屋登记在原告(仅诉被告)名下。2020年10月19日,原、被告(反诉原告)就系争房屋签订《上海市房地产买卖合同》,约定由被告购买系争房屋,转让价共计309万元。《上海市房地产买卖合同》第六条约定,双方确认于2020年11月3日前共同向房地产交易中心申请办理转让过户手续。第九条约定,被告未按约定履行合同义务,应当向原告支付逾期违约金,逾期违约金按本次交易总价的日万分之四计算。逾期超过20日后被告仍未履行的,除被告应向原告支付20日的逾期违约金外,原告有权单方解除合同。原告单方解除合同的,应当书面通知被告,被告应当承担违约赔偿责任,违约赔偿金额为本次交易总价的20%。补充条款(一)第十条约定,按现有政策规定,因被告不具有购房资格导致交易无法正常进行的,则双方可解除合同,但被告须依据主合同第九条的约定向原告承担违约责任,双方应及时相互配合办理退税手续(若需)。同日,双方签订《补充协议》,约定系争房屋总成交价为320万元,《上海市房地产买卖合同》第二条约定的房价款为309万元,双方同意系争房屋内的附属设施、设备及室内装饰的转让价为11万元。之后,因房屋买受人无购房资格而未按约过户。

裁判观点:【案号:上海市浦东新区人民法院(2021)沪0115民初23330号】依法成立的合同受法律保护。原、被告之间签订的《上海市房地产买卖合同》及《补充协议》系双方当事人真实意思表示,合法有效,双方均应遵照履行。本诉部分,原、被告在合同约定的期间内未至交易中心办理过户手续,但双方协商于2020年11月14日至交易中心办理过户手续时,因被告不符合购房资格,导致未能办理交易过户手续。后双方就过户时间未能达成一致意见,原告通知被告要求办理过户手续,被告未能配合办理相应手续,原告有权依据合同解除双方买卖合同及相应补充协议,故双方买卖合同及补充协议于原告通过微信向被告发送合同解除通知之日解除。原告要求被告支付逾期违约金和违约金,根据《上海市房地产买卖合同》的约定,因被告不具有购房资格导致交易无法正常进行,被告应向原告支付20日逾期违约金和违约赔偿金;被告提出违约金标准过高,故法院酌情参照被告的过错程度、被告

的付款情况等，确认被告向原告支付20日逾期违约金12,000元以及违约赔偿金40万元。反诉部分，反诉原告要求解除双方于2020年9月28日签订的房屋买卖合同，该合同约定双方同意签订《上海市房地产买卖合同》，事实上，双方亦于2020年10月19日签订了《上海市房地产买卖合同》；反诉原告要求解除双方买卖合同及补充协议，对于双方买卖合同及补充协议的解除，本诉部分法院已确认双方合同解除时间，故反诉原告再行要求解除已无必要。双方合同解除系反诉原告不符合购房资格，故反诉原告要求反诉被告支付违约金，法院不予支持，但反诉被告应将收取的房款返还原告。

10. 农村房屋买卖合同的效力及法律后果

一、《民法典》溯及力的问题

《最高人民法院关于适用〈中华人民共和国民法典〉时间效力的若干规定》第一条规定："民法典施行后的法律事实引起的民事纠纷案件，适用民法典的规定。民法典施行前的法律事实引起的民事纠纷案件，适用当时的法律、司法解释的规定，但是法律、司法解释另有规定的除外。民法典施行前的法律事实持续至民法典施行后，该法律事实引起的民事纠纷案件，适用民法典的规定，但是法律、司法解释另有规定的除外。"根据上述规定，法不溯及既往是法律适用的基本原则。合同效力是对已经成立的合同进行价值判断，这个价值判断的依据就是法律，如果合同无效则是自始、当然、绝对、确定无效。因此，判断农村房屋买卖合同是否有效，应当以合同成立时生效的法律为依据：如果农村房屋买卖合同成立于《民法典》生效之前，则依据《民法典》之前的《合同法》（已失效）等法律判断合同是否有效，而不能依据《民法典》判断合同效力；如果农村房屋买卖合同成立于《民法典》生效之后，则应当依据《民法典》等法律司法解释判断合同效力，而不能再依据《合同法》判断合同效力。

二、合同无效的原因和法律后果

（一）合同无效的原因

买卖农村房屋，最常见的无效原因是买受人非标的农村房屋所在集体经济组织的成员，如果买受人是标的农村房屋所在集体经济组织的成员，则买卖合同不会因违反"一房一户"原则而无效，一般也不会因其他原因而无效。

1. 农村房屋买卖合同签订于《民法典》生效前

《民法典》生效前，合同无效的原因之一是违反了法律、行政法规的效力性强制性规定。那么，具体是违反了什么法律、行政法规呢？

《土地管理法》(2004 年 8 月 28 日第二次修正)第四十三条第一款规定："任何单位和个人进行建设，需要使用土地的，必须依法申请使用国有土地；但是，兴办乡镇企业和村民建设住宅经依法批准使用本集体经济组织农民集体所有的土地的，或者乡(镇)村公共设施和公益事业建设经依法批准使用农民集体所有的土地的除外。"第六十三条规定："农民集体所有的土地的使用权不得出让、转让或者出租用于非农业建设……"《国务院办公厅关于严格执行有关农村集体建设用地法律和政策的通知》规定，农村住宅用地只能分配给本村村民，城镇居民不得到农村购买宅基地、农民住宅或"小产权房"。原《物权法》第一百五十二条规定："宅基地使用权人依法对集体所有的土地享有占有和使用的权利，有权依法利用该土地建造住宅及其附属设施。"第一百五十三条规定："宅基地使用权的取得、行使和转让，适用土地管理法等法律和国家有关规定。"一般而言，农村房屋买受人非标的农村房屋所在集体经济组织成员的，法院会以部分上述法律规定为依据认定合同无效或者笼统地以违反法律、行政法规的强制性规定而认定合同无效。

2. 农村房屋买卖合同签订于《民法典》生效后

《民法典》第一百五十三条规定："违反法律、行政法规的强制性规定的民事法律行为无效。但是，该强制性规定不导致该民事法律行为无效的除外。违背公序良俗的民事法律行为无效。"如果农村房屋买卖合同签订于《民法典》生效后，合同无效的原因除违反《土地管理法》《国务院办公厅关于严格执行有关农村集体建设用地法律和政策的通知》等强制性规定之外，还会因违背公序良俗而无效。因为农村宅基地本身具有很强的身份属性和福利性质，是为了保障农村集体经济组织成员住有所居。如果允许本农村集体经济组织成员之外的人购买农村房屋，可能会造成本村集体经济组织部分成员无房可住、耕地减少等巨大的负面影响。

(二)合同无效的法律后果

原《合同法》第五十八条规定："合同无效或者被撤销后，因该合同取得的财产，应当予以返还；不能返还或者没有必要返还的，应当折价补偿。有过错的一方应当赔偿对方因此所受到的损失，双方都有过错的，应当各自承担相应的责任。"《民法典》第一百五十七条规定："民事法律行为无效、被撤销或者确定不发生效力后，行为人因该行为取得的财产,应当予以返还;不能返还或者没有必要返还的,应当折价补偿。有过错的一方应当赔偿对方由此所受到的损失;各方都有过错的,应当各自承担相应的责任。法律另有规定的,依照其规定。”根据上述规定,合同无效的法律后果都有返还原物,并根据双方的过错承担损失赔偿责任。问题是,如果买受人对标的房屋进行了修缮、重建,买受人支出的费用如何补偿?标的农村宅基地房屋价值上涨的损失是否应当赔偿?如果遇到拆迁,拆迁利益又应当如何分割?因农村房屋法理上流转性很差(只能在本集体经济组织成员之间流转),因此很难对其价值进行准确评估,也就很难解决买受人的损失(包括可得利益损失)的问题。对此问题的解决,上海市高级人民法院的规定值得参考:

《上海市高级人民法院关于审理农村宅基地房屋买卖纠纷案件的原则意见》规定:“农村宅基地买卖应严格按照法律法规的规定进行。对于由此引发的纠纷,应当综合考虑出卖人出售房屋是否经过审批同意、合同是否履行完毕以及买受人的身份等因素,区分不同情况,妥善处理,具体如下:第一,对于发生在本乡范围内农村集体经济组织成员之间的农村房屋买卖,该房屋买卖合同认定为有效。第二,对于将房屋出售给本乡以外的人员的,如果取得有关组织和部门批准的,可以认定合同有效。第三,对于将房屋出售给本乡以外的人员的,未经有关组织和部门批准,如果合同尚未实际履行或者购房人尚未实际居住使用该房屋的,该合同应作无效处理。第四,对于将房屋出售给本乡以外的人员,未经有关组织和部门批准,如果合同已实际履行完毕,且购房人已实际居住使用该房屋的,对合同效力暂不表态,实际处理中应本着尊重现状、维护稳定的原则,承认购房人对房屋的现状以及继续占有、居住、使用该房屋的权利。对此类案件进行处理时,亦区分不同情况:第一,按上述第三种情况处理的,双方当事人应各自返还房屋及购房款。第二,按上述第四种情况处理的,如果系争房屋已经拆迁或者已纳入拆迁范围的,应在扣除购房人的购房款后,充分考虑购房人重新购房的合理支出,由购房人与出卖人按比例取得补偿款,其分割比例一般可以考虑在7∶3左右。”

三、参考案例

(一)买受人为宅基地所在农村集体经济组织成员的,即便违反“一户一宅”原则也不影响合同效力:刘某龙、刘某江、尚某芬与陈某忠农村房屋买卖合同纠纷案

案情简介:刘某某与尚某芬系夫妻关系,二人共育有二子,长子刘某江、次子刘

某龙。刘某某于 2017 年去世。陈某忠之妻与尚某芬系姐妹关系,陈某忠为北京市通州区×村村民,在本村拥有宅基地一处(门牌号为×××号)。2000 年 3 月 12 日,刘某某(卖方)与陈某忠(买方)签订《契约》,约定:"我刘某某有北房五间;小厢房三间,愿卖给陈某忠,院东临××,西临××,后×××,前临街。价为一万,双方同意。院内破烂东西为陈某忠所有,亲自商谈,不要中保。"陈某忠在《契约》上签字按手印,刘某某在《契约》上签名。《契约》所涉院落即为北京市通州区×村×××号院,该院的集体土地建设用地使用证【通集建(93 柴)字第×号】登记在刘某龙名下。陈某忠购买涉案房屋后一直在该院落内居住,后于 2012 年将院落内房屋推倒重建,翻建后院落内仍为正房五间,西厢房三间。

北京市通州区×村村民委员会(以下简称某村村委会)出具《证明》一张,证明房屋买卖契约上的"刘某平"与派出所亲属关系证明上的刘某某为同一个人。某村村委会出具《居住证明》一张,证明村民陈某忠现居住在涉案房屋内。

一审裁判观点【案号:北京市通州区人民法院(2021)京 0112 民初 29684 号】《民法典》施行后的法律事实引起的民事纠纷案件,适用《民法典》的规定。《民法典》施行前的法律事实引起的民事纠纷案件,适用当时的法律、司法解释的规定,但是法律、司法解释另有规定的除外。根据本案查明的事实,涉案院落的集体土地建设用地使用证登记在刘某龙名下。刘某龙之父刘某某于 2000 年将涉案院落以 10,000元价格卖与陈某忠,双方签订了《契约》。虽然刘某龙辩称对《契约》不知情,但考虑陈某忠在涉案院落内居住二十余年且对院落内房屋进行了翻建,刘某龙在二十余年间并未提出异议,甚至在他人将名下房屋推倒重建的情况下亦置之不理,此举不符合常情,故一审法院对刘某龙所称的对《契约》不知情的答辩意见不予采纳。关于《契约》的效力,刘某龙、刘某江、尚某芬认为刘某某无权处置涉案房屋,陈某忠违反了《土地管理法》"一户一宅"的规定。对此,首先,虽然涉案院落登记在刘某龙名下,但刘某龙并未举证证明涉案院落内房屋是其本人建设,集体土地建设用地使用证并非农村房屋所有权的充分必要证据,故本案是不是无权处分无法认定。且即使属于无权处分,但无权处分并不属于《合同法》第五十二条规定的合同无效情形。本案中刘某某是否为无权处分,并不影响《契约》的效力,《契约》为双方当事人的真实意思表示,且陈某忠系某村村民,系某村集体经济组织成员,有权取得本村房屋,陈某忠与刘某某签订的《契约》所涉及的宅基地使用权流转并不被法律法规禁止,故双方签订的《契约》应属合法有效。其次,我国《土地管理法》关于"一户一宅"的规定是管理性规定,并非效力性规定,陈某忠在某村另有一处宅基地不影响其签订的《契约》的有效性。

二审裁判观点【案号:北京市第三中级人民法院(2021)京03民终17871号】首先,陈某忠与刘某某于2000年3月12日签订的《契约》,系双方真实意思表示,且内容不违反法律、行政法规的强制性规定。虽然×××号院登记的土地使用者为刘某龙,但陈某忠于《契约》签订后在涉案院落内已居住二十余年,并对涉案院落内的房屋进行了翻建,而刘某龙在长达二十余年的时间里对陈某忠居住甚至翻建涉案房屋均未提出异议,其主张对《契约》不知情不符合常理。其次,刘某龙、刘某江、尚某芬主张刘某某与陈某忠签订《契约》属于无权处分,但刘某某是否为无权处分,并不影响《契约》的效力。最后,《土地管理法》第六十二条规定"农村村民一户只能拥有一处宅基地",系为保障农村村民实现户有所居,限制农村村民重复申请宅基地、多占宅基地,禁止出卖、出租、赠与住宅后再次申请宅基地的行为。刘某龙、刘某江、尚某芬上诉主张陈某忠在已有一处宅基地的情况下购买×××号院违反了《合同法》第五十二条的规定,依据不足,法院不予采纳。综上所述,刘某龙、刘某江、尚某芬上诉主张陈某忠与刘某某于2000年3月12日签订的《契约》无效,缺乏依据,法院不予支持。

(二)合同签订并履行多年后主张合同无效有违诚信,不予支持:吴某生与姚某民农村房屋买卖合同纠纷案

案情简介:1998年5月10日,原告(卖方,吴某生)与被告(买方,姚某民)在案外人翁某的见证下,签订《购售私房协议书》一份,约定:原告向被告出售××村××组三上三下及其他小屋三间。房屋出售后,卖方任何人不得干扰买主的正常生活,否则引起的一切后果,由房主吴某生负责,并作违约处理,违约金额为500元。付款方式:签订好协议一次性付款。5月10日付定金1000元,还有30,000元于5月17日付清。上述协议加盖"奉贤县×村镇和中场"的公章,协议下方有翁某的签名。1998年5月10日及1998年5月17日,被告分别向原告支付定金1000元、购房款3万元。后原告将系争房屋及《宅基地使用权证》交付被告。2021年6月29日,原告告知被告,其认为双方签订的协议无效,故要求被告返还系争房屋。另查明,系争房屋宅基地地址为上海市奉贤区××村××组。1991年《奉贤县宅基地使用权审核表》载明系争房屋宅基地使用权户主为原告。

裁判观点:【案号:上海市浦东新区人民法院(2021)沪0115民初76699号】对于农村宅基地房屋合同效力的判断,需综合考虑转让时间以及实际履行的情况。

首先,原、被告签订的涉案合同发生于1998年,早于1999年国务院相关禁止性规定出台的时间,其时农村类似房屋买卖确实欠缺必要的申报、审批规则和程序;其次,从涉案合同签订过程来看,系争房屋的买卖协议对出售房屋的位置、成交价格、付款方式、违约责任均进行了详细约定,确系原、被告双方的真实意思表示;最后,从涉案合同的履行来看,被告已经按约支付对价并由被告的家庭实际占有并使用系争房屋,使用已长达二十余年,原告在此期间从未提出异议或主张相关权利。法院认为,合同双方当事人行使合同权利、履行合同义务均应当遵循诚实信用原则。原告在系争房屋已经实际交付被告多年后提起诉讼,要求确认涉案合同无效、被告返还系争房屋及《宅基地使用权证》,显然有违诚信,法院对原告的诉讼请求难以支持。综上所述,依照《民法典》第七条、《民事诉讼法》第六十四条的规定,判决如下:驳回原告吴某生的诉讼请求。

(三)买卖合同签订时间久远,仍然认定合同无效:王某东与于某华农村房屋买卖合同纠纷案

案情简介:于某华系城镇居民。1995年4月16日,王某东与于某华签订《房屋出让契约》,王某东将其位于北京市海淀区×号农村宅基地房屋以2万元的价格卖给于某华。契约签订后,双方依契约履行,于某华向王某东支付购房款2万元,王某东向于某华交付房屋。于某华主张2001年又将房屋以5.5万元的价格卖给其妹妹及妹夫。庭审中,王某东明确本案只主张合同无效问题,不主张返还问题。

一审裁判观点【案号:北京市海淀区人民法院(2021)京0108民初9796号】合同是双方当事人意思一致的表示,但不得违反法律、行政法规的强制性规定,否则应属无效。农村的土地除法律规定属于国家所有的以外,属于集体所有,农村宅基地属于村民集体所有,农村房屋的买卖必然涉及农村的宅基地,非农村同一经济组织成员未经有关部门审批不得买卖农村房屋。本案中,于某华系城镇居民,双方非农村同一经济组织成员,且双方买卖行为未经有关部门审批,故双方签订的《房屋出让契约》违反了相关法律、行政法规的强制性规定,应属无效。王某东对无效负有主要责任,于某华对无效负有次要责任。根据无效合同的处理原则,双方应相互返还,因庭审中王某东明确本案只主张合同无效问题,不主张返还问题,故该院对合同无效后的返还问题不予处理。关于于某华诉讼时效之抗辩,因双方契约违反了相关法律、行政法规的强制性规定,自始至终无效,不适用诉讼时效的规定,故其该抗辩该院不予采信。综上所述,依照《民法典》第一百五十三条、第五百零八条之

规定，判决王某东与于某华于1995年4月16日签订的《房屋出让契约》无效。

二审裁判观点【案号：北京市第一中级人民法院(2021)京01民终5673号】《最高人民法院关于适用〈中华人民共和国民法典〉时间效力的若干规定》第一条第二款规定："民法典施行前的法律事实引起的民事纠纷案件，适用当时的法律、司法解释的规定，但是法律、司法解释另有规定的除外。"本案的法律事实发生于《民法典》施行以前，因此，除法律、司法解释另有规定外，应当适用当时的法律、司法解释的规定。《村镇建房用地管理条例》(1982年)第十四条规定："农村社员，回乡落户的离休、退休、退职职工和军人，回乡定居的华侨，建房需要宅基地的，应向所在生产队申请，经社员大会讨论通过，生产大队审核同意，报公社管理委员会批准；确实需要占用耕地、园地的，必须报经县级人民政府批准。批准后，由批准机关发给宅基地使用证明。"法院认为，依据前述规定，只有农村社员或者符合特定条件的人，才能向所在生产队申请使用农村的宅基地建房，并且要履行相应的审批手续。《土地管理法》(1987年1月1日起实施)第六条第二款规定："农村和城市郊区的土地，除法律规定属于国家所有的以外，属于集体所有；宅基地和自留地、自留山，属于集体所有。"《土地管理法》(1987年1月1日起实施)第三十八条规定："农村居民建住宅，应当使用原有的宅基地和村内空闲地。使用耕地的，经乡级人民政府审核后，报县级人民政府批准；使用原有的宅基地、村内空闲地和其他土地的，由乡级人民政府批准。……出卖、出租住房后再申请宅基地的，不予批准。"依据前述规定，农村居民在集体土地上建设住宅，应当履行严格的审批程序，并且出卖住房后，再申请宅基地的，不予批准。虽然当时法律未明确规定城市居民不得买卖农村宅基地或农村房屋，但是根据举轻以明重的法律原则，农村居民在集体土地上建房尚且有严格的审批程序，如果城市居民可以随意买卖农村房屋，进而可以在所买房屋的宅基地建房，则《土地管理法》(1987年1月1日起实施)所追求的保护农民集体土地所有权以及使用权以合理利用土地的立法目的将被架空，势必损害农村居民的生存利益，此种理解显然违背了《土地管理法》(1987年1月1日起实施)对农村居民宅基地以及住宅的特殊保护要求。因此，《土地管理法》(1987年1月1日起实施)第四十一条才规定："城镇非农业户口居民建住宅，需要使用集体所有的土地的，必须经县级人民政府批准，其用地面积不得超过省、自治区、直辖市规定的标准，并参照国家建设征用土地的标准支付补偿费和安置补助费。"基于以上理解，法院认为在《土地管理法》(1987年1月1日起实施)实施以后，作为城市居民的于某华购买农村宅基地以及农村房屋的情形不属于《村镇建房用地管理条例》(1982年)第十五条规定的调整范围。《土地管理法》(1987 年 1 月 1 日起实施)第六条第二款、第三十八条、第四十一条的内容与《土地管理法》(1988 年修订)第六条第二款、第三十八条、第四十一条的内容一致,并无变化。本案中,于某华与王某东于 1995 年 4 月 16 日签订《房屋出让契约》,于某华并不具有当地集体经济组织成员身份,亦不属于"回乡落户的离休、退休、退职职工和军人,回乡定居的华侨",双方签订的协议中约定王某东将房屋及院落(宅基地)全部转让给于某华,未经县级人民政府审批,显然违背了《土地管理法》(1988 年修订)第六条第二款、第三十八条、第四十一条的规定以及《村镇建房用地管理条例》(1982 年)第十四条、第十五条的规定,应属无效。虽然于某华在签订《房屋出让契约》后,翻建房屋时取得了《海淀区农村私有房屋建设工程规划许可证》,考虑到特定时期我国农村地区执行法律规定的具体情况,并综合于某华在二审期间的陈述,法院认为这并不能用来反推《房屋出让契约》符合当时的法律规定。于某华二审提交的证据不能证明其主张成立,法院不予采信。需要指出的是,一审法院适用《民法典》作为认定《房屋出让契约》无效的法律依据,违反了法律适用的规则,但其处理结果并无不当。于某华的其他上诉理由不影响本案的处理结果,法院均不予采信。综上所述,于某华的上诉理由均不能成立,其上诉请求应予驳回。一审判决认定事实清楚,适用法律错误、论理不当之处,法院予以调整,但处理结果并无不当,法院予以维持。

(四)合同签订时间不久,买方非宅基地所在农村集体经济组织成员的,买卖合同无效

1. 王某洋与秦某云农村房屋买卖合同纠纷案

案情简介:2021 年 2 月 4 日,秦某云(甲方)与王某洋(乙方)签订《农村宅基地房屋买卖合同》,约定乙方向甲方购买坐落于奉贤区××镇××村××队××号宅基地房屋,房屋面积 239 平方米,房屋总价款 900,000 元。合同在"付款时间和方式"处约定:该房屋是农村宅基地房屋,以后如碰到拆迁、动迁,房子和土地一起归乙方所有,以后产证可以过户,甲方无条件协助办理,费用由乙方承担,该房屋由甲方从路某来和路某辉二人处买来,现转售给乙方;2021 年 2 月 4 日付定金 100,000 元,2021 年 2 月 8 日付首付款 150,000 元,2021 年 3 月 31 日付尾款 650,000 元,同时交房,甲方协助乙方重新与租客签订协议等。合同在"违约责任条款"处约定:乙方未按合同约定付款,逾期达一个月的,甲方有权解除合同,收回房屋,没收乙方已付的定金和房款,如乙方房款未付完,擅自解除合同,乙方须按合同付给甲方同等违约

金;甲方不得擅自解除合同,若擅自解除,乙方有权要求继续履行合同,要求甲方退还已付房款,并要求甲方按银行同期贷款利率计算利息,同时支付200,000元的违约金等。合同签订后,王某洋于2021年2月4日向秦某云支付了100,000元,2月9日支付110,000元,合计支付210,000元。奉贤区××镇××村××队××号房屋为农村宅基地房屋,本案双方均非涉案房屋所在地的集体经济组织成员,秦某云尚未将涉案房屋交付给王某洋。

一审裁判观点【案号:上海市奉贤区人民法院(2021)沪0120民初13940号】农村宅基地使用权是农村集体经济组织成员享有的权利,与特定的身份关系紧密联系,宅基地使用权的取得和转让应当符合《土地管理法》等法律和国家有关规定。本案中,双方均非奉贤区××镇××村的集体经济组织成员,双方签订的《农村宅基地房屋买卖合同》违反法律、行政法规的强制性规定,应为无效。合同无效后,当事人基于无效合同取得的财产,应当予以返还。现王某洋诉请秦某云返还购房款210,000元,具有事实和法律依据,依法应予支持。依照《民法典》第一百五十三条、第一百五十七条等规定判决:一、确认王某洋与秦某云于2021年2月4日签订的《农村宅基地房屋买卖合同》无效;二、秦某云于判决生效之日起10日内返还王某洋购房款210,000元;三、驳回秦某云的全部反诉请求。

二审裁判观点【案号:上海市第一中级人民法院(2021)沪01民终13329号】上诉人秦某云与被上诉人王某洋2021年2月4日签订的《农村宅基地房屋买卖合同》系双方真实意思表示。根据查明事实,上述买卖合同载明的标的房屋系本市奉贤区××镇××村农村宅基地房屋,双方当事人均非上述××镇××村的集体经济组织成员,依法不享有宅基地使用权。按照《民法典》第三百五十二条之规定,"建设用地使用权人建造的建筑物、构筑物及其附属设施的所有权属于建设用地使用权人,但是有相反证据证明的除外",双方因缺乏上述集体经济组织成员身份权利,依法不享有该等宅基地上房屋的所有权。本案双方当事人自行买卖宅基地房屋实质性破坏了《土地管理法》及其相关法律渊源保护的农村宅基地相关权益,违反法律、行政法规的强制性规定,原判裁断本案买卖合同关系无效符合法律规定,法院应予维持。合同无效项下后果处理依法适用返还及价值返还原则,上诉人一、二审坚持继续履行、支付违约金及赔偿缺乏法律及事实依据,法院不能支持。

2. 赵某辉与张某云农村房屋买卖合同纠纷案

案情简介:被告张某云系原金山县××乡步××5组3025号34丘(50)的土地使用者,核定使用面积为132平方米。上海市农村宅基地使用证上同时对土地坐落境界四至予以明确。2021 年 5 月 8 日原、被告签订《宅基地转让合同》一份，约定被告将其名下位于上海市金山区××镇××村××组××号的宅基地有偿转让给原告，合同记载的坐落境界四至与上海市农村宅基地使用证登记一致。转让价格为 91 万元，原告 60 日内一次性向被告支付该宅基地的转让费用。合同签订后，原告赵某辉分别于 2021 年 5 月 8 日、5 月 16 日、5 月 24 日合计支付被告 60 万元。赵某辉非涉案宅基地所在农村集体经济组织成员。

裁判观点：【案号：上海市金山区人民法院（2021）沪 0116 民初 8919 号】根据原、被告签订的《宅基地转让合同》关于坐落境界四至的记载，可以确认案涉宅基地与上海市农村宅基地使用证中登记在被告名下的土地一致，被告系该土地的使用者。被告将宅基地转让给原告，而现行法律和国家有关政策对农村宅基地使用权的转让采取了原则禁止的态度，农村宅基地使用权只有本集体经济组织的成员才能享有，在本案原、被告非同一集体经济组织成员的情况下，被告将案涉宅基地转让给原告的行为违反《土地管理法》第六十二条的强制性规定，应属无效。依照《民法典》第一百五十三条、第一百五十七条、第三百六十三条等规定，判决如下：(1)原告赵某辉与被告张某云签订的《宅基地转让合同》无效；(2)被告张某云于本判决生效之日起 10 日内返还原告赵某辉转让款 600,000 元。

（五）合同无效，但卖方要根据评估价对买方进行补偿：刘某会与陈某博、龙某莲、陈某梅农村房屋买卖合同纠纷案

案情简介：刘某会在北京市房山区××镇××村一区 28 号有宅院一处（以下简称 28 号院）。2004 年 9 月 1 日，刘某会（卖方）与陈某志（买方）签订房屋买卖合同，约定：卖方将其所有的房屋及院、树卖给买方，全部售价 26,000 元，合同生效后一次性付清，并对其他事项进行了约定。协议签订后，陈某志交付给刘某会 26,000 元，刘某会将 28 号院交付陈某志居住使用。陈某志购买 28 号院后对宅院房屋进行了装修、改建。陈某志及其第一顺位继承人龙某莲、陈某博、陈某梅均系北京市城镇居民，非××村集体经济组织成员。2020 年，刘某会起诉要求确认其与陈某志签订的房屋买卖合同无效。经法院释明，龙某莲认可双方签订的协议书无效，提起反诉要求刘某会赔偿损失，并申请对 28 号院区位补偿款、房屋及附属物价值进行评估。经北京京港房地产估价有限公司评估，28 号院宅基地区位补偿价及房屋、附属物重置成新价：655,505 元，其中宅基地区位补偿价 399,900 元；宅基地超占面积区位补偿价 1922 元；房屋重置成新价值 138,073 元，设备、装修及附属物价格 115,610 元。

龙某莲支付评估费8000元。

一审裁判观点【案号:北京市房山区人民法院(2020)京0111民初12152号】宅基地使用权作为农村集体经济组织成员享有的权利,与特定的身份相联系,非本集体经济组织成员无权取得或变相取得。本案买卖合同的标的物为农村房屋,农村房屋是建筑在宅基地上的附着物,从我国目前房地一体的格局来看,双方房屋买卖的同时必然涉及宅基地使用权的问题。而宅基地属于农民集体所有,由村集体经济组织或村民委员会经营、管理,与特定的身份关系相联系,不允许任意向非集体经济组织成员转让。刘某会与陈某志签订的农村房屋买卖合同必然涉及相应宅基地使用权的变更。陈某志在购房时不是诉争房屋所在地集体经济组织的成员,不享有相应的宅基地使用权。陈某志去世后,龙某莲、陈某梅均非诉争房屋所在地集体经济组织的成员,亦不享有相应的宅基地使用权。刘某会、陈某志签订的合同违反了法律的强制性规定,应为无效。合同无效或者被撤销后,因该合同取得的财产,应当予以返还;不能返还或者没有必要返还的,应当折价补偿。有过错的一方应当赔偿对方因此所受到的损失,双方都有过错的,应当各自承担相应的责任。28号院系陈某志与龙某莲婚前购买,应属陈某志个人财产……合同无效后,龙某莲应承担腾退宅院及房屋义务。刘某会与陈某志签订的协议无效,刘某会要求龙某莲返还28号院房屋、附属物的诉讼请求,理由正当,法院应予支持。返还宅院房屋时间,法院酌情考虑。刘某会将28号宅院出卖给非集体组织成员的陈某志,故对于合同无效,刘某会应承担主要责任(70%)。对于龙某莲反诉主张的房屋、附属物重置成新价应按评估报告确定价值予以给付。上述款项已包括陈某志购房款26,000元,龙某莲再次要求刘某会返还购房款的反诉请求,没有事实依据,法院不予支持。对于龙某莲反诉主张的宅基地区位补偿价399,900元,依据双方过错程度,刘某会应予以给付279,930元。评估报告依据28号院房屋、附属物现值进行的评估,刘某会认为未考虑使用房屋导致折旧费用,缺乏事实依据,法院不予采纳。刘某会认为龙某莲非××村集体组织成员,无权使用28号院宅基地,28号宅院未涉拆迁,无权主张宅基地区位补偿款,结合房地一体的格局,该反诉抗辩理由,法院不予采信。双方各自要求过高部分,法院不予支持。陈某博、陈某梅认为2015年10月19日签订协议书属于效力待定,可另行解决,反诉要求赔偿经济损失,无事实法律依据,法院不予支持。

二审裁判观点【案号:北京市第二中级人民法院(2021)京02民终10088号】《土地管理法》第九条第二款规定,农村和城市郊区的土地,除由法律规定属于国家所有的以外，属于农民集体所有；宅基地和自留地、自留山，属于农民集体所有。《国务院办公厅关于严格执行有关农村集体建设用地法律和政策的通知》（国办发〔2007〕71号）规定，农村住宅用地只能分配给本村村民，城镇居民不得到农村购买宅基地、农民住宅或"小产权房"。本案中，陈某志与刘某会签订农村房屋买卖协议，陈某志并非涉案房屋所在村集体经济组织的成员，一审法院经审查认定双方之间的协议违反了法律、法规的强制性规定，应属无效，并无不当。合同无效或者被撤销后，因该合同取得的财产，应当予以返还；不能返还或者没有必要返还的，应当折价补偿；有过错的一方应当赔偿对方因此所受到的损失；双方都有过错的，应当各自承担相应的责任。本案中，陈某志与刘某会签订农村房屋买卖协议被认定无效后，一审法院对刘某会要求返还涉案房屋及附属物的诉讼请求予以支持，同时考虑到刘某会将农民集体所有的宅基地上房屋出卖给非集体组织成员陈某志，认定刘某会应承担主要过错责任，并根据评估结果认定刘某会应向买受方给付相应宅基地区位补偿价、房屋及附属物重置成新价，上述认定及处理均无不当。

11. 开发商宣传"商住房"可装燃气属欺诈，但撤销合同需考虑除斥期间

因限购等原因，"商住房"（有些宣传为"酒店式公寓"）成为很多购房人的新选择。所谓"商住房"，即土地使用权的性质不是住宅用地，而是商业用地等，所建房屋也非住房，而是商业用房等性质，但是房屋的物理结构和住房差不多（有卧室、客厅、厨房、浴室、卫生间等），很多购房人为了实现居住目的而购买此类房屋。但是，把商业用房改造成居住用途的房屋本身即是违法的，在政府相关部门的严厉打击下，很多"商住房"的居住功能无法实现，由此导致了很多纠纷。

一、开发商关于"商住房"具备居住功能的宣传构成欺诈，业主可撤销合同

《民法典》第一百四十八条规定："一方以欺诈手段，使对方在违背真实意思的情况下实施的民事法律行为，受欺诈方有权请求人民法院或者仲裁机构予以撤销。"

（一）欺诈

所谓欺诈，即隐瞒真相，虚构事实。商业地产不能用于居住，而开发商非但没有告知购房者商业地产不能用于居住，反而宣传该房屋可用于居住，这就是欺诈。至于开发商宣传的方式，最常见的是楼书、沙盘、样板房等，但是也有一些把居住功能

写在了合同里。

（二）撤销

如果开发商作了“商住房”可以安装燃气，可以用于居住等宣传和承诺，业主因开发商的宣传和承诺而陷入内心错误，误以为其购买了标的房屋即可以实现居住目的，而与开发商就标的房屋签订买卖合同，但是最终开发商关于实现居住功能的宣传和承诺又兑现不了的，则构成欺诈。业主可以依据《民法典》第一百四十八条的规定，通过诉讼或仲裁的方式撤销合同。

二、除斥期间

（一）除斥期间是权利消灭期间

《民法典》第一百九十九条规定：“法律规定或者当事人约定的撤销权、解除权等权利的存续期间，除法律另有规定外，自权利人知道或者应当知道权利产生之日起计算，不适用有关诉讼时效中止、中断和延长的规定。存续期间届满，撤销权、解除权等权利消灭。”根据上述规定，除斥期间是权利消灭期间，即过了除斥期间，权利人的诉权即消灭。

（二）因被欺诈而享有的撤销权的除斥期间为一年

《民法典》第一百五十二条规定：“有下列情形之一的，撤销权消灭：（一）当事人自知道或者应当知道撤销事由之日起一年内、重大误解的当事人自知道或者应当知道撤销事由之日起九十日内没有行使撤销权；（二）当事人受胁迫，自胁迫行为终止之日起一年内没有行使撤销权；（三）当事人知道撤销事由后明确表示或者以自己的行为表明放弃撤销权。当事人自民事法律行为发生之日起五年内没有行使撤销权的，撤销权消灭。”根据上述规定，因被欺诈而享有的撤销权的除斥期间为一年，这里的“一年”从权利人知道或应当知道撤销事由之日起算，不适用中止、中断或延长的规定，为不变期间，这是我们通常所说的“主观除斥期间”。此外，还有一个“客观除斥期间”，或者叫“最长除斥期间”，即自民事法律行为发生之日起 5 年。之所以规定 5 年的最长除斥期间，是为了保护法律关系的稳定，而对权利人权利保护的一种限制。

1－10 田某山与路氏公司、中银乳山支行商品房销售合同纠纷案

裁判要旨：开发商关于酒店式公寓可安装燃气壁挂炉和燃气供暖的内容系其故意隐瞒或虚假陈述，构成欺诈，业主有权撤销合同。但是，业主撤销权的一年除斥期间从开发商交房给业主之日起算，除斥期间经过后业主的撤销权即消灭。

案情简介：2018 年 1 月 3 日，田某山与路氏公司签订《新建商品房买卖合同》，合同约定田某山购买路氏公司开发建设的涉案房屋，《新建商品房买卖合同》第十条约定"（一）基础设施设备 3. 供暖：交付时安装燃气壁挂炉，燃气供暖；4. 燃气：交付时完成室内燃气管道的敷设，并与城市燃气管网连接"。第十五条设计变更约定"（一）双方签订合同后，出卖人按照法定程序变更建筑工程施工图设计文件，涉及下列可能影响买受人所购商品房质量或使用功能情形的，出卖人应当在变更确立之日起 10 日内将书面通知送达买受人。出卖人未在规定期限内通知买受人的，买受人有权解除合同。1. 该商品房结构形式、户型、空间尺寸、朝向；2. 供热、采暖方式"。附件十一补充协议约定："乙方确认如下内容：乙方已经对房屋现状进行查看，并认可房屋现状情况（包括但不限于权属状况、房地产性质、权属抵押现状、位置、结构、朝向、面积、配套设施、采暖设施、装饰、装修质量和标准等），如主合同约定与现状不符的，则以房屋现状作为交付标准。"2018 年 6 月 19 日，田某山与路氏公司签订《威海市商品房质量保证书》，案涉房产交付使用，且案涉房产现已办理产权登记证书，房屋所有权人为田某山。

裁判观点：【案号：山东省威海市中级人民法院（2021）鲁 10 民终 1471 号】《民法典》第一百四十八条规定，一方以欺诈手段，使对方在违背真实意思的情况下实施的民事法律行为，受欺诈方有权请求人民法院或者仲裁机构予以撤销。具有撤销权的当事人自知道或者应当知道撤销事由之日起一年内没有行使撤销权，撤销权消灭。涉案房屋系酒店式公寓，基于安全需要，该公寓不能满足住建部《城镇燃气技术规范》（GB 50494—2009）第 8.2.2 条的强制要求，不具备燃气供暖的条件。而路氏公司在涉案合同第十条商品房相关设施设备交付条件（安装燃气壁挂炉和燃气供暖）的约定是明确的，文义不存在两种以上的解释，形成该约定的可能原因有路氏公司虚假陈述、故意隐瞒或工作失误两种，但乳山住建局的说明不足以证实该约定形成的原因系路氏公司工作失误造成的，路氏公司应承担举证不能的法律后果，应认定路氏公司关于安装燃气壁挂炉和燃气供暖的内容系其故意隐瞒或虚假陈述。田某山主张其基于涉案房屋能够安装燃气壁挂炉和燃气供暖的约定条款购房，系判断涉案房屋位于北方能够冬季取暖，该判断部分影响了其购房意愿，故路

氏公司在商品房买卖合同中故意隐瞒或虚假陈述应构成商品房买卖欺诈。本案的焦点问题田某山享有的撤销权是否超过一年的除斥期间，涉案商品房买卖合同能否被撤销。关于田某山行使撤销权的起算时间，涉案合同附件十一补充协议约定："乙方（田某山）确认如下内容：乙方已经对房屋现状进行查看，并认可房屋现状情况（包括但不限于……结构……配套设施、采暖设施……），如主合同约定与现状不符的，则以房屋现状作为交付标准。"在2018年6月19日路氏公司将案涉房屋交付田某山时，田某山已经对房屋进行验收，双方签订了《威海市商品房质量保证书》，而配套设备和采暖设施是双方房屋验收的重要内容之一，此时田某山应知道涉案房屋的配套设施及采暖设施的现状与主合同约定不符，按现状作为交付标准，则2018年6月19日系其行使撤销权起算时间点，至其第一次起诉2019年9月3日时，已经超过一年的除斥期间，田某山享有的撤销权消灭。且案涉房产现已办理产权登记证书，房屋所有权人为田某山，从维护合同交易稳定的角度来看，不宜撤销涉案商品房买卖合同。

12. 房产"名为买卖，实为赠与"的认定与法律后果

司法实践中，父母子女、其他亲属或其他关系人之间，以买卖的形式实现房产赠与目的的案例很多，究其原因，主要是为了避税。笔者也曾代理过这样的案例，如上海市徐汇区人民法院（2021）沪0104民初7941号案。

一、问题：直接证据缺失

名为买卖，实为赠与，即以房屋买卖的方式实现房屋的变更登记，往往发生在父母子女、其他亲属或其他关系人之间。当初在以房屋买卖的方式赠与房产时，双方关系都是非常友好密切的，因此一般不会签属一份类似《情况说明》之类的文件，说明双方之间"名为买卖，实为赠与"。加之从"名为买卖，实为赠与"这一法律事件的发生，到双方发生纠纷对簿公堂，往往间隔几年甚至更久的时间，这也导致当初可能存在的一些证据（如微信、短信记录等）也灭失了。直接证据的缺失，是"名为买卖，实为赠与"这一类型房产纠纷的主要问题，也是普遍现象。

二、法院审查的核心：当事人的真实意思表示

诉讼中，原告和被告会各执一词，一方说这就是买卖，另一方说名为买卖，实为赠与。对此类房产纠纷，法院审查的核心和处理该纠纷的逻辑起点就是探究当事

人的真实意思表示:是买卖,还是赠与?

买卖合同和赠与合同是两个不同的法律关系:买卖合同是出卖人转移标的物的所有权给买受人,买受人支付价款的合同。赠与合同是赠与人将自己的财产无偿给予受赠人,受赠人表示接受赠与的合同。

认定双方之间真实的法律关系,是处理此类房产纠纷的逻辑起点。认定为是买卖,或者认定为是赠与,法院的裁判结果会完全不同,对当事人的利益影响差别也会非常大。

法院审查双方之间是买卖合同关系还是赠与合同关系的过程,就是探究当事人真实意思表示的过程。

三、直接证据缺失不会导致法院无法审查

(一)证据规则

1. 举证责任分配:谁主张,谁举证

《民诉法解释》第九十条第一款规定:"当事人对自己提出的诉讼请求所依据的事实或者反驳对方诉讼请求所依据的事实,应当提供证据加以证明,但法律另有规定的除外。"

2. 无须举证的事实

《民诉法解释》第九十三条第一款规定:"下列事实,当事人无须举证证明:……(四)根据已知的事实和日常生活经验法则推定出的另一事实……"

3. 证明标准:高度盖然性

《民诉法解释》第一百零八条第一款规定:"对负有举证证明责任的当事人提供的证据,人民法院经审查并结合相关事实,确信待证事实的存在具有高度可能性的,应当认定该事实存在。"

(二)法官作出选择:基于证据规则的自由心证

证据很重要,没有直接证据,还有间接证据,还有证据链条,还有法庭调查。对此类 Yse or no 的法律纠纷,原告和被告不仅应当积极举证,更应当积极质证,还应当以证据为基础,沿着一个清晰的逻辑把案件事实讲清楚。

根据以往的经验,"名为买卖,实为赠与"这类房产纠纷中常见如下问题:

1. 一般不会有房产的挂牌,不会有中介的参与,不会有居间合同或定金合同

这不同于一般的房屋买卖,对主张房屋买卖法律关系的一方略有不利,但这并不是最重要的,因为买卖双方是"熟人",且一般有父母子女或其他亲属关系,他们

之间的房屋买卖不同于陌生人之间的房屋买卖,没有房产的挂牌,没有中介的参与,没有居间合同或定金合同。

2. 网签合同很简单,合同价明显低于市场价

这类房产纠纷所涉的网签合同(如《上海市房地产买卖合同》)很简单,除了买卖双方当事人、标的、价款、过户时间之外,其他的重要甚至核心条款(如付款方式、付款时间、交房时间、户口迁出时间、违约责任等)都没有约定,因为这些买卖合同的条款并非当事人的真实意思表示,当事人并不关心这些条款的有无和多少,自然是越简单越好。而且,房屋总价一般是交易中心要求的最低价,这是为了进一步少缴税。

3. 合同履行不合常理

所谓的房屋买卖合同的履行,有很多不合常理之处。

(1)房款支付。一般没有实际支付房款,且在相当长的时间内出卖人并未催告买受人支付房款。

(2)过户。一般是买受人未支付任何房款,出卖人即配合买受人办理了过户登记手续。

(3)交房。一般是房屋一直没有交付,仍由出卖人实际居住,且买受人一直没有催告交付;或者在买受人未支付任何房款的情况下即交付了房屋,或在签订买卖合同之前房屋即由买受人实际占有。

(4)户口。一般是出卖人没有迁出户口,且买受人没有催告出卖人迁出,更未强制迁出。

上述这些对主张房屋买卖合同关系的一方极其不利,很多法院也是基于上述不合常理的现象判断双方当事人之间真实的法律关系是赠与,而不是买卖。

4. 主张赠与合同关系的一方要作出合理解释:为何赠与

对于以买卖的方式变更登记,而非以赠与的方式变更登记,一般是为了避税,主张赠与合同关系的一方也都是这么解释的。但是,主张赠与合同关系的一方要作出合理解释:为何赠与?(原产权人为何要把其房产赠与给你?)

对此,每个案件的情况不同。最常见的原因是原产权人年龄大了(或突发重大疾病或事故,不久于人世),为了避免以后继承的纠纷或因继承导致的高额税赋,而办理了变更登记。但是,有些时候这个说法可能不太具有说服力,甚至会和一些基础事实相矛盾,这就需要主张赠与的一方继续举证和说明原因。当然,也有一些其他原因,如受赠人快要结婚了,要用涉案房屋做婚房,基于中国的传统文化,直系亲

属(父母、祖父母、外祖父母)将其房屋赠与给了受赠人。

5. 基于个案,注重逻辑和细节

每个案件都不同,当事人应当基于个案的特殊性,注重逻辑和细节,维护自身的合法权利。

综合以上因素,法官会基于基础证据和法庭调查,自由心证,作出判断。

四、“名为买卖,实为赠与”的法律后果

(一)买卖合同无效

《民法典》第一百四十六条第一款规定:“行为人与相对人以虚假的意思表示实施的民事法律行为无效。”“名为买卖,实为赠与”,房屋买卖合同是虚假的意思表示,合同无效。

(二)赠与合同的效力

《民法典》第一百四十六条第二款规定:“以虚假的意思表示隐藏的民事法律行为的效力,依照有关法律规定处理。”赠与合同是真实意思表示,如该赠与合同违反法律、行政法规的强制性规定,或违反公序良俗,则该赠与合同无效。如该赠与合同没有违反法律、行政法规的强制性规定,且没有违反公序良俗,没有欺诈、胁迫、乘人之危导致的显失公平等可撤销的事由,也没有效力待定的事由,则该赠与合同有效。

(三)赠与的撤销

《民法典》第六百五十八条第一款规定:“赠与人在赠与财产的权利转移之前可以撤销赠与。”如果尚未办理变更登记,则赠与人可以撤销赠与;如果标的房屋已过户到受赠与人名下,则赠与人不可以撤销赠与。当然,如果受赠人存在严重侵害赠与人或者赠与人近亲属的合法权益、对赠与人有扶养义务而不履行、不履行赠与合同约定的义务三种情形中任何一种情形的,赠与人可以撤销赠与,撤销赠与的行使期限为赠与人知道或者应当知道撤销事由之日起一年内。

(四)附义务的赠与

《民法典》第六百六十一条规定:“赠与可以附义务。赠与附义务的,受赠人应当按照约定履行义务。”受赠人未按照约定履行义务的,赠与人可以撤销赠与。赠

与人的经济状况显著恶化，严重影响其生产经营或者家庭生活的，可以不再履行赠与义务。

1-11 原告黄某秀与被告陈某宝、陈某婷房屋买卖合同纠纷案

裁判要旨：双方当事人虽通过签订房屋买卖合同的方式办理了房屋的过户手续，但是当事人之间并无买卖的意思，而系赠与的意思，双方当事人之间不存在房屋买卖合同关系，而系赠与合同关系，房屋买卖合同无效。房屋已过户的，原房屋所有权人在无法定撤销赠与事由的情形下不得撤销赠与。

案情简介：黄某秀与陈某宝系夫妻，陈某婷系黄某秀和陈某宝的儿子陈某民的女儿。陈某民于2020年4月7日过世。1994年9月14日陈某宝取得了系争房屋的产权。2008年黄某秀、陈某宝与陈某民夫妇和陈某婷调换房屋居住。黄某秀、陈某宝居住上海市静安区中兴路×××弄×××号×××室，系争房屋由陈某民夫妇和陈某婷居住。2010年10月17日陈某宝与陈某婷至房地产交易中心通过签订《上海市房地产买卖合同》的方式，将系争房屋产权的50%过户至陈某婷名下。2018年5月30日，陈某宝与陈某婷又至房地产交易中心通过签订《上海市房地产买卖合同》的方式，将陈某宝所有系争房屋50%的产权也过户至陈某婷名下。2018年6月25日，陈某婷取得了系争房屋的产权。原告黄某秀表示，现因为儿子陈某民过世，为了今后生活提起诉讼希望能够拿回房子。

裁判观点：【案号：上海市静安区人民法院（2020）沪0106民初26753号】买卖合同是出卖人转移标的物的所有权给买受人，买受人支付价款的合同。本案中，从合同履行来看，陈某婷未实际支付房价款，陈某宝也明确当时是根据陈某民的要求将房屋过户给陈某婷的。因此，陈某宝与陈某婷均无房屋买卖的真实意思。《民法典》施行前的法律事实引起的民事纠纷案件，当时的法律、司法解释没有规定的，可以适用《民法典》的相关规定。对于缺乏真实意思表示的涉案合同的法律效力，2010年合同签订时并无法律条文作出针对性规定，《民法典》第一百四十六条对此作了直接规定，故本案可适用《民法典》的规定。根据《民法典》的规定，行为人与相对人以虚假的意思表示实施的民事法律行为当属无效，故本院确认两被告于2010年10月17日签订的《上海市房地产买卖合同》无效。对陈某婷认为系争房屋名为买卖实为赠与，且已办理了相关手续的抗辩意见，法院认为，赠与是赠与人将自己的财产无偿给予受赠人，受赠人表示接受赠与的行为。从该案查明的事实来看，陈某婷主张与陈某宝之间的房屋转让行为系属赠与，陈某宝也表示当时是由于陈某

婷出嫁需要名下有房产故将系争房屋无偿转让给陈某婷，两人作出赠与的意思表示明确、一致。根据《民法典》第一百四十六条第二款的规定，以虚假的意思表示隐藏的民事法律行为的效力，依照有关法律规定处理。因此，两人转让系争房屋的行为实质上属于赠与法律关系，故对于陈某婷认为系争房屋名为买卖实为赠与且已办理了相关手续的意见，法院予以采纳。对于原告要求两被告配合将系争房屋的产权登记到被告陈某宝名下的诉讼请求，法院认为，合同无效或者被撤销后，因该合同取得的财产，应当予以返还。本案中，虽涉案合同无效，但相关的赠与行为客观存在，根据本案查明的事实，原告长期与陈某宝共同生活，双方无任何矛盾，且共同生活期间均由陈某宝处理对外相关事务，故原告称其不清楚房屋产权变更情况显然与法院查明的事实不符，不存在可由原告撤销上述赠与行为的法定事由。赠与行为有效且无可撤销事由，由此引发的财产变动无须返还。因此，陈某婷有权基于赠与关系取得并保有系争房屋所有权。原告要求两被告配合将系争房屋的产权登记到陈某宝名下的诉讼请求，缺乏事实证据及法律依据，法院不予支持。

第二章

合同的履行与解除

13. 房屋买卖合同条款理解有争议时要明确条款的真实意思

房屋买卖双方对于房屋买卖合同条款的理解可能会发生争议，那么，应该如何确定有争议条款的真实意思呢？

《民法典》第一百四十二条第一款规定："有相对人的意思表示的解释，应当按照所使用的词句，结合相关条款、行为的性质和目的、习惯以及诚信原则，确定意思表示的含义。"第四百六十六条第一款规定："当事人对合同条款的理解有争议的，应当依据本法第一百四十二条第一款的规定，确定争议条款的含义。"第五百一十条规定："合同生效后，当事人就质量、价款或者报酬、履行地点等内容没有约定或者约定不明确的，可以协议补充；不能达成补充协议的，按照合同相关条款或者交易习惯确定。"根据上述规定，对于有争议的房屋买卖合同条款，首先是文义解释；其次要结合其他合同条款、合同目的、交易习惯等因素，作出最能体现当事人真实意思的解释。

2-1 何某林与喻某容、南溪久居房屋咨询公司房屋买卖合同纠纷案

裁判要旨：对有争议的房屋买卖合同条款，应当按照所使用的词句，结合相关条款、行为的性质和目的、习惯以及诚信原则，确定意思表示的含义。

案情简介：2021 年 5 月 2 日，何某林与喻某容在南溪久居房屋咨询公司居间下签订《房地产买卖及经纪合同》，约定喻某容将其位于宜宾市南溪区的房屋出售给何某林，售价 466,000 元，买卖双方均清楚该房地产产权已办证但处于抵押状态；双

方于签订合同之日买方支付卖方20,000元定金;2021年6月10日以前,办理解除抵押登记手续时买方支付卖方180,000元;解除抵押登记手续10日以前,办理产权公证手续时买方支付卖方剩余266,000元。何某林于合同签订当日支付了20,000元定金给喻某容。其后,双方因第二次付款(2021年6月10日以前)应由何某林先付款还是喻某容先办理解除抵押登记产生争议,未能协商一致导致合同无法继续履行,何某林遂向一审法院提起诉讼,要求解除合同,双倍返还定金。

裁判观点:【案号:四川省宜宾市中级人民法院(2021)川15民终2538号】关于合同条款的解释、合同约定不明时的补救措施,《民法典》第一百四十二条第一款规定:"有相对人的意思表示的解释,应当按照所使用的词句,结合相关条款、行为的性质和目的、习惯以及诚信原则,确定意思表示的含义。"第四百六十六条第一款规定:"当事人对合同条款的理解有争议的,应当依据本法第一百四十二条第一款的规定,确定争议条款的含义。"第五百一十条规定:"合同生效后,当事人就质量、价款或者报酬、履行地点等内容没有约定或者约定不明确的,可以协议补充;不能达成补充协议的,按照合同相关条款或者交易习惯确定。"本案中,对于第二次付款时间的理解,喻某容与何某林各执一词。《房地产买卖及经纪合同》中关于第二次付款(180,000元)约定为:"买方于2021年6月10日以前,办理解除抵押登记手续时第二次支付房款壹拾捌万元整给卖方。"喻某容认为,其低价出卖案涉房屋的目的在于提前清偿银行贷款,180,000元购房款该当在办理银行解押手续即偿清银行贷款前支付,以确保出卖人能够获取足够资金涤除抵押权;而何某林认为,该笔购房款应在不动产登记中心办理解除抵押登记手续时方能支付。就案涉房屋的解押手续办理流程而言,首先应由喻某容结清银行贷款并取得解押材料,而后前去抵押登记机构办理解押手续。上述争议合同条款中约定的"办理解除抵押登记手续时",若基于广义理解,应包含前述整个解押程序,如从狭义角度解释,则仅指向抵押登记机构办理解除抵押登记手续当时。故适用文义解释,尚无法确认争议款项中的准确付款时机。基于整体解释分析,合同中虽载明"有关该房地产在本次转让前所产生的债务、税费、租赁清还、抵押等事宜,卖方应在转让前自行结清和办理相关手续",但房屋的交付以转移登记为生效要件,喻某容只要能够确保在办理房屋过户登记前涤除抵押权,则其便不存在违反该约定之行为,故该约定对付款时间的认定并无实质影响。从目的解释、习惯解释、诚信解释出发,亦不能确定争议条款中有关付款时间的明确含义。一审判决认定180,000元购房款的付款时间约定不明,法院予以确认。另外,在当事人就180,000元购房款的付款时间产生争议后,何某林、喻某容曾在中介人斡旋下进行过协商,何某林同意在前往银行办理解押手续时支付该款,但要求喻某容本人必须到场,而当时身处外地的喻某容要求何某林向其银行账户转款支付180,000元后,由其本人或委托他人前往银行办理解押手续,故双方当事人最终没有达成一致意见,未能就第二次付款达成补充协议。案涉房屋买卖协议因买卖双方对第二次付款约定之争议导致合同陷入僵局,合同的解除并非喻某容的违约行为所致,其既不应承担双倍返还定金之义务,也不该赔偿何某林的已付中介费用。需要注意的是,何某林作为南溪久居房屋咨询公司的股东,了解房地产交易程序,相较于普罗大众而言,其在房屋交易过程中具有更高的判断能力,在缔结房屋买卖合同时能够更易识别潜在的交易风险,并有针对性地提出意见。然而,何某林在案涉房屋买卖协议的订立过程中,并未就第二次付款时间的进一步明确提出建议,仅是在发生争议后才作出于己有利之主张,其行为并非毫无瑕疵。喻某容应返还何某林已付的定金20,000元。

14. 预约合同当事人一方不得强制要求对方签署本约

一、预约合同和本约合同

《民法典》第四百九十五条第一款规定:"当事人约定在将来一定期限内订立合同的认购书、订购书、预订书等,构成预约合同。"上述条文中"订立合同"的"合同"即指本约合同,即预约合同是为将来订立本约合同而签署的合同。预约合同的形式一般是认购书、订购书、预订书等,本约合同的形式一般是房地产买卖合同或房地产预售合同,或直接就是房屋所在地的网签合同。

需要注意的是,有些合同虽名为认购书、订购书、预订书等,但本质是本约,比如,根据《最高人民法院关于审理商品房买卖合同纠纷案件适用法律若干问题的解释》第五条的规定,商品房的认购、订购、预订等协议具备《商品房销售管理办法》第十六条规定的商品房买卖合同的主要内容,并且出卖人已经按照约定收受购房款的,该协议应当认定为商品房买卖合同。

二、违反预约合同的违约责任不包括继续履行

《民法典》第四百九十五条第二款规定:"当事人一方不履行预约合同约定的订立合同义务的,对方可以请求其承担预约合同的违约责任。"

（一）继续履行是承担违约责任的方式之一

《民法典》第五百七十七条规定："当事人一方不履行合同义务或者履行合同义务不符合约定的，应当承担继续履行、采取补救措施或者赔偿损失等违约责任。"根据该规定，继续履行是承担违约责任的方式之一。

（二）违反预约合同的违约责任不包括继续履行的原因

《民法典》第五百八十条规定："当事人一方不履行非金钱债务或者履行非金钱债务不符合约定的，对方可以请求履行，但是有下列情形之一的除外：（一）法律上或者事实上不能履行；（二）债务的标的不适于强制履行或者履行费用过高；（三）债权人在合理期限内未请求履行。有前款规定的除外情形之一，致使不能实现合同目的的，人民法院或者仲裁机构可以根据当事人的请求终止合同权利义务关系，但是不影响违约责任的承担。"房屋买卖预约合同的继续履行即买卖双方签署本约，合同一方签署本约的合同义务当然是非金钱债务，预约合同的一方不履行签署本约这一非金钱债务的，对方不可以请求履行，因为"法律上或者事实上不能履行、债务的标的不适于强制履行"。为什么这么说呢？

《民法典》第五条规定："民事主体从事民事活动，应当遵循自愿原则，按照自己的意思设立、变更、终止民事法律关系。"是否订立本约，以及本约的每一个合同条款（预约合同中没有的条款）如何确定，要遵循自愿原则。在预约合同一方当事人明确表示不愿意继续签订本约（尤其是不愿意按照对方提出的条款签订本约）的情况下，对方当事人不得要求签订本约。一方违反预约合同，对方不得要求违约方签订本约，同理，一方如果没有违反预约，对方也不得强制要求对方必须签订本约（如双方就本约的条款无法达成一致，一方不能通过起诉的方式要求对方按照其提出的合同条款签订本约）。

三、本约不能签订的法律后果

不能签订本约的原因不同，相应的法律后果也不同。

（一）因一方违约而不能签订本约

因一方违约而不能签订，违约方需承担赔偿损失等违约责任。对此违约责任的性质，一般认为是缔约过失责任。在房价上涨较多，出卖人违约，预约合同约定的违约责任(一般是定金罚则)不足以弥补买受人损失的情况下,买受人可否主张房屋差价?对此,司法实践中有不同的观点,多数观点认为房屋差价是"合同履行后可以获得的利益",而这里的"合同"是指履行本约,即只有本约签订后,一方违约,对方才可以主张房屋差价。但是也有观点认为,缔约过失责任赔偿的是机会成本损失,是信赖利益损失,这里的"机会成本"或"信赖利益"都可以解释为房屋差价,因此一方违反预约,对方也可以要求赔偿房屋差价,且赔偿房屋差价更符合公平原则,更有助于引导合同当事人遵守契约精神。

(二)因双方就本约的条款不能达成一致而不能履行

对于预约合同中已经有的合同条款,双方在签订本约时,都不能再单方要求更改。比如,房屋总价、房屋坐落等。对于预约合同中没有的合同条款,双方应本着诚信原则进行协商,如果协商不成的,属于因不可归责于双方当事人的事由导致的合同不能履行,任何一方都有权解除合同且无须承担违约责任。这里需要特别注意的是,如果双方协商确定本约合同条款的过程,一方不讲诚信,对本可以确定的合同条款故意不同意,则应认定其构成违约。

(三)因不可抗力导致本约无法签订

因不可抗力不能签订本约的,合同解除,根据不可抗力的影响,部分或者全部免除责任。司法实践中,对于房屋交易中因政府突然出台新的限购或限售政策导致合同无法继续履行的,有些裁判观点认为属于不可抗力,合同解除,双方互相不承担违约责任。

(四)因情势变更导致本约无法签订

因情势变更导致本约无法签订的,合同解除,双方互相不承担违约责任。司法实践中,对于房屋交易中政府突然出台新的限购或限售政策或限贷政策导致合同无法继续履行的,有些裁判观点认为属于情势变更,合同解除,双方互相不承担违约责任。

2-2 陈某霞与莆田建工集团商品房预约合同纠纷案

裁判要旨:预约合同当事人一方不得强制要求对方签署本约,预约合同的履行陷入僵局的,合同一方当事人可以要求解除合同。如对于合同无法继续履行,双方均无过错的,则相互不承担违约责任。

案情简介:2018 年 10 月 1 日,莆田建工集团与陈某霞签订了《认购书》,《认购书》对房屋坐落、面积、房价、定金、签订《商品房买卖合同》时间等作了约定。之后,陈某霞一方与莆田建工集团协商在《商品房买卖合同》中明确地下室、地上花园以及别墅东侧绿地使用权归属于陈某霞,未能就上述条款达成一致合意,致《商品房买卖合同》未能签订。2019 年 9 月 5 日,莆田建工集团通过邮寄及短信的方式向陈某霞发出《签约催告函》,督促陈某霞在 2019 年 9 月 15 日前到接待中心签订《商品房买卖合同》,陈某霞未予回应并于 2020 年 5 月 14 日起诉。

裁判观点:【案号:福建省高级人民法院(2021)闽民终 36 号】莆田建工集团与陈某霞就案涉房产签订的《认购书》,双方意思表示真实,不违反法律、行政法规的强制性规定,合法有效,双方均应依约履行。依照《认购书》的约定,双方应于 2018 年 10 月 7 日前签订《商品房买卖合同》,即履行预约合同项下订立本约之合同义务。但因陈某霞和莆田建工集团双方对将要订立的《商品房买卖合同》项下权利义务具体内容存在重大分歧,双方明确无法就《商品房买卖合同》条款达成一致,故导致案涉《认购书》无法实际履行,合同权利义务关系应予终止。陈某霞诉请解除案涉《认购书》,其效果亦为终止合同权利义务关系,故可予支持。于合同履行已陷入僵局情况下,一审判决驳回陈某霞请求解除合同之诉求,将导致合同争议无法解决,是为不当,二审法院予以纠正。案涉房产销售过程中,莆田建工集团并未承诺双方将签订的《商品房买卖合同》项下房产包含地下车库和地上花园的专有使用权,亦未作出不订立《商品房买卖合同》的意思表示,故陈某霞主张莆田建工集团构成根本违约,应双倍返还定金,理由不能成立。案涉《认购书》项下的商品房买卖合同未能订立,非因完全可归责于一方当事人原因,故案涉《认购书》解除后,莆田建工集团收取的定金及部分购房款共计 3,641,237 元及公维金 20,202 元,应当返还陈某霞。

15. 买方网签时无购房资格但过户前有购房资格,卖方应配合重新网签

一般而言,房屋管理部门审核房屋买受人是否具备购房资格是以网签时为审核时间节点,网签时买受人无购房资格的则不予办理变更登记。但是,如果网签时无购房资格,但网签合同约定的过户日前房屋买受人具备了购房资格,房屋买受人是否可以要求房屋出卖人配合重新网签?笔者代理的上海市嘉定区人民法院

(2017)沪0114民初1473号案和上海市第二中级人民法院(2017)沪02民终8070号案的核心争议焦点即涉此问题,笔者从网签的法律意义、房屋买受人要求出卖人配合重新网签的法律依据、是否违背合同自由原则三个方面说明了房屋出卖人有义务配合房屋买受人重新网签,一审和二审法院都采纳了笔者的观点。

一、网签的法律意义

网签,首先是防止房屋出卖人一房二卖,保护法律关系的稳定性;其次,审核买受人是否具备购房资格,标的房屋是否符合限售规定,是否符合税收征管等要求。

二、要求重新网签的法律依据

《民法典》第五百零九条第二款规定:"当事人应当遵循诚信原则,根据合同的性质、目的和交易习惯履行通知、协助、保密等义务。"房屋买受人要求房屋出卖人配合重新网签,即房屋买受人要求房屋出卖人履行其协助义务,房屋出卖人应当履行此协助义务,配合买受人重新网签。

三、不违背合同自由原则

《民法典》第五条规定:"民事主体从事民事活动,应当遵循自愿原则,按照自己的意思设立、变更、终止民事法律关系。"房屋买受人要求房屋出卖人配合重新网签并未违反合同自由原则,因为重新网签只是满足行政管理的需要(网签时房屋买受人需具备购房资格),合同的权利义务并未发生任何变更。而合同关系即权利义务关系,合同当事人按照自己意思设立合同关系即按照自己的意思设立权利义务关系,在权利义务关系没有任何改变的情况下,重新网签并不违反合同自由原则。

2-3 原告吴某华与被告施某、施某恒、谢某珍房屋买卖合同纠纷案

裁判要旨:房屋买受人网签时无购房资格,但合同约定的过户日前具备购房资格的,房屋出卖人有义务在不改变合同权利义务关系的前提下配合房屋买受人重新办理网签手续。

案情简介:2020年11月29日,吴某华(乙方)与施某、施某恒、谢某珍(甲方)签订《上海市房地产买卖合同》(第一版),约定双方在2021年2月28日之前办理过户手续,并对房屋交易的其他事宜作了约定。合同签订后,吴某华按约支付了房款。

2021年1月吴某华社保满5年，始具备购房资格。2021年1月14日，吴某华在中介打印出来的第二版网签合同上签字，之后中介准备寄送给出卖方签字。2021年1月17日上午，出卖方致电中介称，如果要重新签订第二版网签合同，需要根据系争房屋市场价签订。当晚，中介又去出卖方家中沟通未成。随后，吴某华诉至法院，要求施某、施某恒、谢某珍配合办理过户和交房手续。

裁判观点：【案号：上海市浦东新区人民法院(2021)沪0115民初13652号】网签合同系基于行政管理需要所作的登记备案手续，重新办理网签并不要求买卖双方对房屋买卖的权利义务加以重新约定，对双方当事人的权利义务并无实质影响，属于出卖人履行买卖合同的附随义务，而非双方之间签订新的买卖合同。因此，为了系争房屋过户之需，出卖方在买受方社保缴纳满5年后有义务配合买受方重新签订网签合同。现买受方已将剩余房款164万元交至法院代管款账户，出卖方理应按约协助买受方办理产权过户手续并交房。

16. 带抵押的房屋可以买卖，可以过户

房屋可带抵押转让，这是《民法典》的一大“创新”。

《民法典》第四百零六条规定：“抵押期间，抵押人可以转让抵押财产。当事人另有约定的，按照其约定。抵押财产转让的，抵押权不受影响。抵押人转让抵押财产的，应当及时通知抵押权人。抵押权人能够证明抵押财产转让可能损害抵押权的，可以请求抵押人将转让所得的价款向抵押权人提前清偿债务或者提存。转让的价款超过债权数额的部分归抵押人所有，不足部分由债务人清偿。”对此规定，需要注意如下几点：

一、抵押期间，抵押人原则上可以转让抵押财产

抵押期间，抵押人可以转让抵押财产。当事人另有约定的，按照其约定。即抵押期间，抵押人原则上可以转让抵押财产，但是如果抵押人和抵押权人明确约定抵押期间抵押人不得转让抵押财产的，从其约定。

如果抵押人和抵押权人明确约定抵押期间抵押人不得转让抵押财产，但抵押人违反该约定，法律后果如何呢？

(一)抵押人对抵押权人构成违约

抵押人违反其和抵押权人之间的约定，抵押人自然构成违约，需向抵押权人承

担相应的违约责任。

(二)受让人可以取得抵押物所有权,但抵押权人的抵押权仍有效

1. 抵押人转让抵押物给受让人的债权行为和物权行为均有效

抵押人转让抵押物给受让人的债权行为和物权行为均有效,因为:第一,抵押人是抵押物的所有权人,对抵押物享有占有、使用、收益、处分的权利,其转让抵押物符合法理;第二,鉴于抵押权具有追及力,即抵押物转让后,抵押权人对抵押物仍享有抵押权,抵押权人的权利基本没有受到侵害,因此也不符合"恶意串通,损害第三人利益"等合同无效事由。

2. 受让人取得抵押物所有权是继受取得,并非通过善意取得制度而取得

抵押人是抵押物的所有权人,其有权处分自己的物,不存在无权处分的情况,因此,受让人是通过买卖等普通的继受取得所有权的方式取得抵押物的所有权,而非通过善意取得制度而取得抵押物的所有权。

3. 抵押权人对抵押物仍享有抵押权

继受取得物的所有权,物上的权利负担(抵押权)仍有效,这是基本法理。因此,抵押权人对抵押物仍享有抵押权。

二、抵押权具有追及力

抵押财产转让的,抵押权不受影响,即抵押权具有追及力,这是《民法典》和之前的法律、司法解释关于抵押物转让之规定最本质的区别。《民法典》之前的法律、司法解释对于抵押物转让之规定都是建立在抵押权无追及力的基础上,而《民法典》对于抵押物转让之规定是建立在抵押权有追及力的基础上。既然抵押权有追及力,不论抵押物如何流转,抵押权人对抵押物都一样享有优先受偿权,抵押权人的权利基本不会因抵押物的转让而受到侵害,这就为抵押物在抵押期间的转让创造了条件。

三、"通知"是履行附随义务

抵押人转让抵押财产的,应当及时通知抵押权人。这里的"通知"是抵押人履行其附随义务(抵押人和抵押权人约定抵押人转让抵押财产应通知抵押权人的,则是抵押人履行主合同义务),抵押人未履行此通知义务,不影响抵押人转让抵押财产的债权效力和物权效力。

四、抵押权人对转让价款无优先受偿权

抵押权人能够证明抵押财产转让可能损害抵押权的，可以请求抵押人将转让所得的价款向抵押权人提前清偿债务或者提存。对此，需要注意如下两点：

1. 因抵押权人对抵押物仍享有抵押权，抵押权人的权利基本不会因抵押物的转让而受到不利影响。因此，抵押权人对于抵押物的转让价款不再享有优先受偿权，否则就“重复”优先受偿了。

2. 抵押权人要求抵押人将转让所得的价款向抵押权人提前清偿债务或者提存的，抵押权人需举证证明抵押财产转让可能损害抵押权。这也是因为按照一般法理和日常生活经验法则，抵押权人的权利基本不会因抵押物的转让而受到不利影响。

五、抵押物转让后，债务人不发生变更

抵押人转让抵押物，受让人取得抵押物的所有权，抵押权人仍对抵押物享有抵押权，但是债务人不发生变更——债务人仍是原债务人，而非抵押物的受让人。抵押人（不一定是债务人）以转让价款清偿债务的，转让的价款超过债权数额的部分归抵押人所有，债务消灭，抵押权人有义务涤除抵押物上的抵押权；转让的价款不足债权数额的，不足部分由债务人清偿，债务人未完全清偿其债务前，抵押权人仍对抵押物享有抵押权。

通过上述分析可以看出，“抵押期间，抵押人可以转让抵押财产”这一规定，从抵押担保的角度看，其实就是换了一个抵押人，抵押财产没有变。抵押权是物权，抵押权指向的对象是物，而非人，因此抵押财产转让的，只是抵押财产的所有权人发生变更，抵押权没有发生变更。

六、与房屋管理部门政策的衔接

虽然2021年1月1日《民法典》开始实施，《最高人民法院、国土资源部、建设部关于依法规范人民法院执行和国土资源房地产管理部门协助执行若干问题的通知》第一条第一款规定，人民法院在办理案件时，需要国土资源、房地产管理部门协助执行的，国土资源、房地产管理部门应当按照人民法院的生效法律文书和协助执行通知书办理协助执行事项，但是从“实然”的角度讲，要等到房屋管理部门配套的政策落地了，才能真正地实现带抵押房屋过户。如当地的房屋管理部门对带抵押的房屋不予办理变更登记（包括有法院的协助执行通知书也不予办理过户手续），

则法院不宜判令带抵押的房屋由出卖人名下过户到买受人名下(但买受人不丧失诉权),以免无法执行强制过户。

2-4 尤某芹与刘某梅、韩某房屋买卖合同纠纷案

裁判要旨:抵押期间,抵押人可以转让抵押财产。

案情简介:2017 年 5 月 24 日,尤某芹(购买方、乙方)与刘某梅、韩某(出售方、甲方)、案外人泉山区吴泰房产中介所(居间方、丙方)签订《房地产买卖合同》,之后又签订了两份补充协议,约定刘某梅、韩某出售涉案房屋给尤某芹,合同并对房屋交易的其他事宜作了约定。合同签订后,尤某芹按约履行了合同义务。2020 年 10 月 29 日,刘某梅、韩某以涉案房屋抵押贷款。尤某芹起诉要求刘某梅、韩某协助将涉案房产变更登记在尤某芹名下。庭审中,刘某梅陈述,因当地限售政策,涉案房屋 2021 年 3 月才能办理网签备案。2021 年 7 月 7 日,一审法院向尤某芹释明,因本案已涉及银行抵押问题,如果尤某芹坚持诉请过户,则意味着接受涉案房屋上的抵押权。尤某芹一方表示对此知情,并明确要求继续履行合同。

裁判观点:【案号:江苏省徐州市中级人民法院(2021)苏 03 民终 8368 号】2017 年至 2018 年,尤某芹与刘某梅、韩某之间签订的《房地产买卖合同》及房屋买卖《补充协议》,系双方的真实意思表示,不违反法律、行政法规强制性规定,依法成立并生效。刘某梅、韩某主张案涉房屋于 2020 年 10 月 29 日抵押给案外人,无法办理房屋产权变更。《民法典》第四百零六条规定,抵押期间抵押人可以转让抵押财产,抵押财产转让的,抵押权不受影响。刘某梅、韩某在将房屋出售给他人的情况下,在涉案房屋上设立抵押权,不影响尤某芹与刘某梅、韩某之间的房屋买卖合同效力。现涉案房屋已具备办理网签备案及产权变更登记条件,尤某芹主张继续履行房屋买卖合同,要求刘某梅、韩某协助办理涉案房屋产权变更登记手续,有事实和法律依据。一审法院判决刘某梅、韩某协助尤某芹办理案涉房屋产权变更登记手续,并无不当。

17. 债务人用第三人名下的房产抵债,债务人承担合同义务和责任

一、由第三人履行的合同

《民法典》第五百二十三条规定:“当事人约定由第三人向债权人履行债务,第

三人不履行债务或者履行债务不符合约定的,债务人应当向债权人承担违约责任。”该规定法理上称为由第三人履行的合同,是涉他合同的一种(另一种涉他合同是为第三人履行的合同),这种类型的合同并未突破合同的相对性。合同的相对性是指合同仅约束合同当事人,合同权利由合同当事人享有,合同义务也由合同当事人履行。因此,由第三人履行的合同,如果第三人不履行债务或者履行债务不符合约定的,债权人不得要求第三人履行,也不得要求第三人承担其他违约责任,债权人只得要求债务人承担违约责任。

二、由第三人履行的合同与债务加入的区别

《民法典》第五百五十二条规定:“第三人与债务人约定加入债务并通知债权人,或者第三人向债权人表示愿意加入债务,债权人未在合理期限内明确拒绝的,债权人可以请求第三人在其愿意承担的债务范围内和债务人承担连带债务。”从第五百五十三条和第五百二十三条的规定可以看出,由第三人履行的合同与债务加入的本质区别在于:债务加入后,第三人也成了债务人,债权人可以要求债务人履行或承担其他违约责任;而由第三人履行的合同,债权人不得要求第三人履行,也不得要求第三人承担其他违约责任。

三、由第三人履行的合同与债务转移的区别

《民法典》第五百五十一条规定:“债务人将债务的全部或者部分转移给第三人的,应当经债权人同意。债务人或者第三人可以催告债权人在合理期限内予以同意,债权人未作表示的,视为不同意。”从该条与第五百二十三条规定可以看出,由第三人履行的合同与债务转移的本质区别在于:债务转移后,转移的债务不再由原债务人承担义务;而由第三人履行的合同,债务人始终没有发生变更。

2-5 刘某梅与欧某平房屋买卖合同纠纷案

裁判要旨:由第三人履行的合同系为第三人增加负担合同,故从法律效果上看,其只是对合同履行主体的约定,但是对第三人不具有法律约束力,第三人是否履行为第三人的自由,第三人不履行债务或者履行债务不符合约定的,第三人不承担违约责任,而应当由债务人承担相应的违约责任。

案情简介:2013 年 9 月 24 日,欧某平用其购买的尚登记在开发商辽宁城置地产开发有限公司名下的房产抵债给刘某梅。欧某平出具书面承诺书载明:“如这房

没有,欧某平有义务退刘某梅全部房款共计伍拾万元整。"2014年3月28日,刘某梅与辽宁城置地产开发有限公司就案涉房屋签订了《商品房买卖合同》,因案涉房屋被查封,商品房买卖合同无法进行备案,且被告欧某平亦未将案涉房屋交付给原告。刘某梅诉至法院,要求欧某平返还借款50万元并支付利息。

裁判观点:【案号:辽宁省沈阳市中级人民法院(2022)辽01民终896号】《民法典》第五百二十三条规定,当事人约定由第三人向债权人履行债务,第三人不履行债务或者履行债务不符合约定的,债务人应当向债权人承担违约责任。由第三人履行的合同,又称第三人负担的合同,是指合同当事人约定由第三人履行债务的合同,是涉他合同的一种类型。案涉房屋并未登记在欧某平名下,本案欧某平与刘某梅在达成以案涉房屋抵债的协议后刘某梅直接与辽宁城置地产开发有限公司签订案涉房屋的《商品房买卖合同》,属于欧某平作为债务人与债权人刘某梅约定由辽宁城置地产开发有限公司作为第三人向刘某梅履行交付案涉房屋以及办理案涉房屋更名过户的义务,故本案属于由第三人履行的合同。由第三人履行的合同系为第三人增加负担合同,故从法律效果上看,其只是对合同履行主体的约定,但是对第三人不具有法律约束力,第三人是否履行为第三人的自由,第三人不履行债务或者履行债务不符合约定的,第三人不承担违约责任,而应当由债务人承担相应的违约责任。从广义的角度看,由第三人履行的合同属于广义的担保行为之一种,其目的在于确保他人的履行。通过债权人刘某梅与债务人欧某平这一"以房抵债"的约定,债务人欧某平负担的义务是在第三人辽宁城置地产开发有限公司没有履行债务或者履行债务不符合约定时,由债务人欧某平向债权人刘某梅承担违约责任。由第三人履行的合同具有以下特点:第一,由第三人履行的合同在债权人与债务人之间签订,第三人并非合同的当事人。据此,合同的生效无须关注第三人的行为能力或者第三人是否因另一法律关系而负有履行义务。该合同所约定的债务是由债务人负担,而非由第三人负担。第三人未履行债务或者履行债务不符合约定的,承担违约责任的是债务人。第二,由第三人履行的合同订立的目的是要确保他人的履行。债务人所允诺的并非自己的履行,而是第三人的确定的或者可得确定的行为。故在本案欧某平将案涉房屋出卖给刘某梅并确定由第三人辽宁城置地产开发有限公司向刘某梅履行交付房屋及办理案涉房屋更名过户手续义务的情况下,辽宁城置地产开发有限公司未履行交付案涉房屋以及更名过户的义务时,刘某梅作为债权人有权就案涉房屋向作为"以房抵债"的债务人欧某平主张本案的相关权利,即刘某梅有权向"以房抵债"的相对人欧某平主张违约责任,此即"合同的相对性原则",刘某梅在此享有的权利包括返还购房款以及支付占用购房款的利息。

18. 买房人可代卖房人偿还银行贷款且该债权自动转让给买房人

房屋买受人想继续履行合同,但是标的房屋上存在银行抵押权且房屋出卖人不主动偿还抵押贷款并涤除抵押权怎么办?房屋买受人代房屋出卖人还款是否可以冲抵房款?如房屋买受人代偿银行贷款的金额超过购房尾款,超过部分是否可以向房屋出卖人追偿?请求权基础是什么?《民法典》第五百二十四条对上述问题作出了具体规定。

《民法典》第五百二十四条规定:"债务人不履行债务,第三人对履行该债务具有合法利益的,第三人有权向债权人代为履行;但是,根据债务性质、按照当事人约定或者依照法律规定只能由债务人履行的除外。债权人接受第三人履行后,其对债务人的债权转让给第三人,但是债务人和第三人另有约定的除外。"

一、房屋买受人有权代房屋出卖人偿还银行贷款

房屋买受人有权代房屋出卖人向银行偿还贷款。当然,如果银行和房屋出卖人的贷款合同约定该贷款只能由房屋出卖人偿还,不能由其他人代偿,或者房屋买卖双方的房屋买卖合同明确约定房屋买受人不能代房屋出卖人偿还银行贷款的,房屋买受人不得代房屋出卖人偿还银行贷款。

二、代还款后,银行对房屋出卖人的债权自动转让给房屋买受人

房屋买受人代房屋出卖人偿还银行贷款后,银行对房屋出卖人的债权自动转让给了房屋买受人,且此债权转让系自动转让,不需要银行和房屋买受人签署债权转让协议,也不需要通知房屋出卖人即生效。

债权自动转让,解决了"抵销房款"和"追偿"两个问题:如房屋买受人代还款金额 a 小于购房尾款 b(房屋总价减去房屋买受人已付款),则代还款 a 抵销购房尾款,差额 b－a 仍应由房屋买受人支付给房屋出卖人;如房屋买受人代还款金额 a 大于购房尾款 b,则 a 中的 b 抵销购房尾款 b,差额 a－b 系房屋买受人对房屋出卖人的债权,房屋买受人自然可以向房屋出卖人主张;如房屋买受人代还款金额 a 等于购房尾款 b,则正好 a 与 b 抵销,不存在差额的补齐或追偿。

当然,如果房屋买卖双方约定代还款后不发生债权转让的,从其约定。

三、司法实践中需要注意的问题

本专题所说的房屋买受人代房屋出卖人偿还银行贷款系还清标的房屋的全部抵押贷款余额,即我们通常所说的“提前还款”。而银行对房屋出卖人提前还款有严格的合同约定和程序要求,一般而言,银行只能从房屋出卖人的还款账户里扣款,而不接受房屋买受人直接向银行付款,且银行在扣款之前需要房屋出卖人签署相关的文件确认(本专题不考虑房屋出卖人提前还款需向银行支付违约金的情况)。很明显,如果房屋出卖人不配合,房屋买受人无法推动并完成上述流程。因此,对于房屋买受人代还款,一般要在诉讼程序中进行,有法院这一公权力的介入,代还款在流程上就很容易操作了。

2-6 刘某与王某征、王某民等房屋买卖合同纠纷案

裁判要旨:房屋买受人代房屋出卖人偿还借款后,房屋出卖人之债权人的债权自动转让给房屋买受人。

案情简介:2012 年 7 月 19 日,王某征(出卖人,甲方)、贾某(房屋共有产权人)与刘某(买受人,乙方)签订《拆迁安置房买卖合同》,对房屋买卖事宜作了约定。当日,刘某之父刘某昌向贾某转账支付了全部房款,案涉房屋于 2012 年 7 月起由刘某使用至今。2018 年 5 月 14 日,王某征取得案涉房屋不动产权证书。2019 年 1 月 22 日,王某征向王某民借款并用涉案房屋作了抵押担保。王某征未按约还款,王某民诉至法院,法院判决:王某征于判决生效后十日内偿还王某民借款本金 76 万元并支付利息(以 76 万元为基数,自 2019 年 1 月 22 日起,按照月息 2% 计算至实际付清之日止)。判决生效后,因王某征未按照判决履行给付义务,王某民向本院申请强制执行,经询问,王某征庭审中认可尚未偿还过王某民借款,且法院执行局尚未强制执行其任何款项。王某民称,依据法院判决,截至 2021 年 1 月 14 日,王某征未履行任何判决内容,现今共欠本息 112.48 万元(不含迟延履行金、诉讼费及执行费),如刘某一次性给付 92 万元,同意解除案涉房屋抵押手续……当日,刘某之父刘某昌代为向王某民转账 92 万元。

裁判观点:【案号:北京市大兴区人民法院(2019)京 0115 民初 2518 号】债务人不履行债务,第三人对履行该债务具有合法利益的,第三人有权向债权人代为履行;但是,根据债务性质、按照当事人约定或者依照法律规定只能由债务人履行的除外。债权人接受第三人履行后,其对债务人的债权转让给第三人,但是债务人和

第三人另有约定的除外。本案中,刘某为了排除案涉房屋被限制转让的条件实现购房的合同目的,通过代王某征履行生效法律文书所确定的给付义务向王某民支付92万元的方式涤除王某民就案涉房屋设定的借款抵押权后,依法享有了对王某征的代位求偿权且代偿金额92万元并未损害王某征的合法权益,故刘某要求王某征偿还垫付款项92万元,有事实及法律依据,法院予以支持。

19.借名买房的法理定性和司法处理

借名买房在司法实践中很常见,如笔者代理的上海市松江区人民法院(2020)沪0117民初13493号案就涉及借名买房。对于借名买房,需注意如下两个问题:

一、物权关系与债权关系之争

《最高人民法院关于适用〈中华人民共和国民法典〉物权编的解释(一)》第二条规定:"当事人有证据证明不动产登记簿的记载与真实权利状态不符、其为该不动产物权的真实权利人,请求确认其享有物权的,应予支持。"该规定和《最高人民法院关于适用〈中华人民共和国物权法〉若干问题的解释(一)》(已失效)第二条的规定一样。很多人基于此规定认为在借名买房法律关系中,借名人是标的房产的实际所有权人,借名人可以通过确权之诉确认其对标的房产的所有权。但是也有人认为,"不动产登记簿的记载与真实权利状态不符"是指由于登记错误导致的不动产登记簿的记载与真实权利状态不符,不包括借名买房法律关系,借名买房法律关系中,借名人和出名人之间是合同关系,借名人只能基于合同关系去实现其权利,但借名人不能直接基于与出名人的合同而对标的房产享有所有权。

二、借名买房的司法处理

司法实践中,涉及借名买房的最常见的法律纠纷之一即借名人想要将标的房产过户到其名下,法院对此一般是从合同纠纷的角度进行审查,根据有明确合同约定和无合同约定两种不同的情形,借名人要想取得标的房产的所有权,所需满足的条件是不同的。

(一)有明确合同约定

在有明确合同约定的情形下,借名人要想将标的房屋过户到其名下,需满足以下两个条件:

1. 合同约定的过户条件已成就

(1)借名人的合同义务已完全按约履行。借名人与出名人签订的合同中,借名人一般要履行一定的义务,如借名人需向出名人支付一定的代持费用等。只有在借名人完全按照合同约定履行了自身合同义务的情况下,才能要求出名人将房屋过户到其名下。

(2)支付了出名人代付的费用和成本。在借名买房法律关系中,如部分房款是按揭贷款,则名义借款人是出名人,如出名人代借名人支付了部分银行贷款,则借名人应如数偿还。如由于代持导致出名人遭受了一定的损失,也应由借名人补偿(如出名人自己买房贷款,因名下有此代持房屋而无法享受优惠贷款利率,出名人因此而多付的利息理应由借名人补偿)。

2. 没有履行障碍

比如,标的房屋没有另案司法查封,借名人具备购房资格等。

(二)无合同约定

借名买房法律关系中,借名人和出名人往往是亲朋好友,关系密切,碍于情面而没有签订任何书面的法律文件。在此情形下,借名人要想将标的房屋过户到其名下,除满足上述"合同约定的过户条件已成就"和"没有履行障碍"这两个条件之外,还要满足一个前提条件:证明其和出名人之间存在借名买房法律关系。借名人一般可以通过证明如下法律事实来证明其和出名人之间存在借名买房法律关系:(1)购房款是借名人实际支付的,银行贷款(如有)也是借名人实际偿还的;(2)不动产权证等权属证明文件原件由借名人保管;(3)标的房屋在借名人实际控制之下,包括实际居住、出租、空置但钥匙在借名人手里等情形。

2-7 原告李某林与被告刘某伟、田某霞房屋买卖合同纠纷案

裁判要旨:借名买房协议约定的出名人将系争房屋过户到借名人名下的条件成就,且系争房屋没有履行障碍(借名人具备购房资格,房屋没有另案司法查封等履行障碍)的,出名人应按照与借名人的约定履行相关手续。

案情简介:2008年3月14日,刘某伟与城开公司签订《北京市存量房屋买卖合同》,约定刘某伟购买诉争房屋,售房价格762,076.4元,城开公司向售房人开具的售房发票显示,城开公司分别于2017年2月13日收到诉争房屋的购房款655,080元,于2008年3月13日收到诉争房屋的购房款106,996.4元。2009年2月25日,

诉争房屋产权登记至刘某伟名下。2008 年 3 月 20 日，原告李某林（甲方）与被告刘某伟（乙方）签署《协议》，约定甲方欲购买诉争房屋，但由于出售方要求购房人须具有北京市常住户口，基于此条件，甲方于 2007 年 2 月将第一阶段购房款 655,080 元支付给乙方，于 2008 年 3 月将剩余房屋购置款人民币 117,548.65 元及办理产权相关手续费用人民币 40,647 元，共计 813,275.65 元支付给乙方。并委托乙方以乙方的名字购买该房屋。该房屋在双方产权转移交接手续完善之前，甲方拥有该房屋实际所有权，乙方拥有该房屋名义所有权。今后双方在办理房屋产权变更手续时，乙方将全力配合甲方办理，所发生的任何相关费用均由甲方承担。因上述协议签订时原告尚未成年，故协议中由其母亲韩某琴作为甲方法定代理人代为签署。刘某伟分别在 2007 年 2 月 6 日、2008 年 3 月 10 日收到了原告的母亲向其交付的购买诉争房屋的购房款 655,080 元、160,000 元。原告当时在北京上学，原告一家打算让原告今后在京发展，故决定购买诉争房屋。诉争房屋交付使用后，原告的母亲曾长期委托被告对外出租，被告每年制作诉争房屋收入与支出的明细表，并通过电子邮件的形式将其发送给原告的母亲。自 2017 年起，诉争房屋由原告装修并居住至今。另被告田某霞与被告刘某伟系夫妻关系，二人于 2000 年 8 月 23 日起登记结婚，被告田某霞对原告的主张亦予以认可。诉争房屋现不存在查封或者抵押等限制交易的情况。原告现为北京市户籍，具备北京市购房资格。

裁判观点：【案号：北京市东城区人民法院（2021）京 0101 民初 10336 号】依法成立的合同对双方当事人具有约束力，双方均应按照合同的约定全面履行自己的义务。由原告与被告于 2008 年 3 月 20 日签订的《协议》可知，原、被告之间系借名买房合同关系。根据《协议》约定，今后双方在办理房屋产权变更手续时，乙方将全力配合甲方办理，所产生的任何相关费用均由甲方承担。现原告要求被告配合其办理诉争房屋的所有权转移登记手续的诉讼请求，符合法律规定，法院予以支持。

20. 房产纠纷中不安抗辩权的行使

房屋买卖合同是双务合同，双方当事人互负对待给付义务，双方应当根据合同约定的时间顺序履行，应当先履行债务一方未履行的，后履行一方有权拒绝其履行请求。但是，在一些特定情况下，应当先履行债务的当事人可以中止履行，当事人的此种权利即不安抗辩权。笔者代理的上海市松江区人民法院（2019）沪 0117 民初 6487 号案和上海市第一中级人民法院（2019）沪 01 民终 13851 号案就是通过对不安抗辩权法理的运用获得了胜诉。

《民法典》第五百二十七条规定:“应当先履行债务的当事人,有确切证据证明对方有下列情形之一的,可以中止履行:(一)经营状况严重恶化;(二)转移财产、抽逃资金,以逃避债务;(三)丧失商业信誉;(四)有丧失或者可能丧失履行债务能力的其他情形。当事人没有确切证据中止履行的,应当承担违约责任。”第五百二十八条规定:“当事人依据前条规定中止履行的,应当及时通知对方。对方提供适当担保的,应当恢复履行。中止履行后,对方在合理期限内未恢复履行能力且未提供适当担保的,视为以自己的行为表明不履行主要债务,中止履行的一方可以解除合同并可以请求对方承担违约责任。”这是《民法典》关于不安抗辩权的规定,具体到房屋买卖合同纠纷,需要注意以下几点:

一、丧失或者可能丧失履行债务能力的情形

什么是房屋买卖合同纠纷中丧失或者可能丧失履行债务能力的情形?笔者认为,房屋买卖合同纠纷中丧失或者可能丧失履行债务能力的情形即应当先履行的一方即便履行了义务,对方也无法履行其义务。例如,笔者代理的上海市松江区人民法院(2019)沪0117民初6487号案和上海市第一中级人民法院(2019)沪01民终13851号案中,2019年3月4日房屋买卖双方签订的合同约定2019年3月6日之前房屋买受人支付房屋出卖人房款人民币18万元整,双方于2019年3月7日前网签。但是,2019年3月5日房屋买受人发现因房屋出卖人(香港籍)的港澳居民来往内地通行证换证导致号码与房屋出卖人购入系争房屋时所持上述证件号码不一致,无法按照原定时间办理网签。因此,房屋买受人行使不安抗辩权,未在2019年3月6日之前全额支付房款18万元。

对于丧失或者可能丧失履行债务能力的情形,需要注意如下两点:

1. 应当后履行义务的一方肯定或大概率无法履行。这里的“肯定或大概率”应当是根据日常生活经验法则和具体案情作出的判断,应当符合一般人的判断标准,而不能是应当先履行义务的一方主观猜测,甚至是把风险放大后的猜测。

2. 即便应当先履行义务的一方履行了义务,后履行的一方也无法履行。但是,先履行义务的一方履行后,后履行义务的一方有能力履行除外。比如,合同约定房屋买受人先支付房款给出卖人,出卖人再偿还银行贷款涤除标的房屋的抵押权。也许房屋出卖人的确没有经济能力偿还银行贷款涤除标的房屋的抵押权,但是房屋买受人向房屋出卖人支付房款后,房屋出卖人即有经济能力偿还银行贷款涤除标的房屋的抵押权,在这种情况下,房屋出卖人不符合丧失或者可能丧失履行债务

能力的情形，房屋买受人无权行使不安抗辩权。

二、应当先履行义务一方的通知义务

自认为享有不安抗辩权的一方当事人有义务及时通知对方，通知的内容应为因对方存在某问题，应当先履行义务一方享有并行使不安抗辩权，暂缓履行某义务，并催告对方提供担保或恢复履行能力。这个通知有以下作用：

1. 进一步确认应当先履行义务的一方是否享有不安抗辩权

司法实践中，应当先履行义务一方自认为享有不安抗辩权的，对方可能对此并不认同。应当先履行义务一方履行了通知义务后，对方可能会拿出相关证据证明其有履行能力，并对应当先履行义务一方自认为享有不安抗辩权进行反驳。如此，则能够通过合同双方当事人的沟通进一步确认应当先履行义务的一方是否享有不安抗辩权。

2. 督促丧失或者可能丧失履行债务能力的后履行义务的一方尽快恢复履行能力

如果应当后履行义务的一方的确丧失或者可能丧失履行债务能力，应当先履行义务一方明确表示其享有并行使不安抗辩权，有助于促使对方更积极地去恢复履行能力。如果没有不安抗辩权人的通知，对方可能存在一些侥幸心理，甚至认为不安抗辩权人违约，这不利于其履行能力的恢复，也不利于合同的继续履行。

3. 有利于诉讼中查明案件事实

诉讼中，合同双方对于合同没有履行的原因和过错可能会各执一词，如果有应当先履行义务一方的通知，有利于法院查明案件事实。

三、行使不安抗辩权的法律后果

1. 应当先履行义务的一方有权暂缓履行。

2. 对方恢复履行能力或提供适当担保的，应当先履行义务的一方应恢复履行。

3. 对方在合理期限内未恢复履行能力且未提供适当担保的，应当先履行义务的一方可以解除合同并可以请求对方承担违约责任。

2-8 原告王某雨与被告孙某房屋买卖合同纠纷案

裁判要旨：房屋共有人未确认同意出售标的房屋，房屋出卖人可能无法履行合同，应当先履行付款义务的房屋买受人享有不安抗辩权，有权暂缓支付房款并要求房屋出卖人恢复履行能力。否则,房屋买受人有权解除合同并要求房屋出卖人承担违约责任。

案情简介:2018年1月9日,王某雨(买受人)与孙某(出卖人)签订《北京市存量房屋买卖合同》,对房屋买卖事宜作了约定。上述合同签订当日,双方签署了《存量房交易结算资金自行划转声明》(附件一),但附件二《共有权人同意出售证明》,孙某妻子不同意签署,王某雨考虑到共有权人未签署的风险,未按约于合同签订当日支付定金及后续房款。

裁判观点:【案号:北京市大兴区人民法院(2021)京0115民初266号】当事人采用合同书形式订立合同的,自双方当事人签字或者盖章时合同成立。王某雨与孙某签订《北京市存量房屋买卖合同》,自双方签字时合同成立,对孙某主张的因附件二未签订,合同未成立,法院不予采信。王某雨与孙某签订《北京市存量房屋买卖合同》,系双方当事人真实意思表示,内容不违反法律、行政法规的强制性规定,合法有效。双方均应按照合同约定全面履行自己的义务。应当先履行债务的当事人,有确切证据证明对方有下列情形之一的,可以中止履行:(1)经营状况严重恶化;(2)转移财产、抽逃资金,以逃避债务;(3)丧失商业信誉;(4)有丧失或者可能丧失履行债务能力的其他情形。根据现已查明的事实,因孙某妻子未配合签署附件二即《共有权人同意出售证明》,王某雨考虑到实际履行中的风险,未按照合同约定于合同签订当日支付定金,并无不妥,现《北京市存量房屋买卖合同》并未实际履行,且涉案房屋已经再次出售,对于王某雨当庭要求解除双方签订的《北京市存量房屋买卖合同》的诉讼请求,法院予以支持。根据合同第五条第三项约定"除不可抗力外,如出现以下情况之一的,则违约方的违约情形已构成根本违约,守约方有权单方解除合同,且违约方须按照本合同约定的购房款总额的20%向守约方支付违约金且赔偿守约方已交纳的居间服务费用和各种损失"。考虑到王某雨已经及时止损,并未产生较大的实际损失,综合本案的实际情况,本院对王某雨主张的违约金、居间服务费综合考虑,酌定由孙某支付王某雨违约金60,000元。

21. 房屋买卖合同解除的方式和时间节点

一、合同解除的方式

合同解除的方式有两种:单方解除和合意解除。

（一）单方解除

单方解除权有两个来源：一是合同约定的解除条件成就，即约定解除；二是法律规定的解除条件成就，即法定解除。

1.行使约定解除权解除合同

《民法典》第五百六十二条第二款规定："当事人可以约定一方解除合同的事由。解除合同的事由发生时，解除权人可以解除合同。"

2.行使法定解除权解除合同

《民法典》第五百六十三条规定："有下列情形之一的，当事人可以解除合同：（一）因不可抗力致使不能实现合同目的；（二）在履行期限届满前，当事人一方明确表示或者以自己的行为表明不履行主要债务；（三）当事人一方迟延履行主要债务，经催告后在合理期限内仍未履行；（四）当事人一方迟延履行债务或者有其他违约行为致使不能实现合同目的；（五）法律规定的其他情形。以持续履行的债务为内容的不定期合同，当事人可以随时解除合同，但是应当在合理期限之前通知对方。"

（二）合意解除

《民法典》第五百六十二条第一款规定："当事人协商一致，可以解除合同。"

二、合同解除的行使方式及解除时间节点

（一）单方解除权的行使方式及解除时间节点

《民法典》第五百六十五条规定："当事人一方依法主张解除合同的，应当通知对方。合同自通知到达对方时解除；通知载明债务人在一定期限内不履行债务则合同自动解除，债务人在该期限内未履行债务的，合同自通知载明的期限届满时解除。对方对解除合同有异议的，任何一方当事人均可以请求人民法院或者仲裁机构确认解除行为的效力。当事人一方未通知对方，直接以提起诉讼或者申请仲裁的方式依法主张解除合同，人民法院或者仲裁机构确认该主张的，合同自起诉状副本或者仲裁申请书副本送达对方时解除。"根据上述规定，享有单方合同解除权的当事人可以通过书面、口头、诉讼等方式行使合同解除权。解除权是形成权，可因权利人单方意思表示而使法律关系发生变化，即享有解除权的一方解除合同的意思表示到达对方时合同即解除。合同解除后，原享有合同解除权的一方再要求继续履行合同的，应当视为一个新的要约，需对方承诺，合同方得成立。

（二）合意解除的行使方式及解除时间节点

合意解除的行使方式是合同双方达成合同解除的合意，合意达成时合同即解除。一方提出解除合同的要约，在对方承诺的意思表示在要约确定的期限内或符合法律规定的期限内到达要约人时合同即解除。

2-9 李某与天竹公司房屋买卖合同纠纷案

裁判要旨：合同解除权为形成权，解除权人单方解除合同的意思表示到达对方时即可以产生合同解除的法律效果。原告起诉解除合同，诉状副本送达被告且被告答辩同意解除合同后，原告又变更诉讼请求为继续履行合同的，其继续履行合同的诉讼请求无法得到支持。

案情简介：李某因与天竹公司房屋买卖合同纠纷向法院起诉，第一项诉讼请求即解除合同，天竹公司收到起诉状副本后答辩同意解除合同，之后李某又变更诉讼请求为继续履行合同。

裁判观点【案号：最高人民法院（2021）最高法民申5381号】合同解除权为形成权，解除权人单方解除合同的意思表示到达对方时即可以产生合同解除的法律效果。虽然《合同法》第九十六条未明确规定当事人可以直接起诉请求解除合同，但并未禁止，依法应当允许解除权人直接起诉请求解除合同。当事人直接起诉请求解除合同的，参照《民法典》第五百六十五条第二款规定“当事人一方未通知对方，直接以提起诉讼或者申请仲裁的方式依法主张解除合同，人民法院或者仲裁机构确认该主张的，合同自起诉状副本或者仲裁申请书副本送达对方时解除”。人民法院在审理后依法确认解除合同主张的，合同解除的时间为合同自起诉状副本或者仲裁申请书副本送达对方之时。李某于2017年7月向一审法院起诉请求解除案涉合同，人民法院已通过向天竹公司送达起诉状的方式向天竹公司作出了合同解除的意思表示，天竹公司亦答辩同意解除合同。李某于2018年7月变更解除合同请求为继续履行合同请求，虽符合《民事诉讼法》关于变更诉讼请求的规定，但其诉讼请求变更时间晚于天竹公司答辩同意解除合同的时间，故二审法院判决确认案涉合同解除，于法有据。李某关于二审判决确认《酒店定向建设协议书》已经解除的认定错误的再审事由，不能成立。

22. 过户前房屋买受人无力支付房款可解除合同，但需承担违约责任

一、房屋买受人“解除权”的法律依据

《民法典》第五百六十三条规定：“有下列情形之一的，当事人可以解除合同：（一）因不可抗力致使不能实现合同目的；（二）在履行期限届满前，当事人一方明确表示或者以自己的行为表明不履行主要债务；（三）当事人一方迟延履行主要债务，经催告后在合理期限内仍未履行；（四）当事人一方迟延履行债务或者有其他违约行为致使不能实现合同目的；（五）法律规定的其他情形。以持续履行的债务为内容的不定期合同，当事人可以随时解除合同，但是应当在合理期限之前通知对方。”从文义解释的角度看，房屋买受人因无力支付房款而不按约支付房款系房屋买受人违约，房屋买受人不享有合同解除权。但是，仔细推敲《民法典》第五百六十三条的立法精神，该条第一款明确了一个原则，即合同解除以能否“实现合同目的”为核心判断标准。房屋买受人的主要合同目的即取得房屋所有权，房屋出卖人的主要合同目的之一即获取房款（将房屋过户到买受人名下也是房屋出卖人的主要合同目的之一），房屋买受人无力支付房款，房屋买卖双方的合同目的都无法实现，此时，准许房屋买受人解除合同，符合《民法典》第五百六十三条第一款的立法精神。并且，房屋买受人无力支付房款，会使房屋买卖合同的履行陷入僵局，参考《民法典》第五百六十三条第二款的规定，准许房屋买受人解除合同，对买卖双方都更公平，且有利于避免法律关系长期处于不稳定状态。但是，需要特别注意的是，房屋买受人无力支付房款可解除合同仅限于过户前，如果房屋已经过户到房屋买受人名下，那房屋买受人即无权再以无力支付房款为由解除合同了，因为这个时候解除合同，房屋再过户到出卖人名下，和房屋买受人将房屋出售他人并无本质区别。当然，如果买卖双方自愿达成解约协议，那是当事人对自己私权利的处分，合法有效。

二、房屋买受人需承担违约责任

（一）房屋买受人违约，需承担违约责任

《民法典》第五百七十七条规定：“当事人一方不履行合同义务或者履行合同义务不符合约定的，应当承担继续履行、采取补救措施或者赔偿损失等违约责任。”房屋买受人因无力支付房款而解除合同，合同解除的原因和责任很明显在于房屋买受人，因此，房屋买受人要承担赔偿损失的违约责任。

（二）违约金的调整

《民法典》第五百八十五条第一款、第二款规定："当事人可以约定一方违约时应当根据违约情况向对方支付一定数额的违约金，也可以约定因违约产生的损失赔偿额的计算方法。约定的违约金低于造成的损失的，人民法院或者仲裁机构可以根据当事人的请求予以增加；约定的违约金过分高于造成的损失的，人民法院或者仲裁机构可以根据当事人的请求予以适当减少。"根据该规定违约金的调整如下：

1. 违约金过分高于造成的损失的

约定的违约金过分高于造成的损失的，人民法院或者仲裁机构可以根据当事人的请求予以适当减少。

2. 违约金低于造成的损失的

约定的违约金低于造成的损失的，人民法院或者仲裁机构可以根据当事人的请求予以增加。

（三）举证责任

《民事诉讼法》第六十七条第一款规定："当事人对自己提出的主张，有责任提供证据。"《全国法院民商事审判工作会议纪要》（以下简称《九民纪要》）第五十条规定："……主张违约金过高的违约方应当对违约金是否过高承担举证责任。"根据上述规定，主张违约金过分高于造成的损失的或违约金低于造成的损失的一方要承担举证责任。

2-10 德城公司与王某房屋买卖合同纠纷案

裁判要旨：房屋买受人无力支付房款，合同履行陷入僵局的，房屋买受人有权解除合同，但需承担违约责任。

案情简介：2020年10月22日，德城公司（出卖人）与王某（买受人）签订商品房买卖合同（预售），合同约定房屋总价款190,679元，买受人按照按揭贷款方式付款，在2020年10月20日前支付首付款95,679元，除首付外，剩余房款金额95,000元应于2020年10月31日前申请办理商业贷款，并按照按揭方式付款；出卖人应在2020年12月1日前向买受人交付该商品房。补充协议约定买受人采用银行按揭贷款，应在购房合同签订后25日内办妥按揭贷款，否则出卖人有权向买受人按日收取总房款万分之三的违约金;如因买受人未及时提供住房贷款所需相关有效贷款资料或买受人自身不符合贷款银行要求的贷款条件或不配合出卖人办理住房贷款,而导致住房贷款在签约后30日内没有及时办好或无法办理,则付款方式由住房贷款付款转为一次性支付,即买受人应在签订售房合同后60日内一次性付清所有房款,否则视为买受人自动放弃该商品的购买权。合同签订当日,王某向德城公司支付房屋首付款95,679元,剩余95,000元房款按照德城公司要求在安徽省濉溪农村商业银行股份有限公司办理房屋按揭贷款,因王某个人征信报告显示其信用卡较多,负债较高,征信查询次数较多,不符合该行贷款条件未通过审核。后德城公司为王某更换其他银行办理房屋按揭贷款仍未成功,德城公司要求王某支付剩余房款未果,遂致纠纷发生。

裁判观点:【案号:安徽省淮北市中级人民法院(2021)皖06民终1889号】《民法典》第五百六十三条第一款规定,有下列情形之一的,当事人可以解除合同:(1)因不可抗力致使不能实现合同目的;(2)在履行期限届满前,当事人一方明确表示或者以自己的行为表明不履行主要债务;(3)当事人一方迟延履行主要债务,经催告后在合理期限内仍未履行;(4)当事人一方迟延履行债务或者有其他违约行为致使不能实现合同目的;(5)法律规定的其他情形。本案中,根据一、二审查明的事实,德城公司与王某签订的商品房买卖合同合法有效,双方应当根据合同确定的内容履行各自的权利义务。王某支付了合同中约定数额的购房首付款后因个人征信原因未能按照约定办理住房贷款,后亦未按照双方约定一次性付清所有房款。一审期间,王某提起反诉要求解除案涉合同,二审审理中,王某亦明确表示自己无能力一次性付清所有房款,案涉合同已陷入僵局,如继续履行合同对王某明显不公平。且案涉合同的《补充协议》第13(6)条约定:"付款方式由住房贷款付款转为一次性支付,即买受人应在签订售房合同后60日内一次性付清所有房款。否则,视为买受人自动放弃该商品房的购买权,出卖人有权解除合同,并有权将该商品房转售他人……德诚公司在王某逾期付款长达一年多的情形下,一直未向王某主张解除合同,违反诚实信用原则。综上所示,一审法院判决解除德城公司与王某之间的商品房买卖合同符合法律规定,二审法院予以确认。关于违约金标准如何确定的问题。《民法典》第五百八十五条规定,当事人可以约定一方违约时应当根据违约情况向对方支付一定数额的违约金,也可以约定因违约产生的损失赔偿额的计算方法。约定的违约金低于造成的损失的,人民法院或者仲裁机构可以根据当事人的请求予以增加;约定的违约金过分高于造成的损失的,人民法院或者仲裁机构可以根据当事人的请求予以适当减少……本案中,案涉房屋的买受人王某因个人征信原因未能在合同约定的期限内办理房屋按揭贷款,且未能通过其他方式支付剩余购房款,已构成违约,应当承担违约责任。德城公司未提供证据证明其实际遭受损失,鉴于双方房屋买卖合同已经解除,德诚公司主张王某自未能在购房合同签订后25日内办妥按揭贷款,按日收取总房价万分之三的违约金直至款项付清已无事实和法律依据,德诚公司完全可将该商品房转售他人,其预期利益能够实现,一审法院依法酌定王某按照房屋总房屋价款的3%,即5720.37元(190,679元×3%)支付德诚公司违约金并无不当。

23. 房屋有质量瑕疵不能实现居住目的的,买受人可以解除合同

《民法典》第六百一十条规定:“因标的物不符合质量要求,致使不能实现合同目的的,买受人可以拒绝接受标的物或者解除合同。买受人拒绝接受标的物或者解除合同的,标的物毁损、灭失的风险由出卖人承担。”一般而言,房屋买受人购买住房是为了居住(包括出租给他人居住收取租金),如果房屋存在质量瑕疵,且此质量瑕疵很严重,导致其居住目的无法实现,则房屋买受人有权依据《民法典》第六百一十条的规定解除合同。

《民法典》第六百一十条可以说是针对买卖标的物质量瑕疵而赋予买受人解除权的特别规定,那么,买受人是否可以依据《民法典》第五百六十三条关于合同法定解除的一般规定来解除合同呢?当然可以。

《民法典》第五百六十三条规定:“有下列情形之一的,当事人可以解除合同:(一)因不可抗力致使不能实现合同目的;(二)在履行期限届满前,当事人一方明确表示或者以自己的行为表明不履行主要债务;(三)当事人一方迟延履行主要债务,经催告后在合理期限内仍未履行;(四)当事人一方迟延履行债务或者有其他违约行为致使不能实现合同目的;(五)法律规定的其他情形。以持续履行的债务为内容的不定期合同,当事人可以随时解除合同,但是应当在合理期限之前通知对方。”根据《民法典》第五百六十三条第一款第四项的规定,因房屋卖售人的违约行为致使不能实现合同目的,房屋买受人可以解除合同。房屋出卖人向买受人交付并变更登记符合质量要求的房屋,自然是房屋出卖人的合同义务,如果房屋出卖人违反这一合同义务,且房屋质量瑕疵很严重以至于不能实现房屋买受人的合同目的,房屋买受人自然可以解除合同。

2-11 唐某平与鸿腾公司商品房销售合同纠纷案

裁判要旨:开发商应承担向房屋买受人交付能够实现正常居住目的的成套住宅的义务,如其交付的房屋不能满足房屋买受人购买该房屋用于居住使用的目的,房屋买受人有权解除合同。

案情简介:2018 年 10 月 9 日唐某平与鸿腾公司签订了《商品房买卖合同》及《补充协议》,约定唐某平购买涉案房屋,关于该商品房所在楼栋的平面位置示意图的具体说明及该商品房的户型平面图见附件一,但附件一空白,无相关内容。唐某平按约支付了房款等费用,2019 年 8 月 7 日鸿腾公司通知唐某平接收房屋,唐某平接收了房屋,但认为交付房屋不符合合同约定。鸿腾公司提供的规划设计图显示,案涉房屋一层规划为卧室、卫生间各一间,负一层规划为家庭影院、休闲厅、储藏室、酒窖。唐某平提供的平面图显示负一层为休闲间、休闲厅、健身房、储藏室。

裁判观点:【案号:四川省资阳市中级人民法院(2021)川 20 民终 586 号】唐某平与鸿腾公司于 2018 年 10 月 9 日签订的《商品房买卖合同》及《补充协议》系双方的真实意思表示,合同内容不违反相关法律法规规定,应为合法有效。根据合同约定,唐某平购买的房屋是鸿腾公司开发修建的成套住宅,唐某平按照约定支付对价后,享有收取成套住宅的权利。鸿腾公司应承担向唐某平交付成套住宅的义务,但其交付房屋分布在该单元的一层和负一层,一层仅有卧室和卫生间,负一层规划设计为休闲功能房屋,天然气无法接通,排污、通风、采光、居住等均受限,与合同约定明显不符,属违约行为。鸿腾公司在当事人报警后对该房屋进行了整改,但仍然不能满足唐某平购买该房屋用于居住使用的目的。根据《民法典》第六百一十条"因标的物不符合质量要求,致使不能实现合同目的,买受人可以拒绝接受标的物或者解除合同。买受人拒绝接受标的物或者解除合同的,标的物毁损、灭失的风险由出卖人承担"之规定,唐某平购买案涉房屋用于居住的合同目的不能实现,可以请求解除案涉合同及补充协议。

24. 房产交易过程中买卖的房屋被司法查封,买受人可以选择解除合同或继续履行合同

房产交易是一个大额交易,对买受人利益影响甚巨。如果房屋买卖双方签订了房屋买卖合同,买受人按约支付了大额的房款,之后房屋因出卖人的其他金钱债务(注:本节以房屋因房屋出卖人之其他金钱债务而被查封为前提展开,这也是最

常见的情形)而被司法查封,这对房屋买受人来说无疑是一个坏消息。这种情况下,房屋买受人的选择有两个:

一、解除合同

因出卖人的其他金钱债务,导致买卖的房屋被司法查封,房屋买受人可以选择解除合同、退还房款、赔偿损失,对此方案,需要注意:

(一)解除条件是否成就

并非只要房屋被查封,买受人就一定有权解除合同,买受人是否有权解除合同要看买受人是否有约定的或者法定的解除权:

1. 行使约定解除权解除合同

《民法典》第五百六十二条第二款规定:"当事人可以约定一方解除合同的事由。解除合同的事由发生时,解除权人可以解除合同。"有些房屋买卖合同会约定房屋交易过程中房子被查封的,经过一定宽限期后买受人有权解除合同,或者合同虽对因查封而解除合同没有特别约定,但是因查封而导致房屋出卖人不能按约履行合同并超过合同约定的宽限期的,房屋买受人有权解除合同。

2. 行使法定解除权解除合同

《民法典》第五百六十三条规定:"有下列情形之一的,当事人可以解除合同:(一)因不可抗力致使不能实现合同目的;(二)在履行期限届满前,当事人一方明确表示或者以自己的行为表明不履行主要债务;(三)当事人一方迟延履行主要债务,经催告后在合理期限内仍未履行;(四)当事人一方迟延履行债务或者有其他违约行为致使不能实现合同目的;(五)法律规定的其他情形。以持续履行的债务为内容的不定期合同,当事人可以随时解除合同,但是应当在合理期限之前通知对方。"如果因房屋被司法查封导致房屋无法按约交易,房屋买受人的合同目的无法实现,房屋买受人有权解除合同。

(二)法院可以支持多少赔偿金额

法院能够在多大程度上支持违约损害赔偿金额,关系到房屋买受人能够在多大程度上减少损失。如果房屋买受人主张的是违约金,房屋买受人最好能举证其损失,并说明出卖人的过错,以争取一个比较合理的违约损害赔偿。如果房屋买受人主张的是《民法典》第五百八十四条规定的合同履行后可以获得的利益(房屋差价)等损失,则一般需要通过司法评估等方式确定房屋差价是多少。

(三)是否能够实际执行

法院判决解除合同,退还房款,赔偿损失,对于法院判决的退还房款和赔偿损失,能否得到执行,这是房屋买受人重点考虑的问题。对此问题,要重点关注房屋出卖人的经济状况和标的房屋拍卖价款的分配顺序。对于前者,因个案而定。对于后者:房屋出卖人是公民或者其他组织的,根据《民诉法解释》第五百零八条的规定,参与分配执行中,执行所得价款扣除执行费用,并清偿应当优先受偿的债权后,对于普通债权(注:法院判决的房屋出卖人应当返还房屋买受人的房款和房屋出卖人应当赔偿房屋买受人金额,即房屋买受人的普通债权),原则上按照其占全部申请参与分配债权数额的比例受偿;房屋出卖人是企业法人的,根据《民诉法解释》第五百一十四条的规定,执行法院就执行变价所得财产,在扣除执行费用及清偿优先受偿的债权后,对于普通债权,按照财产保全和执行中查封、扣押、冻结财产的先后顺序清偿。

二、继续履行

《民法典》第五百八十条第一款规定:"当事人一方不履行非金钱债务或者履行非金钱债务不符合约定的,对方可以请求履行,但是有下列情形之一的除外:(一)法律上或者事实上不能履行;(二)债务的标的不适于强制履行或者履行费用过高;(三)债权人在合理期限内未请求履行。"因另案买卖房屋被司法查封,即属于法律上或者事实上不能履行,法院不会判决继续履行,就算判决了也无法执行,房屋管理部门也无法过户。房屋买受人要想继续履行,就必须解除查封,而要解除查封,除督促房屋出卖人偿还债务外,买受人还可以:

(一)代出卖人偿还债务

《民法典》第五百二十四条规定:"债务人不履行债务,第三人对履行该债务具有合法利益的,第三人有权向债权人代为履行;但是,根据债务性质、按照当事人约定或者依照法律规定只能由债务人履行的除外。债权人接受第三人履行后,其对债务人的债权转让给第三人,但是债务人和第三人另有约定的除外。"根据上述规定,除有特别约定外,房屋买受人有权代房屋出卖人向其债权人履行债务。房屋买受人代出卖人偿还债务后,债权人对房屋出卖人的债权自动转让给房屋买受人,房屋买受人对出卖人的此债权可以抵销其尚未支付的房款,多退少补。

(二)提出执行异议(含保全异议)

房屋出卖人的房屋被司法查封,可能是因另案诉中或诉前财产保全而被查封,也可能是因另案进入执行阶段而被查封。对于前者,买受人需要提保全异议;对于后者,买受人需要提执行异议。

保全异议是按照执行异议的规定和程序来审查的,因此本节直接以执行异议来介绍。案外人执行异议审查的是案外人是否享有足以排除强制执行的民事权益,对于房屋买受人而言,如果其购买的是一手房,则可以选择《最高人民法院关于人民法院办理执行异议和复议案件若干问题的规定》(以下简称《执行异议复议规定》)第二十八条或第二十九条任何一条排除执行,如果房屋买受人购买的是二手房,则只可以选择《执行异议复议规定》第二十八条来排除执行。

《执行异议复议规定》第二十八条规定:"金钱债权执行中,买受人对登记在被执行人名下的不动产提出异议,符合下列情形且其权利能够排除执行的,人民法院应予支持:(一)在人民法院查封之前已签订合法有效的书面买卖合同;(二)在人民法院查封之前已合法占有该不动产;(三)已支付全部价款,或者已按照合同约定支付部分价款且将剩余价款按照人民法院的要求交付执行;(四)非因买受人自身原因未办理过户登记。"

《执行异议复议规定》第二十九条规定:"金钱债权执行中,买受人对登记在被执行的房地产开发企业名下的商品房提出异议,符合下列情形且其权利能够排除执行的,人民法院应予支持:(一)在人民法院查封之前已签订合法有效的书面买卖合同;(二)所购商品房系用于居住且买受人名下无其他用于居住的房屋;(三)已支付的价款超过合同约定总价款的百分之五十。"

执行异议法律关系很复杂,简单来讲:

1. 如果房屋买受人依据《执行异议复议规定》第二十八条规定排除执行,在完全满足该条的四个要件的情况下,仅可排除普通金钱债权人的执行,无权排除抵押权等优先受偿权的执行。

2. 如果房屋买受人依据《执行异议复议规定》第二十九条规定排除执行,需完全满足该条的三个要件,且只要其完全满足该条的三个要件,可以排除普通金钱债权人的执行,也可以排除抵押权等优先受偿权的执行。

2－12　娄某国与盛立亚房地产公司、董某波、盛立亚物业公司房屋买卖合同纠纷案

裁判要旨：房产交易中，房屋被另案司法查封导致无法实现合同目的的，房屋买受人有权解除合同。

案情简介：2014 年 12 月 16 日，盛立亚公司与娄某国签订《盛立亚·壹号内部认购书》，约定娄某国向盛立亚公司购买涉案房屋。当日，娄某国付清了房款，盛立亚公司向娄某国交付该房屋。在房屋办理变更登记之前被另案司法查封，娄某国提出执行异议，被驳回。之后，娄某国诉至法院提出解除合同等诉讼请求。

裁判观点：【案号：吉林省吉林市中级人民法院（2020）吉 02 民终 2822 号】《民法典》第五百六十三条第一款第四项规定“有下列情形之一的，当事人可以解除合同……（四）当事人一方迟延履行债务或者有其他违约行为致使不能实现合同目的……”本案中，因盛立亚房地产开发公司作为商品房的出卖人，其所交付的房屋因其他案件被法院查封，导致双方所签买卖合同无法实现，故娄某国的该项诉讼请求符合法律规定，法院予以支持。

25. 房产新政税费增加导致合同履行陷入僵局，合同双方可协商解决

一、房产新政致税费增加的法理定性

《民法典》第一百八十条第二款规定：“不可抗力是不能预见、不能避免且不能克服的客观情况。”第五百三十三条规定：“合同成立后，合同的基础条件发生了当事人在订立合同时无法预见的、不属于商业风险的重大变化，继续履行合同对于当事人一方明显不公平的，受不利影响的当事人可以与对方重新协商；在合理期限内协商不成的，当事人可以请求人民法院或者仲裁机构变更或者解除合同。人民法院或者仲裁机构应当结合案件的实际情况，根据公平原则变更或者解除合同。”政府出台新的房产政策，也称房产新政，致税费增加是不能预见、不能避免的，但是并非不能克服，因为只要多支付税费就“克服”了，因此不属于不可抗力。房产新政致税费增加符合“无法预见的、不属于商业风险的重大变化”这一特点，因此属于情势变更。

二、合同僵局的解决

《民法典》第五百一十条规定:“合同生效后,当事人就质量、价款或者报酬、履行地点等内容没有约定或者约定不明确的,可以协议补充;不能达成补充协议的,按照合同相关条款或者交易习惯确定。”第五条规定:“民事主体从事民事活动,应当遵循自愿原则,按照自己的意思设立、变更、终止民事法律关系。”一般而言,房屋买卖合同对税费承担都作了约定,但是这个约定是基于当时的税费政策所作的约定。税费政策是公开的,当事人可以根据税费政策计算得出个税、增值税、契税等税费金额分别是多少,税费总和是多少。在房屋价款和税费承担方式的协商过程中,房屋出卖人一方面要考虑自己的到手价,另一方面要考虑房屋买受人的购房总成本(房屋价款、税费等),这关系到房屋买受人是否愿意购买标的房屋。而房屋买受人一方面要考虑自己的购房总成本(房屋价款、税费等),另一方面也要考虑房屋出卖人的到手价,这关系到房屋出卖人是否愿意出卖标的房屋。总之,不论合同对税费承担作何约定,都是买卖双方相互妥协找到的一个利益交汇点。而这个交汇点是根据具体金额计算出来的,而不是具体金额加不确定风险计算出来的,即合同关于房屋价款和税费承担的约定并不包含这一层含义:不论今后税费政策是否调整以及税费政策的调整导致税费承担方税费成本增加还是减少,税费都由某一方承担,即合同双方当事人的真实意思表示并无此含义。当然,如果合同对此(不论今后税费政策是否调整以及税费政策的调整导致税费承担方税费成本增加还是减少,税费都由某一方承担,或者按照什么比例由双方承担)作了明确约定,则从其约定。

房产新政导致税费增加,在合同没有约定多出来的税费谁承担的情况下,双方应当根据《民法典》第五百一十条规定协商解决,但是协商过程应当遵循《民法典》第五条的自愿原则,如果双方协商不成,无法继续交易,合同目的不能实现,则属于因情势变更导致合同无法履行,合同双方均无过错,合同任何一方都可以解除合同,且双方相互不承担违约责任。上海市奉贤区人民法院(2021)沪0120民初7272号民事判决认为“因房地产新政出台,造成需缴纳增值税,双方为此发生争议,因该笔增值税的增加系双方当事人均无法预见,且同时约定到手价和买入价,由此产生争议不应归责任何一方,故遵循公平和合理原则,新增税费应由原、被告双方各半分担”,并判令新增税费由买卖双方各半承担。笔者认为这样的判决看似公平,但是却违背了合同自由原则,不可取。

2-13 周某与李某、陈某房屋买卖合同纠纷案

案情简介:2021年1月9日,原告周某作为买受人(乙方),被告李某、陈某作为卖售人(甲方),签订《上海市房地产买卖合同》,约定原告向被告购买系争房屋。同日,原、被告双方还签订《补偿协议》一份,其中第2条约定:“本次交易,甲方应缴纳的交易税费由乙方承担并支付。甲方承诺该房产为其家庭名下在上海唯一一处房产并且拥有该房产全部产权已满两年。若甲方此项承诺与事实不符,甲方承担由此虚假承诺造成的乙方多缴纳的全部税费。”该协议还附有《税费估算清单》一份,对签订协议当时的相关交易税费的计算方法进行了明确。签订合同当日,原告向被告李某转账支付定金10万元。2021年1月21日,上海市相关部门发布《关于促进本市房地产市场平稳价款发展的意见》,其中第四条将增值税免征年限从2年提高至5年。系争房屋因此产生额外的增值税。双方就额外的增值税如何负担无法达成一致。

一审裁判观点【案号:上海市浦东新区人民法院(2021)沪0115民初34724号】《补偿协议》中虽然约定了此次交易产生的税费全部由原告承担,但该条款是基于签订合同时的政策双方协商的结果。在合同签订以后,相关部门颁布了新的政策,导致系争房屋的增值税情况与双方订立合同时发生了重大变化,该变化是原、被告双方均无法预见的,而且根据双方陈述,新政前后,系争房屋的增值税差价有十几万元,让任何一方承担均有违公平。从原、被告之间的微信聊天记录来看,被告始终认为根据合同约定,所有税费应由原告承担,且坚持要求原告限期支付购房款,原告在此情况下,提出解除双方之间的买卖协议,具有合理理由。2021年1月25日,原告在微信中提出解除合同,但是被告没有同意,原告要求确认双方合同于该日解除,一审法院不予支持。原告于2021年1月28日向被告发送《解约通知书》,被告于2021年1月30日回函表示同意解除,此时双方达成解除合意,故一审法院确认双方之间的《上海市房地产买卖合同》及《补偿协议》于该日解除。关于合同解除的责任,前文已经陈述,本案合同解除系不可归责于原、被告任何一方的原因所致,被告要求没收定金,一审法院不予准许。因此,原告要求被告李某返还定金10万元的诉讼请求,一审法院予以支持。

二审裁判观点【案号:上海市第一中级人民法院(2021)沪01民终15144号】周某与李某、陈某就系争房屋签订《上海市房地产买卖合同》后,上海市出台了《关于促进本市房地产市场平稳健康发展的意见》,导致系争房屋的增值税情况与双方订立合同时发生重大变化,这超出了双方签约时的预期。一审法院认定虽然《补偿协

议》约定此次交易产生的税费均由周某承担,但该约定显然并未考虑增加的增值税,并无不当。李某、陈某主张增加的增值税均应由周某承担,缺乏依据,二审法院不予采信。现双方就继续交易的条件无法达成一致意见,均同意解除合同,仅是对合同解除的责任归属有不同意见。一审法院据此确认以李某、陈某于2021年1月30日回函作为合同解除的时间,亦无不当之处。鉴于双方对合同解除均无过错,合同解除的责任不可归责于任何一方,李某、陈某要求没收定金,缺乏依据,二审法院不予支持。

26. 房产限购新政导致买受人失去购房资格的,买卖双方有权解除合同

房产限购新政的适用,以上海为例,只适用于尚未网签的房产交易,对于已经网签的,则房产新政不适用。因此,所谓"房产新政导致买受人失去购房资格",是指房屋买卖双方签订居间协议或草签的买卖合同之后网签之前这段时间政府突然出台新的房产政策导致原本有购房资格的房屋买受人不具备购房资格。

《民法典》第一百八十条规定:"因不可抗力不能履行民事义务的,不承担民事责任。法律另有规定的,依照其规定。不可抗力是不能预见、不能避免且不能克服的客观情况。"第五百三十三条规定:"合同成立后,合同的基础条件发生了当事人在订立合同时无法预见的、不属于商业风险的重大变化,继续履行合同对于当事人一方明显不公平的,受不利影响的当事人可以与对方重新协商;在合理期限内协商不成的,当事人可以请求人民法院或者仲裁机构变更或者解除合同。人民法院或者仲裁机构应当结合案件的实际情况,根据公平原则变更或者解除合同。"对于房产新政中的限购内容,有的法院认为属于不可抗力,有的法院认为属于情势变更,有的法院则含糊地认为属于不可归责于双方当事人的事由导致合同无法履行。不论对限购新政如何理解,都认为房屋买受人在限购新政之前具备购房资格,因限购新政导致房屋买受人失去购房资格的,买卖双方任何一方都有权解除合同,且双方互相不负违约责任。并且,在房价上涨比较多的背景下,有些法院会判令房屋出卖人给房屋买受人一定的补偿。

2-14 原告戴某、陈某与被告梁某峰房屋买卖合同纠纷案

裁判要旨:房产限购新政导致房屋买受人失去购房资格的,属于因不可归责于双方当事人的事由导致合同不能履行,合同解除,双方相互不负违约责任。

案情简介:2021年1月13日,两原告(甲方、出卖人)与被告(乙方,买受人)在德佑公司(丙方、居间方)处就系争房屋签订《房地产买卖合同》,约定双方2021年1月20日前赴居间方处签订网签合同,并对房屋交易的其他事宜作了约定。合同签订后,被告按约向原告支付了30万元定金。2021年1月21日,双方经中介协调同意网签时间推迟到2021年1月25日。2021年1月21日,上海出台房产限购新政导致原本有购房资格的被告失去了购房资格,无法继续交易。

裁判观点:【案号:上海市静安区人民法院(2021)沪0106民初10511号】根据买卖合同约定,原、被告双方应于2021年1月20日前至中介处签订网签合同。后德佑公司先是于2021年1月15日联系原、被告双方网签改至2021年1月21日,后又于2021年1月21日告知双方于2021年1月25日进行网签。法院认为,虽然最终约定的网签时间已晚于合同约定的网签时间,但考虑到网签时间均为德佑公司与当事人进行协商后所做的变更,故网签时间延后应为当事人协商一致的结果。在2021年1月21日德佑公司与原、被告双方协商好下一次网签时间后,本市出台房产新政,使被告不再具备购房资格。法院认为,因房产新政的出台使被告不具备购房资格,双方之间的买卖合同已无法继续履行,故合同无法继续履行的原因系因购房政策变化原因所致,非原、被告双方能够预见的结果,不能归责于原、被告任何一方,双方均有权解除合同。根据法律规定,当事人一方主张解除合同的,应当通知对方,合同自通知到达对方时解除。鉴于原告要求解除合同的意思已经于2021年3月6日转达被告,故法院认定买卖合同应于2021年3月6日解除。鉴于合同已解除,原告应将收取的定金30万元退还予被告,现原告已将该款交至法院代管,法院一并予以处理。考虑到网签合同经双方当事人协商后延后且合同因政策变化原因已无法履行,故对被告要求原告赔偿的诉讼请求,法院不予支持。

27. 主动赔偿对方损失并不当然有权解除合同

很多人认为只要自己按照合同约定承担定金罚则或违约金责任就可以解除合同,这种理解是错误的。首先,从因果关系上看,合同一方当事人构成根本违约,对方有权解除合同并主张定金罚则或违约金或其他违约责任,但是这个逻辑不能“倒推”,即不能以为合同一方主动承担定金罚则或违约金等违约责任就有权解除合同。其次,从解除权的角度看,并非合同一方主动承担定金罚则或违约金等违约责任就有权解除合同。当然,如果合同约定了合同一方主动承担定金罚则或违约金等违约责任就有权解除合同,一般应从其约定,但是有这种约定的极少。

一、违约责任

《民法典》第五百七十七条规定:“当事人一方不履行合同义务或者履行合同义务不符合约定的,应当承担继续履行、采取补救措施或者赔偿损失等违约责任。”违约责任即合同一方未按约履行所应承担的责任,包括继续履行、采取补救措施或者赔偿损失等,其中赔偿损失根据合同约定和法律规定一般包括定金罚则或违约金或实际损失等。

二、合同解除权

合同解除的方式有两种:合意解除和单方解除。合意解除即当事人协商一致解除合同,即以一个新的合同终结原合同。单方解除,即享有解除权的一方当事人通过行使解除权解除合同,分为约定解除和法定解除。

(一)约定解除

《民法典》第五百六十二条第二款规定:“当事人可以约定一方解除合同的事由。解除合同的事由发生时,解除权人可以解除合同。”

(二)法定解除

《民法典》第五百六十三条规定:“有下列情形之一的,当事人可以解除合同:(一)因不可抗力致使不能实现合同目的;(二)在履行期限届满前,当事人一方明确表示或者以自己的行为表明不履行主要债务;(三)当事人一方迟延履行主要债务,经催告后在合理期限内仍未履行;(四)当事人一方迟延履行债务或者有其他违约行为致使不能实现合同目的;(五)法律规定的其他情形。以持续履行的债务为内容的不定期合同,当事人可以随时解除合同,但是应当在合理期限之前通知对方。”

三、对解除合同的异议

《民法典》第五百六十五条规定:“……对方对解除合同有异议的,任何一方当事人均可以请求人民法院或者仲裁机构确认解除行为的效力。……”对于解除合同的一方是否有解除权有争议的,可通过诉讼或仲裁的方式作出判断,这既可以防止一方滥用和误用合同解除权,也可以保持法律关系的稳定性。如果无合同解除权的一方通知对方解除合同,被通知解除合同的一方既不反驳也不起诉或仲裁确认合同未解除，那么，合同是否因被通知解除合同的一方“怠于行使权利”而解除呢？《九民纪要》第四十六条规定：“审判实践中，部分人民法院对合同法司法解释（二）第24条的理解存在偏差，认为不论发出解除通知的一方有无解除权，只要另一方未在异议期限内以起诉方式提出异议，就判令解除合同，这不符合合同法关于合同解除权行使的有关规定。对该条的准确理解是，只有享有法定或者约定解除权的当事人才能以通知方式解除合同。不享有解除权的一方向另一方发出解除通知，另一方即便未在异议期限内提起诉讼，也不发生合同解除的效果。人民法院在审理案件时，应当审查发出解除通知的一方是否享有约定或者法定的解除权来决定合同应否解除，不能仅以受通知一方在约定或者法定的异议期限届满内未起诉这一事实就认定合同已经解除。”简言之，无合同解除权的一方通知对方解除合同，被通知解除合同的一方既不反驳也不起诉或仲裁确认合同未解除的，合同不解除。

2-15　原告汤某与被告厉某芳、杜某房屋买卖合同纠纷案

裁判要旨：无合同解除权的一方以承担定金罚则责任为代价发函给对方解除合同的，起不到解除合同的法律效力。

案情简介：原告与被告于2020年11月26日在中介签订了两份《房地产买卖合同》对系争房屋及系争车位的买卖事宜作了约定。合同签订后，原告按约向被告支付了100万元定金。2021年1月19日，被告告知原告要解除合同。2021年1月30日，被告委托律师通过微信给原告发了一份律师函，要解除与原告签订的《房地产买卖合同》，并向原告双倍退还了定金。

裁判观点：【案号：上海市浦东新区人民法院（2021）沪0115民初18791号】原、被告就系争房屋及系争车位签订的《房地产买卖合同》系双方真实意思表示，合法有效，双方均应按约履行合同义务。现被告无正当理由拒绝继续履行合同，构成违约，应承担相应的违约责任。双方合同中并无约定违约方可通过承担双倍返还定金罚则以解除合同，故被告发函及双倍返还定金的行为并不产生合同解除效力。

28. 受疫情影响的房屋买卖，慎用合同解除权

《民法典》第五百六十三条规定：“有下列情形之一的，当事人可以解除合同：（一）因不可抗力致使不能实现合同目的……”第一百八十条规定：“因不可抗力不能履行民事义务的，不承担民事责任。法律另有规定的，依照其规定。不可抗力是

不能预见、不能避免且不能克服的客观情况。”发生不可抗力,我们可能首先想到的是“不能实现合同目的”“合同解除”“免责”,但是对不可抗力的情形了解多少呢?不可抗力的情形主要为地震、洪灾、台风、战争、疫情等。

如果地震、洪灾、台风、战争等不可抗力因素导致房屋灭失,自然是“不能实现合同目的”“合同解除”“免责”,但是疫情不会导致房屋灭失,疫情及疫情防控措施一般主要导致房屋出卖人逾期交房和过户,而“逾期”并不必然导致买受人无法取得房屋的所有权,出卖人无法取得房屋价款,即“逾期”并不必然导致买卖双方的合同目的最终无法实现。

一般而言,房屋买卖合同都会约定一方逾期履行超过一定期限的,对方有权解除合同。而如果合同一方因疫情这一不可抗力因素而逾期,则其逾期履行是可以免责的,即逾期不构成违约,更不会导致其根本违约。因此,对方也就没有合同解除权。

《最高人民法院关于依法妥善审理涉新冠肺炎疫情民事案件若干问题的指导意见(二)》第四条规定:“疫情或者疫情防控措施导致出卖人不能按照商品房买卖合同约定的期限交付房屋,或者导致买受人不能按照约定的期限支付购房款,当事人请求解除合同,由对方当事人承担违约责任的,人民法院不予支持。但是,当事人请求变更履行期限的,人民法院应当结合案件的实际情况,根据公平原则进行变更。”房屋买卖一方因疫情影响而逾期履行的,对方不得解除合同。

2-16 李某2、李某1与瀚德公司商品房销售合同纠纷案

裁判要旨:新冠肺炎疫情及政府采取的疫情防控措施属于法律规定的不可抗力,合同一方逾期履行的期间扣除新冠肺炎疫情期间为因合同当事人自身原因逾期履行期间,以因合同当事人自身原因逾期履行期间来判断其是否构成根本违约,对方是否有权解除合同。

案情简介:李某2、李某1与瀚德公司于2019年签订《商品房买卖合同》及补充协议,约定李某2、李某1购买涉案房屋,出卖人应当在2020年12月30日前,将经验收合格的商品房交付买受人。如因不可抗力或者政府部门公布的公共卫生事件或其他社会突发事件导致房屋延期交付,出卖人可据实顺延交房日期,且无须承担违约责任。出卖人自身原因造成未在本合同约定期限内将房屋交付乙方,逾期超过60日后,买受人有权解除合同,并要求出卖人承担违约责任。合同签订后,买受人按约支付全部购房款2,312,019元。2020年4月13日,当地政府出具文件明确

受新冠肺炎疫情影响的时间为2020年1月24日至2020年3月15日。2021年4月17日，瀚德公司书面通知李某2、李某1交房。2021年5月16日，李某2、李某1向瀚德公司邮寄解除合同通知函一份。

裁判观点：【案号：安徽省蚌埠市中级人民法院(2021)皖03民终3327号】《民法典》第五百六十二条第二款规定："当事人可以约定一方解除合同的事由。解除合同的事由发生时，解除权人可以解除合同。"双方签订的《合同补充协议》第五条"关于房屋交付的补充约定"中的第六款约定："出卖人自身原因造成未在合同约定期限内将该房屋交付乙方，则按逾期时间，分别处理(不作累加)，逾期超过60日后，买受人有权解除合同。"李某2、李某1于2021年5月16日向瀚德公司邮寄解除合同通知函，以瀚德公司逾期交房超过60日为由通知解除合同。法院认为，新冠肺炎疫情及政府采取的疫情防控措施属于法律规定的不可抗力，系不可归责于当事人的事由。扣除新冠肺炎疫情期间，瀚德公司逾期交房的时间为56天，尚不构成合同约定的解除事由。《最高人民法院关于依法妥善审理涉新冠肺炎疫情民事案件若干问题的指导意见(二)》(法发〔2020〕17号)第四条规定："疫情或者疫情防控措施导致出卖人不能按照商品房买卖合同约定的期限交付房屋，或者导致买受人不能按照约定的期限支付购房款，当事人请求解除合同，由对方当事人承担违约责任的，人民法院不予支持。但是，当事人请求变更履行期限的，人民法院应当结合案件的实际情况，根据公平原则进行变更。"故此，李某2、李某1并不享有约定解除权。一审法院认定李某2、李某1解除合同通知函不具有解除合同的效力，具有事实和法律依据。

29. 商品房买卖合同解除的，业主有权解除贷款合同，开发商负责还清贷款

《民法典》第五百六十二条规定："当事人协商一致，可以解除合同。当事人可以约定一方解除合同的事由。解除合同的事由发生时，解除权人可以解除合同。"第五百六十三条第一款规定："有下列情形之一的，当事人可以解除合同：(一)因不可抗力致使不能实现合同目的；(二)在履行期限届满前，当事人一方明确表示或者以自己的行为表明不履行主要债务；(三)当事人一方迟延履行主要债务，经催告后在合理期限内仍未履行；(四)当事人一方迟延履行债务或者有其他违约行为致使不能实现合同目的；(五)法律规定的其他情形。"不论是协议解除，还是单方解除(约定解除、法定解除)，都要对合同解除的法律后果作出处理。

《民法典》第五百六十六条规定："合同解除后，尚未履行的，终止履行；已经履行的，根据履行情况和合同性质，当事人可以请求恢复原状或者采取其他补救措施，并有权请求赔偿损失。合同因违约解除的，解除权人可以请求违约方承担违约责任，但是当事人另有约定的除外。主合同解除后，担保人对债务人应当承担的民事责任仍应当承担担保责任，但是担保合同另有约定的除外。"这是《民法典》对合同解除法律后果的一般规定，那么，以担保贷款为付款方式的商品房买卖合同解除的，贷款合同是否可以一并解除？业主已付给开发商的首付款如何处理？业主已经偿还的贷款本金和利息如何处理？业主未偿还的贷款余额谁来偿还？

一、商品房买卖合同解除的，当事人有权解除贷款合同

《最高人民法院关于审理商品房买卖合同纠纷案件适用法律若干问题的解释》第二十条规定："因商品房买卖合同被确认无效或者被撤销、解除，致使商品房担保贷款合同的目的无法实现，当事人请求解除商品房担保贷款合同的，应予支持。"根据上述规定，商品房买卖合同解除的，业主或银行都有权解除贷款合同。

二、首付款、已还贷款本金和利息、未还贷款的处理

《最高人民法院关于审理商品房买卖合同纠纷案件适用法律若干问题的解释》第二十一条第二款规定："商品房买卖合同被确认无效或者被撤销、解除后，商品房担保贷款合同也被解除的、出卖人应当将收受的购房贷款和购房款的本金及利息分别返还担保权人和买受人。"根据该解释和《民法典》第五百六十六条的规定，开发商的处理方式为：

1. 开发商返还业主已付的首付款和利息；

2. 开发商返还业主已付银行贷款的本金和利息；

3. 开发商偿还银行贷款余额。

三、违约方承担违约责任

开发商和业主，根据合同约定和法律规定，由违约方承担违约责任：

1. 一方违约的，违约方根据合同约定和法律规定，向对方承担违约责任；

2. 双方都存在违约行为的，根据双方的过错程度承担违约责任；

3. 因不可抗力、情势变更等不可归责于双方当事人的事由导致合同解除的，开发商和业主相互不承担违约责任。

四、相互配合办理相关登记备案注销手续

开发商、业主、银行待相互之间的金钱债务履行完毕之后，应相互配合办理网签、预告登记、抵押等备案的注销手续。

五、开发商配合业主向相关部门申请退还维修基金

维修基金系政府住房建设部门收取，合同解除后，开发商应配合业主向相关部门申请退还维修基金。

2－17　周某与宏德公司、世纪银河公司、贵阳农村商业银行商品房预售合同纠纷案

裁判要旨：商品房买卖合同解除的，贷款合同也应解除，出卖人应当将收受的购房贷款和购房款的本金及利息分别返还担保权人和买受人。

案情简介：2018年1月12日，原告与被告宏德公司签订合同编号为201800193的《商品房买卖合同》，约定原告以660,525元的价格购买被告宏德公司开发的位于乌当区的房屋。付款方式为银行按揭贷款，首付款为132,525元，余款528,000元，以银行按揭方式支付。合同约定交房日期为2019年12月30日，《商品房买卖合同》第十三条还约定逾期交房超过90日，原告有权退房，原告退房的，应当书面通知宏德公司，宏德公司应当自收到退房通知之日起90日内退还全部已付房款，并按照原告全部已付的1%向原告支付违约金。2018年3月30日，原告与第三人贵阳农业商业银行签订《个人住房（商业用房）按揭借款合同》，原告向第三人借款528,000元用于购买案涉房屋，原告按约定向宏德公司支付了全部购房款。原告于2021年5月26日向被告宏德公司邮寄解除商品房买卖合同通知书，要求解除商品房买卖合同和退还全部购房款及相关义务，被告于2021年5月28日收到该通知书。后因约定的交付期限届满后，被告宏德公司未按约定的期限向原告交付案涉房屋，原告遂诉至一审法院，请求判令准予其如前诉请。原告与被告世纪银河公司签订《世纪银河团购优惠服务说明书》，并向被告世纪银河公司交纳团购优惠服务费10,000元。

裁判观点：【案号：贵州省贵阳市中级人民法院（2021）黔01民终11852号】案涉房屋未达到合同约定的交付条件，宏德公司逾期交房已达两年有余，且宏德公司

并未提交证据证明房屋何时能够达到交付条件，上诉人作为买受人其购买房屋的合同目的因宏德公司持续地迟延履行违约行为陷入高度不确定性风险中，买受人购买房屋的目的系在合理期限内取得房屋占用、使用、收益等权利，在宏德公司未提交证据证明何时能够结束迟延履行状态的情况下，应认定为被上诉人的迟延履行行为导致上诉人合同目的不能实现，故案涉商品房买卖合同应当予以解除。商品房买卖合同解除后，为减轻诉累，应一并解决合同解除后的法律后果，依照《最高人民法院关于审理商品房买卖合同纠纷案件适用法律若干问题的解释》（2020年修正）第二十条"因商品房买卖合同被确认无效或者被撤销、解除，致使商品房担保贷款合同的目的无法实现，当事人请求解除商品房担保贷款合同的，应予支持"的规定，买受人与银行之间的商品房担保贷款合同应一并解除。依照《最高人民法院关于审理商品房买卖合同纠纷案件适用法律若干问题的解释》（2020年修正）第二十一条第二款"商品房买卖合同被确认无效或者被撤销、解除后，商品房担保贷款合同也被解除的，出卖人应当将收受的购房贷款和购房款的本金及利息分别返还担保权人和买受人"的规定，宏德公司应将本案买受人支付的购房首付款予以返还，本案买受人已偿还的银行按揭贷款本息，宏德公司应当支付给本案买受人，合同解除后的剩余贷款应由宏德公司向银行结清，商品房买卖合同双方以及银行应在前述义务履行完毕后相互配合办理注销案涉房屋的商品房预售合同备案登记、预告登记、预抵押登记手续。关于违约金，合同约定的违约金为已付购房款1%，上诉人诉请宏德公司向其支付6605元符合合同约定，法院予以支持。双方对于因逾期交房解除合同已约定以支付违约金的方式处理，故对于上诉人要求支付首付款利息的诉请，法院不予支持。关于维修基金，维修基金的收取主体系政府住建职能部门，买受人在合同解除后可向相关部门自行申请退还，需要协助配合的，出卖人应予协助。本案买受人已与宏德公司签订了《商品房买卖合同》，因而世纪银河公司基于与本案买受人团购服务合同约定的主要义务已经履行完毕。综合本案的交易模式，即本案买受人先向世纪银河公司交纳团购费认购房源，而后与宏德公司订立《商品房买卖合同》，虽然没有证据显示该团购服务费为房款的一部分，但是导致案涉合同解除的根本原因在于宏德公司违约，本案买受人所缴纳的团购服务费为其实际损失，应由违约方承担，因而，为减少当事人讼累，宏德公司应向本案买受人赔偿团购服务费损失10,000元。

30. 房屋买卖合同守约方不及时行使解除权，解除权消灭

解除权系形成权，可因合同一方的意思表示而使合同关系变更或消灭。因此，给解除权以除斥期间的限制，防止权利人怠于行使权利，防止法律关系长期处于不稳定状态，很有必要。

《民法典》第五百六十四条规定："法律规定或者当事人约定解除权行使期限，期限届满当事人不行使的，该权利消灭。法律没有规定或者当事人没有约定解除权行使期限，自解除权人知道或者应当知道解除事由之日起一年内不行使，或者经对方催告后在合理期限内不行使的，该权利消灭。"

一、约定的解除权行使期限

私法自治，合同双方当事人可以对解除权的行使期限进行约定。只要该约定系当事人的真实意思表示，且没有违反法律行政法规的效力性强制性规定，没有违反公序良俗，该约定即为有效，双方均应遵守。

二、法定的解除权行使期限

没有约定，也没有特别法规定的，自解除权人知道或者应当知道解除事由之日起一年内不行使的，解除权消灭。这里的一年为不变期间，不适应中止、中断的规定。

三、合理的催告期

解除权人知道或者应当知道解除事由之后，经对方催告后在合理期限内不行使的，解除权消灭。这里的"合理期限"应当由法官基于交易惯例和诚信原则自由裁量。

需要注意的是，房屋买卖合同的一方当事人构成根本违约，守约方享有合同解除权的，此合同解除权并非只因除斥期间的经过而消灭，还会因违约方的履行而消灭。比如，房屋买受人未按约付款超过合同约定的宽限期的，房屋出卖人享有合同解除权，但是在房屋出卖人行使合同解除权之前，房屋买受人支付了应付房款的，房屋出卖人的合同解除权即消灭，这也是鼓励交易原则的体现。

2-18 醴陵建工公司与袁某刚商品房预售合同纠纷案

裁判要旨：解除权人不在法律规定的期限内行使解除权的，其解除权消灭。

案情简介：醴陵建工公司作为出卖人与买受人袁某刚签订《商品房买卖合同》，约定袁某刚购买涉案房屋，总金额819,450元，首付款（含定金）419,450元于签订合同当日支付，剩余房款400,000元采用银行按揭方式支付。买受人逾期付款超过30日的，出卖人有权解除合同。之后，袁某刚未按约定付款。2017年3月1日，袁某刚出具《还款承诺书》，载明未付房款于2017年12月31日之前全部付清，逾期超过30日，醴陵建工公司可将该套房屋另售他人。2017年3月16日，办理了预告登记和交房手续。2018年1月1日，醴陵农商银行和醴陵建工公司签订《房屋按揭贷款合作协议》，约定醴陵建工公司为业主向醴陵农商银行按揭贷款提供保证。2018年11月12日，因袁某刚未按《还款承诺书》的约定付款，醴陵建工公司起诉请求袁某刚支付购房款266,998元及违约金84,371.37元。袁某刚和醴陵建工公司诉讼中达成调解：袁某刚分期支付，即2018年12月31日前支付6964.38元、2019年3月1日前支付16,998元、2019年10月1日前支付130,000元，剩余120,000元在2019年12月31日前付清，如袁某刚未依约定按时足额还款，则醴陵建工公司有权就剩余全部欠款向法院申请强制执行。事后，袁某刚没有履行上述民事调解书确定的内容，亦未向醴陵农商银行偿还房屋贷款，醴陵农商银行遂从醴陵建工公司在醴陵农商银行开具的账户中，扣除袁某刚欠付的贷款金额。2021年7月，醴陵建工公司起诉至法院，请求解除双方签订的《商品房买卖合同》。另查明，案涉房产已由江西省泰和县人民法院及醴陵市人民法院分别于2018年11月9日、2018年11月13日查封。

裁判观点：【案号：湖南省株洲市中级人民法院（2021）湘02民终2321号】根据《民法典》第五百六十二条规定，当事人协商一致，可以解除合同。当事人可以约定一方解除合同的事由。解除合同的事由发生时，解除权人可以解除合同。本案中，上诉人与被上诉人签订的《商品房买卖合同》（合同编号9000026900），约定了买受人袁某刚如未按本合同规定的时间付款，逾期超过30日，出卖人醴陵建工公司有权解除合同。本案中，袁某刚因未按约偿还购房款和醴陵建工公司垫付其欠付的银行月供，醴陵建工公司于2018年11月12日向原审法院提起诉讼，双方就偿还购房款等事宜达成了调解协议并已进入法院执行程序。《民法典》第五百六十四条规定，法律规定或者当事人约定解除权行使期限，期限届满当事人不行使的，该权利消灭。法律没有规定或者当事人没有约定解除权行使期限，自解除权人知道或者应当知道解除事由之日起一年内不行使，或者经对方催告后在合理期限内不行使的，该权利消灭。从本案查明的事实来看，醴陵建工公司提出解除与袁某刚的《商品房买卖合同》，已超过法律规定的期间，醴陵建工公司的解除权已消灭，无权解除合同。

31. 以房屋买卖的方式做担保，债权人享有优先受偿权

《最高人民法院关于适用〈中华人民共和国民法典〉有关担保制度的解释》第六十八条规定："债务人或者第三人与债权人约定将财产形式上转移至债权人名下，债务人不履行到期债务，债权人有权对财产折价或者以拍卖、变卖该财产所得价款偿还债务的，人民法院应当认定该约定有效。当事人已经完成财产权利变动的公示，债务人不履行到期债务，债权人请求参照民法典关于担保物权的有关规定就该财产优先受偿的，人民法院应予支持。债务人或者第三人与债权人约定将财产形式上转移至债权人名下，债务人不履行到期债务，财产归债权人所有的，人民法院应当认定该约定无效，但是不影响当事人有关提供担保的意思表示的效力。当事人已经完成财产权利变动的公示，债务人不履行到期债务，债权人请求对该财产享有所有权的，人民法院不予支持；债权人请求参照民法典关于担保物权的规定对财产折价或者以拍卖、变卖该财产所得的价款优先受偿的，人民法院应予支持；债务人履行债务后请求返还财产，或者请求对财产折价或者以拍卖、变卖所得的价款清偿债务的，人民法院应予支持。债务人与债权人约定将财产转移至债权人名下，在一定期间后再由债务人或者其指定的第三人以交易本金加上溢价款回购，债务人到期不履行回购义务，财产归债权人所有的，人民法院应当参照第二款规定处理。回购对象自始不存在的，人民法院应当依照民法典第一百四十六条第二款的规定，按照其实际构成的法律关系处理。"这是关于让与担保这一非典型担保的规定，对此规定需注意以下几点：

一、需完成变更登记：房屋已变更登记到债权人名下

"当事人已经完成财产权利变动的公示"的意思是标的房屋已变更登记至债权人名下，而非仅仅网签或做预告登记。陕西省铜川市中级人民法院（2021）陕02民终322号民事判决认为，商品房网签备案是政府部门依托其建立的商品房网上签约备案平台，规范房地产开发企业、房屋中介公司等相关主体进行商品房预售管理的网上备案登记行为，并不具有物权变动性质。在网签备案完成后，房屋预告登记、抵押贷款等后续事宜方可进行。因此仅办理网签备案，不符合物权变动的公示原则。

《最高人民法院关于适用〈中华人民共和国民法典〉有关担保制度的解释》第六十八条第一款规定的是让与担保的一般情形，本案抵押物是不动产，不动产应当为债权人完成变更登记，仅签订让与担保合同，而未完成权利变动公示的，不具有物权效力。案涉房屋仅约定签订网签购买合同，并未完成财产权利变动的公示，因此，债权人对标的房屋不享有优先受偿权。

二、"流抵"的约定无效，但不妨碍担保的效力

债务人或者第三人与债权人约定将财产形式上转移至债权人名下，债务人不履行到期债务，财产归债权人所有的，人民法院应当认定该约定无效，即"流抵"的约定无效。既然"流抵"的约定无效，债权人自然不能要求法院确认其对标的房屋享有所有权。

虽然"流抵"的约定无效，但是"举重以明轻"，从当事人约定"流抵"条款可以看出，当事人之间存在以标的房屋做担保的意思表示，因此，在确认"流抵"的约定无效的同时，"退而求其次"，应当认定当事人之间以标的房屋做担保的约定有效，且当债务人不履行到期债务时，债权人可以对标的房屋折价或者以拍卖、变卖标的房屋所得的价款优先受偿。

三、债务人要求返还财产的条件

"债务人履行债务后请求返还财产……人民法院应予支持。"从此规定来看，债务人履行债务是要求债权人返还财产的充分条件，但是，司法实践中还需注意，如果担保物是房产，债务人履行债务后请求返还财产的，法院还需审查此时的债务人是否具备购房资格：如果债务人此时具备购房资格，且不违背其他政策（如房屋限售期限的政策），则法院可以支持将标的房屋变更登记至债务人名下；如果债务人此时不具备购房资格，法院自然不支持将标的房屋变更登记至债务人名下（此种情形下，债务人不丧失诉权，可等其具备购房资格后再起诉，或者经双方一致同意可以采取折价等方式解决返还的问题）。

四、折价、拍卖、变卖清偿债务，需注意"多退少补"

"（债务人）请求对财产折价或者以拍卖、变卖所得的价款清偿债务的，人民法院应予支持。"这是实现债权的方式，符合担保的初衷。但是需注意，为避免变相"流抵"，对于折价、拍卖、变卖的价款与债权金额的差额，需"多退少补"。

2-19 徐某与杨某民间借贷纠纷案

裁判要旨:债务人与债权人约定以其房产做担保并将其房产变更登记到债权人名下的,债务人未按约履行债务,债权人有权就担保物折价或者以拍卖、变卖所得价款优先受偿。

案情简介:2018年10月22日至10月23日,被告杨某向原告徐某共计借款126,000元,口头约定月息5分,由被告杨某以其从案外人李某新、吴某红处购买的涉案房屋为涉案借款提供担保。后原告徐某以与案外人李某新、吴某红签订的《银川市存量房买卖合同》、与被告杨某签订的《房屋买卖合同》,于2018年10月25日将该房屋不动产权转移登记至其名下。杨某未按约还本付息,徐某诉至法院要求杨某还本付息并对涉案房产拍卖、变卖所得价款优先受偿。

裁判观点:【案号:贺兰县人民法院(2021)宁0122民初92号】《最高人民法院关于适用〈中华人民共和国民法典〉有关担保制度的解释》第六十八条第一款规定:"债务人或者第三人与债权人约定将财产形式上转移至债权人名下,债务人不履行到期债务,债权人有权对财产折价或者以拍卖、变卖该财产所得价款偿还债务的,人民法院应当认定该约定有效。当事人已经完成财产权利变动的公示,债务人不履行到期债务,债权人请求参照民法典关于担保物权的有关规定就该财产优先受偿的,人民法院应予支持。"本案中,原、被告约定由被告杨某以其从案外人李某新、吴某红处购买的位于××县房屋为涉案借款提供担保,后原告徐某以与案外人李某新、吴某红签订的《银川市存量房买卖合同》、与被告杨某签订的《房屋买卖合同》,将该房屋不动产权转移登记至其名下,该行为系当事人双方为保障债的履行而设定的一种非典型的物权担保方式,该种担保合同合法有效,且该房屋没有抵押、查封等限制不动产的情形。故原告徐某要求对位于××县房屋拍卖、变卖所得价款享有优先受偿权的诉讼请求,具有事实和法律依据,法院予以支持。

第三章
违约损害赔偿

32. 开发商因施工方违约而逾期办产证的，仍应向业主承担违约责任

合同一方不能以第三人违约而免责。《民法典》第五百九十三条规定："当事人一方因第三人的原因造成违约的，应当依法向对方承担违约责任。当事人一方和第三人之间的纠纷，依照法律规定或者按照约定处理。"根据上述规定，因第三人原因造成违约的，违约方仍需承担违约责任。违约方和第三人之间的纠纷，无论是侵权责任纠纷、合同纠纷，还是其他纠纷，都应当依照相关法律规定或合同约定处理。

如果合同明确约定，因第三人原因造成违约的，违约方可以免责（如开发商和业主约定，如因建设工程施工方原因导致开发商逾期交房和办产证的，开发商可以免责）。对此约定，法院在裁判时，需从是否属于格式合同，是否不合理地免除或者减轻其责任、限制对方主要权利等角度审查其效力。即便该约定有效，法官还需从公平正义角度判断该约定是否严重不公平并侵害了守约方的权利，并行使自由裁量权作出裁判。

3-1 王某泽、蔡某岚与文兴公司商品房销售合同纠纷

裁判要旨：开发商因施工方违约而逾期办产证的，仍应向业主承担违约责任。

案情简介：2017年1月23日，王某泽、蔡某岚与文兴公司就涉案房屋签订《商品房买卖合同》，约定："……第四章。商品房交付使用条件及日期、交接手续。第十一条：交付时间和条件。（一）出卖人应当在2018年4月30日前向买受人交付该商品房。……第八章。房屋登记。……二、初始登记。出卖人负责在商品房交付使

用之日起90日内申请该商品房所有权初始登记。三、转移登记。(一)出卖人承诺于2019年4月30日前,取得该商品房所有权初始登记,并将办理商品房转移登记的有关文书,交付给买受人。(二)出卖人不能在前款约定期限内交付办理商品房转移登记的有关文书,双方同意按照下列约定处理:1.约定日期起180日内,出卖人交付办理商品房转移登记的有关文书,按已付房价款的万分之一承担违约责任;2.约定日期起180日以后,出卖人仍不能交付办理商品房转移登记有关文书的,双方同意按下列第1或2项处理:①买受人有权退房,买受人退房的,出卖人应当自收到退房通知之日起30日内退还买受人已付款,并按照银行同期活期存款利率支付利息。②买受人不退房的,出卖人自约定日期至实际交付办理商品房转移登记的有关文书之日止,按日向买受人支付已交付房价款万分之一的违约金。……(四)双方同意按照下列第1种方式办理商品房转移登记:1.双方共同向房屋登记机关申请办理商品房转移登记……”合同签订后,王某泽、蔡某岚按约定向文兴公司支付了购房款334,887元,文兴公司按期将本合同项下的房屋交付给王某泽、蔡某岚,但文兴公司至今未取得该商品房所有权初始登记,也未将办理商品房转移登记的有关文书交付给王某泽、蔡某岚。

裁判观点:【案号:贵州省遵义市中级人民法院(2021)黔03民终9133号】文兴公司主张,其不能按约向被上诉人办理商品房转移登记有关文书系涉案商品房承建方未能办理竣工验收备案的原因导致,法院认为,根据《民法典》第五百九十三条关于“当事人一方因第三人的原因造成违约的,应当依法向对方承担违约责任。当事人一方和第三人之间的纠纷,依照法律规定或者按照约定处理”之规定,文兴公司与涉案商品房的承建方系另外的法律关系,承建方是否违约均不影响文兴公司对本案被上诉人承担违约责任。文兴公司与涉案商品房承建方的纠纷,文兴公司可另案处理。

33. 不能依据预约合同要求法院判决违约方履行本约合同的义务

《民法典》第四百九十五条第二款规定:“当事人一方不履行预约合同约定的订立合同义务的,对方可以请求其承担预约合同的违约责任。”

“预约合同的违约责任”是什么?《中华人民共和国民法典合同编理解与适用(一)》[①]对《民法典》第四百九十五条作了解读,但是并未对“预约合同的违约责任”

① 最高人民法院民法典贯彻实施工作领导小组主编:《中华人民共和国民法典合同编理解与适用(一)》,人民法院出版社2020年版,第228~239页。

给出明确的解析。

《民法典》第五百七十七条规定:“当事人一方不履行合同义务或者履行合同义务不符合约定的,应当承担继续履行、采取补救措施或者赔偿损失等违约责任。”

预约合同的违约责任是否包括“继续履行”(过户、交房、支付房款)?

预约合同是为将来签订本约合同而签订的合同。继续履行预约合同就是签订本约合同或为签订本约合同而磋商的,但是根据合同自由原则,法院一般不会判决违约方“签订本约合同或为签订本约合同而磋商”。至于过户、交房、支付房款等义务,是本约合同的义务,本约合同尚未签订,法院自然不会依据预约合同判决违约方履行过户、交房、支付房款等本约合同的义务。如果法院基于《居间合同》或《定金合同》判令违约方履行过户等义务,那是因为法院首先判定《居间合同》或《定金合同》构成本约。

3-2 王某亮与被告鄂尔多斯市凯创房地产开发有限责任公司商品房预售合同纠纷案

案情简介:2018年10月31日鄂尔多斯凯创房地产开发有限责任公司作为甲方(出卖人)与乙方(买受人)王某亮签订《凯创城市之巅认购书》,约定王某亮认购鄂尔多斯市凯创房地产开发有限责任公司开发的位于鄂尔多斯市铁西区房屋,该商品房建筑面积为145.33平方米,按建筑面积计算单价为每平方米8988元,总金额为1,306,226元,房屋面积以《商品房买卖合同》为准,成交价按照本认购书中折后单价重新计算。原告在双方约定的期限内凭本认购书到凯创城市之巅售楼部与被告签署《商品房买卖合同》,若原告逾期未办理该手续则视为原告放弃购买该房屋,原告所付房款不予退还,被告可以单方终止该认购书另行销售该房屋,原告无权要求返还定金,该协议由被告盖章、原告签署后生效,被告保留对本协议的最终解释权。

裁判观点:【案号:鄂托克旗人民法院(2021)内0624民初689号】原告和被告签订的《凯创城市之巅认购书》仅确定预售房屋为9号楼1407室,房屋面积需要根据《商品房买卖合同》中的面积计算,房屋成交价格以认购书折后单价重新计算,即房屋单价和面积均不确定。双方就《商品房销售管理办法》第十六条规定的房屋交付使用条件及日期,装饰、设备标准承诺,供水、供电、供热、燃气、通信、道路、绿化等配套基础设施和公共设施的交付承诺和有关权益、责任,公共配套建筑的产权归属,面积差异的处理方式和办理产权登记有关事宜等均未进行约定,原告和被告签订的认购书并不具备《商品房销售管理办法》第十六条规定的商品房买卖合同的主要内容且经当庭询问原告并未实际向被告支付房款即被告实际未收受原告购房款,因此《凯创城市之巅认购书》的性质不能认定为商品房买卖合同,《凯创城市之巅认购书》对原告和被告而言为预约合同。根据《民法典》第四百九十五条第二款规定,当事人一方不履行预约合同约定的订立合同义务的,对方可以请求其承担预约合同的违约责任,即如果被告不同意与原告订立商品房买卖合同,原告可以请求被告承担预约合同的违约责任,而不可以要求被告与其签订本约合同。

34. 房屋买卖预约合同一方违约,对方是否可以要求赔偿房屋差价损失

《民法典》第四百九十五条规定:"当事人约定在将来一定期限内订立合同的认购书、订购书、预订书等,构成预约合同。当事人一方不履行预约合同约定的订立合同义务的,对方可以请求其承担预约合同的违约责任。"第五百七十七条规定:"当事人一方不履行合同义务或者履行合同义务不符合约定的,应当承担继续履行、采取补救措施或者赔偿损失等违约责任。"第五百八十四条规定:"当事人一方不履行合同义务或者履行合同义务不符合约定,造成对方损失的,损失赔偿额应当相当于因违约所造成的损失,包括合同履行后可以获得的利益;但是,不得超过违约一方订立合同时预见到或者应当预见到的因违约可能造成的损失。"预约合同一方违约,守约方是否可以主张房屋差价损失? 实践中,有以下几种情况。

一、多数按照预约合同中约定的定金罚则判决

预约合同的违约责任属于缔约过失责任,守约方的损失是信赖利益的损失,而"信赖利益的损失"又很难判断,一般而言,如果预约合同约定了定金罚则,而房价又没有大幅波动的,则法院会按照定金罚则判决。

二、预约合同的赔偿范围有可能超过定金罚则

"信赖利益的损失"很难判断,如果预约合同对于违约责任没有约定,或者虽有定金罚则的约定,但只适用定金罚则可能导致严重的不公平,法院有可能会根据双方的过错、合同履行情况、房价波动情况等因素判决超过定金罚则的赔偿金额。以下为法院实际判决情况:

1. 最高人民法院(2017)最高法民终 68 号民事判决,根据各种因素酌定守约方的损失为房屋差价的一半,并判令违约方赔偿守约方该损失。

2. 上海市第二中级人民法院(2007)沪二中民二(民)终字第 1125 号案中,法院认定买卖双方签订的商铺认购意向书系预约,买受人(守约方)只支付了 2000 元意向金。考虑到房价大幅上涨,法院判令卖售人(违约方,开发商)赔偿买受人 15 万元。[①]

3. 上海市闵行区人民法院(2019)沪 0112 民初 15498 号民事判决认为,违反预约一般由违反义务一方承担缔约过失责任,但并不排除损害赔偿、违约金及定金罚则的使用。考虑到房屋市场价格上涨幅度、原告付款金额及双方交易时间,酌定被告向原告支付违约金 10 万元。

4. 山西省长治市潞州区人民法院(2021)晋 0403 民初 336 号民事判决认为,原、被告签订的《商品房认购协议》性质为预约合同。关于损失范围计算问题。本案相对于简单预约,属于完整性预约合同纠纷,可以酌情赔偿履行利益。但该履行利益并非指依照本约的内容履行所能获得的利益,不能赔偿基于交易成功才可以获得的利益,否则预约与本约的差异无从体现。即预约合同的赔偿范围应小于本约合同的赔偿范围。具体到本案,赔偿数额应考虑原告作为守约方实际履行的金额即原告实际向被告交纳的购房款数额,被告作为违约方的获利即被告将案涉房屋出卖给第三人后获得的利益,合理、公平确定赔偿数额。原、被告签订的房屋认购协议约定的购买总价款 408,541 元,被告将案涉房屋出卖给秦某平的总价款为625,594 元,被告相对获利 217,053 元。原告向被告交纳购房款 128,541 元,占总价款 408,541 元的 31.46%,被告应赔偿原告的损失为 217,053 元的 31.46%,即赔偿原告损失 68,284.87 元。[注:本案二审山西省长治市中级人民法院(2021)晋 04 民终 934 号民事判决赞同一审上述裁判观点]

三、有些法院支持了房屋差价损失

有些法院认为,预约合同的违约方也应赔偿房屋差价损失,比如,于某勤与陈某娟、上海贵美房地产经纪事务所房屋买卖合同纠纷案。[②]

案情简介:2021 年 1 月 4 日,于某勤(乙方,购买方)、陈某娟(甲方,出售方)以及第三人(丙方,居间方)就系争房屋签订《上海房地产买卖居间协议》,协议约定定金 10 万元,房屋总价 266 万元,首付款 152 万元于网签之日支付,银行贷款 114 万

---

① 《最高人民法院公报》2008 年第 4 期案例(总第 138 期)。

② 上海市浦东新区人民法院(2021)沪 0115 民初 44754 号。

元，过户当天交房（该协议未约定过户时间），在过户当天之前再付37万元，任何一方违约适用定金罚则处理。当天，于某勤向陈某娟支付了定金10万元。2021年2月24日，陈某娟的配偶向于某勤表示房子不卖了。同日，陈某娟以更高的价格将涉案房屋出售给案外人王某。2021年4月27日，于某勤诉至法院，要求解除合同，赔偿房屋差价。审理中，于某勤、陈某娟一致确认，2021年4月27日系争房屋价格约为310万元。

裁判观点：依法成立的合同受法律保护，对当事人具有法律约束力。虽《房地产买卖居间协议》约定原、被告还需进一步签订买卖合同，属于预约合同性质，但居间协议已包含系争房屋地址、转让价款、支付方式等部分房屋买卖合同的主要条款，双方已达成买卖合意，被告负有继续与原告诚信磋商的义务。然居间协议签订后，被告提出不再出售系争房屋并退还原告已付定金，且将系争房屋出售于他人，致使原告的合同目的不能实现，被告已构成根本违约，原告有权解除合同，其请求确认合同于本案起诉状副本送达被告之日解除具有事实依据和法律依据，法院予以支持。被告认为合同因原告无在沪购房资格而导致解除，原告予以否认，被告又未提供任何证据，且限购资格的审查时点应为签订示范文本合同之时，故对被告的该项抗辩不予采纳。合同因被告违约而解除，原告有权请求赔偿损失。预约合同的违约损害赔偿亦适用法律关于违约责任的一般规则，赔偿范围相当于本约的信赖利益损失，包括缔约费用等直接损失，也包括丧失与第三人另订合同机会所产生的损失等间接损失，但以不超过本约履行利益为限，故对被告认为差价损失并非预约合同赔偿范围的意见不予采纳。原告得知被告已将系争房屋转卖他人后即提起本案解除合同之诉，其要求以递交本案起诉状之日作为计算差价损失的时点并无不当。对于具体赔偿数额，综合考虑原告已付款情况以及继续履约所需支出的成本、被告的过错程度、双方履约期间上海市房地产市场的普遍行情等因素，酌定赔偿数额为25万元。

四、有些法院不支持房屋差价损失

房屋差价损失属于可得利益损失，是履行利益的损失，而预约合同无法继续履行，因此，守约方无权要求违约方承担房屋差价损失。

预约合同的履行只是发生签订本约合同的行为，没有生成任何经济利益。若未达成本约，仅是丧失一次订立合同的机会，并无可得利益损失。[①]

---

① 宋晓明、张勇健、王闯：《解读〈关于审理买卖合同纠纷案件适用法律问题的解释〉》，载杜万华主编：《解读最高人民法院司法解释、指导性案例·民事卷》，人民法院出版社2016年版，第575～576页。

上海市奉贤区人民法院(2017)沪0120民初3886号民事判决支持了房产预约合同的守约方122万元的房屋差价损失,但是该判决被上海市第一中级人民法院(2017)沪01民终13688号民事判决改判,上海市第一中级人民法院认为预约和本约的违约责任范围是不同的,预约的违约责任范围大致相当于本约的缔约过失责任,预约的违约赔偿利益范围大致与本约的信赖利益相当,房屋差价损失系可得利益损失而属于本约违约赔偿的范围。违约方在二审中自愿赔偿守约方违约损失50万元,故上海市第一中级人民法院支持了守约方50万元的违约金。

此外,还有很多判决体现出预约合同的违约责任不包括房屋差价,例如:

1. 上海市奉贤区人民法院(2019)沪0120民初4698号民事判决认为,房屋买卖双方签订的协议性质为预约,因卖售人违约导致合同解除,卖售人应承担缔约过失责任,但缔约过失责任不同于违约责任,故买受人要求卖售人按照房屋差价赔偿损失,于法无据。

2. 上海市闵行区人民法院(2018)沪0112民初32696号民事判决认为,预约是在本约的磋商过程中订立的,属于前契约阶段合同,违反预约而导致本约不成立的,责任当属缔约过失责任,守约方不得主张房屋差价损失。

3. 上海市松江区人民法院(2021)沪0117民初7594号民事判决认为,根据双方签订的居间协议的约定,双方最迟应在2021年2月13日签订正式的《房屋买卖合同》,居间协议签订后,在中介人员的协助下,双方就买卖合同的条款达成了一致意见,原告于2021年2月1日在合同上签名,之后在中介人员多次联系被告签名时,因被告的房屋中有租客,被告无法确定其能按照合同约定的时间交房,迟迟未在合同上签名,导致双方的买卖合同未能在约定的期限内签订。之后,双方也未能就本案涉案房屋的买卖另行达成一致意见,最终导致双方的房屋买卖未成功。在本次房屋买卖过程中,因被告的违约行为导致本次房屋交易失败,被告系违约方,应承担违约责任。根据双方在居间协议中的约定,双方未能按照居间协议的约定签订买卖合同示范文本的,违约方应根据定金罚责承担违约责任,双方在签约时对违约责任是明知的,故原告要求被告双倍返还定金并无不当,法院予以支持。对原告主张的房屋差价损失:首先,双方签订的居间协议是一份预约合同;其次,居间协议中对未能签订买卖合同所应承担的违约责任作了明确的约定;最后,原告未能提供证据证明在签协议时,被告对其违约除了应承担定金罚责外,还需承担其他的损失的后果是明知的。故,原告的该主张,法院难以支持。

4. 湖南省株洲市中级人民法院(2021)湘02民终2599号民事判决认为,关于一审原告要求一审被告友谊房地产公司向其赔偿因延期交房导致商品房价格上涨后的差价损失524,833元的主张是否成立。根据《民法典》第五百六十六条第一款、第五百九十三条之规定,一审被告友谊房地产公司虽因案外人的原因造成违约,但仍应对一审原告承担相应的违约责任。根据《民法典》第五百八十四条之规定,虽一审原告在该案中遭受了一定的损失,但是一审原告要求赔偿的金额不应超过违约一方订立合同时预见到或者应当预见到的因违约可能造成的损失,案涉15栋、18栋规划的所在地块涉及"毛地出让"和重复出让导致无法进行房屋建设的情况并不属于一审被告友谊房地产公司应当预见的范围之内,而该案一审原告与一审被告友谊房地产公司之间仅成立商品房预约合同关系,尚未签订作为本约的商品房买卖合同,而预约合同的违约责任与本约合同的违约责任不应等同,故一审原告以丧失签订正式商品房买卖合同后实际获得房屋的可得利益为由,要求一审被告友谊房地产公司赔偿损失524,833元,缺乏事实及法律依据。

5. 天津市宝坻区人民法院(2021)津0115民初847号民事判决认为,《民法典》第五百八十八条第二款规定,定金不足以弥补一方违约造成的损失的,对方可以请求赔偿超过定金数额的损失。具体到本案,任某超主张实际损失包括房屋差价等。就此问题,法院认为,预约合同的法律指向为订立本约合同,违约责任主要在于信赖利益损失,主要以已付款法定孳息为考量基础,亦包括为订立或准备订立合同所支付的各项费用等。本案中,任某超在双方仅签订预约合同、购房合意、双方权利义务因未签订本约合同而未能最终形成阶段,要求赔偿房屋差价等问题,并无法律依据,且未提交定金不足以弥补因融创公司违约造成损失的证据,法院不予支持。

6. 山东省金乡县人民法院(2021)鲁0828民初1529号民事判决认为,合同双方于2014年9月2日签订的《百世集团"百世家"员工置业计划书》是以将来签订商品房买卖合同为目的的预约合同。原、被告签订的《百世集团"百世家"员工置业计划书》成立并有效,但因被告违约不能履行,原告诉求解除,法院予以支持。原告主张的返还购房款及赔偿房屋差价损失的诉求予以支持,实际数额以法院核定的为准。

7. 湖南省怀化市鹤城区人民法院(2021)湘1202民初5243号民事判决认为,双方当事人签订的《毕加索花园认购协议书》不具备《商品房销售管理办法》第十六条规定的商品房买卖合同的主要内容,且明确约定需要重新签订商品房买卖合同,故该订购协议书属于商品房预约合同。依据《民法典》第五百八十四条的规定,对方可得利益损失不得超过违反合同一方(违约方)订立合同时预见到或者应当预见到的因违反合同可能造成的损失。本案中,被告2015年签订预约合同时不可能预见到2019年签订正式合同时的房价。因此,本案原告的可得利益损失,不能依据签订正式合同时的房屋差价予以计算。依据《最高人民法院关于审理商品房买卖合同纠纷案件适用法律若干问题的解释》第四条之规定,对于出卖人通过认购、订购、预订等方式向买受人收受定金作为商品房买卖合同担保的,若因一方当事人的原因致合同未能订立,应当按照法律关于定金的规定处理。本案中,被告给原告开具的收据明确写明是收到购房诚意金,因此,本案应当适用定金法则。同时,依据《民法典》第五百八十六条之规定,以定金作为债权的担保的,定金的数额不能超过主合同标的额的20%。被告与原告签订的《毕加索花园认购协议书》,约定优惠后总金额为531,500元,故法定定金为106,300元,对原告要求被告赔偿房屋差额损失106,300元的请求法院予以支持,超过的部分不予支持。

8. 广西壮族自治区玉林市中级人民法院(2021)桂09民终1345号民事判决认为,合同双方签订的认购书性质为预约合同。因三环公司在与李某签订认购书后未依约换签商品房买卖合同,且认购书所指房屋已被三环公司出售他人并进行了商品房网上备案登记,案涉认购书已无履行的可能,因此一审判决解除该认购书并无不当,法院予以维持并将认购书的解除时间确认为三环公司与案外人刘某锋签订《商品房买卖合同(预售)》之日即2020年12月15日。本案认购书的解除系因三环公司的违约所致,故三环公司应承担相应的缔约过失责任,根据《合同法》第一百一十三条第一款的规定,"当事人一方不履行合同义务或者履行合同义务不符合约定,给对方造成损失的,损失赔偿额应当相当于因违约所造成的损失,包括合同履行后可以获得的利益,但不得超过违反合同一方订立合同时预见到或者应当预见到的因违反合同可能造成的损失"。就本案而言,房价的上涨或下跌均属于商业风险,系双方不可控制、不能预见的因素,不属于本案缔约过失责任的责任范围,一审将三环公司另售案涉房屋所取得的差价计算损失不当,二审法院予以纠正。因李某在认购该房屋即支付全部购房款而认购书中亦约定了定金条款,故本院以购房款的20%作为定金数额,由三环公司赔偿相当于双倍定金数额即226,736元(566,840×20%×2)损失给李某。

35. 定金不足以弥补房屋买受人损失的,可以请求赔偿超过定金数额的损失

《民法典》第五百八十八条第二款规定:"定金不足以弥补一方违约造成的损失

的，对方可以请求赔偿超过定金数额的损失。"上述规定吸收了《最高人民法院关于审理买卖合同纠纷案件适用法律问题的解释》（已失效）第二十八条（买卖合同约定的定金不足以弥补一方违约造成的损失，对方请求赔偿超过定金部分的损失的，人民法院可以并处……）的规定。

法理上对于本约和预约背景下"赔偿超过定金数额的损失"（如房屋差价减去定金之差）有一些争议，《中华人民共和国民法典合同编理解与适用（二）》[①]在对《民法典》第五百八十八条进行解读的时候并未涉及上述法理争议，本节也不再介绍和分析法理争议，只从实务角度分析。

从司法判例来看，房屋差价超过定金金额的，法院除支持定金罚则外，一般还会酌情支持"房屋差价减去定金之差"。

笔者整理了一些"定金不足以弥补房屋买受人损失的，可以请求赔偿超过定金数额的损失"的案例（尤其是涉及房屋差价的案例），供大家参考：

1. 最高人民法院（2019）最高法民申 5686 号民事裁定认为，关于损失赔付数额的确定，翁某有权就张某河的违约行为主张损失赔偿。根据《最高人民法院关于审理买卖合同纠纷案件适用法律问题的解释》第二十八条的规定，买卖合同约定的定金不足以弥补一方违约造成的损失，对方请求赔偿超过定金部分的损失的，人民法院可以并处，但定金和损失赔偿的数额总和不应高于因违约造成的损失。二审法院就翁某在定金之外提出的损失主张，认定与差价损失可并处的定金范围限定于翁某实际支付的定金数额，再以孟某贤购买涉案房屋的价款作为计算差价损失的依据，经核算后，予以部分支持，并无不当。

2. 山东省高级人民法院（2020）鲁民申 2108 号民事裁定认为，申请人提交的《无产证补充协议（二）》第四条关于违约责任的约定：如果是卖方违约导致本协议不能履行，并且给买方造成各项损失，应双倍返还定金给买方，另承担 × × × 补偿金；如果是买方违约，导致不能继续履行本协议而造成卖方的各项损失，则买方无权索回购房定金。双方明确约定，在一方出现违约造成损失的情况下适用定金罚则，对违约金、补偿金部分不要求承担。被申请人巩某辉并没作出违约责任仅限于适用定金罚则的意思表示。《最高人民法院关于审理买卖合同纠纷案件适用法律问题的解释》第二十八条规定，买卖合同约定的定金不足以弥补一方违约造成的损失，对方请求赔偿超过定金部分的损失的，人民法院可以并处，但定金和损失赔偿

---

① 最高人民法院民法典贯彻实施工作领导小组主编：《中华人民共和国民法典合同编理解与适用（二）》，人民法院出版社 2021 版，第 803～807 页。

的数额总和不应高于因违约造成的损失。原审根据房屋评估报告等证据所认定的巩某辉的损失具有充分的事实依据。二审未予采信《无产证补充协议(二)》并未影响本案的事实认定和法律适用。

3. 浙江省高级人民法院(2019)浙民申3842号民事裁定认为,关于一、二审判决柳某珍在双倍返还定金的基础上再赔偿房屋差价损失409,200元是否正确的问题。《最高人民法院关于审理买卖合同纠纷案件适用法律问题的解释》第二十八条规定,买卖合同约定的定金不足以弥补一方违约造成的损失,对方请求赔偿超过定金部分的损失的,人民法院可以并处,但是定金和损失赔偿的数额总和不应高于因违约造成的损失。涉案房屋买卖合同约定该房总价为183万元。经一审法院委托评估,涉案房屋在2017年12月28日的市值为257.4万元。一审法院结合柳某珍以房价上涨为由拒不履行合同的情形以及翁某萍的预期利益损失,兼顾公平及诚信原则予以综合考量,在柳某珍双倍返还定金的基础上,酌定由柳某珍承担房屋差价损失409,200元,二审判决予以维持,均无不当。

4. 陕西省高级人民法院(2019)陕民申513号民事裁定认为,《最高人民法院关于审理买卖合同纠纷案件适用法律问题的解释》第二十八条规定,买卖合同约定的定金不足以弥补一方违约造成的损失,对方请求赔偿超过定金部分的损失的,人民法院可以并处,但定金和损失赔偿的数额总和不应高于因违约造成的损失。本案中,在房屋买卖合同签订后,因房价涨幅较大,二审判决认定双方合同约定的违约金远低于因合同解除所实际发生的损失,依据史某的请求,以合同解除后给史某造成的损失来确定违约赔偿数额,并未使用违约金条款和定金条款来确定违约赔偿数额,故二审判决在确定赔偿数额时对史某主张的房屋差价损失、已经支付的中介费损失以及定金损失予以支持,并不违反法律规定。

5. 江苏省高级人民法院(2019)苏民再410号民事裁定认为,《最高人民法院关于审理买卖合同纠纷案件适用法律问题的解释》第二十八条规定"买卖合同约定的定金不足以弥补一方违约造成的损失,对方请求赔偿超过定金部分的损失的,人民法院可以并处,但定金和损失赔偿的数额总和不应高于因违约造成的损失"。该规定没有限定定金与超过定金部分的损失必须在同一案件中主张,在实体法与程序法均没有禁止性规定的情况下,基于我国合同法对于违约责任总体所采取的填平原则,不应以必须一次性诉讼为由否定权利人寻求违约救济的权利。裁定认为王某林在本案中的诉讼属于重复起诉不当,应予纠正。(原审法院认为,根据已查明的事实,王某林与德润公司就双方签订的《商品房认购协议书》的履行产生争议,王某林就此已提起诉讼，并经法院判决解除双方签订的《商品房认购协议书》，认定德润公司构成违约，双倍返还定金并退还购房款。现王某林再次提起本案诉讼，要求德润公司赔偿因房屋增值造成的损失，二审法院认为，本案与前案的当事人相同，诉讼标的相同，诉讼请求虽具体数额不同，但二者实质均为要求德润公司进行违约损害赔偿。在前案已经认定德润公司违约，并按定金罚则承担违约责任之后，王某林再次要求德润公司就同一违约行为承担违约责任，系对前案判决既判力的否定，属于重复诉讼。）

6. 广东省高级人民法院（2018）粤民申 2959 号民事裁定认为，根据黄某玉的再审申请意见，本案审查的主要是黄某玉违约应承担什么赔偿责任的问题。2016 年 4 月 7 日，黄某玉与周某签订了《房地产买卖协议》。该合同是双方当事人的真实意思表示，没有违反法律法规的强制性规定，应认定合法有效。签订合同后，黄某玉向周某明确表示不愿意继续履行合同，构成违约，应当赔偿因此造成的周某的损失。双方在合同中约定定金为 8 万元，周某主张该定金约定不足以弥补其损失。二审法院经委托评估涉案房屋 2016 年 7 月 1 日价值为 318 万元，与合同约定的价款 232.3 万元，价差 85.7 万元。《最高人民法院关于审理买卖合同纠纷案件适用法律问题的解释》第二十八条规定："买卖合同约定的定金不足以弥补一方违约造成的损失，对方请求赔偿超过定金部分的损失的，人民法院可以并处，但定金和损失赔偿的数额总和不应高于因违约造成的损失。"由于周某未及时采取相应的补救措施，避免损失扩大，二审法院综合考虑合同履行情况、黄某玉的过错程度、房价上涨等因素，参考房屋评估价值，酌定判决黄某玉向周某赔偿房屋差价损失 60 万元，并无明显不当。

7. 广东省高级人民法院（2018）粤民申 8248 号民事裁定认为，《最高人民法院关于审理买卖合同纠纷案件适用法律问题的解释》第二十八条规定："买卖合同约定的定金不足以弥补一方违约造成的损失，对方请求赔偿超过定金部分的损失的，人民法院可以并处，但定金和损失赔偿的数额总和不应高于因违约造成的损失。"本案中，杨某涛仅返还 1 万元定金显然不足以弥补贾某所受损失。贾某起诉请求判令杨某涛赔偿因其违约造成的损失，包括合同履行后可获得的房屋市场价与合同约定价款的差价部分，具有法律和事实依据。

8. 上海市高级人民法院（2017）沪民申 2561 号民事裁定认为，申请人与被申请人及案外人签订的《房地产买卖居间协议》，系当事人的真实意思表示，应对当事人有约束力。现被申请人拒绝履行该协议，申请人要求双倍返还定金，于法有据。申请人还提出己方在双倍返还定金后仍有较大损失，要求被申请人赔偿损失。对此，法院认为定金罚则与赔偿损失的适用并不互相冲突，当定金不足以弥补一方违约造成的损失时，对方请求赔偿超过定金部分的损失的，可予以支持。但定金和损失的赔偿数额总和不应当高于因违约造成的损失。本案中，申请人已提供了初步证据证明涉案房屋的房价自居间协议签订之日至被申请人明确拒绝履行之日有较大幅度的上涨，仅双倍返还定金尚不足以弥补申请人的损失。二审法院在未采信该证据的情况下，也未对相关事实进行调查，显然有失妥当。综上，翁某平、孟某的再审申请符合《民事诉讼法》第二百条规定的情形。依照《民事诉讼法》第二百零四条、第二百零六条，《最高人民法院关于适用〈中华人民共和国民事诉讼法〉的解释》第三百九十五条第一款规定，裁定如下：指令上海市第一中级人民法院再审本案。

9. 江西省高级人民法院（2016）赣民再46号民事判决认为，《最高人民法院关于审理买卖合同纠纷案件适用法律问题的解释》第二十八条明确规定买卖合同约定的定金不足以弥补一方违约造成的损失，对方请求赔偿超过定金部分的损失的，人民法院可以并处，但定金和损失赔偿的总额不应高于因违约造成的损失。本案合同虽然不是本约买卖合同，但预约合同具有相对独立性，其违约责任应当适用合同法有关违约责任的基本原则。因而，抗诉机关认为程某菊在主张定金罚则的情况下还要求惠荣公司赔偿超过定金罚则部分的损失的观点可以成立。

10. 山东省青岛市中级人民法院（2018）鲁02民终5278号民事判决认为，关于违约后的责任承担问题，一审中张某新主张双倍返还定金及房屋溢价款的损失，对此，法律规定买卖合同约定的定金不足以弥补一方违约造成的损失的，守约方请求赔偿超过定金部分的损失的，人民法院可以并处，但定金和损失赔偿的数额综合不应高于因违约造成的损失，据此法律精神，守约方所获得的赔偿应为弥补性的，而非惩罚性的，即守约方不应因违约方的违约行为而额外获利。因此，一审法院判决范某田、何某婷承担房屋溢价损失，未并处定金罚，符合法律规定，应予维持。

11. 江苏省南京市鼓楼区人民法院（2016）苏0106民初5982号民事判决认为，依照法律规定，买卖合同约定的定金不足以弥补一方违约造成的损失的，对方请求赔偿超过定金部分的损失的，可予以支持，但定金和损失赔偿数额总和不应高于因违约造成的损失。现原告支出5万元定金及5万元中介费用，对上述损失法院予以认定。原告关于定金利息损失的主张，亦符合法律规定，法院依法予以支持，两被告应自原告起诉之日即2016年6月20日起按同期银行贷款利率向原告韩某源支付利息。关于涉案房屋价格上涨的损失，原告韩某源提供网络截图及仟佰间公司开具的说明以证明涉案房屋自订立合同至本案开庭审理期间存在价格上涨,结合诉讼请求,其实际主张在定金及中介费用之外存在5万元的房屋上涨损失,考虑本案案情,原、被告的过错程度以及当时当地的房价上涨情况,法院予以支持。

36. 约定的违约金具有一定的惩罚性,有助于违约方履行义务

《民法典》第五百八十五条规定:“当事人可以约定一方违约时应当根据违约情况向对方支付一定数额的违约金,也可以约定因违约产生的损失赔偿额的计算方法。约定的违约金低于造成的损失的,人民法院或者仲裁机构可以根据当事人的请求予以增加;约定的违约金过分高于造成的损失的,人民法院或者仲裁机构可以根据当事人的请求予以适当减少。当事人就迟延履行约定违约金的,违约方支付违约金后,还应当履行债务。”约定的违约金过分高于造成的损失的,人民法院或者仲裁机构可以根据当事人的请求予以适当减少。当事人约定的违约金超过造成损失的30%的,一般理解为“过分高于造成的损失”。超过造成损失的这30%体现的就是违约金的惩罚性,即我们通常所说的违约金以补偿性为主,惩罚性为辅。

湖南省益阳市中级人民法院(2021)湘09民终1940号民事判决认为,体现违约金的惩罚性,有助于督促开发商履行义务。这一裁判观点既符合法理,又能起到很好的司法裁判的行为指引作用,值得赞赏。

3-3 陈某与碧桂园公司商品房预售合同纠纷案

裁判要旨:违约金兼具补偿性和惩罚性,约定违约金,有助于督促开发商履行义务。

案情简介:2016年12月26日,陈某与碧桂园公司签订了《益阳市商品房买卖合同》(以下简称买卖合同)以及附件《补充协议书》、附录《委托办理权属登记协议书》。买卖合同第十条约定,出卖人应在2017年12月30日将商品房交付买受人使用。第十九条约定,出卖人应在商品房交付使用后90日内,完成该幢商品房的初始登记。《补充协议书》第二十二条约定,买卖双方一致同意不适用买卖合同第十九条的约定,陈某委托碧桂园公司在收齐办证资料与相关费用后,在实际收房的365天内递交资料代办房屋产权证书,每逾期一天碧桂园公司应向陈某支付50元违约金。上述合同签订后,陈某依约向碧桂园公司支付全部购房款、相关税费和办证费用,并于2017年11月25日接收了案涉房屋。2021年1月25日,碧桂园公司向益

阳市不动产登记中心送交了不动产登记申请书、不动产权属证书等办理案涉房屋不动产权转移登记所需的全部申请登记材料，案涉房屋于同日转移登记至陈某名下。

裁判观点：【案号：湖南省益阳市中级人民法院（2021）湘09民终1940号】《民法典》第五百八十五条第二款规定，约定的违约金低于造成的损失，人民法院或者仲裁机构可以根据当事人的请求予以增加；约定的违约金过分高于造成的损失的，人民法院或者仲裁机构可以根据当事人的请求予以适当减少。本案中，陈某于2017年11月25日接收了案涉房屋，碧桂园公司于2021年1月25日向益阳市不动产登记中心递交不动产权登记所需的全部登记资料，已超过了合同约定递交登记资料的期限，构成违约，应承担相应的违约责任。根据双方签订的《委托办理权属登记协议书》第二条的约定，违约期间应按陈某缴纳相关费用并收房后365天开始计算，即碧桂园公司于2018年11月25日向益阳市不动产登记中心递交登记资料，案涉房屋于2021年1月25日转移登记至陈某名下，故违约期间应从2018年11月25日起计算至2021年1月25日止。关于违约金的标准问题。碧桂园公司上诉主张案涉逾期递交办证资料的违约金应按每日50元的标准计算。二审法院经审查认为，案涉逾期递交办证资料的违约金具有一定的惩罚性质，是买受人督促出卖人及时履行义务的重要方式，直接影响买受人合同主要权益能否及时实现。本案《委托办理权属登记协议书》约定的违约金为每日50元，明显过低，使违约金条款失去督促作用，一审法院根据上述法律规定并综合本案案情，将违约金标准调整为日万分之一，处理并无不当，二审法院予以维持。

37. 房屋出卖人违约可能要赔偿房屋差价

在房价明显上涨的时候，房屋出卖人违约的案例就会比较多，当房价上涨超过合同约定的违约金（一般是房屋总价的20%）时，法院即有可能判决违约方赔偿房屋差价损失。

一、《民法典》溯及力问题

简单讲，违约行为发生在2021年1月1日《民法典》施行之前的，适用当时的法律，即适用原《合同法》及其司法解释、原《物权法》及其司法解释、原《民法总则》等；违约行为发生在2021年1月1日及之后的，适用《民法典》及配套司法解释。

关于《民法典》溯及力的更详细的介绍，大家可以参阅《最高人民法院关于适用

〈中华人民共和国民法典〉时间效力的若干规定》,本节不展开叙述。

二、《民法典》时代与原《合同法》时代,房产纠纷的裁判不会有大的变化

《民法典》与原《合同法》等法律关于合同的成立、效力、履行、违约、解除、违约责任等的规定基本一致。因房屋买卖发生的纠纷,法院在《民法典》生效之后的裁判,和《民法典》生效之前的裁判,不会有太大的区别,甚至可以讲,对于绝大多数的案件而言,《民法典》生效前后的裁判会基本一致。因此,大家不要担心《民法典》生效了,法院关于房产纠纷的裁判规则会发生大的变化。如果想预判一个房产纠纷法院会怎么判决,仍可参阅法院之前的裁判案例。

三、房屋差价损失

笔者代理的很多案件,房屋差价损失都获得了法院的支持,比如,笔者代理的上海市静安区人民法院(2015)闸民三(民)初字第2862号房屋买卖合同纠纷案,法院支持了笔者代理方房屋差价损失400万元。

(一)法律依据

《民法典》第五百八十四条规定:"当事人一方不履行合同义务或者履行合同义务不符合约定,造成对方损失的,损失赔偿额应当相当于因违约所造成的损失,包括合同履行后可以获得的利益;但是,不得超过违约一方订立合同时预见到或者应当预见到的因违约可能造成的损失。"该规定和原《合同法》第一百一十三条第一款的规定基本一致。

《上海市高级人民法院关于审理"二手房"买卖案件若干问题的解答》规定,"对于确不能继续履行的,违约方应当赔偿因违约而给对方造成的损失,包括直接损失和预期可得利益损失"。

(二)房屋差价的计算

所谓房屋差价就是"上涨后的房价"减去"合同价"的差,这里面有两个问题需要注意:第一个问题是"上涨后的房价"技术上如何确定(房价确定方法)?第二个问题是"上涨后的房价"具体是指什么时候的房价(时间节点)?

1. 房价确定方法

司法实践中,房价确定方法有三种:

第一,由双方当事人协商确定。但是笔者代理的大量房产纠纷,还没有一个案件中双方当事人能够“对上涨后的房价”达成一致。

第二,向中介机构询价。经双方当事人同意,法院可以给中介机构(一般是大型房产中介)发函询价,以确定房价。但是,一般而言,法院会询问双方当事人对询价结果的意见,询价结果经过双方认可后法院才会将之作为裁判依据。向中介询价的优势是时间短、不发生鉴定费用,缺点是缺乏权威性,双方任何一方不认可询价结果都可能会导致询价无效。

第三,司法鉴定(评估)。由法院依照法定程序委托有资质的评估公司对房价进行评估,是法律规定的确定房价的方式,也是司法实践中运用最多的方式。需要特别说明的是,很多当事人误以为评估结果会显著低于市场价,事实上,司法评估的房价和市场价基本一致。

2. 时间节点

一般而言,“上涨后的房价”是指合同解除时的房价,因为合同解除之后房价的涨跌和守约方就没关系了。但是,有的时候,虽然合同解除了,但是网签备案还没有撤销,房屋出卖人还没有将买受人已付房款退还,导致买受人在合同解除之后不能通过另行购房的方式防止损失扩大,所以,“上涨后的房价”的时间节点按照合同解除的时间来确定对买受人不公平。

司法实践中,有些法院进行房价鉴定(评估)前会找双方当事人做笔录,告知评估的时间节点,或者征求双方的意见后由法院确定评估的时间节点;也有些法院直接通过高级人民法院委托评估公司对房价评估,评估公司按照评估师现场踏勘的时间作为评估时间节点。

(三)和房屋差价损失相关的几个问题

和房屋差价损失相关的法理和司法实践中经常遇到的问题有很多,本节不再一一详细介绍,笔者的微信公众号“合同效力实务研究”、拙著《二手房买卖疑难问题全解与典型案例裁判规则》对此有比较系统和详细的介绍。这里笔者简单介绍以下几点:

1. 房屋差价法院一般不会全部支持。因为法院会考虑合同履行情况(比如买受人已付房款金额)、双方的过错等因素对支持的差价的比例进行调整,即法院一般会对差价打个折。

2. 房屋差价损失和违约金不能同时主张。因为违约金是违约责任的预定,房屋差价损失则属于损失的范畴。

3. 房屋差价损失不能和已付房款银行利息损失同时主张。因为获得房价上涨利益的前提是失去已付房款利息,即便交易顺利完成,两者也不可能同时由买受人获得。

38. 房产纠纷中,守约方主张何种赔偿最合适

房屋买卖合同一方违约(本节以房屋出卖人违约为例),另一方主张损失(含差价这一可得利益损失),守约方主张何种赔偿最合适?是定金罚则,还是违约金?

一、主张损失

《民法典》第五百八十四条规定:“当事人一方不履行合同义务或者履行合同义务不符合约定,造成对方损失的,损失赔偿额应当相当于因违约所造成的损失,包括合同履行后可以获得的利益;但是,不得超过违约一方订立合同时预见到或者应当预见到的因违约可能造成的损失。”损失包括积极损失(现有利益的损失)和消极损失(可得利益的损失,即第五百八十四条中的“合同履行后可以获得的利益”)。现有利益的损失包括应付且已付的中介费、已付房款的利息、为房屋交易而支出的交通费、通讯费等费用。可得利益的损失主要就是房屋差价损失:合同解除时的市场价和合同价的差额。合同解除时的市场价的确定方式有三种:(1)买卖双方协商确定,但需经法院认可。司法实践中,买卖双方很难对合同解除时的房价达成一致。如果房屋出卖人一房二卖,第二次出售标的房屋的合同价若作为确定房屋差价的依据,需征得房屋买受人的同意,如房屋买受人不同意用该合同价作为确定房屋差价的依据,则法院不能直接将该房价作为确定房屋差价的依据,因为房屋买受人和法院都无法确认房屋出卖人第二次出售标的房屋的合同价是不是真实的房屋总价。(2)向中介机构询价。这种方式需事先征得买卖双方的同意,且买卖双方要同意询价结果作为法院确认合同解除时房价的依据。这种方式的好处是不需要支付费用,比较快;坏处是权威性不够,不确定性比较大。(3)司法评估。即法院根据当事人的申请,按照法定程序,委托有资质的评估机构对合同解除时的房价进行评估。这种方式的好处是比较权威,结论准确性比较高,但是需要支付评估费用,时间一般也比较长。鉴于司法评估是法律规定的程序,因此在双方当事人无法协商,也不同意询价的情况下,一般会采取司法评估的方式。

需要注意的是:(1)“为房屋交易而支出的交通费、通讯费等费用”因金额不太

大,一般诉讼中都不会主张;(2)"应付且已付的中介费、已付房款的利息"和"房屋差价损失"不能同时主张,因为房屋买受人获得合同履行后可以获得的利益是以其付出"应付且已付的中介费、已付房款的利息"为代价的,同时主张这两者就是重复主张了;(3)有些法院判决可能既支持了部分房屋差价,又支持了中介费或者银行利息,但是法院支持的总金额不会超过全部的房屋差价。

二、主张定金罚则

《民法典》第五百八十六条规定:"当事人可以约定一方向对方给付定金作为债权的担保。定金合同自实际交付定金时成立。定金的数额由当事人约定;但是,不得超过主合同标的额的百分之二十,超过部分不产生定金的效力。实际交付的定金数额多于或者少于约定数额的,视为变更约定的定金数额。"第五百八十七条规定:"债务人履行债务的,定金应当抵作价款或者收回。给付定金的一方不履行债务或者履行债务不符合约定,致使不能实现合同目的的,无权请求返还定金;收受定金的一方不履行债务或者履行债务不符合约定,致使不能实现合同目的的,应当双倍返还定金。"第五百八十八条第二款规定:"定金不足以弥补一方违约造成的损失的,对方可以请求赔偿超过定金数额的损失。"

主张定金罚则需要注意:

1. 合同中有定金罚则的约定,且定金已实际支付。

2. 定金罚则"可加不减":(1)"可加"。定金不足以弥补房屋出卖人违约给房屋买受人造成的损失的,房屋买受人可以请求赔偿超过定金数额的损失。比如,房屋买受人损失是100万元,定金只有20万元,适用定金罚则后房屋买受人还有80万元的损失,对于这80万元,买受人可以要求出卖人赔偿。这里需要注意的是,对于上述"可加"规则,一般是以房屋买卖双方已经就房屋买卖签订本约为前提的,如果买卖双方只签订了预约,有些法院认为不得适用"可加"规则。(2)"不减"。如果房屋买受人的损失少于一倍定金,则适用定金罚则,退一赔一,赔偿的一倍定金中有一部分是弥补买受人损失的,另一部分体现了对违约方的惩罚性(看起来适用定金罚则是买受人"赚了")。相比于主张损失或违约金,定金罚则中"不减"的规则是给人以确定性,如果合同约定了比较多的定金且已实际支付,守约方主张定金罚则不失为一个比较好的选择。

三、主张违约金

《民法典》第五百八十五条规定:"当事人可以约定一方违约时应当根据违约情

况向对方支付一定数额的违约金,也可以约定因违约产生的损失赔偿额的计算方法。约定的违约金低于造成的损失的,人民法院或者仲裁机构可以根据当事人的请求予以增加;约定的违约金过分高于造成的损失的,人民法院或者仲裁机构可以根据当事人的请求予以适当减少。当事人就迟延履行约定违约金的,违约方支付违约金后,还应当履行债务。"第五百八十八条第一款规定:"当事人既约定违约金,又约定定金的,一方违约时,对方可以选择适用违约金或者定金条款。"

根据上述规定:

1. 守约方主张违约金以合同有明确约定为前提。需要注意的是,如果合同对A、B、C、D四种情形约定了违约金,但是违约方的违约行为是E,则一般不宜主张违约金,因为会有比较大的概率得不到法院支持。

2. 法院一般会对违约金进行调整。约定的违约金低于造成的损失的,或者约定的违约金过分高于造成的损失的,法院都会对违约金进行调整。

3. 违约金和定金罚则不可以同时主张,事实上,违约金、定金罚则、守约方的损失三者只能选其一,只不过三者各有特点:违约金以守约方的损失为基础可以调高或调低;守约方以其损失为基础可以在定金罚则之外再主张损失赔偿,但违约方不得要求调低定金罚则;守约方主张其房屋差价损失的,一般要司法评估,法院一般也不会全额支持房屋差价。

3-4 邱某英与周某标房屋买卖合同纠纷案

裁判要旨:房屋出卖人违约,房屋买受人的损失包括合同履行后可以获得的利益。定金不足以弥补房屋出卖人违约给房屋买受人造成的损失的,房屋买受人可以请求赔偿超过定金数额的损失。

案情简介:2020年12月24日,邱某英与周某标签订了《房地产转让合同》,约定周某标将涉案房屋出售给邱某英,房屋总价1,288,000元,其中定金80,000元整,邱某英反悔,定金不得向周某标索还;周某标反悔,除退还已收定金,另外赔偿邱某英80,000元整。合同签订后,邱某英于2020年12月24日、25日通过银行转账共向周某标支付定金80,000元,周某标出具了收条。2021年2月2日,周某标将案涉房屋以1,429,800元的价格出售给了案外人叶某,并办理了过户手续。

裁判观点:【案号:浙江省丽水市中级人民法院(2021)浙11民终786号】本案邱某英按照案涉《房地产转让合同》的约定支付定金后,周某标又将房屋转卖他人并办理了产权转移登记手续,其已构成对该合同的根本性违约。根据《民法典》第五百八十四条之规定，周某标该违约行为给邱某英造成的损失包括合同履行后可以获得的利益。周某标将房屋出售给案外人的价款与《房地产转让合同》所约定价款差额为141,800元，因此，双方约定的定金罚则不足以弥补邱某英的损失。鉴于周某标一房二卖的行为属于根本性违约，邱某英主张周某标双倍返还定金外还应赔偿损失，因周某标将房屋出售给案外人的价款与原周某标签订的《房地产转让合同》约定价款差额为141,800元，故双方约定的定金不足以弥补邱某英的损失。本案系房屋买卖合同纠纷，如果合同得以履行，邱某英可以获得房屋价格上涨的利益，这是买卖双方在签订合同时可以预见到的。因此，在确定赔偿损失金额时，应以实际损失为基础，综合考虑合同履行情况、当事人过错程度以及预期利益等综合因素，根据公平原则和诚实信用原则，该院酌定周某标赔偿邱某英损失110,000元。

39. 主张“约定的违约金低于造成的损失”的一方需承担举证责任

一、主张“约定的违约金低于造成的损失”的一方需承担举证责任

《民法典》第五百八十五条规定：“……约定的违约金低于造成的损失的，人民法院或者仲裁机构可以根据当事人的请求予以增加……”上述规定是从实体法的角度回答违约金低于造成的损失的处理方法：人民法院或者仲裁机构可以根据当事人的请求予以增加。但是，“造成的损失”是多少？谁来举证？这需要主张“约定的违约金低于造成的损失”的一方（守约方）承担举证责任，依据如下：

（一）“谁主张，谁举证”的基本法理

《民事诉讼法》第六十七条第一款规定：“当事人对自己提出的主张，有责任提供证据。”《民诉法解释》第九十条规定：“当事人对自己提出的诉讼请求所依据的事实或者反驳对方诉讼请求所依据的事实，应当提供证据加以证明，但法律另有规定的除外。在作出判决前，当事人未能提供证据或者证据不足以证明其事实主张的，由负有举证证明责任的当事人承担不利的后果。”

（二）参照《九民纪要》的规定

《九民纪要》第五十条规定：“……主张违约金过高的违约方应当对违约金是否过高承担举证责任。”参考该规定，主张“约定的违约金低于造成的损失”的一方应当对“造成的损失”承担举证责任。

二、司法实践中需要注意的问题

（一）“造成的损失”是什么

“造成的损失”必须是已经发生的直接损失，而不能是可能会发生的或将要发生的损失或间接损失。司法实践中，对于“造成的损失”一般是房屋差价损失、利息损失、中介费损失，但是，房屋差价损失和利息损失、中介费损失不能同时主张。

（二）“对方的损失”由谁举证

违约方主张违约金过高的，根据《民事诉讼法》第六十七条第一款、《民诉法解释》第九十条的规定，参考《九民纪要》第五十条规定，应由主张违约金过高的一方承担举证责任。但是，司法实践中，有些法院可能会把此举证责任分配给守约方，因为守约方对自己的损失更清楚，更“接近”此证据。对此观点，笔者并不赞同。笔者认为，应当由主张违约金过高的一方承担举证责任，如此才符合违约金制度和举证责任分配制度的立法目的。

（三）守约方有防止损失扩大的义务

《民法典》第五百九十一条第一款规定：“当事人一方违约后，对方应当采取适当措施防止损失的扩大；没有采取适当措施致使损失扩大的，不得就扩大的损失请求赔偿。”

（四）违约损害赔偿不能违反可预见性原则

《民法典》第五百八十四条规定：“当事人一方不履行合同义务或者履行合同义务不符合约定，造成对方损失的，损失赔偿额应当相当于因违约所造成的损失，包括合同履行后可以获得的利益；但是，不得超过违约一方订立合同时预见到或者应当预见到的因违约可能造成的损失。”根据该规定，违约损害赔偿不得超过违约一方订立合同时预见到或者应当预见到的因违约可能造成的损失。

3-5　张某梅与万都公司房屋买卖合同纠纷案

裁判要旨：主张房屋买卖合同约定的违约金计算标准过低的一方，需承担举证责任。

案情简介:2012年7月17日,原告张某梅(买受人)与被告万都公司(出卖人)签订《商品房买卖合同》,该合同约定出卖人应当在商品房交付使用后90个工作日内,将办理权属登记需由出卖人提供的资料报产权登记机关备案,如因出卖人的责任,买受人不能在规定期限内取得房地产权属证书的,且买受人不退房的,出卖人按已付房价款的0.01%向买受人支付违约金。诉讼中,张某梅主张合同约定的逾期办证违约金标准过低。

裁判观点:【案号:河北省衡水市中级人民法院(2021)冀11民终1274号】《民法典》第五百八十五条规定:"当事人可以约定一方违约时应当根据违约情况向对方支付一定数额的违约金,也可以约定因违约产生的损失赔偿额的计算方法。约定的违约金低于造成的损失的,人民法院或者仲裁机构可以根据当事人的请求予以增加;约定的违约金过分高于造成的损失的,人民法院或者仲裁机构,可以根据当事人的请求予以适当减少。当事人就迟延履行约定违约金的,违约方支付违约金后,还应当履行债务。"本案中,双方当事人在案涉合同第十五条明确约定了逾期办证违约金的计算标准,为已交购房款的0.01%。上诉人张某梅主张案涉合同约定的违约金计算标准过低,请求法院予以调整。对此主张,上诉人张某梅未能举证证实其因万都公司迟延履行协助办证义务而造成的实际损失的数额,其应承担举证不能的不利后果。

40. 因新冠肺炎疫情对房屋买卖合同履行的实际影响酌减违约责任

《民法典》第五百九十条规定:"当事人一方因不可抗力不能履行合同的,根据不可抗力的影响,部分或者全部免除责任,但是法律另有规定的除外。因不可抗力不能履行合同的,应当及时通知对方,以减轻可能给对方造成的损失,并应当在合理期限内提供证明。当事人迟延履行后发生不可抗力的,不免除其违约责任。"《最高人民法院关于依法妥善审理涉新冠肺炎疫情民事案件若干问题的指导意见(一)》第三条规定:"……疫情或者疫情防控措施直接导致合同不能履行的,依法适用不可抗力的规定,根据疫情或者疫情防控措施的影响程度部分或者全部免除责任。当事人对于合同不能履行或者损失扩大有可归责事由的,应当依法承担相应责任。因疫情或者疫情防控措施不能履行合同义务,当事人主张其尽到及时通知义务的,应当承担相应举证责任……"根据上述规定可以看出,新冠肺炎疫情属于不可抗力。但是,这个不可抗力因素对合同履行的影响有多大,要根据具体案情来判断。合同一方当事人出于新冠肺炎疫情等原因而未按约履行合同的,要根据新冠肺炎疫情对合同履行的影响程度,部分或者全部免除责任。

3-6 刘某国与华航公司商品房预售合同纠纷案

裁判要旨:新冠肺炎疫情系不可抗力因素,但是该不可抗力因素对房屋买卖合同履行的影响有多大,需由未按约履行合同一方承担举证责任,法院依据该不可抗力因素对房屋买卖合同履行影响的大小酌减未按约履行合同一方的违约责任。

案情简介:2019年4月26日,刘某国(买方)与华航公司(卖方)签订《商品房买卖合同(预售)》,合同约定,出卖人应在2020年4月30日前向买受人交付商品房,出卖人未能在约定期限内将房屋交付,应当向买受人支付违约金,违约金按照已支付的房价款日0.1‱计算,违约金自约定的最后交付期限第二天起算至实际交付之日止。合同签订后,刘某国依约向华航公司支付了购房款。2021年3月1日,华航公司交房给刘某国。在合同约定履行期间内,突发新冠肺炎疫情,2020年1月24日,山东省启动重大突发公共卫生事件Ⅰ级响应,2020年3月7日,调整应急响应级别为Ⅱ级。

裁判观点:【案号:山东省青岛市中级人民法院(2021)鲁02民终10578号】根据《民法典》第五百九十条第一款规定,"当事人一方因不可抗力不能履行合同的,根据不可抗力的影响,部分或者全部免除责任,但是法律另有规定的除外。因不可抗力不能履行合同的,应当及时通知对方,以减轻可能给对方造成的损失,并应当在合理期限内提供证明"。合同履行过程中,当事人一方因不可抗力不能履行合同的,根据不可抗力的影响,可以部分或者全部免除责任。华航公司与购房人签订合同后,履行合同过程中因不可抗力导致逾期交房的,可以主张部分或者全部免除责任,但华航公司应当对其主张的事由系不可抗力,且系致其逾期交房的直接原因,承担证明责任。除众所周知的新冠肺炎疫情外,诉讼过程中,华航公司未能提交证据证明其主张的其他因素构成妨碍履行合同的不可抗力,华航公司亦未举证证明,包括新冠肺炎疫情在内的其主张的影响其按期交付房屋的事由,对其造成的具体影响,一审法院根据新冠肺炎疫情发生后返乡人员隔离期间等相关政策对施工的影响,酌定扣除华航公司逾期交房违约时间58天,符合本案事实和法律规定,并无不当。

41. 因不可抗力或情势变更而逾期履约的，不承担违约责任

《民法典》第五百七十七条规定："当事人一方不履行合同义务或者履行合同义务不符合约定的，应当承担继续履行、采取补救措施或者赔偿损失等违约责任。"根据该条规定，违约责任系无过错责任（严格责任），只要违约方未按约履行，不论其是否有过错，均应承担违约责任，过错的大小只是法院在调整违约金时的一个考量因素。但是，未按约履行合同的一方还是有一些法定的可以全部或部分免责的事由，最常见的就是不可抗力和情势变更。

一、不可抗力

《民法典》第一百八十条规定："因不可抗力不能履行民事义务的，不承担民事责任。法律另有规定的，依照其规定。不可抗力是不能预见、不能避免且不能克服的客观情况。"第五百九十条规定："当事人一方因不可抗力不能履行合同的，根据不可抗力的影响，部分或者全部免除责任，但是法律另有规定的除外。因不可抗力不能履行合同的，应当及时通知对方，以减轻可能给对方造成的损失，并应当在合理期限内提供证明。当事人迟延履行后发生不可抗力的，不免除其违约责任。"

二、情势变更

《民法典》第五百三十三条规定："合同成立后，合同的基础条件发生了当事人在订立合同时无法预见的、不属于商业风险的重大变化，继续履行合同对于当事人一方明显不公平的，受不利影响的当事人可以与对方重新协商；在合理期限内协商不成的，当事人可以请求人民法院或者仲裁机构变更或者解除合同。人民法院或者仲裁机构应当结合案件的实际情况，根据公平原则变更或者解除合同。"

根据上述法律规定，只有合同一方完全因不可抗力或者情势变更而未能按约履行的，才可以全部免责，否则，就应该根据不可抗力或情势变更因素对合同履行影响的大小来判定未按约履行一方在多大程度上免责。

3-7 穆某驹、张某美与洪森房开公司商品房预售合同纠纷案

裁判要旨：房屋买卖合同一方因情势变更因素导致不能按约履行合同的，不承担违约责任。

案情简介：穆某驹、张某美与洪森房开公司于2018年1月12日签订《商品房买

卖合同》,合同约定,穆某驹、张某美购买洪森房开公司开发的涉案房屋,出卖人应当在2017年6月30日前向买受人交付商品房,出卖人承诺于2017年12月30日前取得商品房所有权初始登记,并将办理商品房转移登记的有关文书交付给买受人。之后,由于相关政府部门作出规划调整,导致洪森房开公司未能按约履行合同。

裁判观点:【案号:贵州省黔东南苗族侗族自治州中级人民法院(2021)黔26民终1411号】根据《民法典》第五百三十三条"合同成立后,合同的基础条件发生了当事人在订立合同时无法预见的、不属于商业风险的重大变化,继续履行合同对于当事人一方明显不公平的,受不利影响的当事人可以与对方重新协商;在合理期限内协商不成的,当事人可以请求人民法院或者仲裁机构变更或者解除合同。人民法院或者仲裁机构应当结合案件的实际情况,根据公平原则变更或者解除合同"的规定,穆某驹、张某美主张鸿森房开公司依照案涉《商品房买卖合同》的约定支付其逾期交付办理商品房转移登记有关文书违约金不符合法律规定,不予支持。

42.《民法典》施行前发生的房屋买卖合同纠纷适用当时的法律、司法解释

《最高人民法院关于适用〈中华人民共和国民法典〉时间效力的若干规定》第一条规定:"民法典施行后的法律事实引起的民事纠纷案件,适用民法典的规定。民法典施行前的法律事实引起的民事纠纷案件,适用当时的法律、司法解释的规定,但是法律、司法解释另有规定的除外。民法典施行前的法律事实持续至民法典施行后,该法律事实引起的民事纠纷案件,适用民法典的规定,但是法律、司法解释另有规定的除外。"这是法律溯及力的一般原则,即法不溯及既往。当然,《最高人民法院关于适用〈中华人民共和国民法典〉时间效力的若干规定》还对很多特殊情况作了例外和细化的规定。因此,对于2021年1月1日《民法典》施行前发生的房屋买卖合同违约行为,应当适用当时的法律、司法解释。

3-8 黄某与尚岭公司、重庆银行成都分行房屋买卖合同纠纷案

裁判要旨:《民法典》施行前的法律事实引起的民事纠纷案件,适用当时的法律、司法解释的规定,但是法律、司法解释另有规定的除外。

案情简介:2016年5月16日,尚岭公司与重庆银行成都分行签订《重庆银行抵押合同》,尚岭公司用涉案房屋在建工程向重庆银行抵押贷款。2016年7月25日,

重庆银行成都分行出具《同意函》,同意尚岭公司办理涉案房屋的商品房预售许可证,并同意尚岭公司销售该房屋,同意办理该房屋的初始登记、转移登记等。之后,尚岭公司与黄某签订《四川省商品房买卖合同(预售)》将涉案房屋出售给黄某,黄某按约支付了房款,但因尚岭公司未按其与重庆银行成都分行的约定将房款支付至约定的监管账户,导致诉讼。一审于2020年2月27日作出判决,二审于2020年7月22日作出判决,重庆银行成都分行均败诉。重庆银行成都分行申请再审时主张应发回重审,适用《民法典》的相关规定处理本案。

裁判观点:【案号:四川省高级人民法院(2021)川民申1805号】《最高人民法院关于适用〈中华人民共和国民法典〉时间效力的若干规定》第一条规定,“民法典施行前的法律事实引起的民事纠纷案件,适用当时的法律、司法解释的规定”。本案中的法律事实发生在《民法典》施行前的2016年,故本案应适用当时的法律、司法解释的规定。此外,《最高人民法院关于适用〈中华人民共和国民法典〉时间效力的若干规定》第五条规定“民法典施行前已经终审的案件,当事人申请再审或者按照审判监督程序决定再审的,不适用民法典的规定”。二审法院于2020年7月22日作出本案二审判决,本案在《民法典》施行前已经终审,故重庆银行成都分行再审申请认为本案不应适用原《物权法》第一百九十一条规定,发回重审后即可适用《民法典》第四百零六条规定的再审申请事由不成立。

第四章

房产中介的义务和责任

43. 房产中介未如实报告，不得要求支付报酬

《民法典》第九百六十二条规定："中介人应当就有关订立合同的事项向委托人如实报告。中介人故意隐瞒与订立合同有关的重要事实或者提供虚假情况，损害委托人利益的，不得请求支付报酬并应当承担赔偿责任。"

一、中介需如实报告的内容

《房地产经纪管理办法》第二十一条规定："房地产经纪机构签订房地产经纪服务合同前，应当向委托人说明房地产经纪服务合同和房屋买卖合同或者房屋租赁合同的相关内容，并书面告知下列事项：（一）是否与委托房屋有利害关系；（二）应当由委托人协助的事宜、提供的资料；（三）委托房屋的市场参考价格；（四）房屋交易的一般程序及可能存在的风险；（五）房屋交易涉及的税费；（六）经纪服务的内容及完成标准；（七）经纪服务收费标准和支付时间；（八）其他需要告知的事项。房地产经纪机构根据交易当事人需要提供房地产经纪服务以外的其他服务的，应当事先经当事人书面同意并告知服务内容及收费标准。书面告知材料应当经委托人签名（盖章）确认。"中介需如实报告的内容主要是《房地产经纪管理办法》第二十一条的规定，尤其是：(1)房屋状况及产权人信息、土地状况信息、房地产抵押状况信息、房地产权利限制状况信息（查封信息）、违建信息、居住权信息、租赁信息；(2)房产交易的税费项目和金额；(3)是否带车库及相关信息；(4)交易流程、贷款、资金监管信息；(5)房产交易中可能的风险等。

司法实践中，在房屋管理部门调取的不动产登记簿（上海市一般简称"产调"）

对于上述第(1)项内容基本都能体现,但是需要房屋产权人亲自调取,中介无权调取,中介可以陪同产权人一起去房屋管理部门调取,或者指导产权人通过相关网站或App调取。对于税费,要结合当地的税费政策,产权人取得房屋的方式(买卖、继承、赠与等)、取得年限来分析判断。对于车库信息需要向产权人询问并确认。对于交易流程、贷款、资金监管信息,则是中介专业和经验范围内的事情,中介需要向买卖双方告知。对于交易中可能的风险,比如产权人是否有债务及此债务是否会导致房屋在交易过程中被查封,标的房屋是否有产权纠纷或隐性共有人,房屋买受人的付款能力和贷款是否能足额获批等,则需要根据个案进行分析、判断和风险提示。

二、委托人利益受损是其不支付中介费的必要条件

中介未如实报告和委托人利益受损都是委托人不支付中介费,甚至要求中介赔偿的必要条件,且中介未如实报告和委托人利益受损之间要有直接因果关系。中介人故意隐瞒与订立合同有关的重要事实或者提供虚假情况,说明中介有重大过错,在此基础上如果委托人利益受损,则中介一般需承担赔偿责任,甚至可能要承担刑事责任。

司法实践中,"委托人利益受损"最常见的情况是房屋买受人"钱房两空",即房屋买受人支付了大量房款,但是由于存在中介应如实报告但却未如实报告的情形,导致房屋买受人无法取得房屋所有权,利益受到重大损害。相对轻一点的利益受损,比如,中介未告知标的房屋系出卖人通过继承取得,未告知继承取得的房屋的税费情况,合同又约定买受人承担交易过程中的全部税费,导致房屋买受人多支付了大量的税费。

4-1 倪某秋与顺和房产中心、吕某凤房屋买卖合同纠纷案

裁判要旨:房产中介未就有关订立合同的事项向委托人如实报告,损害委托人利益的,不得请求支付报酬。

案情简介:2021年1月23日,王某贤与吕某凤签订房屋买卖合同,王某贤出售涉案房屋于吕某凤,但尚未办理变更登记,涉案房屋尚登记在王某贤名下。2021年7月28日,倪某秋与吕某凤通过顺和房产中心介绍签订《房屋买卖定金合同》,约定吕某凤已取得该房屋的房屋所有权证(编号为空白,且被画掉),吕某凤出售案涉房屋于倪某秋,合同另对房屋交易的其他事宜作了约定。合同签订后,倪某秋向吕某

凤支付了20,000元定金,向顺和房产中心支付了5000元中介费。之后,倪某秋称因得知该房屋登记在王某贤名下,而吕某凤不是房屋所有权人,不同意签订买卖合同。倪某秋起诉要求解除《房屋买卖定金合同》,吕某凤退还定金、顺和房产中心退还中介费。

裁判观点:【案号:吉林省松原市中级人民法院(2021)吉07民终2060号】《民法典》第九百六十二条规定:"中介人应当就有关订立合同的事项向委托人如实报告。中介人故意隐瞒与订立合同有关的重要事实或提供虚假情况,损害委托人的利益的,不得请求支付报酬并应当承担赔偿责任。"第九百六十四条规定:"中介人未促成合同成立的,不得请求支付报酬;但是,可以按照约定请求委托人支付从事中介活动支出的必要费用。"本案中,倪某秋、吕某凤双方未能签订房屋买卖合同,与顺和房产中心未告知房屋的真实情况有关,故依据上述规定,顺和房产中心不应收取中介费用。

第二编

执行标的异议

第五章

执行异议受理范围和管辖法院

44. 案外人执行标的异议提出的时间

一、案外人应当在异议指向的执行标的执行终结或执行程序终结前提出执行标的异议

《最高人民法院关于人民法院办理执行异议和复议案件若干问题的规定》第六条第二款规定,“案外人依照民事诉讼法第二百二十七条规定提出异议的,应当在异议指向的执行标的执行终结之前提出;执行标的由当事人受让的,应当在执行程序终结之前提出”。

(一)在异议指向的执行标的执行终结之前提出

在异议指向的执行标的执行终结之前提出,主要是针对第三人通过拍卖取得执行标的所有权的情形,之所以作此规定,是为了保护善意的第三人。“异议指向的执行标的执行终结”的意思是异议指向的执行标的因法院的强制执行而发生所有权的转移。《最高人民法院关于人民法院民事执行中拍卖、变卖财产的规定》第二十六条规定:“不动产、动产或者其他财产权拍卖成交或者抵债后,该不动产、动产的所有权、其他财产权自拍卖成交或者抵债裁定送达买受人或者承受人时起转移。”《民诉法解释》第四百九十一条规定:“拍卖成交或者依法定程序裁定以物抵债的,标的物所有权自拍卖成交裁定或者抵债裁定送达买受人或者接受抵债物的债权人时转移。”根据上述规定,执行标的所有权自拍卖成交裁定或者抵债裁定送达买受人或者接受抵债物的债权人时转移。因此,如果执行标的由第三人通过拍卖

取得所有权,案外人(提出执行标的异议者)应当在拍卖成交裁定送达第三人前提出。

(二)在执行程序终结之前提出

执行标的由当事人受让的(比如将异议指向的执行标的抵债给申请执行人),应当在执行程序终结之前提出。执行程序终结是指整个执行程序已经完全结束,今后不得再恢复或重新启动。依据此"执行程序终结"概念的内涵,执行程序终结有如下情形:

1. 执行完毕

执行完毕包括如下三种情形:第一,生效法律文书确定的执行内容,经被执行人自动履行、人民法院强制执行,已全部执行完毕;第二,在申请执行人放弃部分债权的前提下,经被执行人自动履行、人民法院强制执行,已全部(除债权人放弃的部分外)执行完毕;第三,当事人达成执行和解协议,且执行和解协议履行完毕。

2. 终结执行

《民事诉讼法》第二百六十四条规定:"有下列情形之一的,人民法院裁定终结执行:(一)申请人撤销申请的;(二)据以执行的法律文书被撤销的;(三)作为被执行人的公民死亡,无遗产可供执行,又无义务承担人的;(四)追索赡养费、扶养费、抚养费案件的权利人死亡的;(五)作为被执行人的公民因生活困难无力偿还借款,无收入来源,又丧失劳动能力的;(六)人民法院认为应当终结执行的其他情形。"此处的终结执行应当除去因申请人撤销执行而终结的情形,因为根据《民诉法解释》第五百一十八条的规定,因撤销申请而终结执行后,当事人在《民事诉讼法》第二百四十六条规定的申请执行时效期间内再次申请执行的,人民法院应当受理。申请人撤销执行后又在法定期限内申请执行的,当事人或利害关系人或案外人还可以依法提起执行行为异议或执行标的异议。

3. 销案

以"销案"方式结案的情形有:(1)被执行人提出管辖异议,经审查异议成立,将案件移送到有管辖权的法院或申请执行人撤回申请的;(2)发现其他有管辖权的人民法院已经立案在先的;(3)受托法院报经高级人民法院同意退回委托的。

4. 不予执行

不予执行是指执行实施案件立案后,被执行人对仲裁裁决或公证债权文书提出不予执行申请,经人民法院审查,裁定不予执行的情形。

5. 驳回申请

驳回申请是指执行实施案件立案后，经审查发现不符合《最高人民法院关于人民法院执行工作若干问题的规定（试行）》第十六条规定的受理条件，裁定驳回申请的情形。

二、提出时间不当的处理

（一）案外人执行异议阶段

《执行异议复议规定》第二条规定："执行异议符合民事诉讼法第二百二十五条或者第二百二十七条规定条件的，人民法院应当在三日内立案，并在立案后三日内通知异议人和相关当事人。不符合受理条件的，裁定不予受理；立案后发现不符合受理条件的，裁定驳回申请。执行异议申请材料不齐备的，人民法院应当一次性告知异议人在三日内补足，逾期未补足的，不予受理。异议人对不予受理或者驳回申请裁定不服的，可以自裁定送达之日起十日内向上一级人民法院申请复议。上一级人民法院审查后认为符合受理条件的，应当裁定撤销原裁定，指令执行法院立案或者对执行异议进行审查。"

在案外人执行异议阶段，如果案外人提出执行标的异议的时间不符合法律规定的，法院应当裁定驳回其异议申请，并给出救济途径：向上一级法院申请复议（注：救济途径不是执行异议之诉）。

（二）执行异议之诉阶段

1. 一审阶段

《民事诉讼法》第一百五十七条规定："裁定适用于下列范围：（一）不予受理；（二）对管辖权有异议的；（三）驳回起诉……"《民事诉讼法》第一百七十一条第二款规定："当事人不服地方人民法院第一审裁定的，有权在裁定书送达之日起十日内向上一级人民法院提起上诉。"

根据上述法律规定，在一审阶段法院发现案外人提出执行标的异议的时间不符合法律规定的，应当裁定撤销执行异议裁定，驳回起诉，并告知救济途径：上诉（上诉期是10日，不是15日，上诉请求也应当是程序性的，不是实体性的）。

2. 二审阶段

二审阶段发现案外人提出执行标的异议的时间不符合法律规定的，应当裁定撤销一审判决和执行异议裁定，驳回起诉，该裁定为生效裁定。

三、执行标的异议只有一次机会

《执行异议复议规定》第十五条第二款规定："案外人撤回异议或者被裁定驳回异议后，再次就同一执行标的提出异议的，人民法院不予受理。"执行标的异议的后续救济程序是执行异议之诉，且执行标的异议（之诉）期间不得处分异议指向的执行标的。出于执行效率的考虑，法律规定执行标的异议只有一次机会。在研究执行标的提出时间时，也应当将此考虑在内。需要注意的是，这里的"只有一次机会"是指同一个案外人对同一个执行标的只有一次执行标的异议的机会。对此，需注意以下几点：

1. 不存在案外人在"可提出执行标的异议时间段"之前提出执行标的异议的可能性。

2. 案外人如果在"可提出执行标的异议时间段"之内提出了执行异议，则只有一次机会。案外人需珍惜这次机会，一旦没利用好，就在程序上丧失了救济实体权利的机会。

3. 案外人如果在"可提出执行标的异议时间段"之后提出了执行异议，就是本节讨论的不予受理的情形，因此所谓的"只有一次机会"对案外人也没有意义，因为不存在因机会用尽而错失救济实体权益的可能。

5-1 李某与西藏信托公司、龙驿公司案外人执行异议之诉案

案情简介：案涉标的房屋于2016年1月4日被查封后，一审法院于2018年12月21日作出(2016)晋执21号之五执行裁定，将包括本案标的房屋在内的被执行人龙驿公司所有的97套房产作价9677.468,72万元，交付申请执行人西藏信托公司抵偿另案判决认定的债务。李某于2019年8月15日提出书面异议请求停止对案涉标的房屋的执行。

裁判观点：【案号：最高人民法院(2021)最高法民终515号】本案的争议焦点为：李某是否符合案外人执行异议之诉的起诉条件。案外人执行异议之诉系案外人救济自身合法权益的有效途径，案外人应当依法积极维护自身权益，及时提出自己的异议主张。《民事诉讼法》第二百二十七条①规定，执行过程中，案外人对执行标的提出书面异议的，人民法院应当自收到书面异议之日起15日内审查，理由成立

---

① 2021年修正后为第二百三十四条。

的，裁定中止对该标的的执行；理由不成立的，裁定驳回。案外人、当事人对裁定不服，认为原判决、裁定错误的，依照审判监督程序办理；与原判决、裁定无关的，可以自裁定送达之日起15日内向人民法院提起诉讼。根据《最高人民法院关于人民法院办理执行异议和复议案件若干问题的规定》第六条第二款规定，案外人依照《民事诉讼法》第二百二十七条规定提出异议的，应当在异议指向的执行标的执行终结之前提出；执行标的由当事人受让的，应当在执行程序终结前提出。本案中，案涉标的房屋于2016年1月4日被查封后，一审法院于2018年12月21日作出（2016）晋执21号之五执行裁定，将包括本案标的房屋在内的被执行人龙驿公司所有的97套房产作价9677.468，72万元，交付申请执行人西藏信托公司抵偿另案判决认定的债务。该裁定发生法律效力后，包括本案标的房屋在内的97套房屋的执行程序已经终结。根据一审法院2019年10月8日（2019）晋执异81号执行裁定书所载内容，李某于2019年8月15日提出书面异议请求停止对案涉标的房屋的执行，系在标的房屋的执行程序终结之后；并且一审法院对于李某所提书面异议审查后认定，李某提交的入住通知单无法证明其占有案涉房屋的真实时间，且未提交其他相关证据用以证明其在法院查封前已合法占有案涉房屋，其异议请求不符合《最高人民法院关于人民法院办理执行异议和复议案件若干问题的规定》第二十八条第二项规定的条件，不能排除执行。本案一审立案时间为2019年11月18日，李某一审起诉书的落款时间显示为2019年10月28日，均在标的房屋的执行程序终结之后，有违前述《最高人民法院关于人民法院办理执行异议和复议案件若干问题的规定》第六条第二款的规定。一审认定李某对案涉房屋提出执行异议之诉不符合起诉条件并无不当。即便李某所提执行异议之诉符合起诉条件，从一审期间李某提交的证据来看，其虽然提交了购房款876，190元的《收款收据》及《销售不动产统一发票》，但未提交付款的银行转账凭证等证据，无法说明所付房款的合法来源；李某提交的《入住通知单》，亦不足以证明在法院查封前已合法占有案涉房屋；故李某不符合《最高人民法院关于人民法院办理执行异议和复议案件若干问题的规定》第二十八条的规定。综上所述，李某的上诉请求缺乏事实和法律依据，法院不予支持。依照《民事诉讼法》第一百七十条第一款第一项、第一百七十一条的规定，裁定如下：驳回上诉，维持原裁定。本裁定为终审裁定。

45. 执行异议之诉一审，注意15日的起诉期

执行异议之诉是执行程序的衍生诉讼，很特殊，其中一个特殊性的表现就是执

行异议之诉有前置程序，如执行标的异议之诉之前有一个执行标的异议的程序；追加被执行人（公司）股东为被执行人的裁定作出之后，相关当事人对此裁定不服的，才可以提起执行异议之诉。当事人自收到执行异议裁定到提起诉讼有15日的“起诉期”，这个期限是不可变期限，过了之后就不能再起诉了，起诉后撤诉也不能再起诉了。这其实是执行效率的需要，这就是本节开头所说的“执行异议之诉是执行程序的衍生诉讼”的必然要求。

一、要求15日内起诉的相关法律规定

《民事诉讼法》第二百三十四条规定：“执行过程中，案外人对执行标的提出书面异议的，人民法院应当自收到书面异议之日起十五日内审查，理由成立的，裁定中止对该标的的执行；理由不成立的，裁定驳回。案外人、当事人对裁定不服，认为原判决、裁定错误的，依照审判监督程序办理；与原判决、裁定无关的，可以自裁定送达之日起十五日内向人民法院提起诉讼。”

《民诉法解释》第三百零三条规定：“案外人提起执行异议之诉，除符合民事诉讼法第一百二十二条规定外，还应当具备下列条件：（一）案外人的执行异议申请已经被人民法院裁定驳回；（二）有明确的排除对执行标的执行的诉讼请求，且诉讼请求与原判决、裁定无关；（三）自执行异议裁定送达之日起十五日内提起。人民法院应当在收到起诉状之日起十五日内决定是否立案。”

《最高人民法院关于民事执行中变更、追加当事人若干问题的规定》第三十二条规定：“被申请人或申请人对执行法院依据本规定第十四条第二款、第十七条至第二十一条规定作出的变更、追加裁定或驳回申请裁定不服的，可以自裁定书送达之日起十五日内，向执行法院提起执行异议之诉。被申请人提起执行异议之诉的，以申请人为被告。申请人提起执行异议之诉的，以被申请人为被告。”

二、超过15日再起诉则不予受理，已受理的，裁定驳回起诉

（一）超过15日再起诉则不符合起诉条件

《民事诉讼法》第一百二十二条规定：“起诉必须符合下列条件：（一）原告是与本案有直接利害关系的公民、法人和其他组织；（二）有明确的被告；（三）有具体的诉讼请求和事实、理由；（四）属于人民法院受理民事诉讼的范围和受诉人民法院管辖。”当事人自收到执行异议裁定或是否追加被执行人的裁定后，超过15日才起诉的，因不符合“属于人民法院受理民事诉讼的范围”而不符合起诉条件。

（二）立案后发现不符合受理条件的，裁定驳回起诉

《民诉法解释》第二百零八条第三款规定："立案后发现不符合起诉条件或者属于民事诉讼法第一百二十七条规定情形的，裁定驳回起诉。"

三、执行异议之诉一审立案后又撤诉的，不得再起诉，原裁定生效

对于一般的一审民事案件，原告撤诉后还可以再起诉。但是，由于执行异议之诉有前置程序，原告撤回执行异议之诉，则意味着前置程序的执行裁定生效，原告不得再起诉。这也是执行效率的要求。

5-2 肖某勋执行异议之诉不予受理案

案情简介：2019 年 5 月 28 日，肖某勋收到河北省唐山市中级人民法院（2018）冀 02 执异 917 号执行裁定后提起执行异议之诉，因未缴诉讼费，2019 年 12 月 2 日唐山市中级人民法院以（2019）冀 02 民初 384 号民事裁定，裁定按自动撤诉处理。肖某勋于 2020 年 1 月 6 日，以同一诉讼请求再次向唐山市中级人民法院起诉。

裁判观点：【案号：最高人民法院（2020）最高法民申 5017 号】《民事诉讼法》第二百二十七条规定，"执行过程中，案外人对执行标的提出书面异议的，人民法院应当自收到书面异议之日起十五日内审查，理由成立的，裁定中止对该标的的执行；理由不成立的，裁定驳回。案外人、当事人对裁定不服，认为原判决、裁定错误的，依照审判监督程序办理；与原判决、裁定无关的，可以自裁定送达之日起十五日内向人民法院提起诉讼"。《最高人民法院关于适用〈中华人民共和国民事诉讼法〉的解释》第三百零六条规定："申请执行人提起执行异议之诉，除符合民事诉讼法第一百一十九条规定外，还应当具备下列条件：（一）依案外人执行异议申请，人民法院裁定中止执行；（二）有明确的对执行标的继续执行的诉讼请求，且诉讼请求与原判决、裁定无关；（三）自执行异议裁定送达之日起十五日内提起。人民法院应当在收到起诉状之日起十五日内决定是否立案。"可见，执行异议之诉，是执行程序的衍生诉讼，其不同于民事诉讼法中的其他诉讼，具有特殊性。其中一个特殊性表现就是执行异议之诉有前置程序，即执行标的异议程序，相关当事人对此裁定不服，才可以提出执行异议之诉。当事人自收到执行异议裁定到提起诉讼有 15 日的起诉期，这个 15 日的起诉期间为不变期间，不适用诉讼时效中止、中断等规定。期限过了之后就不能再起诉了。2019 年 5 月 28 日，再审申请人肖某勋收到河北省唐山市中级

人民法院(2018)冀02执异917号执行裁定后提起执行异议之诉,因未缴诉讼费,2019年12月2日唐山市中级人民法院以(2019)冀02民初384号民事裁定,裁定按自动撤诉处理。肖某勋于2020年1月6日,以同一诉讼请求再次向唐山市中级人民法院起诉。因肖某勋是2019年5月收到河北省唐山市中级人民法院(2018)冀02执异917号执行裁定的,至肖某勋再次起诉之日,已超过法律规定的"自裁定送达之日起十五日内"的起诉期限,唐山市中级人民法院裁定不予受理,二审裁定驳回上诉,维持一审裁定并无不当。综上,肖某勋的再审事由不成立,法院不予支持。

46. 案外人所提异议的理由不属于执行标的异议的审查范围,法院如何处理

执行标的异议是执行阶段的救济程序,法院审查的对象是案外人是否对执行标的享有足以排除强制执行的民事权益,但是,对于执行依据是否正确等,不属于执行标的异议审查的对象。如果在执行异议(之诉)中,案外人所提异议的理由不属于执行标的异议的审查范围,法院应从程序上对不属于执行异议审查范围的事项作出裁判。

一、执行标的异议审查的对象

(一)审查什么

《民诉法解释》第三百零九条规定:"案外人或者申请执行人提起执行异议之诉的,案外人应当就其对执行标的享有足以排除强制执行的民事权益承担举证证明责任。"第三百一十条规定:"对案外人提起的执行异议之诉,人民法院经审理,按照下列情形分别处理:(一)案外人就执行标的享有足以排除强制执行的民事权益的,判决不得执行该执行标的;(二)案外人就执行标的不享有足以排除强制执行的民事权益的,判决驳回诉讼请求。案外人同时提出确认其权利的诉讼请求的,人民法院可以在判决中一并作出裁判。"第三百一十一条规定:"对申请执行人提起的执行异议之诉,人民法院经审理,按照下列情形分别处理:(一)案外人就执行标的不享有足以排除强制执行的民事权益的,判决准许执行该执行标的;(二)案外人就执行标的享有足以排除强制执行的民事权益的,判决驳回诉讼请求。"由上述司法解释规定可以看出,执行异议之诉(无论是案外人执行异议之诉,还是申请执行人执行异议之诉)审查的对象都是"案外人对执行标的是否享有足以排除强制执行的民事权益"。

(二)不审查什么

《民事诉讼法》第二百三十四条规定:“执行过程中,案外人对执行标的提出书面异议的,人民法院应当自收到书面异议之日起十五日内审查,理由成立的,裁定中止对该标的的执行;理由不成立的,裁定驳回。案外人、当事人对裁定不服,认为原判决、裁定错误的,依照审判监督程序办理;与原判决、裁定无关的,可以自裁定送达之日起十五日内向人民法院提起诉讼。”执行异议之诉不审查的内容有很多,其中一项就是对执行依据(原判决、裁定、调解书)的正确性不审查。

二、程序上的处理方式

(一)案外人的异议请求全部不属于执行异议审查范围

案外人的异议(之诉)请求全部不属于执行异议(之诉)审查范围的:如果尚处于执行异议阶段,应裁定驳回其异议申请,并告知其可以对此裁定进行复议;如果在一审阶段,一审法院应当裁定撤销执行异议裁定,驳回起诉,并告知其可以对此裁定上诉;如果在二审阶段,二审法院应当裁定撤销一审判决和执行异议裁定,驳回起诉。

1. 案外人执行异议阶段

《执行异议复议规定》第二条规定:“执行异议符合民事诉讼法第二百二十五条或者第二百二十七条规定条件的,人民法院应当在三日内立案,并在立案后三日内通知异议人和相关当事人。不符合受理条件的,裁定不予受理;立案后发现不符合受理条件的,裁定驳回申请。执行异议申请材料不齐备的,人民法院应当一次性告知异议人在三日内补足,逾期未补足的,不予受理。异议人对不予受理或者驳回申请裁定不服的,可以自裁定送达之日起十日内向上一级人民法院申请复议。上一级人民法院审查后认为符合受理条件的,应当裁定撤销原裁定,指令执行法院立案或者对执行异议进行审查。”在案外人执行异议阶段,如果案外人提出执行标的异议的时间不符合法律规定的,法院应当裁定驳回其异议申请,并给出救济途径:向上一级法院申请复议(注:救济途径不是执行异议之诉)。

2. 执行异议之诉阶段

(1)一审阶段

《民事诉讼法》第一百五十七条规定:“裁定适用于下列范围:(一)不予受理;(二)对管辖权有异议的;(三)驳回起诉……”《民事诉讼法》第一百七十一条第二

款规定:“当事人不服地方人民法院第一审裁定的,有权在裁定书送达之日起十日内向上一级人民法院提起上诉。”根据上述法律规定,在一审阶段法院发现案外人提出执行标的异议的时间不符合法律规定的,应当裁定撤销执行异议裁定,驳回起诉,并告知救济途径:上诉(注:上诉期是10日,不是15日,上诉请求也应当是程序性的,不是实体性的)。

(2)二审阶段

二审阶段发现案外人提出执行标的异议的时间不符合法律规定的,应当裁定撤销一审判决和执行异议裁定,驳回起诉,该裁定为生效裁定(法理上有瑕疵:剥夺了当事人对此裁定的救济程序)。

(二)案外人的异议请求部分不属于执行异议审查范围

案外人的异议(之诉)请求部分不属于执行异议(之诉)审查范围,部分属于执行异议(之诉)审查范围的,法院应对属于执行异议(之诉)审查范围的请求进行审查并作出裁判,对于不属于执行异议(之诉)审查范围的请求不予审查、不予裁判并在“本院认为”部分作出说明。

5-3 李某保与安徽德合典当公司、安徽海拓置业公司案外人执行异议之诉案

案情简介:2015年12月23日,李某保与海拓置业公司签订《蓝天花园物业认购书》,其中约定李某保认购蓝天花园5幢2704室房屋,面积为170.06平方米,房款总价部分、付款方式部分为空白。德合典当公司诉海拓置业公司等典当纠纷一案,债务人海拓置业公司等未按照(2017)皖01民初521号民事调解书履行,德合典当公司申请执行,法院查封了涉案房屋,李某保提出执行异议。李某保所提执行异议、执行异议之诉一审、二审均败诉,李某保申请再审时提出称安徽德合典当公司申请强制执行的基础,即一审法院(2017)皖01民初521号民事调解书所确认的调解协议不合法。

裁判观点:【案号:最高人民法院(2021)最高法民申1635号】根据一、二审查明的事实,李某保、安徽海拓置业公司就涉案房屋仅签订了认购书,该份认购书虽约定了房号、面积,但对价格、付款方式均未作出约定。一审、二审法院依据《最高人民法院关于审理商品房买卖合同纠纷案件适用法律若干问题的解释》第五条“商品房的认购、订购、预订等协议具备《商品房销售管理办法》第十六条规定的商品房买卖合同的主要内容,并且出卖人已经按照约定收受购房款的,该协议应当认定为商

品房买卖合同”的规定,认定李某保与安徽海拓置业公司之间未签订书面商品房买卖合同并不缺乏依据。李某保申请再审称未签订书面商品房买卖合同系因安徽海拓公司印章被安徽德合典当公司掌控,但在一审、二审中对该事实并未提供充分证据予以佐证,对李某保该部分再审申请理由,法院不予采信。同时,从李某保二审中所提交的一审法院(2019)皖0111民初11017号民事调解书看,该份调解书所确认的内容仅为安徽海拓置业公司在欠付安徽东皖公司2334万元工程价款范围内,对安徽东皖公司欠付实际施工人吴某智的工程款2334万元承担连带给付责任,并未就安徽东皖公司与安徽海拓置业公司是否就涉案房屋进行工程价款抵扣问题进行确认,李某保依据该份调解书主张安徽海拓置业公司和安徽东皖公司在工程结算中已经扣除了涉案房产的房款理据不足。此外,李某保再审称安徽德合典当公司申请强制执行的基础,即一审法院(2017)皖01民初521号民事调解书所确认的调解协议不合法,根据《民事诉讼法》第二百二十七条“执行过程中,案外人对执行标的提出书面异议的,人民法院应当自收到书面异议之日起十五日内审查,理由成立的,裁定中止对该标的的执行;理由不成立的,裁定驳回。案外人、当事人对裁定不服,认为原判决、裁定错误的,依照审判监督程序办理;与原判决、裁定无关的,可以自裁定送达之日起十五日内向人民法院提起诉讼”的规定,对作为执行依据的法律文书不服的,应依照审判监督程序办理,不属于本案案外人执行异议之诉的审理范围,对李某保该部分再审申请理由,法院不予采信。

47. 执行标的异议的管辖法院

一、原则上是向执行法院提出执行异议

《民事诉讼法》第二百三十四条规定:“执行过程中,案外人对执行标的提出书面异议的,人民法院应当自收到书面异议之日起十五日内审查,理由成立的,裁定中止对该标的的执行;理由不成立的,裁定驳回。案外人、当事人对裁定不服,认为原判决、裁定错误的,依照审判监督程序办理;与原判决、裁定无关的,可以自裁定送达之日起十五日内向人民法院提起诉讼。”虽然该条并没有明确规定执行标的异议应当向执行法院(负责实施的法院)提出,但是参照《民事诉讼法》第二百三十二条“当事人、利害关系人认为执行行为违反法律规定的,可以向负责执行的人民法院提出书面异议……”的规定,并结合执行实施权与执行审查权应当由同一个法院实施的基本法理和司法实践,对于一般的执行标的异议案件,应当由执行法院(负责

实施的法院)提出。相应地,执行异议之诉一审也应当向执行法院(负责实施的法院)提出。

二、执行管辖权转移的情形:向执行法院提出异议

执行管辖权转移,即原立案执行的法院有管辖权,但是为了方便执行等原因而指定执行、提级执行、委托执行。

《执行异议复议规定》第四条规定:"执行案件被指定执行、提级执行、委托执行后,当事人、利害关系人对原执行法院的执行行为提出异议的,由提出异议时负责该案件执行的人民法院审查处理;受指定或者受委托的人民法院是原执行法院的下级人民法院的,仍由原执行法院审查处理。执行案件被指定执行、提级执行、委托执行后,案外人对原执行法院的执行标的提出异议的,参照前款规定处理。"对该条规定作以下简析:

1. 对原执行法院采取执行措施的执行标的提出排除执行异议的(如原执行法院首先查封了执行标的房屋,案外人提出异议要求停止执行该房屋并解除查封的),原则上由执行管辖权转移后负责案件执行的法院管辖。但是,如果执行管辖权转移后负责案件执行的法院是原执行法院的下级人民法院(一般出现在指定执行的情形),则执行标的异议仍由原执行法院管辖(原因很简单,下级法院审查上级法院,很难保障审查的公平)。

2. 对于执行管辖权转移后负责案件执行的法院采取执行措施的执行标的提出排除执行异议的(如执行管辖权转移后负责案件执行的法院首先查封了执行标的房屋,案外人提出异议要求停止执行该房屋并解除查封的),当然由执行管辖权转移后负责案件执行的法院管辖。需注意的是,即便执行管辖权转移后负责案件执行的法院是原执行法院的下级人民法院,也不能由原执行法院管辖执行标的异议(如前面所举之例子,原执行法院并未对执行标的采取查封等执行措施)。

3.《最高人民法院关于委托执行若干问题的规定》第二条第一款规定:"案件委托执行后,受托法院应当依法立案,委托法院应当在收到受托法院的立案通知书后作销案处理。"第六条规定:"委托执行时,委托法院应当将已经查封、扣押、冻结的被执行人的异地财产,一并移交受托法院处理,并在委托执行函中说明。委托执行后,委托法院对被执行人财产已经采取查封、扣押、冻结等措施的,视为受托法院的查封、扣押、冻结措施。受托法院需要继续查封、扣押、冻结,持委托执行函和立案通知书办理相关手续。续封续冻时,仍为原委托法院的查封冻结顺序。查封、扣押、冻

结等措施的有效期限在移交受托法院时不足1个月的,委托法院应当先行续封或者续冻,再移交受托法院。”委托执行,是指执行法院经调查发现被执行人在本辖区内已无财产可供执行,且在其他省、自治区、直辖市内有可供执行财产的,应当将案件委托异地的同级人民法院执行。因此,委托执行发生在同级法院之间,不存在上下级法院之间委托执行的情况。由上述规定可以看出:委托执行后,委托法院结案,受托法院立案。委托执行后,委托法院对被执行人财产已经采取查封、扣押、冻结等措施的,视为受托法院的查封、扣押、冻结措施。因此,委托执行后,执行标的异议只能向受托法院提出。

三、优先债权执行法院商请移送的情形:向移送后的优先债权法院提出异议

《最高人民法院关于首先查封法院与优先债权执行法院处分查封财产有关问题的批复》第一条规定:“执行过程中,应当由首先查封、扣押、冻结(以下简称查封)法院负责处分查封财产。但已进入其他法院执行程序的债权对查封财产有顺位在先的担保物权、优先权(该债权以下简称优先债权),自首先查封之日起已超过60日,且首先查封法院就该查封财产尚未发布拍卖公告或者进入变卖程序的,优先债权执行法院可以要求将该查封财产移送执行。”商请移送执行是A法院(优先债权法院)主动找B法院(普通债权法院)要处分权,而委托执行则相反,是B法院主动委托财产所在地法院A法院执行。因此,关于执行异议的管辖,商请移送的情形也可以参照委托执行的情形,即商请移送执行之后发生的执行异议由获得了处分权的法院(优先债权法院)审查。

四、移送有管辖权的法院执行的情形:向移送后的法院提出异议

移送有管辖权的法院执行,是指受理案件的法院没有管辖权,依法将已受理的执行案件移送到有管辖权的法院执行。《最高人民法院关于执行案件立案、结案若干问题的意见》第十八条规定:“执行实施案件立案后,有下列情形之一的,可以以‘销案’方式结案:(一)被执行人提出管辖异议,经审查异议成立,将案件移送有管辖权的法院或申请执行人撤回申请的……”第十四条规定:“除执行财产保全裁定、恢复执行的案件外,其他执行实施类案件的结案方式包括:……(四)销案……”根据上述司法解释的规定,案件移送有管辖权的法院执行之后,原受理法院就已以销案的方式结案,自然不会再管辖案外人提出的执行标的异议以及之后的执行异议之诉。案外人所提出的执行标的异议应当由有管辖权且负责执行的法院管辖。

48. 不得向轮候查封法院提执行标的异议

一、轮候查封的效力

(一)轮候查封是不生效查封

《最高人民法院关于人民法院民事执行中查封、扣押、冻结财产的规定》第二十六条第一款规定:"对已被人民法院查封、扣押、冻结的财产,其他人民法院可以进行轮候查封、扣押、冻结。查封、扣押、冻结解除的,登记在先的轮候查封、扣押、冻结即自动生效。"由此可见,轮候查封是不生效查封(注:这里的不生效应当理解为附了生效条件,首封解封条件即成就,第一个轮候查封自动转为首封并具有查封的效力)。

(二)轮候查封法院的裁定也暂时不发生效力

轮候查封法院的裁定和首封法院的裁定看起来是一样的,但是因为轮候查封是不生效的查封,起不到限制权利转移或限制标的物上被设置抵押权等作用(注:起作用的是首封)。因此,轮候查封法院的裁定其实也没有起到裁定书中所用"查封"的作用。

参考案例:最高人民法院(2012)执复字第2号执行裁定认为,从本案实际情况看,西藏自治区高级人民法院的查封措施因轮候于五通桥法院的查封之后,在五通桥法院解除查封之前,该院(2011)藏法执字第8-1号民事裁定的效力无法得到实现。

(三)轮候查封,查封期限自轮候查封转为首封时起算查封期限

《民诉法解释》第四百八十五条规定:"人民法院冻结被执行人的银行存款的期限不得超过一年,查封、扣押动产的期限不得超过两年,查封不动产、冻结其他财产权的期限不得超过三年。申请执行人申请延长期限的,人民法院应当在查封、扣押、冻结期限届满前办理续行查封、扣押、冻结手续,续行期限不得超过前款规定的期限。人民法院也可以依职权办理续行查封、扣押、冻结手续。"《最高人民法院关于人民法院民事执行中查封、扣押、冻结财产的规定》第二十七条第一款规定:"查封、扣押、冻结期限届满,人民法院未办理延期手续的,查封、扣押、冻结的效力消灭。"由此可见查封期限起算时间的重要性。

轮候查封是不生效的查封,只有其转为正式查封,发生效力后才能起算其查封期限。因此,不动产登记簿上显示的轮候查封的起始时间和终止时间可能并非该

轮候查封的查封期限。参考案例:江苏省高级人民法院(2018)苏民再366号民事判决。

(四)轮候查封的效力应当及于查封标的物的替代物

最高人民法院(2012)执复字第19号执行裁定认为,轮候查封制度的作用在于,确保轮候查封债权人能够取得在先查封债权人从查封物中所得利益的剩余部分。轮候查封的效力应当及于查封标的物的替代物,即对于标的物变价款中多于在先查封债权人应得数额的部分,有正式查封的效力,轮候查封债权人有权对该部分主张权利。

(五)首封法院有权处分轮候查封的财产,且执行标的被全部处分后,轮候查封自动失效

《最高人民法院关于查封法院全部处分标的物后轮候查封的效力问题的批复》规定:"根据《最高人民法院关于人民法院民事执行中查封、扣押、冻结财产的规定》(法释〔2004〕15号)第二十八条第一款的规定,轮候查封、扣押、冻结自在先的查封、扣押、冻结解除时自动生效,故人民法院对已查封、扣押、冻结的全部财产进行处分后,该财产上的轮候查封自始未产生查封、扣押、冻结的效力。同时,根据上述司法解释第三十条的规定,人民法院对已查封、扣押、冻结的财产进行拍卖、变卖或抵债的,原查封、扣押、冻结的效力消灭,人民法院无需先行解除该财产上的查封、扣押、冻结,可直接进行处分,有关单位应当协助办理有关财产权证照转移手续。"《最高人民法院、国土资源部、建设部①关于依法规范人民法院执行和国土资源房地产管理部门协助执行若干问题的通知》第二十条规定,查封法院对查封的土地使用权、房屋全部处理的,排列在后的轮候查封自动失效。当然,查封法院对查封的土地使用权、房屋部分处理的,对剩余部分,排列在后的轮候查封自动转为查封。

二、案外人不得对轮候查封提出执行标的异议或执行异议之诉

因为轮候查封是不生效查封,因此,案外人不得对轮候查封提出执行标的异议或执行异议之诉。当然,如果首封法院将执行标的的处分权移交给轮候查封法院的,案外人只能向有处分权的轮候查封法院提出执行标的异议和执行异议之诉,但

① 国土资源部、建设部均已撤销。——编者注

是这本质还是向“首封”提出执行异议,而不是向“轮候查封”提出执行异议,对此,从执行异议案件的当事人即可看出。

(一)执行标的异议阶段,轮候法院的处理方式

案外人对轮候查封提出执行标的异议的,轮候查封法院应当依据《最高人民法院关于人民法院办理执行异议和复议案件若干问题的规定》第二条第一款的规定“执行异议符合民事诉讼法第二百二十五条或者第二百二十七条规定条件的,人民法院应当在三日内立案,并在立案后三日内通知异议人和相关当事人。不符合受理条件的,裁定不予受理;立案后发现不符合受理条件的,裁定驳回申请”,裁定不予受理。立案后发现不符合受理条件的,裁定驳回申请。无论是不予受理还是裁定驳回申请,都应告知异议人救济途径:自裁定送达之日起10日内向上一级人民法院申请复议(注:不是执行异议之诉)。

(二)执行异议之诉一审阶段,轮候查封法院的处理方式

《民事诉讼法》第一百五十七条规定:“裁定适用于下列范围:(一)不予受理;(二)对管辖权有异议的;(三)驳回起诉……”《民事诉讼法》第一百七十一条第二款规定:“当事人不服地方人民法院第一审裁定的,有权在裁定书送达之日起十日内向上一级人民法院提起上诉。”

根据上述法律规定,在执行异议之诉一审阶段法院发现当事人对轮候查封提出执行异议之诉的,应当裁定撤销执行异议裁定,驳回起诉,并告知救济途径:上诉(上诉期是10日,不是15日,上诉请求也应当是程序性的,不是实体性的)。

(三)执行异议之诉二审阶段法院的处理方式

二审阶段发现案外人对轮候查封提出执行异议之诉的,应当裁定撤销一审判决和执行异议裁定,驳回起诉,该裁定为生效裁定(法理上有瑕疵:剥夺了当事人对此裁定的救济程序)。参考案例:上海市第二中级人民法院(2017)沪02民终7110号民事裁定。

5-4 中原银行周口分行与建投公司、长润公司申请执行人执行异议之诉案

案情简介:濮阳县法院于2019年1月25日对案涉房产进行查封,查封期限为三年,濮阳市中级人民法院于2020年3月11日轮候查封案涉房产,案外人建投公

司向濮阳中院提出执行异议,要求排除执行。

裁判观点:【案号:河南省高级人民法院(2020)豫民终1127号】《最高人民法院关于人民法院民事执行中查封、扣押、冻结财产的规定》第二十八条[①]第一款、第二款规定:"对已被人民法院查封、扣押、冻结的财产,其他人民法院可以进行轮候查封、扣押、冻结。查封、扣押、冻结解除的,登记在先的轮候查封、扣押、冻结即自动生效。其他人民法院对已登记的财产进行轮候查封、扣押、冻结的,应当通知有关登记机关协助进行轮候登记,实施查封、扣押、冻结的人民法院应当允许其他人民法院查阅有关文书和记录。"据此可知,轮候查封在性质上不属于正式查封,并不产生正式查封的效力。轮候查封产生的是一种预期效力,在转化为正式查封前,其效力处于未定状态,不会产生强制执行的效果,也不会直接影响当事人的实体权利。而案外人异议的目的是阻却执行标的的转让和交付,故案外人异议所针对的应当是正式查封。本案中,濮阳县法院于2019年1月25日对案涉房产进行查封,查封期限为三年。濮阳市中级人民法院于2020年3月11日查封案涉房产时,濮阳县法院的查封裁定期限尚未届满,濮阳市中级人民法院的查封属轮候查封,在先查封未依法解除或者未执行完毕的情况下,轮候查封不产生实际查封效力。濮阳市中级人民法院作为轮候查封法院,并未取得对轮候查封物的实际控制权,无权对查封物进行处分,不存在被查封标的物权利人以异议阻止执行的前提,故建投公司向轮候查封法院濮阳市中级人民法院提出执行异议于法无据。根据《最高人民法院关于人民法院办理执行异议和复议案件若干问题的规定》第二条第一款规定,不符合受理条件的,应裁定不予受理;立案后发现不符合受理条件的,应裁定驳回申请。濮阳市中级人民法院受理建投公司的执行异议申请并作出执行异议裁定,且赋予当事人提起诉讼的救济权利,违反上述法律规定,应当通过执行监督程序予以撤销,并裁定驳回建投公司的异议申请。

49. 被执行人进入破产程序后,执行异议之诉是否应当继续审理

一、认为执行异议之诉应当继续审理的典型案例

最高人民法院(2021)最高法民终534号民事判决认为,关于第三人进入破产程序后,本案执行异议之诉应否继续审理的问题。第一,程序方面。本案系董某容

---

① 2020年修正后为第二十六条。

提起的案外人执行异议之诉，目的是请求排除人民法院对案涉房屋的强制执行。人民法院对其起诉是否受理，应审查其是否符合《民事诉讼法》与《民诉法解释》规定的案外人执行异议之诉的起诉条件。经查，华融湖南分公司基于生效判决确认的抵押权对英泰公司名下的房屋申请强制执行，案外人董某容提出执行异议被驳回后，向一审法院提起案外人执行异议之诉，其起诉符合上述法律与司法解释的规定，依法应予受理。同时，本案提起执行异议之诉期间，被执行人英泰公司、东星公司、华中公司进入破产重整程序，根据《企业破产法》第二十条之规定，本案审理期间，受理英泰公司、东星公司、华中公司破产重整申请的人民法院已确定其管理人，可以代表被执行人继续参与诉讼，故本案继续审理从程序上并无不当。第二，实体方面。首先，在功能上，执行异议之诉作为针对执行程序的救济手段，除了阻却法院强制执行的功能以外，还具有对实体权利顺序优先性确认之功能。本案中，虽然被执行人进入了破产重整程序，但无论破产企业最终是重整或清算，均不能代替执行异议之诉对债权人债权优先性的实体认定功能。其次，在效果上，案涉房屋如因破产而解除查封，房屋将转由被执行人的破产管理人接管；如因执行异议之诉胜诉而解除查封，则董某容可以要求继续履行合同，华融湖南分公司不得再执行案涉财产。同为解除查封措施，因被执行人进入破产程序而中止执行，与因执行异议之诉排除法院的执行措施而停止执行，两种程序的依据不同，所带来的法律效果以及对当事人权益的影响也不一致，故不能因被执行人进入破产程序中止执行而停止对执行异议之诉的审理。综上，华融湖南分公司的主张缺乏法律依据，本案被执行人进入破产程序后，执行异议之诉仍然应当继续审理。

最高人民法院(2020)最高法民申1780号民事裁定认为，关于本案是否需因云锦公司破产而中止的问题。因执行程序的中止系将关于云锦公司的债务执行移送到破产程序中执行，关于张某东与秦农银行三爻村支行之间的纠纷，在破产程序中并不能得到处理，且云锦公司在诉讼中并未请求中止本案审理。秦农银行三爻村支行主张移送本案没有法律依据，该主张法院不予采信。

最高人民法院(2019)最高法民终333号民事判决认为，《企业破产法》第十九条规定："人民法院受理破产申请后，有关债务人财产的保全措施应当解除，执行程序应当中止。"因此，在人民法院受理破产申请后，执行程序并未终结，仅处于暂时中止的状态，是否终结则需根据破产程序的进展和走向而定。执行异议之诉对申请执行人提出的是否可以继续执行该执行标的进行审理判断，使得该执行标的在执行法律关系中从争议状态转为确定状态，具有独立的程序及实体价值，且不应因执行程序中止而中止本案审理。此外，破产重整程序的最终走向存在不确定性，但无论债务人企业最终是破产重整或者清算，通过执行异议之诉案件的审理对案外人针对执行标的享有何种民事权益加以认定，对于债务人财产范围的确认，均具有一定的参考价值。

最高人民法院(2017)最高法民终744号民事裁定认为，执行异议之诉作为一种特殊的审判程序，目的是请求人民法院排除或者继续对特定执行标的进行执行。人民法院对其起诉是否受理，应审查其是否符合《民事诉讼法》规定的起诉条件和《民诉法解释》规定的申请执行人提起执行异议之诉的起诉条件。执行异议之诉的本质是一个独立的审判程序，虽因执行程序而产生，但并非执行程序。本案提起执行异议之诉期间，被执行人典雅地产公司进入破产重整程序，按照《企业破产法》第二十条之规定，人民法院受理破产申请后，已经开始而尚未终结的有关债务人的民事诉讼或者仲裁应当中止；在管理人接管债务人的财产后，该诉讼或者仲裁继续进行。受理被执行人破产重整申请的人民法院已确定其管理人，可以代表被执行人继续参与诉讼，故本案应当继续审理。破产重整程序是对债务人财产进行清理或对破产企业重新整合的法定程序，无论破产企业最终是重整或清算，均不能替代对债权人债权优先性的实体确定。破产重整程序启动，执行程序应当终结尚无法律规定，而裁定驳回因执行程序产生的执行异议之诉则更无法律依据。本案中，案外人提起的执行异议是否足以阻却执行，以及是否可以对抗中诚信托公司的实体权利，均系本案执行异议之诉进入实体审理的审理范围，且通过执行异议之诉的审理确认各方当事人的实体权益，是破产重整程序中确认债务人破产财产范围的前提和依据之一。因此，执行异议之诉不应因被执行人进入破产重整而无审判的必要。

湖北省高级人民法院(2019)鄂民终1022号民事判决认为，被执行人进入破产清算程序后，对其财产的保全措施是否解除，执行程序是否中止，不影响执行异议之诉的审理。

二、认为执行异议之诉不应当继续审理的典型案例

最高人民法院(2017)最高法民申3099号民事裁定认为，不论重整成功与否，都不存在债权人申请强制执行的可能，故案外人提起执行异议之诉的基础和前提已不复存在。案外人的权利可以通过破产程序实现，对本案不再具有诉的利益，因此执行异议之诉没有必要再审理。

重庆市高级人民法院(2017)渝民初28号民事裁定认为，《企业破产法》第七十

五条规定，在重整期间，对债务人的特定财产享有的担保权暂停行使。因此，申请执行人依据其担保物权提起的申请人执行异议之诉暂无程序法的请求权基础。此外，申请执行人应当通过破产程序实现其权利，提起本案申请人执行异议之诉已无实际意义。

三、总结与分析

1. 认为被执行人进入破产程序后，执行异议之诉应当继续审查的理由主要是：

(1)法无禁止。目前，没有法律规定被执行人进入破产重整程序后，执行异议之诉不能审理直接驳回起诉。

(2)符合起诉条件。执行异议之诉符合《民事诉讼法》第一百二十二条的规定，起诉必须符合下列条件：①原告是与本案有直接利害关系的公民、法人和其他组织；②有明确的被告；③有具体的诉讼请求和事实、理由；④属于人民法院受理民事诉讼的范围和受诉人民法院管辖。且第二百三十四条规定，执行过程中，案外人对执行标的提出书面异议的，人民法院应当自收到书面异议之日起 15 日内审查，理由成立的，裁定中止对该标的的执行；理由不成立的，裁定驳回。案外人、当事人对裁定不服，认为原判决、裁定错误的，依照审判监督程序办理；与原判决、裁定无关的，可以自裁定送达之日起 15 日内向人民法院提起诉讼。符合以上条件，法院没有理由不立案受理并依法审查。

(3)执行异议之诉的审理使得该执行标的在执行法律关系中从争议状态转为确定状态，具有独立的程序及实体价值（比如债权人的债权是否具有优先受偿权）。

(4)通过执行异议之诉案件的审理对案外人针对执行标的享有何种民事权益加以认定，对于债务人财产范围的确认，均具有一定的参考价值。

(5)按照《企业破产法》第二十条之规定，在管理人接管债务人的财产后，该诉讼或者仲裁继续进行。因此，执行异议之诉可以继续审理。

2. 认为被执行人进入破产程序后，执行异议之诉不应当继续审查的理由主要是：

(1)执行异议之诉是执行程序中的救济程序，被执行人进入破产重整程序之后，无论后续如何发展，都不会再回到执行程序。没有了执行程序，也就没有必要再进行执行异议之诉了。

(2)执行异议之诉的实体法律诉求可以在破产程序中主张，债权人或案外人的实体权利不会受到影响。

四、笔者观点：被执行人进入破产程序，执行异议之诉没有必要再继续审理了

被执行人进入破产程序，执行异议之诉没必要再继续审理，笔者觉得逻辑上应该从两个方面来寻找答案：(1)破产程序是否具有排他性？是否进入了破产重整程序就不能再进行执行异议之诉？(2)执行异议之诉所能保护的实体权利是否在破产程序中都能得到保护？即是否有了破产程序，执行异议之诉就没有了诉的利益？

(一)破产程序具有排他性：破产程序排除执行程序(包括执行实施和执行审查)

排他是排什么？这里讲的排他仅指破产程序排除执行程序(包括执行实施和执行审查)。依据如下：

1. 最高人民法院(2014)执申字第250号民事裁定认为，破产程序具有对执行程序的排他性。

2.《企业破产法》第十九条规定："人民法院受理破产申请后，有关债务人财产的保全措施应当解除，执行程序应当中止。"执行异议是执行程序的衍生程序，无论是案外人执行异议之诉，还是申请执行人执行异议之诉，审查的都是案外人是否享有足以排除强制执行的民事权益：案外人对执行标的享有足以排除强制执行的民事权益的，不得执行该执行标的；案外人不享有足以排除强制执行的民事权益的，法院可以继续执行该执行标的。人民法院受理破产申请后，有关债务人财产的保全措施应当解除。站在申请执行人的角度讲，即"执行转破产"了，不再执行了，因此即便打赢申请执行人执行异议之诉，法院也不会执行了，申请执行人执行异议之诉没有了诉的利益；站在案外人的角度讲，打赢案外人执行异议之诉是为了排除对该执行标的的执行，进而解除查封，但是被执行人进入破产重整程序之后，执行标的因破产程序而解封，案外人执行异议之诉也失去了诉的利益。

3. 无论破产重整成功与否，都不会再回到执行程序。

(1)破产重整成功，则按照重整计划实施，不再有执行程序。

这期间申请执行人和案外人的权利可以通过破产程序得到保护(详见下文)。

(2)破产重整失败，则宣告破产，也不会再有执行程序。

《民诉法解释》第五百一十三条第一款规定："被执行人住所地人民法院裁定受理破产案件的，执行法院应当解除对被执行人财产的保全措施。被执行人住所地人民法院裁定宣告被执行人破产的，执行法院应当裁定终结对该被执行人的执

行。”执行异议之诉是执行程序的救济程序，执行程序都不存在了，执行异议之诉自然没有诉的利益了。

此外，破产程序终结之后发现破产人有应当供分配的财产的，应当依据《企业破产法》第一百二十三条的规定追加分配或上交国库，不存在法院执行的问题，也就不存在执行异议之诉启动的前提和必要了。

（二）执行异议之诉所能保护的实体权利在破产程序中都能得到保护

申请执行人和案外人的相关诉求可以在破产程序中寻求救济，比如：

1. 申请执行人担保物权的确认可以通过“普通破产债权确认纠纷”诉讼解决，参考案例：(2019)浙0522民初4842号。

2. 案外人所有权的确认（案外人可以在案外人执行异议之诉中请求确认其为所有权人）可以通过“取回权纠纷”诉讼解决。法律依据是《企业破产法》第三十八条：“人民法院受理破产申请后，债务人占有的不属于债务人的财产，该财产的权利人可以通过管理人取回。但是，本法另有规定的除外。”参考案例：(2019)京02民终11159号。

需要说明的是，有些案外人排除执行的依据是案外人对执行标的享有物权期待权，因物权期待权本质上是债权，其可以通过申报债权实现自己的合法权利。需要注意的是，能够排除执行不一定能够将执行标的排除在破产财产之外（案外人以其享有物权期待权为由排除执行即是），即便案外人执行异议之诉胜诉，执行标的也可能会被列为破产财产，此种情况也是执行异议之诉没有实际意义的一个例子。

第六章

执行异议具体法律要件的审查认定

50. “连环买卖”背景下的执行异议之诉如何审查

A(被执行人)将其名下的房屋出售给B(第一手买受人),尚未办理过户登记,B又将该房屋出售给C(第二手买受人),C是否有权提出执行异议?法院应如何审查?笔者认为,C有权提出执行异议,法院应当审查B是否享有足以排除强制执行的民事权益,如B享有足以排除强制执行的民事权益,则C作为B的权利义务的继受人继受取得相同的民事权益,可以排除执行。

一、程序上给了第二手买受人以权利救济的机会

《民事诉讼法》第一百二十二条规定:“起诉必须符合下列条件:(一)原告是与本案有直接利害关系的公民、法人和其他组织;(二)有明确的被告;(三)有具体的诉讼请求和事实、理由;(四)属于人民法院受理民事诉讼的范围和受诉人民法院管辖。”第二手买受人完全符合《民事诉讼法》第一百二十二条的规定,享有诉权。

《民事诉讼法》第二百三十四条规定:“执行过程中,案外人对执行标的提出书面异议的,人民法院应当自收到书面异议之日起十五日内审查,理由成立的,裁定中止对该标的的执行;理由不成立的,裁定驳回。案外人、当事人对裁定不服,认为原判决、裁定错误的,依照审判监督程序办理;与原判决、裁定无关的,可以自裁定送达之日起十五日内向人民法院提起诉讼。”这里的“案外人”是指除申请执行人和被执行人之外的人,第二手买受人自然也是该条规定的案外人。

因此,第二手买受人完全符合起诉的条件。

二、实体上，通过对第一手买受人权利的审查来判断第二手买受人是否有权排除执行

《执行异议复议规定》第二十八条规定："金钱债权执行中，买受人对登记在被执行人名下的不动产提出异议，符合下列情形且其权利能够排除执行的，人民法院应予支持：（一）在人民法院查封之前已签订合法有效的书面买卖合同；（二）在人民法院查封之前已合法占有该不动产；（三）已支付全部价款，或者已按照合同约定支付部分价款且将剩余价款按照人民法院的要求交付执行；（四）非因买受人自身原因未办理过户登记。"以该条为例，该条中"买受人"的本意是第一手买受人，如果将之扩大解释为包括第二手买受人，直接审查第二手买受人是否符合上述四个要件，因第二手买受人必然不完全符合上述四个要件而必然败诉（比如，第二手买受人没有与被执行人签订合法有效的书面买卖合同）。但是，第一手买受人是否因已将标的房屋另行出售而仍享有提出执行异议的权利（笔者认为第一手买受人仍有权提出执行异议）以及是否愿意起诉都具有不确定性，在第二手买受人有权提起执行异议之诉的前提下，通过审查第一手买受人是否享有足以排除执行的民事权益，来判断第二手买受人是否可以排除执行（第二手买受人承继第一手买受人的权益），应该说这是一个非常好的思路，也是非常务实的解决问题的办法。

当然，在程序上，必须把第一手买受人列为第三人（第一手买受人同该执行异议之诉案的处理结果有直接的利害关系，将之列为第三人完全符合法理），以方便查明案件事实。

6-1 蔡某仕与何某、杨某生、裕发东瑞公司案外人执行异议之诉案

案情简介：杨某生、何某与裕发东瑞公司债权转让合同纠纷一案执行中，北京市第二中级人民法院查封了包括涉案房屋在内的房产。拱极文化公司与裕发东瑞公司签订一系列"以房抵债"协议后，在未取得包括涉案房屋在内的12套房屋的所有权证的情况下，拱极文化公司将涉案房屋出卖给蔡某仕。蔡某仕提出执行异议，请求中止对涉案房屋的执行。

裁判观点：【案号：北京市高级人民法院（2019）京民终628号】依据《最高人民法院关于人民法院民事执行中查封、扣押、冻结财产的规定》第十七条、《最高人民法院关于人民法院办理执行异议和复议案件若干问题的规定》第二十八条之规定，考量买受人对房屋是否享有排除执行的实体权利时，并未要求以买受人直接向房

屋的所有权人(被执行人)购买房屋为前提。一审法院认为“买受人对房屋享有排除执行的实体权利的前提均应为其系向房屋的所有权人即被执行人购买房屋,在此前提下才涉及到支付价款、实际占有、未过户登记过错等因素的审查”,对此法院不予认可。执行异议之诉的核心问题是案外人就执行标的是否享有足以排除强制执行的民事权益。具体到本案,本案的买卖行为系拱极文化公司与裕发东瑞公司签订一系列“以房抵债”协议后,在未取得包括涉案房屋在内的12套房屋的所有权证的情况下,拱极文化公司将涉案房屋出卖给蔡某仕,形成的“连环买卖”。判断蔡某仕是否对涉案房屋享有足以排除强制执行的民事权益,实为考量拱极文化公司对涉案房屋享有的民事权益。拱极文化公司就涉案房屋若享有足以排除强制执行的民事权益,则蔡某仕作为拱极文化公司权利义务的继受人继受取得相同的民事权益。

51. 查封状态下的房屋交接不产生买受人合法占有标的房屋的法律效力

《最高人民法院关于人民法院民事执行中查封、扣押、冻结财产的规定》第二十四条第一款规定:“被执行人就已经查封、扣押、冻结的财产所作的移转、设定权利负担或者其他有碍执行的行为,不得对抗申请执行人。”查封状态下的房屋交接是查封状态下财产“移转”的一种形式,根据上述司法解释的规定,查封状态下的房屋交接不得对抗申请执行人。具体到执行标的异议中,如果被执行人(房屋出卖人)将查封状态下的房屋交付给案外人(房屋买受人),则此交付不产生《执行异议复议规定》第二十八条第二项中买受人“已合法占有该不动产”的法律效力。

6-2 陈某平与中厦国际公司、鼎诚兴公司、张某元案外人执行异议之诉案

案情简介:张某元(甲方)与陈某平(乙方)于2014年8月24日签订《房产买卖协议》、于2014年10月18日签订《补充协议》,对涉案房屋买卖事宜作了约定,其中约定甲方同意在2014年10月24日前交房给乙方。陈某平陈述,张某元于2014年10月24日将讼争房产的钥匙及室内家具交付给陈某平,双方签订了《房产交接书》。中厦国际公司与鼎诚兴公司、张某元委托合同纠纷一案执行中,陈某平提出执行异议。除厦门市中级人民法院因张某强与张某元等民间借贷案件[(2014)厦民初字第1515号],于2014年11月12日查封讼争房产外,讼争房产在2014年11

月12日前曾被多次查封,这些查封最迟于2014年11月12日才解封;因张某强与张某元等民间借贷案件而对讼争房产的查封于2015年解除时,本案的查封生效。

裁判观点:【案号:最高人民法院(2019)最高法民申3640号】本案系陈某平为排除中厦国际公司与鼎诚兴公司、张某元委托合同一案的执行,根据其与张某元签订的《房屋买卖协议》而提起的执行异议之诉。依据《最高人民法院关于人民法院办理执行异议和复议案件若干问题的规定》第二十八条,金钱债权执行中,买受人对登记在被执行人名下的不动产提出异议,符合下列情形且其权利能够排除执行的,人民法院应予支持:(1)在人民法院查封之前已签订合法有效的书面买卖合同;(2)在人民法院查封之前已合法占有该不动产;(3)已支付全部价款,或者已按照合同约定支付部分价款且将剩余价款按照人民法院的要求交付执行;(4)非因买受人自身原因未办理过户登记。根据原审已查明事实可知,诉争房产曾被多次查封,直至2014年11月12日才得以解除查封,故无论是陈某平、张某元签订《房屋买卖协议》时,还是《房屋交接书》体现的双方于2014年10月24日办理房屋交付手续之时,该房产客观上均处于被人民法院查封的状态。且正因讼争房产自《房屋买卖协议》签订时起即持续处于查封状态,陈某平、张某元就此未能办理完成过户登记手续。在张某元涉及多项纠纷、讼争,房产被多次查封的情况下,陈某平作为理性的房屋买受人,理应对购买涉查封房产的风险有正确认识并审慎对待。二审法院认为在讼争房产处于被连续查封的状态下,2014年10月24日的《房屋交接书》不能产生使陈某平合法占有该房产的法律效力,故陈某平提出的异议不符合《最高人民法院关于人民法院办理执行异议和复议案件若干问题的规定》第二十八条规定的情形,据此判决不予支持陈某平的执行异议,并无不当。

52. 房屋买受人占有未经竣工验收的一手房可以构成合法占有

一、不一致的裁判观点

房屋买受人占有未经竣工验收的一手房是否构成合法占有,最高人民法院裁判给出了不一样的观点。

(一)不构成合法占有

最高人民法院(2021)最高法民申6147号民事裁定认为,窦某荣虽持有案涉25套房屋钥匙,并对窗户进行装修,但未能提供其他证据证明其对案涉25套房屋已实际使用，且案涉25套房屋所在的楼盘在原二审期间仍处于烂尾状态而无法竣工验收，不具备交付条件，即使万川公司向窦某荣交付，窦某荣对案涉25套房屋也不构成合法占有。

最高人民法院(2019)最高法民申3675号民事裁定认为："案涉房屋未经竣工验收合格，不具备交付条件，虽然杜某某与银陇公司在2016年5月3日办理了交房手续，但不能将该行为认定为对案涉房屋的合法占有。"

(二)构成合法占有

最高人民法院(2021)最高法民终631号民事判决认为，关于蒋某珍是否在人民法院查封之前已合法占有案涉车位问题。富滇银行西山支行上诉称，现有证据不足以证明蒋某珍于法院查封前已完成案涉车位的交付，且案涉车位的交付是在竣工验收之前，不构成合法交付，不能排除强制执行。对此，法院认为，占有是指对不动产的支配和管理，应以是否实际控制不动产为标准。根据一审查明的事实，2016年9月12日，广福公司与蒋某珍签订《购买协议》，约定蒋某珍购买案涉车位。2016年9月23日，广福公司出具《"广福城"交房通知单》载明，蒋某珍已就案涉车位办理完毕相关手续，请物业管理公司予以交付。2016年9月28日，蒋某珍向昆明皓瑞通物业管理有限公司缴纳案涉车位自2016年10月1日至2017年12月31日的物业管理费。蒋某珍依据合法有效的合同有权要求广福公司交付案涉车位，且根据广福公司的交房通知办理了交付手续，富滇银行西山支行未提供证据证明蒋某珍交接时案涉车位不具备使用条件，故一审法院认定蒋某珍在法院查封前已合法占有案涉车位并无不当，富滇银行西山支行该项上诉理由不能成立，不予支持。

最高人民法院(2020)最高法民申5586号民事裁定认为，案涉工程在人民法院查封前虽未竣工验收，但已实际交付。2017年5月15日，中卫市祥辉物业服务有限公司与黄某江办理交接手续，建立物业服务关系，对案涉房屋实际占有使用，原判决据此认定黄某江在人民法院查封前已合法占有案涉房屋并无不当，庆华小贷公司关于黄某江违法占有使用的申请再审理由亦不成立。

最高人民法院(2017)最高法民申5095号民事裁定认为，《建筑法》第六十一条关于"未经验收或者验收不合格的，不得交付使用"的规定，系对建设工程交付的管理性规定，当事人违反该规定虽应承担相应责任，但不能据此推翻崔某某已对涉案房屋实际占有的事实，该规定亦不能阻却崔某某基于房屋购买合同而占有涉案房屋的合法性。

二、笔者观点:占有未经验收的一手房可以构成合法占有

《建筑法》第六十一条第二款规定:"建筑工程竣工经验收合格后,方可交付使用;未经验收或者验收不合格的,不得交付使用。"那么,占有未经验收的一手房是否属于合法占有?笔者赞同构成合法占有的观点,即占有未经验收的一手房可以构成合法占有,符合《执行异议复议规定》第二十八条规定的"已合法占有该不动产"。

《执行异议复议规定》第二十八条规定的"已合法占有该不动产"强调的是不动产买卖合同履行的进度和已有的法律状态,其理论渊源是物权期待权的法理。虽然是否享有物权期待权的判断标准在法理上尚无定论,但是买卖合同履行到的阶段是初级阶段、中级阶段,还是最后阶段无疑是判断是否享有物权期待权的重要标准,如果买卖合同已经履行到了一般人可以判断买受人"即将"取得标的物所有权的阶段,那么,就基本可以认定买受人对标的物享有的物权期待权可以排除法院对普通金钱债权的强制执行。当然,从利益衡量和价值判断的角度来看,《执行异议复议规定》第二十八条等关于买受人的物权期待权可以排除强制执行的规定是为了保护买受人的居住权,居住权大于普通金钱债权。但是即便法律对买受人的居住权倾斜性保护,也不是无限制地保护,申请执行人的合法权利也要受到保护,所以《执行异议复议规定》第二十八条等案外人排除执行的规定才规定了一些硬性指标,以第二十八条为例,其硬性指标中就有一项是"在人民法院查封之前已合法占有该不动产"。《执行异议复议规定》第二十八条规定的"已合法占有该不动产"中的"合法占有"是指买受人通过合法的方式取得对不动产的占有,有合同依据,也是出卖人自愿将不动产移交买受人占有,并非买受人非法强占不动产,也未侵害社会公共利益,未违反公序良俗。这也体现了不动产买卖已经进展到了较深入的状态(买受人对不动产已占有),买受人对该不动产已经享有了一定的利益(占有的利益)。而《建筑法》第六十一条第二款关于未经验收或者验收不合格不得交付使用的规定是一种行政管理性的规定,是行政部门对开发商的要求,其目的是保护商品房买受人的权利:(1)开发商的交房行为是否有瑕疵,是否满足行政机关对其交房时房屋质量等方面的要求,所产生的法律后果是开发商是否应当受到行政处罚和业主是否向开发商主张赔偿责任,并不影响开发商向业主交房这一合同履行行为的效力,交房的行为是有效的,业主对房屋的占有也是合法的,至于其他的法律后

果（开发商可能受到行政处罚，业主可能起诉开发商要求其进行赔偿）等并不影响业主已合法占有房屋这一法律事实。（2）从立法价值的角度来看，《建筑法》第六十一条第二款关于未经验收或者验收不合格不得交付使用的规定是为了保护业主的权利，而只有业主“已合法占有该不动产”得到认定业主的合法权利才能得到保护。因此在对《建筑法》第六十一条第二款进行解释时，也不应当将其解释为违反《建筑法》第六十一条第二款规定的交房行为无效，业主并非合法占有。

综上分析，房屋买受人占有未经竣工验收的一手房可以构成合法占有。

53. 以房抵债，是否可以排除执行

一、《全国法院民商事审判工作会议纪要理解与适用》[①]一书关于以房抵债的观点似乎自相矛盾

（一）《全国法院民商事审判工作会议纪要理解与适用》在对《九民纪要》第四十四条解读时认为，不得依据以物抵债协议排除执行

《全国法院民商事审判工作会议纪要理解与适用》[②]认为，债权人不能基于以物抵债协议对抗金钱之债的执行。理由主要有两个，一个是防止案外人与被执行人恶意串通倒签抵债时间损害申请执行人的权利，另一个是违反债的平等性。

（二）《全国法院民商事审判工作会议纪要理解与适用》在对《九民纪要》第一百二十七条解读时认为，抵债可以视为支付价款

《全国法院民商事审判工作会议纪要理解与适用》[③]认为，对于采用抵债方式的，可以视为支付价款。在此前提下，仍需满足三个要件：在人民法院查封之前已签订合法有效的书面买卖合同；在人民法院查封之前已合法占有该不动产；非因买受人自身原因未办理过户登记手续。

因此，笔者认为《全国法院民商事审判工作会议纪要理解与适用》以房抵债，排

---

① 最高人民法院民事审判第二庭编著：《全国法院民商事审判工作会议纪要理解与适用》，人民法院出版社出版2019年版。

② 最高人民法院民事审判第二庭编著：《全国法院民商事审判工作会议纪要理解与适用》，人民法院出版社出版2019年版，第304页。

③ 最高人民法院民事审判第二庭编著：《全国法院民商事审判工作会议纪要理解与适用》，人民法院出版社出版2019年版，第643页。

除执行的观点，似乎自相矛盾。

二、支持以以房抵债协议排除执行的案例

司法实践中，有很多支持以以房抵债协议（在满足协议合法有效、已交房、无过错等条件的前提下）排除法院强制执行的判例，如最高人民法院（2020）最高法民申6792号、最高人民法院（2016）最高法民申5479号、最高人民法院（2021）最高法民申221号、最高人民法院（2021）最高法民终667号、最高人民法院（2021）最高法民终1058号、最高人民法院（2021）最高法民终1060号、最高人民法院（2021）最高法民终1222号、最高人民法院（2022）最高法民终15号。这些裁判支持以房抵债协议排除执行的主要理由是参照适用《执行异议复议规定》第二十八条或《最高人民法院关于人民法院民事执行中查封、扣押、冻结财产的规定》第十七条等规定，符合上述司法解释规定条件的即可排除执行。这里面最重要的一条即付款，由于以房抵债一般案外人并未实际支付房款，因此法院支持以房抵债排除执行的，基本都是认可以房抵债协议的签订即完成了付款义务。

三、不支持以以房抵债协议排除执行的案例

司法实践中，也有很多不支持以以房抵债协议排除法院强制执行的判例，如最高人民法院（2020）最高法民申6769号、最高人民法院（2021）最高法民申1177号、最高人民法院（2021）最高法民申3231号、最高人民法院（2022）最高法民申104号。不支持的理由主要认为抵债是消灭债务的一种方式，以房抵债只产生请求被执行人过户的权利，该权利并非物权期待权或所有权，并且该权利并不优先于申请执行人的普通债权，不能排除申请执行人的执行。如果支持案外人依据以房抵债协议排除执行，则违反了债的平等性。

四、笔者的观点：查封前的以房抵债不违反债的平等性，抵债可以看作付款方式，但案外人要符合“苛刻”的条件才能排除执行

（一）查封前的以房抵债没有违反债的平等性

笔者认为，首先执行标的被查封前的以房抵债并没有违反债的平等性：（1）在进入执行程序，即房屋被查封（包括诉前财产保全的查封、诉讼财产保全的查封、进入执行程序之后的查封）之前，对于普通金钱债权，受偿原则是“先到先得”。“先到先得”恰恰是债的平等性的体现，“先到而后得”只能是因为后到者享有优先受偿

权,后到者不享有优先受偿权而"后到先得"才违反债的平等性。比如,债务人有两个债权人 A 和 B,债权都是 100 万元,而债务人总资产只有 100 万元现金,那么债务人可以将其 100 万元偿还给债权人 A,债权人 B 不能说债务人的上述偿债行为违反债的平等性。同理,如果债务人身无分文,只有一套价值 100 万元的房屋,债务人和债权人 A 协商一致将之抵债给 A,债权人 B 也不能说债务人的上述抵债行为违反债的平等性。当然,在房屋过户到债权人 A 名下之前债权人 A 对该房屋不享有所有权,但是债权人 A 参照《执行异议复议规定》第二十八条的规定对该房屋享有物权期待权,该物权期待权优先于债权人 B 的普通金钱债权。

之所以强调执行标的房屋被"查封之前",是因为抵债如果发生在执行标的房屋被查封之后,其执行异议肯定得不到支持,这没有争议。而"违反债的平等性"的观点,笔者认为可能是混淆了一个概念或者事实,即只有进入执行程序之后,对于财产不能清偿所有债权的公民或者其他组织才存在普通金钱债权人参与分配并按照债权比例受偿的问题,即比如两个普通金钱债权人 A 和 B 参与分配,虽然 A 早于 B 申请参与分配,但只要 B 在法定期限内参与分配了,A 和 B 也一样是按照债权比例受偿,不存在债权人 A"先到先得"的问题。而执行标的异议发生在被执行人不能清偿所有债权的执行程序中,执行程序的参与分配程序中存在"先到不先得,先到后到一样按比例得"的情况,所以那些认为执行异议中以房抵债违反债的平等性的观点有可能是混淆了以房抵债发生在执行程序(查封)之前这一事实。

(二)抵债可以看作付款方式,但案外人要符合"苛刻"的条件才能排除执行

案外人能否依据以房抵债协议排除普通金钱债权人的执行,其实就是案外人基于以房抵债协议是否对案涉房屋享有物权期待权。而物权期待权的概念在法理上并无定论:王泽鉴教授认为,期待权是因具备取得权利部分要件,受法律保护,且依社会经济观点,使之成为交易客体,特赋予权利性质之法律地位。[①] 这个概念很抽象,其他学者给出的概念也很抽象,并且对于期待权的概念和内涵还没有形成通说,法律实务中似乎还很难直接引用。因此,不宜直接引用某个学者关于物权期待权的概念来认定购买了尚未登记在被执行人名下的房产的买受人是否对标的房屋享有物权期待权,也不宜直接引用物权期待权的概念解释案外人基于以房抵债协议是否对案涉房屋享有物权期待权。

---

① 王泽鉴:《民法学说与判例研究》(第 7 册),北京大学出版社 2009 年版,第 196 页。

但是，如果把抵债看作一种付款方式，则可以参照适用《执行异议复议规定》第二十八条、第二十九条，或《最高人民法院关于人民法院民事执行中查封、扣押、冻结财产的规定》第十七条等规定来审查案外人基于以房抵债协议是否可以排除金钱债权人的执行。

笔者以《执行异议复议规定》第二十八条为例解读说明。《执行异议复议规定》第二十八条规定："金钱债权执行中，买受人对登记在被执行人名下的不动产提出异议，符合下列情形且其权利能够排除执行的，人民法院应予支持：（一）在人民法院查封之前已签订合法有效的书面买卖合同；（二）在人民法院查封之前已合法占有该不动产；（三）已支付全部价款，或者已按照合同约定支付部分价款且将剩余价款按照人民法院的要求交付执行；（四）非因买受人自身原因未办理过户登记。"以房抵债，一般是指债权人与债务人协议约定用债务人的房屋折价抵偿债务人对债权人的债务，如有多余，则多余的金额退还债务人（房屋所有人），如房屋价值不足抵偿债务，则不足部分继续由债务人偿还。

债务履行期限届满后的以房抵债的协议是双方当事人真实意思的表示，没有违反流抵或物权法定的原则，也没有违反其他法律，行政法规的效力性强制性规定，没有违反公序良俗，合法有效。基于此有效的抵债协议，（房屋所有人的）债务消灭的同时，相应的抵债价款也就转化为了房款（可以将以房抵债理解为一种房款的支付方式），即案外人（债权人）在抵债的额度内支付了债务人（房屋所有人，被执行人）房屋价款，如果案外人再满足一些其他要件，则案外人对标的房屋享有物权期待权，案外人的物权期待权优先于申请执行人的普通金钱债权，其执行异议应当得到支持。

抵债毕竟不同于直接支付价款，前者可以理解为是一种消极支付行为，后者是积极支付行为。为防止被执行人与案外人串通逃避债务和执行，应对以房抵债的执行异议规定更严格的要求：

1. 在申请执行人与被执行人债权债务形成之前，案外人已与被执行人签订以房抵债协议

作此要求，在"逻辑"上不存在违反债的平等性之嫌：案外人抵债完成相当于被执行人已向案外人清偿，在此之后又产生了对申请执行人的债务，一先一后，没有"交集"，不存在个别清偿的问题。

作此要求，可以平衡案外人和申请执行人的利益。

（1）以房抵债协议需签订于被执行人与申请执行人债权债务形成之前。要求

以房抵债协议签订于申请执行人与被执行人的债权债务形成之前,这样就基本防止了被执行人与案外人恶意串通损害申请执行人的合法权利。如果要求以房抵债协议签订于查封之前,则给了被执行人以很大的时间窗口期规避执行:被执行人债务形成之后,知道自己无法还债,就可能去找其他债权人(甚至是虚假的债权人)通过以房抵债的方式转移资产逃避执行。

(2)以房抵债协议合法有效。如果以房抵债协议没有违反《民法典》第一百四十三条、第一百四十四条、第一百四十六条、第一百五十三条、第一百五十四条等规定,且没有其他可撤销、可变更或效力待定的情形,合同就是有效的。需要特别注意的是,根据 2019 年最高人民法院《九民纪要》第四十四条、第四十五条等规定的精神,签订合法有效的书面以房抵债协议要在债务履行期限届满之后,在债务履行期限届满之前签订的以房抵债协议不可以作为排除执行的依据。另外,意思表示真实也是民事法律行为有效的一个必要条件,具体到本节,则要审查案外人和被执行人的债权债务是否真实以及是否已过时效(抵债行为本身是不是真实意思表示很难从直接证据作出判断,只能根据个案来看是否有证据证明抵债不是当事人真实意思表示):审核"债"的真实性和合法性,就要审核产生"债"的原始凭证,而不能任由被执行人和案外人双方认可即不审核。对此,要根据"债"产生的原因(民间借贷、欠付货款、"高利贷"、赌债等)进行有针对性的审核。而要审核"债"是否已过诉讼时效,除了审核诉讼时效的起始时间外,更要审核是否真的存在时效中止或中断的事由。对于超过了诉讼时效的"债"的以房抵债协议,不能作为排除执行的依据。

(3)书面合同。此处所要求的是"书面",口头的协议不符合要求。这个要件的硬性要求是防止被执行人与第三人恶意串通,谎称存在房屋买卖合同或以房抵债协议以对抗执行。为防止倒签协议,通过加强伪造证据和虚假诉讼的法律责任(尤其是刑事责任)及案件移送制度的进一步完善和落实(审理执行异议或执行异议之诉的法官发现当事人伪造证据或虚假诉讼且符合一定条件的,应当移送到公安机关处理)来威慑伪造证据(伪造以房抵债协议签订时间)和虚假诉讼的行为,不失为一种很好的选择。

(4)不考虑过错因素。即不论案外人是否知道或应当知道其与被执行人签订抵债协议之前被执行人与申请执行人的债权债务已形成,只要抵债协议签订于被执行人与申请执行人的债权债务形成之后,案外人的执行异议申请就得不到支持。

2. 案外人在被执行人与申请执行人债权债务形成之前已合法占有该不动产

时间节点的"苛刻"要求同样是防止被执行人与案外人恶意串通损害申请执行

人的合法权利。此外，由于占有一般有一些“痕迹”(支付水电费的凭证等)，不容易伪造，为以房抵债背景下的执行异议的审查提供了可操作性。以房抵债协议是否倒签很难通过司法鉴定判断，交房的证据也是为了弥补这个技术上的不足。

对于占有的方式并不能要求太苛刻：a. 交房的标志是签订《房屋交接书》还是交钥匙都可以，只要是已经交房即可。b. 合法占有的方式可以是亲自居住，也可以是出租给别人；或者债权人正在装修过程中；或者合同约定的交房时间已到，房屋所有人将房屋钥匙交给了债权人的亲朋好友或者代理人或者中介，买房人随时可以取得对标的房屋的占有，等等。总之，只要是房子在债权人(案外人)的管控之下即可。

3. 不动产价款已通过抵债全部“支付”，如有未“支付”，案外人已按照人民法院的要求交付执行

如果案外人对被执行人的债权金额超过或等于执行不动产的价值，且执行不动产的价款全部用抵债的方式支付，则应当视为案外人已支付全部价款。如果案外人对被执行人的债权金额小于执行不动产的价值，抵债协议约定不足部分由案外人现金补足。如果案外人在法院查封之前已现金补足，则视为案外人已付清价款；如果案外人尚未现金补足，则案外人需将不足部分交付法院执行。

4. 非因案外人自身原因未办理过户登记手续

这个要件要求未过户不是案外人的原因导致的。如有些案外人为了避税，在房子具备过户条件的情形下故意拖延不办理过户手续，这样案外人就是有过错的，执行异议不能得到支持。

需要特别注意的是，根据2019年最高人民法院《九民纪要》第一百二十七条第二款的规定，对于“非因买受人自身原因未办理过户登记”应当作如下理解：“买受人只要有向房屋登记机构递交过户登记材料，或向出卖人提出了办理过户登记的请求等积极行为的，可以认为符合该条件。买受人无上述积极行为，其未办理过户登记有合理的客观理由的，亦可认定符合该条件。”笔者认为这个规定不严谨，甚至可能会被利用，比如，买受人做了形式上的“向房屋登记机构递交过户登记材料，或向出卖人提出了办理过户登记的请求等积极行为”，但是买受人这样做只是为了做样子，执行标的房屋因为限购或限售(尤其是买受人与被执行人签订抵债协议的时候买受人就限购或房子尚在限售期)无法过户，或者买受人与被执行人私下串通让被执行人不要配合过户，而等到执行标的房屋“满二”或者“满五唯一”等可以少缴税的时候再过户，如果是这些情况，案外人(买受人)是不符合“非因买受人自身原因未办理过户登记”这个要件的。但是，根据《九民纪要》第一百二十七条第二款的

规定，似乎只要案外人有积极推动交易继续的行为，即符合“非因买受人自身原因未办理过户登记”这个要件。

54. 购买有抵押的房屋是否符合“非因买受人自身原因未办理过户登记”

一、不同的裁判观点

（一）购买有抵押的房屋，买受人有过错，不支持其执行异议

最高人民法院（2020）最高法民申5528号民事裁定认为，案外人明知标的房屋上有抵押，无法办理过户登记手续，仍然购买该房屋的，案外人有过错，不符合“非因买受人自身原因未办理过户登记”这一要件。

最高人民法院（2020）最高法民申3119号民事裁定认为，案涉房屋于2010年3月即已设定抵押，且禹舟公司在一审答辩时明确认可其在购买案涉房屋时该房屋即已设定抵押。禹舟公司知道或应当知道案涉房屋已经设定抵押仍然购买该房屋，原审法院认定禹舟公司对案涉房屋未能办理过户登记手续存在过错，并无不当。

最高人民法院（2018）最高法民申671号民事裁定认为，案涉8套房屋办理抵押登记时间为2005年6月、7月，而房屋买受人康某与大正公司就案涉房屋签订商品房屋销售合同的时间为2006年5月7日。因此，房屋买受人康某签订房屋销售合同在案涉房屋办理个人住房贷款抵押登记之后。原审认定房屋买受人康某在签订合同时对案涉房屋上存在抵押登记未尽审慎注意义务存在过失，房屋买受人康某以其在后的购房行为不能对抗在先成立并已经生效民事判决认定合法有效的抵押权，有事实和法律依据，并无不当。法院审查期间，房屋买受人康某陈述其于2014年办理过户登记时，房产管理部门告知其案涉房屋处于抵押状态，不能办理过户登记，其于此时得知案涉房屋已被抵押。基于上述房屋买受人康某陈述的未能办理过户登记的原因，不能认定房屋买受人康某对此无过错，其不符合《最高人民法院关于人民法院民事执行中查封、扣押、冻结财产的规定》第十七条规定的第三人无过错的情形及《执行异议复议规定》第二十八条规定的“非因买受人自身原因未办理过户登记”的情形，故房屋买受人康某主张其享有足以排除强制执行的民事权益缺乏依据。

最高人民法院（2017）最高法民申3731号民事裁定认为，房屋买受人在受让别

墅时,对别墅设置了抵押贷款一事是明知的,其理应知道这种情况下别墅是无法办理过户登记手续的,但仍与房屋卖售人(被执行人)签订转让协议,其对无法办理过户登记手续存在一定过错。因此,原判决认定房屋买受人无法排除法院对执行标的强制执行并不缺乏证据证明。

最高人民法院(2017)最高法民申 3596 号民事裁定认为,2013 年 7 月 18 日,安定农信联社、三亚农商银行、琼中农信联社办理了在建工程抵押登记,对案涉房屋享有抵押权且经生效裁判文书予以确认。抵押权属担保物权的一种,具备物权的基本属性和法律效力,相对于债权而言具有优先性。经查明,房屋买受人张某某与兆祥公司签订《房屋订购协议书》及《房屋订购补充协议书》的时间分别为 2014 年 3 月 17 日及 2014 年 6 月 25 日,均晚于案涉抵押登记时间。且根据《物权法》第一百九十一条的规定,抵押期间,抵押人未经抵押权人同意,不得转让抵押财产,但受让人代为清偿债务消灭抵押权的除外。在案涉房屋已经设立抵押且商品房预售许可证已经过期的情形下,房屋买受人张某某与兆祥公司签订《房屋订购协议》及《房屋订购补充协议书》,未就订购房屋是否设定权利负担进行核查,未尽到注意义务,存在过错。

最高人民法院(2017)最高法民申 4723 号民事裁定认为,在傅某某与华上置业公司签订案涉购房买卖合同时,该房产上已经存在渝台担保公司的抵押权登记,该抵押权具有公示效力和物权的优先效力。作为购买诉争房产的傅某某,无论其在签订合同时是否实际注意到了该诉争房屋已被抵押的事实,在该抵押登记仍然存在的情况下,傅某某客观上均不能实现将该诉争房产变更到自己名下的法律效果。在渝台担保公司的抵押权消灭后,傅某某亦没有提供有效证据证明其及时要求华上置业公司履行过户登记手续。后该诉争房产又被农商行綦江支行设定新的抵押权登记。综合上述事实,傅某某提起案外人执行异议之诉,其所依据的事实与理由不符合《执行异议复议规定》第二十八条第四项规定的情形,即买受人非因自身原因未办理诉争房产的过户登记,二审判决以此驳回傅某某的诉讼请求并无不当。

最高人民法院(2017)最高法民申 2095 号民事裁定认为,房屋买受人刘某 1 称案涉房屋未办理过户系因房屋卖售人刘某 2 与田某某迟迟未能消除房产上的抵押(注:抵押权设立在先,买卖合同签订在后),但并未提供证据证明其曾就此主张过权利,故房屋买受人刘某 1 认为对案涉房产未办理过户没有过错的主张,法院亦不予支持。综合上述事实,房屋买受人刘某 1 不能满足《最高人民法院关于人民法院民事执行中查封、扣押、冻结财产的规定》第十七条规定的三个条件,无法据此排除对案涉房产的强制执行。

(二)购买有抵押的房屋,买受人无过错,可以支持其执行异议

最高人民法院(2018)最高法民申171号民事裁定认为,房屋买受人与房屋卖售人在签订买卖合同时,标的房屋虽然有抵押,但是买受人符合"非因买受人自身原因未办理过户登记"这一要件,买受人享有排除强制执行案涉房屋的权利。

最高人民法院(2018)最高法民申2575号民事裁定认为,关于房屋买受人刘某某未办理案涉房屋过户登记是否存在过错的问题。根据原审查明的事实,房屋买受人刘某某与房屋卖售人徐某某签订房屋买卖合同时,案涉房屋虽处于吉林省吉林市高新区人民法院查封中,但同年即被该院解封。而案涉房屋虽然因银行贷款而设定了抵押权(注:抵押权设立在先,刘某某和徐某某的房屋买卖合同签订在后),无法进行正常的更名过户手续,但房屋买受人刘某某与房屋卖售人徐某某签订的补充协议约定房屋卖售人徐某某协助房屋买受人刘某某办理贷款转贷手续,将房屋贷款转到房屋买受人刘某某、刘某、房屋卖售人徐某某名下。在案涉房屋抵押权未涤除的情况下,因申请执行人朱某某与房屋卖售人徐某某之间的租赁合同诉讼纠纷,案涉房屋于2011年、2012年被法院查封,且此后分别于2013年、2014年被续封。原审基于上述事实,认定房屋买受人刘某某对于案涉房屋无法办理产权过户登记不存在过错,亦不缺乏证据证明,适用法律亦无不当。

最高人民法院(2017)最高法民再33号民事裁定认为,401~406室未能完成过户登记手续系因留存有房屋卖售人(被执行人)上风公司设定的抵押,均非因天奥公司(房屋买受人)存有过错。

最高人民法院(2017)最高法民申3983号民事裁定认为,设定抵押权的房产不能过户,故无法过户登记的责任在于万强公司,非因买受人高某某自身原因未办理过户登记手续。综上,高某某提出执行异议符合《执行异议复议规定》第二十八条的规定,高某某对案涉房屋享有足以排除强制执行的民事权益,依法不得执行该房屋。

(三)其他判决观点

1. 上海市静安区人民法院(2017)沪0106民初33086号民事判决认为,购买有抵押的房屋,抵押被涤除前房屋被查封,买受人有过错,买受人的执行异议不能得到支持。

2. 上海市徐汇区人民法院(2017)沪0104民初21476号民事判决认为,购买有抵押的房屋,抵押涤除前房屋被查封,买受人无过错,买受人的执行异议可以排除执行。

3. 最高人民法院(2018)最高法民终218号民事判决认为,本案所涉房屋登记于中坤锦绣房地产公司名下,并未登记于房屋买受人于某某名下。虽然本案所涉房屋上存在抵押权,但该房屋销售之前,东方资产重庆分公司向北京市海淀区城乡建设委员会、北京市海淀区房屋管理局出具了《抵押权人同意抵押房屋销售的证明》,同意中坤锦绣房地产公司将案涉房屋对外进行销售。房屋买受人于某某购买该房屋时中坤锦绣房地产公司向其出示了东方资产重庆分公司同意对外销售案涉房屋的证明,并将该证明作为合同附件。房屋买受人于某某基于东方资产重庆分公司同意销售抵押房屋的行为而产生东方资产重庆分公司将会配合办理过户登记的合理信赖,其作为买受人,对这一问题已尽到充分的注意义务。一审判决认定非因房屋买受人于某某自身原因不能办理本案所涉房屋过户登记手续并无不当。

二、《最高人民法院关于人民法院办理执行异议和复议案件若干问题的规定理解与适用》[①]的解读

《最高人民法院关于人民法院办理执行异议和复议案件若干问题的规定理解与适用》[②]对"非因买受人自身原因未办理过户登记"作了如下解读:"从实践中看,能够归责于买受人的原因,可以分为三个层面,一是对他人权利障碍的忽略。例如,不动产之上设定有其他人的抵押权登记,而买受人没有履行合理的注意义务,导致登记时由于存在他人抵押权而无法登记。二是对政策限制的忽略。例如,明知某地限制购房,在不符合条件的情况下仍然购房导致无法办理过户手续。三是消极不行使登记权利。例如,有的交易当事人为了逃税等而故意不办理登记的,不应受到该原则的保护。一个有争议的问题是,有的人认为,买房人本来可以通过提起诉讼行使物权登记请求权并通过法院强制执行来完成物权变动的使命,但却没有行使,能否视为买受人的原因。我们认为,对于普通的民事主体,不可将其都视为法律专家,此种情况,不能视为买受人有过错。何况,诉讼与执行本身也有一定的时间要

① 江必新、刘贵祥主编:《最高人民法院关于人民法院办理执行异议和复议案件若干问题的规定理解与适用》,人民法院出版社2015年版。

② 江必新、刘贵祥主编:《最高人民法院关于人民法院办理执行异议和复议案件若干问题的规定理解与适用》,人民法院出版社2015年版,第424~425页。

求,不能满足对买受人物权期待权的保护要求。”

上述是从类型化的角度对“非因买受人自身原因未办理过户登记”所作的解读,其中第一个类型即“他人权利障碍的忽略。例如,不动产之上设定有其他人的抵押权登记,而买受人没有履行合理的注意义务,导致登记时由于存在他人抵押权而无法登记”。这里面笔者觉得有一点讲得非常好,即“导致登记时由于存在他人抵押权而无法登记”,即法院在判断购买有抵押的房屋是否符合“非因买受人自身原因未办理过户登记”这个要件的时候,要看案外人购买有抵押的房屋是否导致了无法登记(这才是落脚点),而不是简单地以案外人购买房屋时,标的房屋是否存在抵押作为判断案外人是否符合“非因买受人自身原因未办理过户登记”这个要件的依据。

三、《九民纪要》的规定

《九民纪要》第一百二十七条规定:“金钱债权执行中,商品房消费者之外的一般买受人对登记在被执行人名下的不动产提出异议,请求排除执行的,《最高人民法院关于人民法院办理执行异议和复议案件若干问题的规定》第 28 条规定,符合下列情形的依法予以支持:一是在人民法院查封之前已签订合法有效的书面买卖合同;二是在人民法院查封之前已合法占有该不动产;三是已支付全部价款,或者已按照合同约定支付部分价款且将剩余价款按照人民法院的要求交付执行;四是非因买受人自身原因未办理过户登记。人民法院在审理执行异议之诉案件时,可参照适用此条款。实践中,对于该规定的前 3 个条件,理解并无分歧。对于其中的第 4 个条件,理解不一致。一般而言,买受人只要有向房屋登记机构递交过户登记材料,或向出卖人提出了办理过户登记的请求等积极行为的,可以认为符合该条件。买受人无上述积极行为,其未办理过户登记有合理的客观理由的,亦可认定符合该条件。”

笔者认为,《九民纪要》的这个规定不太好,不严密,而且还有误导性。因为《九民纪要》第一百二十七条的规定其实针对的是《最高人民法院关于人民法院办理执行异议和复议案件若干问题的规定理解与适用》[①]对“非因买受人自身原因未办理过户登记”解读中的第三种类型,即“消极不行使登记权利。例如,有的交易当事人为了逃税等而故意不办理登记的,不应受到该原则的保护”。也就是《九民纪要》第

① 江必新、刘贵祥主编:《最高人民法院关于人民法院办理执行异议和复议案件若干问题的规定理解与适用》,人民法院出版社 2015 年版,第 424 ~ 425 页。

一百二十七条解释了案外人符合“买受人只要有向房屋登记机构递交过户登记材料，或向出卖人提出了办理过户登记的请求等积极行为的，可以认为符合该条件。买受人无上述积极行为，其未办理过户登记有合理的客观理由的，亦可认定符合该条件”，则视为案外人没有“消极不行使登记权利”，但是对于《最高人民法院关于人民法院办理执行异议和复议案件若干问题的规定理解与适用》的第一种类型和第二种类型，《九民纪要》第一百二十七条并未作出解释。反而，《九民纪要》第一百二十七条给人一种感觉，即只要符合“买受人只要有向房屋登记机构递交过户登记材料，或向出卖人提出了办理过户登记的请求等积极行为的，可以认为符合该条件。买受人无上述积极行为，其未办理过户登记有合理的客观理由的，亦可认定符合该条件”，案外人即符合“非因买受人自身原因未办理过户登记”这个要件，这有误导性。

四、笔者观点

《最高人民法院关于人民法院办理执行异议和复议案件若干问题的规定理解与适用》是从类型化的角度对是否符合“非因买受人自身原因未办理过户登记”作出解读的，但是类型化的解读有天然的缺陷：(1)难免会不全面，即只列举了一些比较常见的情况，但是不能涵盖所有的情形；(2)司法实践中，每个类型又可能细分为很多种情形，这些细分的情形“形似而神不同”，用类型化的方式解读一个抽象的规定有用“形”解读“神”之嫌，可能会束缚裁判者的手脚，导致“不同案同判”。

笔者认为，《执行异议复议规定》第二十八条的第四个要件(非因买受人自身原因未办理过户登记)比《最高人民法院关于人民法院民事执行中查封、扣押、冻结财产的规定》第十七条中“如果第三人对此没有过错”规定要先进很多，后者的“过错”太笼统，杀伤面太大，“非因买受人自身原因未办理过户登记”相对则精细得多。

“未办理过户登记”是从结果上讲“标的不动产未过户到买受人名下”，而非“未向房屋登记机构递交过户登记材料”。“非因买受人自身原因未办理过户登记”强调一个因果关系，即买受人纵然有十个过错，只要标的不动产未过户到买受人名下不是因为买受人的这十个过错中的任何一个，买受人就是免责的，就符合“非因买受人自身原因未办理过户登记”这个要件。因此，司法实践中，在对买受人是否符合“非因买受人自身原因未办理过户登记”这个要件时，一定要实事求是地看未过户到买受人名下的客观实际原因：如果未过户到买受人名下的唯一或诸多原因中有一个是买受人的原因，则应认为买受人不符合“非因买受人自身原因未办理过户登记”这个要件；如果未过户到买受人名下的唯一或诸多原因中全部不是买受人的原因，则应认为买受人符合“非因买受人自身原因未办理过户登记”这个要件。

“未办理过户登记”还包含一层含义，即“不能办理过户登记”，即由于法律障碍的客观存在，不论买卖双方有无向房屋登记机构递交过户登记材料的行为，都属于“未办理过户登记”：如果“不能办理过户登记”的唯一或诸多原因中有一个是买受人的原因，则视为买受人不符合“非因买受人自身原因未办理过户登记”这个要件；如果“不能办理过户登记”的唯一或诸多原因中全部不是买受人的原因，则应认为买受人符合“非因买受人自身原因未办理过户登记”这个要件。

但是，还是有一些需要细化或变通的，比如：

1. 如果房屋买受人没有采取措施保证其已付房款用于清偿抵押债权，导致抵押权成为过户的障碍，则应当认定买受人有过错，其排除执行的异议一般不能得到支持。但是，如果购房尾款足够覆盖抵押债权（或虽购房尾款不足以覆盖抵押债权，但买受人自愿多支付购房尾款以覆盖抵押债权）且能够实际将此尾款交付法院执行，可以认定买受人没有过错。

2. 如果合同约定的过户日期前，抵押权已按照约定的时间涤除，在抵押权涤除之后又被法院查封，则不能以购买房屋时标的房屋存在抵押权为由认定买受人有过错。

3. 过户前抵押权虽未涤除，但是根据合同约定涤除抵押权的时间还未到标的房屋即被查封，且买受人未付房款能够覆盖抵押债权，则不能以购买房屋时标的房屋存在抵押权为由认定买受人有过错。

55. 商品房买受人是否可以依据其与开发商签订的《商品认购书》排除执行

从 2019 年 11 月最高人民法院发布的《九民纪要》第一百二十五条、第一百二十六条等规定来看，商品房买受人权利的保护得到了进一步的加强。例如，(1)《执行异议复议规定》第二十九条规定的“买受人名下无其他用于居住的房屋”，可以理解为在案涉房屋同一设区的市或者县级市范围内商品房消费者名下没有用于居住的房屋。商品房消费者名下虽然已有 1 套房屋，但购买的房屋在面积上仍然属于满足基本居住需要的，可以理解为符合该规定的精神。(2)对于《执行异议复议规定》第二十九条规定的“已支付的价款超过合同约定总价款的50%”，如果商品房消费者支付的价款接近于50%，且已按照合同约定将剩余价款支付给申请执行人或者按照人民法院的要求交付执行的，可以理解为符合该规定的精神。可以说这就突破了50%这条“红线”。(3)进一步明确了交付全部或者大部分款项的商品房消费者的权利优先于抵押权人的抵押权，故抵押权人申请执行登记在房地产开发企业名下但已销售给消费者的商品房，消费者提出执行异议的，人民法院依法予以支持。相比之下，一般的房屋买受人(如二手房买受人)在符合《执行异议复议规定》第二十八条时并不能排除抵押权人的执行。

那么，商品房买受人可以依据其与开发商签订的《商品认购书》排除执行吗？本节以《执行异议复议规定》第二十九条为例作一说明。

《执行异议复议规定》第二十九条规定：“金钱债权执行中，买受人对登记在被执行的房地产开发企业名下的商品房提出异议，符合下列情形且其权利能够排除执行的，人民法院应予支持：(一)在人民法院查封之前已签订合法有效的书面买卖合同；(二)所购商品房系用于居住且买受人名下无其他用于居住的房屋；(三)已支付的价款超过合同约定总价款的百分之五十。”

可否依据《商品房认购书》排除执行，首先要看《商品房认购书》是预约还是本约(买卖合同)：如果是预约，则该《商品房认购书》在性质上不是买卖合同，房屋买受人就不符合《执行异议复议规定》第二十九条规定的第一项，不能排除执行；如果是本约(买卖合同)，则在满足合同有效等条件的情况下可以排除执行。

《最高人民法院关于审理商品房买卖合同纠纷案件适用法律若干问题的解释》第五条规定：“商品房的认购、订购、预订等协议具备《商品房销售管理办法》第十六条规定的商品房买卖合同的主要内容，并且出卖人已经按照约定收受购房款的，该协议应当认定为商品房买卖合同。”《商品房销售管理办法》第十六条规定：“商品房销售时，房地产开发企业和买受人应当订立书面商品房买卖合同。商品房买卖合同应当明确以下主要内容：(一)当事人名称或者姓名和住所；(二)商品房基本状况；(三)商品房的销售方式；(四)商品房价款的确定方式及总价款、付款方式、付款时间；(五)交付使用条件及日期；(六)装饰、设备标准承诺；(七)供水、供电、供热、燃气、通讯、道路、绿化等配套基础设施和公共设施的交付承诺和有关权益、责任；(八)公共配套建筑的产权归属；(九)面积差异的处理方式；(十)办理产权登记有关事宜；(十一)解决争议的方法；(十二)违约责任；(十三)双方约定的其他事项。”

简言之,如果案涉《商品房认购书》具备《商品房销售管理办法》第十六条规定的主要内容,则可以被认定为是买卖合同。在此前提下,房屋买受人若能满足如下三个要件,则可以排除执行:

1. 在人民法院查封之前已签订合法有效的书面买卖合同

(1)合同签订时间:查封之前。

(2)合同效力:有效。《民法典》第一百四十三条规定:"具备下列条件的民事法律行为有效:(一)行为人具有相应的民事行为能力;(二)意思表示真实;(三)不违反法律、行政法规的强制性规定,不违背公序良俗。"这是包括订立合同在内的民事法律行为的一般规定,每个类型的合同都有其最常见的无效的情形。比如,房屋租赁合同因标的房屋未取得建设工程规划许可证或者未按照建设工程规划许可证的规定建设而无效,商品房预售合同往往因开发商未取得预售许可证而无效。《最高人民法院关于审理商品房买卖合同纠纷案件适用法律若干问题的解释》第二条规定:"出卖人未取得商品房预售许可证明,与买受人订立的商品房预售合同,应当认定无效,但是在起诉前取得商品房预售许可证明的,可以认定有效。"如果买受人与开发商签订买卖合同的时候开发商尚未取得商品房预售许可证明,且起诉前开发商也未取得商品房预售许可证明,则买卖合同无效,买受人的执行异议因合同无效而不能得到支持。当然,有观点认为开发商是否取得预售许可证不影响合同效力,合同是否有效也不影响商品房买受人排除执行。

2. 所购商品房系用于居住且买受人名下无其他用于居住的房屋

这个要件是体现立法精神的核心要件:保护弱势群体——消费者。购房者相对开发商而言是弱势群体,应当得到法律的倾斜性保护。居住权对于一个人来说是举足轻重的,如果购房者所购房屋是用于居住且名下无其他用于居住的房屋,则购房者能否获得系争房屋的所有权直接关系到购房者居住权能否实现。

关于举证责任,只要购房者所购房屋是住宅即可推定为其购房是用于居住,有相反证据足以推翻的除外。

根据《九民纪要》第一百二十五条的规定,"买受人名下无其他用于居住的房屋",可以理解为在案涉房屋同一设区的市或者县级市范围内商品房消费者名下没有用于居住的房屋。商品房消费者名下虽然已有1套房屋,但购买的房屋在面积上仍然属于满足基本居住需要的,可以理解为符合该规定的精神。

3. 已支付的价款超过合同约定总价款的50%

这个要件和上述两个要件共同起到如下作用:(1)防止开发商(被执行人)和所

谓的购房者恶意串通，伪造虚假的交易，阻碍执行；(2)保护申请执行人的合法权利。

《九民纪要》第一百二十五条的规定“已支付的价款超过合同约定总价款的百分之五十”应当理解为，如果商品房消费者支付的价款接近于50%，且已按照合同约定将剩余价款支付给申请执行人或者按照人民法院的要求交付执行的，可以理解为符合该规定的精神。

6-3 陈某平与亿邦公司、九海公司案外人执行异议之诉案

案情简介：2013年12月28日，九海公司与陈某平签订《景都乐苑楼盘认购协议书》，约定陈某平分期付款购买案涉房屋，面积138.95平方米，每平方米4044元，总价561,913.8元。签订协议当日及2014年6月11日、2016年10月4日，陈某平以转账方式交纳购房款17万元、19.1913万元、20万元，九海公司出具加盖公司财务专用章收据三张，共计561,913元。收款事由为景都乐苑房款，经办人宋某。陈某平还提交景都乐苑交房收费明细表，证明陈某平于2016年1月9日交纳天然气初装费等14项费用25,061元，陈某平办理入住。青海骏腾物业收款收据，证明陈某平交纳2017年3月至2019年12月物业费，同时提交了景都乐苑交纳水电费单据等。2020年1月15日，海东市乐都区自然资源局出具《房屋产权登记信息查询结果》，陈某平名下未有其他房产。2016年8月11日，九海公司将包括案涉房屋在内的房屋抵押给亿邦公司。2019年12月12日，法院在亿邦公司与九海公司、王某生民间借贷纠纷一案执行中查封了案涉房屋，陈某平提出执行异议。

裁判观点：【案号：最高人民法院(2021)最高法民申4903号】最高人民法院认为，首先，2013年12月，陈某平与九海公司签订了《景都乐苑楼盘认购协议书》。2019年12月12日，案涉房屋被人民法院查封，查封在房屋买卖合同签订之后。《景都乐苑楼盘认购协议书》载明了购房面积、单价、总价、付款方式等房屋买卖的主要内容。根据《最高人民法院关于审理商品房买卖合同纠纷案件适用法律若干问题的解释》第五条“商品房的认购、订购、预订等协议具备《商品房销售管理办法》第十六条规定的商品房买卖合同的主要内容，并且出卖人已经按照约定收受购房款的，该协议应当认定为商品房买卖合同”的规定，可以认定陈某平与九海公司间订立了房屋买卖合同。亿邦公司主张未经其同意，案涉房屋在抵押期间的转让行为依《担保法》第四十九条第一款、《物权法》第一百九十一条规定应为无效，根据《物权法》第十五条规定的合同效力和物权效力区分原则，未经抵押权人同意转让

抵押财产的,仅不产生物权变动的法律效果,并不影响转让合同的效力。亿邦公司不认可《景都乐苑楼盘认购协议书》的真实性,主张不能排除《景都乐苑楼盘认购协议书》是九海公司为损害亿邦公司利益与陈某平恶意串通,于办理抵押登记后补签的,但未提供证据予以证明。结合2016年陈某平即实际入住案涉房屋的事实,可以认定《景都乐苑楼盘认购协议书》系当事人真实意思表示,并不违反法律、行政法规的强制性规定,二审法院认定房屋买卖合同合法有效是正确的。其次,陈某平在签订《景都乐苑楼盘认购协议书》后于2013年12月28日、2014年6月11日、2016年10月4日分三次向九海公司交纳全部购房款。亿邦公司认为陈某平将购房款向第三人支付,不应认定已向九海公司履行购房款。经审查陈某平的转账记录及九海公司出具的房款收据等证据,并结合陈某平在亿邦公司抵押权登记之前实际入住案涉房屋的事实,二审法院认定陈某平支付了全部购房款并无不当。最后,亿邦公司主张陈某平未再与九海公司签订商品房买卖合同,未办理产权登记,大量购房款转给个人,不符合无过错不动产买受人的标准。《最高人民法院关于人民法院办理执行异议和复议案件若干问题的规定》第二十九条规定的排除强制执行的条件中并未要求购房人需要对未办理过户无过错,亿邦公司的此项主张不足以构成再审的事由。因此,二审法院认定陈某平符合《最高人民法院关于人民法院办理执行异议和复议案件若干问题的规定》第二十九条规定的条件,享有排除强制执行的民事权益,认定事实清楚,适用法律正确。

56. 案外人无权依据让与担保协议排除执行

一、《九民纪要》关于“让与担保”的规定

《九民纪要》第七十一条规定:“债务人或者第三人与债权人订立合同,约定将财产形式上转让至债权人名下,债务人到期清偿债务,债权人将该财产返还给债务人或第三人,债务人到期没有清偿债务,债权人可以对财产拍卖、变卖、折价偿还债权的,人民法院应当认定合同有效。合同如果约定债务人到期没有清偿债务,财产归债权人所有的,人民法院应当认定该部分约定无效,但不影响合同其他部分的效力。当事人根据上述合同约定,已经完成财产权利变动的公示方式转让至债权人名下,债务人到期没有清偿债务,债权人请求确认财产归其所有的,人民法院不予支持,但债权人请求参照法律关于担保物权的规定对财产拍卖、变卖、折价优先偿还其债权的,人民法院依法予以支持。债务人因到期没有清偿债务,请求对该财产

拍卖、变卖、折价偿还所欠债权人合同项下债务的，人民法院亦应依法予以支持。”

（一）概念

让与担保是指债务人或者第三人为担保债务的履行，将标的物转移给他人，于债务不履行时，该他人可就标的物受偿的一种非典型担保。[①] 这里“受偿”一词的内涵外延都模糊：是“债权人可以对财产拍卖、变卖、折价偿还债权”的意思？还是“财产归债权人所有”的意思？前者有效，后者则无效。但是，两者对标的财产的处分方式是矛盾的，不会同时约定在合同中。

司法实践中的让与担保协议只有少部分约定债务人到期没有清偿债务，债权人可以对财产拍卖、变卖、折价偿还债权；大多是约定如果债务人到期没有清偿债务，财产归债权人所有。但是，司法实践中的让与担保协议基本都约定了债务人或者第三人将财产形式上转让至债权人名下，债务人到期清偿债务，债权人将该财产返还给债务人或第三人。从这个角度讲，上述“受偿”的意思应该是“财产归债权人所有”。如果是这样的话，这个概念就没有完全涵盖《九民纪要》第七十一条规定的几种情形。

（二）性质

让与担保是一种非典型担保，让与担保协议是一份无名合同。

（三）效力

让与担保协议不会因为本身是为实现担保的目的而无效，即原则上让与担保协议是有效的，但是如果让与担保协议中有违反法律、行政法规效力性强制性规定的条款（如约定债务人到期没有清偿债务，财产归债权人所有），或违背公序良俗的条款，则该条款无效。

二、让与担保协议和《商品房买卖合同》的关系

让与担保协议以《商品房买卖合同》等买卖合同的形式表现，《商品房买卖合同》等买卖合同是为了实现当事人让与担保这种非典型担保目的所必须签订的合同。

---

① 最高人民法院民事审判第二庭编著：《〈全国法院民商事审判工作会议纪要〉理解与适用》，人民法院出版社 2019 年版，第 402 页。

让与担保协议是我们给一个法律现象取的名字,当事人真正签的协议一般不会叫《让与担保协议》或《让与担保合同》。让与担保一般是以《商品房买卖合同》等买卖合同的形式作为其表现形式,这就要求《商品房买卖合同》除了具备房屋买卖的常规条款(双方当事人、房屋坐落、房屋总价、房款的支付方式和支付时间、过户时间、交房时间、违约责任等),还要具备一些让与担保必备的合同条款,如:债务人到期清偿债务,债权人将该财产返还给债务人或第三人。当然,这些回购之类的条款可能不直接写在《商品房买卖合同》文本中,而以补充协议的方式体现。

如果从阴阳合同的角度理解,则让与担保协议是阴合同(是双方真实意思的表示),《商品房买卖合同》是阳合同(不是当事人真实意思的表示,只是为了过户的需要而签订的)。

三、案外人不可以依据《执行异议复议规定》第二十九条排除执行

《执行异议复议规定》第二十九条规定:"金钱债权执行中,买受人对登记在被执行的房地产开发企业名下的商品房提出异议,符合下列情形且其权利能够排除执行的,人民法院应予支持:(一)在人民法院查封之前已签订合法有效的书面买卖合同;(二)所购商品房系用于居住且买受人名下无其他用于居住的房屋;(三)已支付的价款超过合同约定总价款的百分之五十。"案外人不可以依据《执行异议复议规定》第二十九条排除执行的原因或者依据是什么?

(一)不具备适用《执行异议复议规定》第二十九条的前提

适用《执行异议复议规定》第二十九条的前提是被执行人和案外人之间存在商品房买卖合同关系,但是让与担保法律关系中即便有《商品房买卖合同》的存在,当事人之间也不存在真实的商品房买卖合同关系。

(二)《商品房买卖合同》无效

1.《商品房买卖合同》因非真实意思表示而无效

《民法典》第一百四十六条第一款规定:"行为人与相对人以虚假的意思表示实施的民事法律行为无效。"房屋买卖非合同双方当事人的真实意思表示,因而《商品房买卖合同》无效。

2. 不因违反物权法定而无效

因为违反物权法定只会导致无法取得相应的物权,不会导致债权行为无效。

这就像无权处分不会导致买卖合同无效一样。并且，根据《九民纪要》规定的精神，让与担保作为一种非典型担保，已经合法化。

3. 不因流抵而全部无效

根据《九民纪要》第七十一条的规定，即便构成流抵，也只是部分无效，不会导致合同全部无效。且债权人可以对财产拍卖、变卖、折价偿还债权，或者通过对债权余额和标的房屋当时的市场价值分别审计、鉴定后，以“多退少补”的方式进行清算，以实现以物抵债(合法有效)。

(三)不宜以案外人名下有其他用于居住的房屋、非居住目的或已付房款未达50%为由驳回案外人的执行异议

因为案外人和被执行人之间不存在真实的商品房买卖合同关系，没有商品房买卖合同关系这个前提，去讨论案外人名下是否还有其他用于居住的房屋，案外人购买该房屋是否用于居住，案外人已付房款是否达到50%(注:《九民纪要》将50%这条红线放宽，在此不讨论)根本就没有意义。

6-4 盛鸿投资公司与蜀通建设公司、集洲房产公司、润洲房产公司、润洲商业公司、殷某普、陈某生、殷某龙申请执行人执行异议之诉案

案情简介:2012年11月18日，集洲房产公司与盛鸿投资公司以签订商品房买卖合同的方式以涉案房屋为其债务提供担保，随后盛鸿投资公司在金堂县城乡房产管理局办理涉案房屋预告登记，取得预告登记证书。蜀通建设公司与集洲房产公司、润洲房产公司、润洲商业公司、殷某普、陈某生、殷某龙建设工程施工合同纠纷一案执行中，盛鸿投资公司作为案外人提出执行异议。

裁判观点:【案号:最高人民法院(2019)最高法民申6881号】盛鸿投资公司主张，依据《最高人民法院关于人民法院办理执行异议和复议案件若干问题的规定》第三十条规定，金钱债权执行中，对被查封的办理了受让物权预告登记的不动产，受让人提出停止处分异议的，人民法院应予支持。但本案中，盛鸿投资公司与集洲房产公司签订《商品房买卖合同》的真实目的是为借款提供担保，双方并未建立真实的房屋买卖合同关系。盛鸿投资公司于2012年11月29日办理预告登记也是为了担保债权得以实现，并非为了实现物权转移，故盛鸿投资公司不享有物权期待权，其为了担保而办理的预告登记不足以排除执行。故二审法院认为盛鸿投资公

司的执行异议不符合《最高人民法院关于人民法院办理执行异议和复议案件若干问题的规定》第二十八条、第三十条的规定,改判准予执行案涉房屋并无不当。

57. 案外人购买在不可分割转让的土地上建造的不动产有过错,无权排除执行

工业厂房分割转让在司法实践中很常见,笔者曾代理过一个工业厂房分割转让的房屋买卖合同纠纷的上诉案件(一审笔者没代理),通过上诉笔者为当事人挽回了近550万元的损失。买卖在不可分割转让的土地上建造的不动产的合同是否有效?是否有过错?是否可以依据《执行异议复议规定》第二十八条排除普通金钱债权的执行?本节以工业厂房分割销售为例作出解读。

一、工业厂房分割销售合同的效力

工业厂房分割销售合同效力,在不同地区的法院有不同的认定。

《民法典》第一百五十三条规定:"违反法律、行政法规的强制性规定的民事法律行为无效。但是,该强制性规定不导致该民事法律行为无效的除外。违背公序良俗的民事法律行为无效。"

《城镇国有土地使用权出让和转让暂行条例》第二十五条第二款规定:"土地使用权和地上建筑物、其他附着物所有权分割转让的,应当经市、县人民政府土地管理部门和房产管理部门批准,并依照规定办理过户登记。"

上海市规划国土资源局制定的《关于加强本市工业用地出让管理的若干规定》(府办〔2016〕23号)第十六条第一款规定:"按照工业用地全生命周期管理要求,切实加强房屋土地登记管理。各类工业用地应当以出让合同约定的用地范围进行土地登记,不得分割办理登记。"

二、因买受人自身原因而未办理过户登记

不论工业厂房分割销售合同是否有效,工业厂房分割销售肯定是被禁止的。工业厂房分割销售的买受人,明知或应知工业厂房不可分割销售还购买即有过错,不符合"非因买受人自身原因未办理过户登记"这个要件,不可依据《执行异议复议规定》第二十八条排除执行。

6-5 汤某凤与工商银行松柏支行、闽联公司、泉季酒店公司、陈某琪、李某、英特华公司案外人执行异议之诉案

案情简介:2010年8月7日,汤某凤与英特华公司签订二份《房屋使用权转让协议书》,约定:英特华公司拥有位于厦门市闽联综合楼的土地房屋100%的使用权益,汤某凤受让闽联综合楼第11楼××号及第12楼××号具有使用权的房屋,建筑面积分别为49.095平方米及50.559平方米,协议并对房屋交易的其他事宜作了约定。签约当日,汤某凤与英特华公司就前述协议在厦门市鹭江公证处办理公证,厦门市鹭江公证处出具(2010)厦鹭证内字第071××号、071××号公证书,其中载明:闽联综合楼项目所在地块为划拨用地,批准土地用途为工业,工业用地的土地使用年限为50年(以房地产管理部门审批的年限为准),地上建筑物的使用年限与土地使用年限一致,若需改变土地用途须经审批,未经批准不得擅自改变土地用途;根据《城市房地产管理法》及相关法律法规的规定,房地产转让或者变更时,应当向县级以上地方人民政府土地房产管理部门申请办理变更登记;鉴于英特华公司转让的房产目前尚不具备房地产买卖的条件,为确保双方所期待的物权变动目的的实现,交易双方应在有关条件成就之时,及时到房地产管理部门补办房地产权属登记及相应的变更登记手续,并按政府有关规定缴纳相关税费。双方当事人对以上告知表示清楚知悉、理解。闽联综合楼项目原用地性质为工业划拨用地。2013年6月25日,闽联公司取得该项目的土地房屋权证,土地用途为酒店,土地使用权类型为出让,并备注:"本宗地使用权应整体转让、整体抵押、整体或部分出租。"工商银行松柏支行与闽联公司、泉季酒店公司、陈某琪、李某借款合同纠纷一案执行中,法院开始执行包括涉案房屋在内的房产(抵押物),汤某凤提出执行异议。

裁判观点:【案号:最高人民法院(2019)最高法民申2827号】根据《最高人民法院关于人民法院办理执行异议和复议案件若干问题的规定》第二十八条的规定,金钱债权执行中,买受人对登记在被执行人名下的不动产提出异议,符合下列情形且其权利能够排除执行的,人民法院应予支持:(1)在人民法院查封之前已签订合法有效的书面买卖合同;(2)在人民法院查封之前已合法占有该不动产;(3)已支付全部价款,或者已按照合同约定支付部分价款且将剩余价款按照人民法院的要求交付执行;(4)非因买受人自身原因未办理过户登记。本案中,汤某凤在签订《房屋使用权转让协议书》时明知案涉房产所有权并未登记在英特华公司名下,尚不具备房

地产买卖的条件，无法进行所有权转让登记。虽然案涉房产土地性质于2013年变更为出让酒店用地，但仍登记于闽联公司名下，且土地使用权证明确记载该宗地使用权应整体转让、整体抵押、整体或部分出租，汤某凤主张案涉房产可以分割出售，证据不足，不能成立。因此，汤某凤对于案涉房产未取得房屋所有权登记，应当归责于自身原因，其对案涉房产的民事权益不足以排除强制执行。

58.《执行异议复议规定》第二十九条“所购商品房系用于居住”之理解

《执行异议复议规定》第二十九条规定：“金钱债权执行中，买受人对登记在被执行的房地产开发企业名下的商品房提出异议，符合下列情形且其权利能够排除执行的，人民法院应予支持：（一）在人民法院查封之前已签订合法有效的书面买卖合同；（二）所购商品房系用于居住且买受人名下无其他用于居住的房屋；（三）已支付的价款超过合同约定总价款的百分之五十。”

1. 执行异议复议规定理解与适用的解读。

这里的“用于居住”应当作宽泛理解，不管是单纯的居住房还是商住两用住房，只要有居住功能的，即应视为用于居住的房屋。[①]

2.《九民纪要》对此并未作出直接的规定。

3.《九民纪要》的理解与适用对此作出了解读。

商住两用房由于也具备居住属性，亦应当予以保护，可以参照适用该条规定。[②]

一、案例

（一）“商住房”是否符合“用于居住”的裁判

1.“商住房”不符合“用于居住”的裁判

（1）最高人民法院（2020）最高法民申6239号民事裁定认为，即使案外人购买案涉房屋系用于自住，也不能改变房屋依法取得的是非住宅性质这一事实。本案不符合《执行异议复议规定》第二十九条第二项“所购商品房系用于居住且买受人

① 江必新、刘贵祥主编，最高人民法院执行局编著：《最高人民法院关于人民法院办理执行异议和复议案件若干问题的规定理解与适用》，人民法院出版社2015年版，第433页。

② 最高人民法院民事审判第二庭编著：《〈全国法院民商事审判工作会议纪要〉理解与适用》，人民法院出版社2019年版，第631页。

名下无其他用于居住的房屋”之规定。（裁判日期：2020 年 12 月 24 日）

（2）最高人民法院（2018）最高法民终 1083 号民事判决认为，案涉房屋为商服性质，不符合上述“所购商品房系用于居住”的条件。（裁判日期：2018 年 11 月 28 日）

（3）最高人民法院（2018）最高法民申 5297 号民事裁定认为，《执行异议复议规定》第二十九条是关于房屋消费者物权期待权的保护条件，旨在执行程序中，对消费者生存权这一更高价值的维护。本案中，苏某华在一审答辩中称所购房屋为“酒店式公寓，并非住房”因而其购买涉案房屋并非直接满足生活居住需要。另外本案中，苏某华所购涉案房屋多达 10 套，其未能举证证明其在被执行房屋所在地长期居住，亦未能举证证明其名下无其他用于居住的房屋，显然不符合上述法律规定的保护要件。

2.“商住房”符合“用于居住”的裁判

最高人民法院（2018）最高法民终 545 号民事判决认为，《执行异议复议规定》第二十九条系针对房屋消费者物权期待权的保护条件所作的规定，该条规定的“所购商品房系用于居住”应当作宽泛理解，不管是单纯的居住房还是商住两用住房，只要是有居住功能的，即应视为用于居住的房屋。

（二）住房出租是否符合“用于居住”的裁判

1. 住房出租符合“用于居住”的裁判

最高人民法院（2018）最高法民终 545 号民事判决认为，案涉房屋系商品住宅，具有居住功能，符合“所购商品房系用于居住”的要求。虽然案涉房屋目前被出租，但不能以此否定该房屋系用于居住的房屋性质。长城资产贵州公司以案涉房屋用于经营而未实际居住为由，主张案涉房屋不符合“所购商品房系用于居住”的条件，依据尚不充分。

2. 住房出租不符合“用于居住”的裁判

（1）最高人民法院（2018）最高法民申 6177 号民事裁定认为，周某与鑫东源公司签订《商品房预售合同》后，又将案涉房屋委托给温泉度假酒店管理经营，且周某的住所地在浙江，而案涉房屋坐落于海南，故本案可以认定周某购买案涉房屋的目的不是用于满足生活居住所需，而应认定为商业性投资。因此，即便本案周某在案涉房屋查封之前与鑫东源公司签订了《商品房预售合同》，且周某已经支付全部购房款，但本案情形仍不符合《执行异议复议规定》第二十九条的规定。

(2)云南省高级人民法院(2020)云民初41号民事判决认为,在(2020)云执异91号案件审理过程中,李某慧作为徐某的特别授权委托诉讼代理人陈述,涉案房屋装修完成后至今一直用于对外出租,亦不符合前述司法解释关于"所购商品房系用于居住"之规定。综上,徐某对涉案房屋不享有足以排除强制执行的民事权益。

(三)商铺等商用房不符合"用于居住"的裁判

(1)最高人民法院(2021)最高法民终274号民事判决认为,依据冯某高与启宏公司签订的《商品房买卖合同(预售)》,案涉商品房为商铺,规划用途为商贸物流。故冯某高购买的案涉商品房与《执行异议复议规定》第二十九条规定的"所购商品房系用于居住"情形不符。

(2)最高人民法院(2021)最高法民申2379号民事裁定认为,因吴某购买的房屋属于商铺而非居住用房,不符合《执行异议复议规定》第二十九条规定的"所购商品房系用于居住且买受人名下无其他用于居住的房屋"情形,故本案不适用该规定。

(3)最高人民法院(2020)最高法民申5736号民事裁定认为,张某、朱某友主张其为商品房消费者,所购商铺系为了满足一家人的基本生存需求。对此,《执行异议复议规定》第二十九条第二项规定:"所购商品房系用于居住且买受人名下无其他用于居住的房屋"该款明确了商品房的功能为用于"居住",规定的目的是解决"住有所居"的基本生活需求。而本案案涉商铺的性质,根据张某、朱某友原审提交的证据,其购买案涉商铺的目的系用于出租获取收益,故张某、朱某友关于其为购房消费者的再审申请理由不能成立。

(4)最高人民法院(2019)最高法民终1615号民事判决认为,本案系王某民对尚登记在利安公司名下的商品房提起的执行异议之诉,应当依照《执行异议复议规定》第二十九条的规定审查是否应支持其诉讼请求。经查明,王某民2012年购买的"中环商业广场"×号楼1~12号房屋系用于投资的商铺且已实际作为商铺出租给案外人使用,不符合《执行异议复议规定》第二十九条第二项的规定,不能排除人民法院对案涉房屋的强制执行。

(5)最高人民法院(2018)最高法民终172号民事判决认为,《执行异议复议规定》第二十九条规定:"金钱债权执行中,买受人对登记在被执行的房地产开发企业名下的商品房提出异议,符合下列情形且其权利能够排除执行的,人民法院应予支持:(一)在人民法院查封之前已签订合法有效的书面买卖合同;(二)所购商品房系用于居住且买受人名下无其他用于居住的房屋;(三)已支付的价款超过合同约定总价款的百分之五十。”涉案房产是商铺,苏某瑜购买商铺明显不是用于居住,故苏某瑜提出的执行异议不符合上述规定。

(6)最高人民法院(2019)最高法民申4270号民事裁定认为,《执行异议复议规定》第二十九条规定:“金钱债权执行中,买受人对登记在被执行的房地产开发企业名下的商品房提出异议,符合下列情形且权利能够排除执行的,人民法院应予支持:(一)在人民法院查封前已签订合法有效的书面买卖合同;(二)所购商品房系用于居住且买受人名下无其他用于居住的房屋;(三)已支付的价款超过合同约定总价款的百分之五十。”高某购买的案涉房产是写字楼,用于商务办公,并非居住房屋,高某主张适用该条规定,法律依据不足。

(四)一些特殊情况下是否属于“用于居住”的认定

1. 以房抵债且未实际居住的,不能认定其用于居住

广西壮族自治区高级人民法院(2021)桂民终491号民事判决认为,关于买卖涉案房屋的意思表示及涉案房屋的性质问题。李某主张涉案房屋是由于其作为保盈公司工程项目的实际施工人,在工程结算时保盈公司因暂时无法支付工程款故将涉案房屋抵债给李某。涉案商品房合同的订立系基于李某与保盈公司之间的工程款抵账行为,涉案合同性质实质上是以物抵债协议,该协议的目的在于消灭李某对保盈公司的债权而非单纯的房屋买卖。同时,就涉案房屋而言,李某并非出于居住需要购买涉案房屋,而是不得已的抵债性质。且李某因工作原因到梧州打工,后又未在涉案房屋居住,而是将其借给朋友居住。参照《九民纪要》第一百二十六条关于消费者身份认定的精神,李某对涉案房屋不是用于居住,其不具有消费者生存权保护的条件。

2. 案外人一次性购买大量房屋,不能认定其用于居住

(1)最高人民法院(2021)最高法民申2167号民事裁定认为,孔某靓虽主张本案应适用《执行异议复议规定》第二十九条确认其对案涉房产享有物权期待权,但根据其提交的《商品房买卖合同》约定案涉房产用途“仅作商业使用”且其一次性购买6套房产,不符合《执行异议复议规定》第二十九条“所购商品房系用于居住且买受人名下无其他用于居住的房屋”的规定。

(2)最高人民法院(2019)最高法民申1613号民事裁定认为,《执行异议复议规定》第二十九条是为消费者(购房自住者)提供更为有力的保护。因姚某宙一次性

购买18套房屋，不符合《执行异议复议规定》第二十九条第二项规定的情形，其购买房产的目的并不是用于消费性居住，不适用第二十九条的规定。

（3）最高人民法院（2019）最高法民申303号民事裁定认为，本案适用《执行异议复议规定》第二十九条的规定。张某萍从宏信公司处所购买的112套商品房中，被法院查封的有97套，没有证据证明该97套案涉商品房系张某萍用于居住，张某萍也未主张其名下无其他用于居住的房产，上述情形已不符合《执行异议复议规定》第二十九条第二项的规定。

3. 案外人自述所购房屋并非用于居住的，即不符合"用于居住"之要件

最高人民法院（2021）最高法民终1013号民事判决认为，刘某双在庭审中自述案涉房屋不是用于居住的，故本案不符合《执行异议复议规定》第二十九条第二项关于"所购商品房系用于居住且买受人名下无其他用于居住的房屋"的规定。

（五）举证责任的分配

1. 案外人对购买房屋系"用于居住"承担举证责任

最高人民法院（2020）最高法民申3095号民事裁定认为，《民诉法解释》第三百一十一条规定："案外人或者申请执行人提起执行异议之诉的，案外人应当就其对执行标的享有足以排除强制执行的民事权益承担举证证明责任。"根据该条规定，郭某峰作为案外人应就其对案涉房屋享有足以排除强制执行的民事权益承担举证证明责任。二审法院以潘某并无证据证明郭某峰购房属于炒房盈利并非用于居住，便认定郭某峰所购房屋系居住用房，举证责任分配亦属不当。

2. 住房推定为用于居住，申请执行人承担住房非用于居住目的的举证责任

（1）最高人民法院（2018）最高法民申4818号民事裁定认为，案涉商品房系用于居住且买受人名下无其他用于居住的房屋。陈某堂并非瑞麟公司与交行陕西分行生效执行公证案中的被执行人，不能按照对被执行人的标准在全国范围内查明其是否仅有此一套用于居住的住房，只要陈某堂在案涉房屋所在地没有其他登记于其名下的住房即可。二审法院已查明陈某堂在西安市××××区没有其他登记于其名下的住房。在没有相反证据足以否定案涉房产用于居住的情况下，二审判决认定陈某堂所购商品房系用于居住且其名下无其他用于居住的房屋，不存在缺乏证据证明和适用法律错误的问题。此外，交行陕西分行关于应查明陈某堂配偶及其子女名下房产情况的主张缺乏法律依据，不能成立。

（2）最高人民法院（2018）最高法民终1007号民事判决认为，关于王某所购商

品房是否用于居住且其名下无其他用于居住的房屋的问题。经查明,案涉商品房使用性质为住宅,且王某在一审中提交了哈尔滨市阿城区房地产事业管理局出具的《房屋权属登记信息查询结果》,其名下无房屋权属登记信息。一审法院认定王某名下无其他用于居住的房屋,具有证据支持。

3. 室内照片可以辅助证明房屋是否用于居住

河南省高级人民法院(2020)豫民终1334号民事判决认为,案涉房屋为住宅用房,室内照片证明案涉房屋系用于居住,鲁山县不动产登记中心出具了郭某义家庭成员名下均无用于居住的其他房屋的查询证明,可以认定郭某义有且仅有案涉房屋用于居住,其对案涉房屋的权益属于生存利益。

二、笔者观点

(一)区分执行异议阶段和执行异议之诉阶段分别采取形式审查和实质审查

执行异议阶段采取形式审查,住房一律按照“用于居住”处理,非住房一律按照不符合“用于居住”处理,败诉方可通过执行异议之诉进行权利救济。

执行异议之诉阶段采取实质审查,法院要根据具体案情作出裁判。

下文的分析是以执行异议之诉阶段的实质审查为前提展开的。

(二)既然立法本意是对生存权的保护,就要实事求是:既要真正地保护到最需要保护的弱势群体,又要注意可能的负面效果

1. 住房的问题

住房首先推定符合“用于居住”这个要件,但是:

(1)购买住房用于出租

对此情况,要分析案外人购买住房的目的是商业目的还是短暂出租。

第一,如果案外人及其家人并不在房屋所在地居住生活,将来也不太可能去房屋所在地居住生活,其购买住房是为了达到出租获利、等待房屋升值获利等商业目的,则不宜认定案外人购买房屋系用于居住。

第二,如果案外人购买该房屋是为了自己及家人居住,但是由于工作学习等原因,暂时不居住该房屋而将该房屋出租补贴家用,则应当认定案外人购买该房屋系用于居住。

(2)一次购买大量住房

对此情况,除了一套外,其他的都不符合“用于居住”之规定,除非某一套房屋

面积特别小。对于该套房屋是否符合“用于居住”之规定，还要根据其是否用于出租等因素进行判断。

(3)购买房屋仅用于挂户口给孩子上学，并不实际居住

对此情况，不宜认定符合“用于居住”之规定。但是司法实践中，有些“学区房”面积很小，不适宜人数较多的家庭居住，如果案外人虽未实际居住该房屋，但自己在外租房居住，即该房屋的居住功能被其他房屋替代，则应认定该房屋符合用于居住之规定。

(4)通过以房抵债方式购买的房屋

对于通过以房抵债方式购买的房屋，不宜因房屋的购买方式是“抵债”而否认其用于居住之目的，即不宜用所谓的“购买房屋的目的非用于居住，而系用于消灭债务”逻辑来否认房屋用于居住之目的。

2.“商住房”的问题

这里的“商住房”是指在土地性质是商业或其他非居住用地上建造的房屋，但是房屋的结构和功能与住房基本相同(土地使用年限、水电煤、挂户口、上学等与住房不一致)，这类房屋单从居住的角度来看是符合居住用途的。由于很多城市限购等原因，很多真正需要购买住房的人无法购买住房，因此退而求其次购买“商住房”用于居住。

如果说符合《执行异议复议规定》第二十九条规定的三个要件的购买住房人属于商品房消费者，属于需要突破一般法理特殊保护的弱势群体，需要保护其生存权，那么举轻以明重，买不起或者没有购房资格购买住房，而只能购买“商住房”用于居住的人就更需要保护了。

当然，案外人需要对其购买“商住房”系用于居住承担举证责任。

3. 商铺等其他类型的房屋

商铺等其他类型的房屋不符合用于居住这个要件，即便案外人实际居住在商铺等其他类型的房屋内，也不宜认定上述房屋系用于居住。因为商铺等其他类型的房屋和“商住房”不一样，后者在功能上具备居住条件，且消防等安全保障一般没问题，但是商铺等其他类型的房屋非常不适宜居住，存在较高的消防等安全隐患。且如果认定商铺等其他类型的房屋符合用于居住之规定，则会大范围严重侵害债权人的利益，损害城市规划等社会利益，弊大于利。如果说“商住房”是一个是否符合用于居住条件的模糊地带的话，那么商铺等其他类型的房屋已经没有机会进入该模糊地带了。

59.《执行异议复议规定》第二十九条“名下无其他用于居住的房屋”之理解

《执行异议复议规定》第二十九条规定：“金钱债权执行中，买受人对登记在被执行的房地产开发企业名下的商品房提出异议，符合下列情形且其权利能够排除执行的，人民法院应予支持：（一）在人民法院查封之前已签订合法有效的书面买卖合同；（二）所购商品房系用于居住且买受人名下无其他用于居住的房屋；（三）已支付的价款超过合同约定总价款的百分之五十。”“买受人名下无其他用于居住的房屋”如何理解？本专题主要探讨配偶名下有房和转移名下房产促成名下无房两种情形下案外人是否符合“买受人名下无其他用于居住的房屋”。

一、配偶名下有房，案外人不符合“名下无其他用于居住的房屋”

（一）《最高人民法院关于人民法院办理执行异议和复议案件若干问题的规定理解与适用》的解读

《最高人民法院关于人民法院办理执行异议和复议案件若干问题的规定理解与适用》[①]对“无其他用于居住的房屋”解释为：“这里的‘无其他用于居住的房屋’是指买受人在被执行房屋所在地长期居住，而在同一地点其名下无其他能够用于居住的房屋。”

（二）《九民纪要》及其理解与适用的解读

《九民纪要》第一百二十五条规定：“‘买受人名下无其他用于居住的房屋’，可以理解为在案涉房屋同一设区的市或者县级市范围内商品房消费者名下没有用于居住的房屋。商品房消费者名下虽然已有1套房屋，但购买的房屋在面积上仍然属于满足基本居住需要的，可以理解为符合该规定的精神。”

《〈全国法院民商事审判工作会议纪要〉理解与适用》[②]在对《九民纪要》第一百二十五条解读时作了如下解读：“‘买受人名下无其他用于居住的房屋’一般情况下可以理解为与涉案房屋同一设区的市和县级行政区（不包括设区的市的‘区’）无其

① 江必新、刘贵祥主编，最高人民法院执行局编著：《最高人民法院关于人民法院办理执行异议和复议案件若干问题的规定理解与适用》，人民法院出版社2015年版，第433页。

② 最高人民法院民事审判第二庭编著：《〈全国法院民商事审判工作会议纪要〉理解与适用》，人民法院出版社2019年版，第629页、第632页。

他用于居住的房屋。是否构成消费者购房人,审查的着眼点在于是否用于居住需求。随着人们生活水平的提高以及人员的流动,异地购房的现象比较普遍,比如在出生地有一套住房,在工作地又购置一套住房,均为用于居住,应认定买受人为消费者购房人,从可操作的角度看,应当界定为一个范围,范围过窄,不利于对消费者购房人的保护;范围过宽,则损害其他权利人的合法权益。纪要结合各地司法实践,将范围界定在与涉案房屋同一设区的市和县级行政区(不包括设区的市的'区')无其他用于居住的房屋。""三是如何理解'买受人名下',买受人名下无房屋,但其配偶、未成年子女名下有房屋,此时,能否排除执行。对于'名下'应当作宽泛的理解,应当将买受人、实行夫妻共同财产制的配偶一方以及未成年子女作一并考虑。只要三者之一名下有房屋,即可视为已有居住用房。"

即《〈全国法院民商事审判工作会议纪要〉理解与适用》已对该问题作出明确解读:配偶名下有房,案外人不符合"名下无其他用于居住的房屋"。

(三)参考案例

最高人民法院(2020)最高法民终1127号民事判决认为,配偶名下有房,案外人不符合"名下无其他用于居住的房屋"这一要件。

二、转移名下房产促成名下无房,不符合"买受人名下无其他用于居住的房屋"的裁判

(一)案例

最高人民法院(2020)最高法民终595号民事判决认为,在案涉房屋(案外人购买的尚登记在被执行的房地产开发企业名下的商品房)执行中,案外人将其名下的房屋转移到他人名下,不符合《执行异议复议规定》第二十九条第二项"买受人名下无其他用于居住的房屋"的规定,案外人不享有排除强制执行的民事权益。

最高人民法院(2020)最高法民终323号民事判决认为,案外人与被执行人(开发商)签订的案涉商品房买卖合同的落款时间为2014年3月20日。案涉房屋(坐落于浙江省苍南县灵溪镇)被一审法院查封的时间为2014年11月6日。案外人签订案涉商品房买卖合同时,其名下有一套房产,建筑面积为180.08平方米,位于浙江省苍南县灵溪镇。2018年12月20日,案外人将该房屋产权转移给他人。根据案外人一审庭审中的陈述,其在此房屋居住至2018年。因案涉商品房买卖合同签订时至2018年12月20日,案外人有用于居住的其他房屋,一审法院结合本案实际

情况认定本案不符合《执行异议复议规定》第二十九条关于“所购商品房系用于居住且买受人名下无其他用于居住的房屋”的规定，并无不当。案外人上诉主张“买受人名下无其他用于居住的房屋”的判断时点应考虑执行异议之诉案件一审庭审辩论终结时买受人的居住状况，于法无据。另案外人主张上述浙江省苍南县灵溪镇房屋系为其姐姐代持，实为其姐姐所有，但缺乏证据证实，亦与其长期居住于此的情况不符。由此，因本案不符合《执行异议复议规定》第二十九条规定的情形，案外人对案涉房屋不享有足以排除强制执行的民事权益，其关于停止执行案涉房屋的上诉请求，法院不予支持。

最高人民法院(2020)最高法民终1019号民事判决认为，根据《执行异议复议规定》第二十九条的规定，“金钱债权执行中，买受人对登记在被执行的房地产开发企业名下的商品房提出异议，符合下列情形且其权利能够排除执行的，人民法院应予支持：(一)在人民法院查封之前已签订合法有效的书面买卖合同；(二)所购商品房系用于居住且买受人名下无其他用于居住的房屋；(三)已支付的价款超过合同约定总价款的百分之五十”。本案中，案外人武某梅名下另有一套位于沈阳市大东区大什字街34号×××号房屋，虽然武某梅在一审期间办理了离婚手续，沈阳市大东区大什字街34号×××号房屋于2019年11月8日登记在赵某谦名下，但在案涉房屋执行过程中，武某梅名下确有其他可用于居住的房屋，不符合《执行异议复议规定》第二十九条第二项的规定。武某梅主张依据《执行异议复议规定》第二十九条的规定，其对案涉房屋享有排除强制执行的民事权益，缺乏依据，法院不予支持。

最高人民法院(2020)最高法民申2232号民事裁定认为，案涉房屋被查封时，曹某娜已有一套房屋，后于2019年3月转移登记至他人名下，不符合《执行异议复议规定》第二十九条第二项规定的“买受人名下无其他用于居住的房屋”情形。

(二)笔者观点

笔者认为，原则上，案外人转移名下房产促成名下无房，不符合“买受人名下无其他用于居住的房屋”之规定。法院审查案外人转移名下房产是否影响其符合“买受人名下无其他用于居住的房屋”之规定的时间节点，以涉案房屋(被执行的房屋)被查封之日为审查的时间节点：

1. 涉案房屋(被执行的房屋)被查封之前，案外人转让自己名下房屋是正当合法的行为，不宜认定此行为系为促成符合“买受人名下无其他用于居住的房屋”之规定。因此，涉案房屋（被执行的房屋）被查封之前，案外人转让自己名下房屋后名下无房的，应当认定符合“买受人名下无其他用于居住的房屋”之规定。当然，如果申请执行人或被执行人能够举证证明，案外人在涉案房屋（被执行的房屋）被查封之前已经知道涉案房屋（被执行的房屋）即将被查封，为促成符合“买受人名下无其他用于居住的房屋”之规定而转让其名下房屋，且执行涉案房屋（被执行的房屋）不影响案外人生存权的，则不宜支持案外人的执行异议。

2. 涉案房屋（被执行的房屋）被查封之后，案外人转让自己名下房屋的，首先推定其不符合“买受人名下无其他用于居住的房屋”之规定。但是，如果案外人转让的其名下的房屋面积很小，或者有其他特殊情况的，法院应本着《执行异议复议规定》第二十九条的立法精神和《九民纪要》的精神，依法作出裁判。

60.《执行异议复议规定》第二十八条和第二十九条的关系

《执行异议复议规定》第二十八条规定：“金钱债权执行中，买受人对登记在被执行人名下的不动产提出异议，符合下列情形且其权利能够排除执行的，人民法院应予支持：（一）在人民法院查封之前已签订合法有效的书面买卖合同；（二）在人民法院查封之前已合法占有该不动产；（三）已支付全部价款，或者已按照合同约定支付部分价款且将剩余价款按照人民法院的要求交付执行；（四）非因买受人自身原因未办理过户登记。”第二十九条规定：“金钱债权执行中，买受人对登记在被执行的房地产开发企业名下的商品房提出异议，符合下列情形且其权利能够排除执行的，人民法院应予支持：（一）在人民法院查封之前已签订合法有效的书面买卖合同；（二）所购商品房系用于居住且买受人名下无其他用于居住的房屋；（三）已支付的价款超过合同约定总价款的百分之五十。”

《执行异议复议规定》第二十八条和第二十九条是什么关系？是选择适用还是排除适用？也就是说，被执行人是开发商的时候，商品房买受人是只能适用第二十九条，还是既可以适用第二十九条也可以适用第二十八条（商品房买受人有权选择适用第二十八条或第二十九条）？

笔者认为，商品房买受人可以选择适用第二十八条或第二十九条来支持自己的诉请（特殊情况下两个条文都满足）。理由如下：

一、法无禁止

《执行异议复议规定》并未明确规定被执行人是开发商的情况下不能适用第二

十八条的规定。

二、立法目的

从立法目的来看,《执行异议复议规定》第二十八条是对案外人物权期待权的保护,第二十九条既是对案外人物权期待权的保护,也是对商品房消费者(业主)的倾斜性保护,第二十九条中对案外人的保护强于第二十八条对案外人的保护。如果被执行人是开发商就不能适用第二十八条,就会出现如果商品房买受人符合第二十八条但不符合第二十九条,则商品房买受人不能通过案外人执行异议(之诉)排除申请执行人对标的房屋的执行的现象,即出现作为商品房消费者的案外人受到的保护弱于作为普通不动产买受人的案外人的现象,这明显是与立法本意不符的。

三、参考案例

最高人民法院(2021)最高法民申4071号民事裁定认为,案外人对登记在被执行的房地产开发企业名下的商品房请求排除强制执行的,可以选择适用《执行异议复议规定》第二十八条或者第二十九条的规定。

最高人民法院(2021)最高法民申6648号民事裁定认为,《执行异议复议规定》第二十八条是对无过错不动产买受人物权期待权的保护,第二十九条是对房屋消费者物权期待权的保护。如果被执行人为房地产开发企业,且被执行的不动产为登记于其名下的商品房,则同时满足了"登记在被执行人名下的不动产"与"登记在被执行的房地产开发企业名下的商品房"两种情形,两个条文在适用上产生竞合。此种情况下当事人可以择一适用,而并非适用其中一条就自然排斥另一条。原审法院参照适用《执行异议复议规定》第二十八条的规定,适用法律并无不当。

最高人民法院(2021)最高法民申5417号民事裁定认为,应某春向案涉房产开发企业中坤公司购买别墅,且其自认该房屋非其名下唯一住房,由于交易标的物非《执行异议复议规定》第二十九条项下的用于满足居住需求的房产,应某春作为房产的一般买受人,请求排除强制执行,二审法院参照适用《执行异议复议规定》第二十八条的规定,并无不当。

四、特别说明

需要特别说明的是,案外人只有完全符合《执行异议复议规定》第二十八条或

第二十九条或其他法律规定(如《最高人民法院关于人民法院民事执行中查封、扣押、冻结财产的规定》第十七条的规定)时才可以排除执行。不能将这些条文的部分要件拼凑在一起作为排除执行的依据,即有些案外人不完全符合《执行异议复议规定》第二十八条所规定的要件,也不完全符合《执行异议复议规定》第二十九条所规定的要件,案外人将《执行异议复议规定》第二十八条部分要件与第二十九条的部分要件拼凑在一起作为排除执行的依据,这是不行的。

61.《执行异议复议规定》第二十八条和第二十七条的关系

2019年11月《九民纪要》出台之前,多数观点认为《执行异议复议规定》第二十八条是第二十七条的例外。《九民纪要》已明确《执行异议复议规定》第二十八条不是第二十七条的例外,即作为一般不动产买受人(非《执行异议复议规定》第二十九条规定的商品房消费者)的案外人即便完全符合《执行异议复议规定》第二十八条的四个要件,也无权排除抵押权等优先受偿权人的执行。

一、《九民纪要》出台之前的观点

2019年11月《九民纪要》出台之前,多数观点认为《执行异议复议规定》第二十八条是第二十七条的例外。

1.《最高人民法院关于人民法院办理执行异议和复议案件若干问题的规定理解与适用》[①]明确《执行异议复议规定》)第二十八条是第二十七条的例外。

《最高人民法院关于人民法院办理执行异议和复议案件若干问题的规定理解与适用》[②]:“……案外人对执行标的尚未取得所有权,但享有应向其交付的债权请求权的,除法律、司法解释明确规定能够阻止执行的情形以外(例如,本司法解释第28~30条,《最高人民法院关于建设工程价款优先受偿权问题的批复》第2条等),案外人对执行标的的债权请求权,原则上不能阻止执行,也不能对抗申请执行人的优先受偿权。”由此可以看出,该书观点认为《执行异议复议规定》第二十八条是第二十七条的例外。

---

① 江必新、刘贵祥主编,最高人民法院执行局编著:《最高人民法院关于人民法院办理执行异议和复议案件若干问题的规定理解与适用》,人民法院出版社2015年版。

② 江必新、刘贵祥主编,最高人民法院执行局编著:《最高人民法院关于人民法院办理执行异议和复议案件若干问题的规定理解与适用》,人民法院出版社2015年版,第390~391页。

2. 从全国各地的裁判观点看，大都认为《执行异议复议规定》第二十八条是第二十七条的例外，案外人符合《执行异议复议规定》第二十八条规定的四个要件即可排除抵押权人的执行。

比如，最高人民法院（2019）最高法民终309号、最高人民法院（2019）最高法民申5142号民事裁定、最高人民法院（2019）最高法民申766号民事裁定、最高人民法院（2019）最高法民申2146号民事裁定、最高人民法院（2019）最高法民申1136号民事裁定、最高人民法院（2019）最高法民申4695号民事裁定、最高人民法院（2019）最高法民终228号民事判决、最高人民法院（2017）最高法民申2270号民事裁定、最高人民法院（2017）最高法民终698号、重庆市高级人民法院（2017）渝民初16号民事判决、北京市第二中级人民法院（2015）二中民（商）初字第06663号民事判决、重庆市高级人民法院（2017）渝民终249号民事判决、重庆市高级人民法院（2018）渝民终172号民事判决、重庆市高级人民法院（2018）渝民终199号民事判决、重庆市高级人民法院（2018）渝民终612号民事判决、陕西省高级人民法院（2017）陕民终332号民事判决、山东省高级人民法院（2017）鲁民终1504号民事判决、河北省高级人民法院（2017）冀民终880号民事判决、辽宁省高级人民法院（2017）辽民终857号民事判决。（注：上述裁判都是《九民纪要》出台之前作出的）

3. 当然，《九民纪要》出台前也有一些裁判认为《执行异议复议规定》第二十八条不是第二十七条的例外。

比如：最高人民法院（2019）最高法民申1684号民事裁定、北京市高级人民法院（2016）京民终505号民事判决、浙江省高级人民法院（2019）浙民申4736号民事裁定、浙江省高级人民法院（2017）浙民申3476号民事裁定、浙江省高级人民法院（2019）浙民终326号民事判决、浙江省高级人民法院（2019）浙民终327号民事判决、浙江省高级人民法院（2019）浙民终328号民事判决、浙江省高级人民法院（2019）浙民申1138号民事裁定、浙江省高级人民法院（2019）浙民申1137号民事裁定、绍兴市中级人民法院（2017）浙06民终3246号民事判决、嘉兴市中级人民法院（2020）浙04民终438号民事判决、杭州市中级人民法院（2018）浙01民终8329号民事判决、杭州市中级人民法院（2018）浙01民终6957号民事判决、杭州市中级人民法院（2019）浙01民终6515号民事判决、杭州市中级人民法院（2018）浙01民初2233号民事判决、杭州市中级人民法院（2018）浙01民初2235号民事判决、台州市中级人民法院（2016）浙10民终665号民事判决、台州市中级人民法院（2016）浙

10民终731号民事判决、宁波市中级人民法院(2019)浙02民终5601号民事判决。

二、《九民纪要》及其理解与适用的观点

《九民纪要》及其理解与适用的观点:《执行异议复议规定》第二十八条不是第二十七条的例外。

《九民纪要》第一百二十六条规定:"……买受人不是本纪要第125条规定的商品房消费者,而是一般的房屋买卖合同的买受人,不适用上述处理规则。"根据上述规定,非商品房消费者(如二手房买受人)对标的房屋的权利不能排除抵押权人对标的房屋的执行,即《执行异议复议规定》第二十八条不是第二十七条的例外。

"二手房购买人的权利不应当优先于抵押权人,除非抵押权人同意出卖人转让涉案房屋。"[①]"出售在先,抵押权设定在后,购房人的权利优先还是抵押权优先?应当区分是否为消费者购房人,如果是一般购房人,其取得的不是物权期待权,本质是债权,并不优先于抵押权。"[②]从上述内容也可以看出,《九民纪要》认为二手房买受人的权利不能排除抵押权人的执行。

三、《九民纪要》出台之后的裁判观点

《九民纪要》出台之后,裁判观点基本都认为《执行异议复议规定》第二十八条不是第二十七条的例外。

最高人民法院(2021)最高法民申7098号民事裁定认为,《执行异议复议规定》第二十七条规定:"申请执行人对执行标的依法享有对抗案外人的担保物权等优先受偿权,人民法院对案外人提出的排除执行异议不予支持,但法律、司法解释另有规定的除外。"对于前述第二十七条"除外"所指之情形,需要比较执行标的物上存在的不同类型权利的效力顺位。就实体权利优先顺位而言,商品房消费者的权利优于建设工程价款优先受偿权。而《执行异议复议规定》第二十八条系对"一般的房屋买卖合同的买受人"权利的规定;《执行异议复议规定》第二十九条系对"商品房消费者"权利的规定。因此,《执行异议复议规定》第二十七条规定的"除外"之情形包括第二十九条,但不包括第二十八条。

---

① 最高人民法院民事审判第二庭编著:《〈全国法院民商事审判工作会议纪要〉理解与适用》,人民法院出版社2019年版,第636页。

② 最高人民法院民事审判第二庭编著:《〈全国法院民商事审判工作会议纪要〉理解与适用》,人民法院出版社2019年版,第637页。

最高人民法院(2021)最高法民再189号民事判决认为,《执行异议复议规定》第二十八条规定了一般房屋买受人可以对抗执行的情形,但该类情形并不具有优先于抵押权的生存权至上的价值基础。一般不动产买受人即便符合《执行异议复议规定》第二十八条的规定,也不能对抗抵押权人,其只能对抗普通债权人。

最高人民法院(2021)最高法民申4926号民事裁定认为,《执行异议复议规定》第二十八条不能排除抵押权的执行。

最高人民法院(2021)最高法民申5426号民事裁定认为,《执行异议复议规定》第二十八条保护的是一般不动产买卖合同关系中无过错买受人的权利,该权利亦不能对抗《执行异议复议规定》第二十七条规定的申请执行人对执行标的依法享有的担保物权等优先受偿权。

最高人民法院(2021)最高法民申6053号民事裁定认为,在山西信托公司对案涉房屋享有抵押权的情况下,程某义援引《执行异议和复议规定》第二十八条主张排除执行,不符合法律规定,不应支持。《执行异议复议规定》第二十九条属于商品房消费者生存利益排除强制执行的特别规则,赋予购房人排除其他债权包括抵押权等优先受偿权的强制执行的权利。

最高人民法院(2021)最高法民终1245号民事判决认为,《执行异议复议规定》第二十八条和第二十九条分别规定了案外人的"物权期待权"和"消费者生存权"成立的条件,但对上述第二十七条"除外"具体指向,需要比较执行标的物上存在的不同类型权利的效力顺位,此为执行异议之诉的本质所在。就本案所涉实体权利优先顺位而言,"消费者生存权"最优,担保物权次之,"物权期待权"虽被赋予"物权"名义,但毕竟不是既得的物权,本质上仍属于债权请求权,故虽优先于普通债权,但应劣后于担保物权。也就是说,《执行异议复议规定》第二十七条规定的"除外"内容包括第二十九条,但不包括第二十八条。

最高人民法院(2021)最高法民申3574号民事裁定认为,《执行异议复议规定》第二十八条则规定了一般房屋买受人的物权期待权,但该类情形并不具有优先于抵押权的生存权至上的价值基础。即一般不动产买受人即便符合《执行异议复议规定》第二十八条的规定,也不能对抗抵押权人。

62.《执行异议复议规定》第二十九条和第二十七条的关系

《执行异议复议规定》第二十九条是第二十七条的例外,无论在《九民纪要》出台前,还是《九民纪要》出台后,无论是法理上,还是裁判观点上,都持这个观点,基本没争议。

一、《九民纪要》的规定

《九民纪要》第一百二十六条规定："根据《最高人民法院关于建设工程价款优先受偿权问题的批复》第一条、第二条的规定，交付全部或者大部分款项的商品房消费者的权利优先于抵押权人的抵押权，故抵押权人申请执行登记在房地产开发企业名下但已销售给消费者的商品房，消费者提出执行异议的，人民法院依法予以支持……"即《执行异议复议规定》第二十九条是第二十七条的例外。

二、裁判案例

最高人民法院（2021）最高法民终600号民事判决认为，《执行异议复议规定》第二十九条对于商品房买受人物权期待权的保护是对消费者生存权优先保护的进一步细化。《执行异议复议规定》第二十七条规定，"申请执行人对执行标的依法享有对抗案外人的担保物权等优先受偿权，人民法院对案外人提出的排除执行异议不予支持，但法律、司法解释另有规定的除外"。因此，《执行异议复议规定》第二十九条本身也属于第二十七条规定的除外规定。

最高人民法院（2021）最高法民申3575号民事裁定认为，在原审法院已经查明并认定华融公司对执行标的享有抵押权的情形下，秦某要排除华融公司对案涉房屋享有的抵押权优先受偿权，必须符合《执行异议复议规定》第二十七条的规定。该条确立了享有担保物权的申请执行人的优先受偿地位；同时基于对一些特定权益优先保护的必要，通过"但书"予以排除。根据《最高人民法院关于建设工程价款优先受偿权问题的批复》第一条、第二条的规定，交付全部或者大部分款项的商品房消费者的权利优先于抵押权人优先受偿权。此即属于"但书"条款所言的例外规定。该规定是基于生存权至上的考虑，突破合同相对性和债权平等而设置的特别规定，实践中需要严格审查和把握，以免动摇抵押权的优先性基础。《执行异议复议规定》第二十九条规定体现了对商品房消费者物权期待权的优先保护。因此，在华融公司对执行标的享有抵押权的情形下，秦某作为案外人对案涉房屋享有的权益，如要对抗已办理登记的抵押权的优先地位，必须符合《执行异议复议规定》第二十九条的规定。

最高人民法院（2021）最高法民申6083号民事裁定认为，《执行异议复议规定》第二十七条规定："申请执行人对执行标的依法享有对抗案外人的担保物权等优先受偿权,人民法院对案外人提出的排除执行异议不予支持,但法律、司法解释另有规定的除外。”对于前述第二十七条“除外”所指之情形,需要比较执行标的物上存在的不同类型权利的效力顺位。就实体权利优先顺位而言,商品房消费者的权利优先于抵押权。而《执行异议复议规定》第二十八条系对“一般的房屋买卖合同的买受人”权利的规定;《执行异议复议规定》第二十九条系对“商品房消费者”权利的规定。因此,《执行异议复议规定》第二十七条规定的“除外”之情形包括第二十九条,但不包括第二十八条。

最高人民法院(2021)最高法民申 179 号民事裁定认为,依照《九民纪要》第一百二十六条之规定,《执行异议复议规定》第二十七条的“除外情形”仅为商品房消费者购房情形,即符合《执行异议复议规定》第二十九条规定情形的,因涉及商品房消费者生存权保护的问题,商品房消费者对设立抵押权的抵押房产提出执行异议的,人民法院予以支持。

最高人民法院(2021)最高法民终 601 号民事判决认为,《执行异议复议规定》第二十九条对于商品房买受人物权期待权的保护是对消费者生存权优先保护的进一步细化。《执行异议复议规定》第二十七条规定,“申请执行人对执行标的依法享有对抗案外人的担保物权等优先受偿权,人民法院对案外人提出的排除执行异议不予支持,但法律、司法解释另有规定的除外”。因此,《执行异议复议规定》第二十九条本身也属于第二十七条规定的除外规定。

最高人民法院(2021)最高法民申 1289 号民事裁定认为,《执行异议复议规定》第二十七条规定:“申请执行人对执行标的依法享有对抗案外人的担保物权等优先受偿权,人民法院对案外人提出的排除执行异议不予支持,但法律、司法解释另有规定的除外。”该条是关于案外人排除执行的实体权利与申请执行人就抵押物的担保物权产生冲突时的处理规则。《执行异议复议规定》第二十七条的“除外情形”仅为商品房消费者购房情形,即符合《执行异议复议规定》第二十九条规定的情形。商品房消费者所购房屋事关其基本生存权权利的保护问题,故其对设立抵押权的抵押房产提出执行异议的,人民法院予以支持。

最高人民法院(2021)最高法民再 189 号民事裁定认为,《执行异议复议规定》第二十七条确立了享有担保物权的申请执行人的优先受偿地位,同时基于对一些特定权益优先保护的必要,通过“但书”予以排除。根据原《最高人民法院关于建设工程价款优先受偿权问题的批复》第一条、第二条的规定,交付全部或者大部分款项的商品房消费者的权利优先于抵押权人优先受偿权,此即属于“但书”条款所言的例外规定。该规定是基于生存权至上的考虑,突破合同相对性和债权平等而设置的特别规定,实践中需要严格审查和把握,以免动摇抵押权的优先性基础。《执行异议复议规定》第二十九条规定体现了对商品房消费者物权期待权的优先保护。

最高人民法院(2021)最高法民终776号民事判决认为,《执行异议复议规定》第二十七条规定:"申请执行人对执行标的依法享有对抗案外人的担保物权等优先受偿权,人民法院对案外人提出的排除执行异议不予支持,但法律、司法解释另有规定的除外。"《执行异议复议规定》第二十九条属于上述规定中的除外规定。

最高人民法院(2021)最高法民申1131号民事裁定认为,在原审法院已经查明并认定恒丰银行南充分行对执行标的享有抵押权的情形下,吴某如要排除恒丰银行南充分行对案涉房屋享有的抵押权优先受偿权,必须符合《执行异议复议规定》第二十七条的规定。该条确立了享有担保物权的申请执行人的优先受偿地位,同时基于对一些特定权益优先保护的必要,通过"但书"予以排除。根据《最高人民法院关于建设工程价款优先受偿权问题的批复》第一条、第二条的规定,交付全部或者大部分款项的商品房消费者的权利优先于抵押权人优先受偿权,此即属于"但书"条款所言的例外规定。该规定是基于生存权至上的考虑,突破合同相对性和债权平等而设置的特别规定,实践中需要严格审查和把握,以免动摇抵押权的优先性基础。《执行异议复议规定》第二十九条规定体现了对商品房消费者物权期待权的优先保护。而《执行异议复议规定》第二十八条则规定了一般房屋买受人的物权期待权,但该类情形并不具有优先于抵押权的生存权至上的价值基础。也即,一般不动产买受人即使符合《执行异议复议规定》第二十八条的规定,也不能对抗抵押权人。因此,在恒丰银行南充分行对执行标的享有抵押权的情形下,吴某作为案外人对案涉房屋享有的权益如要对抗已办理登记的抵押权的优先地位,必须符合《执行异议复议规定》第二十九条的规定。

最高人民法院(2021)最高法民申1129号民事裁定认为,《执行异议复议规定》第二十七条规定:"申请执行人对执行标的依法享有对抗案外人的担保物权等优先受偿权,人民法院对案外人提出的排除执行异议不予支持,但法律、司法解释另有规定的除外。"《最高人民法院关于建设工程价款优先受偿权问题的批复》第一条、第二条规定,交付全部或者大部分款项的商品房消费者的权利优先于抵押权人的抵押权,故抵押权人申请执行的登记在房地产开发企业名下但已销售给消费者的商品房,消费者提出执行异议的,人民法院依法予以支持。该条规定是为保护作为消费者购房人的物权期待权。此情况是针对实践中存在的商品房预售不规范现象，为保护消费者生存权而作出的例外规定，应严格把握条件，避免扩大范围，以免动摇抵押权具有优先性的基本原则。这里的商品房消费者应当仅限于《执行异议复议规定》第二十九条规定的商品房消费者。

最高人民法院（2021）最高法民终775号民事判决认为，《执行异议复议规定》第二十七条规定："申请执行人对执行标的依法享有对抗案外人的担保物权等优先受偿权，人民法院对案外人提出的排除执行异议不予支持，但法律、司法解释另有规定的除外。"《执行异议复议规定》第二十九条属于上述规定中的除外规定。

63. 融资租赁合同的承租人要求排除执行相关法律问题

本节简单介绍关于融资租赁的承租人要求排除执行的相关法律问题。

一、租赁物所有权的归属

《民法典》第七百三十五条规定："融资租赁合同是出租人根据承租人对出卖人、租赁物的选择，向出卖人购买租赁物，提供给承租人使用，承租人支付租金的合同。"第七百五十七条规定："出租人和承租人可以约定租赁期限届满租赁物的归属；对租赁物的归属没有约定或者约定不明确，依据本法第五百一十条的规定仍不能确定的，租赁物的所有权归出租人。"

从上述规定可以看出：融资租赁期间届满之前，租赁物所有权一般归出租人所有。当然，如果租赁期间出租人将租赁物转让给承租人或者案外人则另当别论。融资租赁期间届满之后，租赁物所有权的归属有约定的从约定，没有约定的，租赁物所有权归出租人所有。如果融资租赁合同约定租赁期间届满时租赁物归承租人所有，需要注意以下情况：

1. 如果融资租赁物是动产

（1）普通动产。《民法典》第二百二十四条规定："动产物权的设立和转让，自交付时发生效力，但是法律另有规定的除外。"融资租赁物一般是机器设备等动产，其所有权转移以交付为标志。而交付的方式又分为现实交付、简易交付、占有改定、指示交付、拟制交付，其中，简易交付根据《民法典》第二百二十六条的规定："动产物权设立和转让前，权利人已经占有该动产的，物权自民事法律行为生效时发生效力。"具体到融资租赁期间届满时租赁物的所有权转移来讲，就是如果融资租赁合同约定租赁期间届满则租赁物归承租人所有，因为租赁物已经由承租人租赁和实际占有，因此，在租赁期间届满时租赁物所有权就归承租人所有。

(2)特殊动产。如果租赁物是船舶、航空器和机动车等特殊动产,《民法典》第二百二十五条规定:“船舶、航空器和机动车等的物权的设立、变更、转让和消灭,未经登记,不得对抗善意第三人。”如果融资租赁合同约定租赁期间届满则租赁物归承租人所有,因为租赁物已经由承租人租赁和实际占有,因此,在租赁期间届满时租赁物所有权就归承租人所有。但是,未经登记,不得对抗善意第三人。

2. 如果融资租赁物是不动产

《民法典》第二百零九条第一款规定:“不动产物权的设立、变更、转让和消灭,经依法登记,发生效力;未经登记,不发生效力,但是法律另有规定的除外。”也就是说,如果融资租赁物是不动产,即便融资租赁合同约定了租赁期限届满则租赁物归承租人所有,租赁期限届满时租赁物的所有权也不能自动转为承租人所有,而要依法登记,租赁物所有权才能归承租人所有。

二、排除执行问题

我们通常说的排除执行是指永久的排除执行,但是融资租赁的承租人要求排除执行可能是:(1)认为自己是租赁物的所有权人,而要求永久的不得执行租赁物;(2)认为自己对租赁物享有租赁权,在特定的租赁期限内有权继续占有使用租赁物,自己有权排除法院对移交占有的执行。

1. 永久排除执行

如果融资租赁的承租人认为自己是租赁物的所有权人,而要求永久的不得执行租赁物,则承租人需要举证证明自己是租赁物的实际所有权人。如果法院认为承租人是租赁物的所有权人,则承租人可以永久地排除执行。

2. 租赁期限内排除移交占有

《执行异议复议规定》第三十一条规定:“承租人请求在租赁期内阻止向受让人移交占有被执行的不动产,在人民法院查封之前已签订合法有效的书面租赁合同并占有使用该不动产的,人民法院应予支持。承租人与被执行人恶意串通,以明显不合理的低价承租被执行的不动产或者伪造交付租金证据的,对其提出的阻止移交占有的请求,人民法院不予支持。”

如果融资租赁的承租人认为自己对租赁物享有租赁权,在特定的租赁期限内有权继续占有使用租赁物,自己有权排除法院对移交占有的执行,则承租人可以参照《执行异议复议规定》第三十一条的规定进行举证,在符合“在人民法院查封之前已签订合法有效的书面租赁合同并占有使用该不动产”这两个条件的情况下,承租人可以排除执行,但是"承租人与被执行人恶意串通,以明显不合理的低价承租被执行的不动产或者伪造交付租金证据的,对其提出的阻止移交占有的请求,人民法院不予支持"。

6-6 桑某坤与汇纳建筑装饰公司、普华汇金租赁公司申请执行人执行异议之诉案

案情简介:2017年8月7日,桑某坤(承租人)与普华汇金租赁公司(出租人)签订融资租赁合同(个人),约定案涉车辆的转让价款为288,800.00元,租赁期限为36个月,自2017年8月7日起至2020年8月7日止,在承租人付清全部租金等款项后,本合同项下租赁车辆由承租人按附件二所列名义价款留购,名义价款和最后一期租金同时支付。承租人支付完毕所有应付款项后,出租人向承租人出具租赁车辆所有权转移证明。合同签订后,桑某坤按合同约定支付了租金。汇纳建筑装饰公司与普华汇金租赁公司装饰装修合同纠纷一案诉前,2018年9月4日,济南市市中区人民法院应汇纳建筑装饰公司申请查封了案涉车辆。该案执行中,桑某坤作为案外人提出执行异议。

裁判观点:【案号:山东省高级人民法院(2019)鲁民终2664号】本案系执行异议之诉案件,桑某坤作为执行案外人,应当承担举证证明其对案涉车辆享有足以排除强制执行的民事权益的责任。本案中,虽然桑某坤按照案涉融资租赁合同约定向普华汇金租赁公司支付了相关费用,但案涉车辆仍登记在普华汇金租赁公司名下,汇纳建筑装饰公司申请查封案涉车辆,符合执行程序规定。一审法院根据查明的事实,依照《最高人民法院关于人民法院办理执行异议和复议案件若干问题的规定》第二十四条、第二十五条的规定,认定桑某坤对案涉车辆不享有足以排除强制执行的民事权益,并无不当。

64. 不动产承租人排除执行相关法律问题

《执行异议复议规定》第三十一条规定:"承租人请求在租赁期内阻止向受让人移交占有被执行的不动产,在人民法院查封之前已签订合法有效的书面租赁合同并占有使用该不动产的,人民法院应予支持。承租人与被执行人恶意串通,以明显不合理的低价承租被执行的不动产或者伪造交付租金证据的,对其提出的阻止移

交占有的请求,人民法院不予支持。”这是关于不动产承租人排除执行的规定,本节对此问题作简要分析。

一、法理来源:“买卖不破租赁”

《民法典》第七百二十五条规定:“租赁物在承租人按照租赁合同占有期限内发生所有权变动的,不影响租赁合同的效力。”买卖已经出租的财产,不影响已存在的租赁关系,这是对承租人的保护。

二、排除执行的具体内容是“向受让人移交占有”,而不是不得带租拍卖

《执行异议复议规定》第三十一条明确规定,不动产承租人作为案外人提出执行异议之诉,其可以要求排除的仅限于“向受让人移交占有”,这也是不动产承租人租赁权本质的体现:不动产承租人对租赁物只有占有、使用的权利,而无处分权或所有权,即不动产的使用权和所有权可以分离。

《最高人民法院关于人民法院民事执行中拍卖、变卖财产的规定》第二十八条第二款规定:“拍卖财产上原有的租赁权及其他用益物权,不因拍卖而消灭……”从该规定可以看出,即便案外人和被执行人之间真的存在合法有效的租赁关系,且租赁合同签订于法院查封之前,且案外人实际占有使用标的房屋的,法院可以采取带租拍卖的方式拍卖标的房屋,承租人也可以继续租赁标的房屋至其与被执行人的租赁合同期限届满。当然,进入执行程序之后,法院即会给承租人发协助执行通知书,告知其将应付租金支付到法院,拍卖成交之后,承租人应将应付租金付给租赁物新的所有权人。司法实践中,法院带租拍卖的很多。

三、申请执行人享有抵押权的情形

不动产抵押权自登记时设立。

(一)先出租并转移占有,后抵押

《民法典》第四百零五条规定:“抵押权设立前,抵押财产已经出租并转移占有的,原租赁关系不受该抵押权的影响。”《最高人民法院关于人民法院民事执行中拍卖、变卖财产的规定》第二十八条第二款规定:“拍卖财产上原有的租赁权及其他用益物权,不因拍卖而消灭……”根据上述规定,先出租并转移占有,后抵押的,承租人的权利优先于抵押权人的权利,即承租人有权排除“向受让人移交占有”。

(二)先抵押,后出租

《最高人民法院关于审理城镇房屋租赁合同纠纷案件具体应用法律若干问题的解释》第十四条规定:“租赁房屋在承租人按照租赁合同占有期限内发生所有权变动,承租人请求房屋受让人继续履行原租赁合同的,人民法院应予支持。但租赁房屋具有下列情形或者当事人另有约定的除外:(一)房屋在出租前已设立抵押权,因抵押权人实现抵押权发生所有权变动的……”《最高人民法院关于人民法院民事执行中拍卖、变卖财产的规定》第二十八条第二款规定:“拍卖财产上原有的租赁权及其他用益物权,不因拍卖而消灭,但该权利继续存在于拍卖财产上,对在先的担保物权或者其他优先受偿权的实现有影响的,人民法院应当依法将其除去后进行拍卖。”根据上述规定,如果先抵押,后出租,则抵押权人的权利优先,承租人无权排除“向受让人移交占有”。

四、举证责任分配

(一)民事诉讼举证责任分配的一般原则:谁主张、谁举证

《民事诉讼法》第六十七条第一款规定:“当事人对自己提出的主张,有责任提供证据。”《民诉法解释》第九十条规定:“当事人对自己提出的诉讼请求所依据的事实或者反驳对方诉讼请求所依据的事实,应当提供证据加以证明,但法律另有规定的除外。在作出判决前,当事人未能提供证据或者证据不足以证明其事实主张的,由负有举证证明责任的当事人承担不利的后果。”《最高人民法院关于民事诉讼证据的若干规定》第一条规定:“原告向人民法院起诉或者被告提出反诉,应当提供符合起诉条件的相应的证据。”

(二)执行异议中案外人(承租人)的举证责任

根据《执行异议复议规定》第三十一条的规定,案外人(承租人)需举证:(1)人民法院查封之前已签订合法有效的书面租赁合同;(2)租金已支付;(3)法院查封之前已占有使用该不动产。

1. 人民法院查封之前已签订合法有效的书面租赁合同

由于租赁合同有倒签的可能,且现有技术很难鉴定出合同签订的具体日期,因此,案外人(承租人)只提交落款时间早于法院查封时间的租赁合同无法证明该租赁合同签订于法院查封之前(除非有公证处公证、律师见证等),案外人(承租人)还

需提交一些证据以补强或形成一个证据链条。一般而言,案外人(承租人)需补充如下证据:

(1)支付租金的凭证。

对于支付租金的凭证,一般而言以银行转账凭证效力最强(支付宝、微信等转账凭证也可以),但需要注意:第一,最好备注了某某房屋租金字样;第二,租金金额需与租赁合同约定的金额相匹配。

(2)租赁备案。

(3)营业执照等。

承租人如果是公司,一般会以租赁物为地址申请营业执照等证照,如果该营业执照办理的时间早于法院查封的时间,一般可以说明案外人(承租人)与被执行人(出租人)签订租赁合同的时间早于查封的时间。

(4)抵扣税款凭证。

2. 租金已支付

《民法典》第七百零三条规定:"租赁合同是出租人将租赁物交付承租人使用、收益,承租人支付租金的合同。"虽然《执行异议复议规定》第三十一条第一款未直接规定已付租金是案外人排除"向受让人移交占有",但是鉴于租赁合同的概念即包含"承租人支付租金",因此,租金支付的事实应当作为案外人举证的范畴。当然,根据租赁合同租金支付时间未到,不能成为案外人败诉的原因,但是,案外人应当根据法律规定将已届支付期限的租金交付法院执行。

3. 法院查封之前已占有使用该不动产

对此,比较常规的证据是:

(1)物业费支付凭证;

(2)水电费支付凭证(水电费发票的抬头一般是出租人);

(3)装修标的房屋的相关凭证。

6-7 森源公司与农商银行棠下支行、李某兰、沛力公司、新沛利公司、商翘公司、张某新案外人执行异议之诉案

案情简介: 2013年9月15日,森源公司与沛力公司签订案涉三份《租赁合同》,约定沛力公司分别将其位于江门市蓬江区××镇××路××号××幢××幢××幢房产出租给森源公司,租期20年。2013年9月29日,农商银行棠下支行就案涉

房产办理了抵押登记;同日,沛力公司、张某新向农商银行棠下支行作出《承诺书》,承诺案涉抵押物不存在任何租赁关系或在签发承诺书之前,抵押物上的租赁关系已经终止或完全消灭。2016年9月30日,就农商银行棠下支行与沛力公司、张某新、李某兰、沛力公司、新沛利公司、商翘公司金融借款合同纠纷一案,一审法院作出(2016)粤07民初38号民事调解书,确认相关债权债务;后该案进入执行程序,执行法院拟对案涉房产进行拍卖处理,森源公司以承租人身份提出案外人执行异议请求,被执行法院驳回后,遂提起本案诉讼。

裁判观点:【案号:最高人民法院(2021)最高法民申7289号】《执行异议复议规定》第三十一条规定:"承租人请求在租赁期内阻止向受让人移交占有被执行的不动产,在人民法院查封之前已签订合法有效的书面租赁合同并占有使用该不动产的,人民法院应予支持。承租人与被执行人恶意串通,以明显不合理的低价承租被执行的不动产或者伪造交付租金证据的,对其提出的阻止移交占有的请求,人民法院不予支持。"本案中,森源公司主张其作为承租人有权在租赁期内阻止案涉房产向买受人移交,需要举证证明其与沛力公司在人民法院查封之前已就案涉房产签订合法有效的租赁合同并占有使用案涉房产,但现有证据不足以证明其主张。(1)尽管形式上森源公司与沛力公司签订了《租赁合同》,但并无案涉房产作为租赁物实际交付的证据,亦无森源公司自己或者接收案涉房产后又实际转租他人占有、使用案涉房产的证据;实际上,沛力公司的关联公司在人民法院查封时仍在案涉房产办公及存放有机器设备。(2)就《租赁合同》约定的租金而言,森源公司并无实际支付的证据,森源公司主张用沛力公司房产租赁产生的租金抵偿新沛利公司的欠款,而案涉《借款合同》的出借方是森源公司,借款方是新沛利公司,沛力公司则为担保方,结合《租赁合同》签订在借款还款期到期之前、张某新在一审法院调查询问时所作陈述等相关事实,森源公司主张的租金抵债在性质上更符合沛力公司为新沛利公司偿付森源公司借款承担担保责任的法律特征,并非法律意义上以获取房屋使用权为目的的租赁合同。(3)2013年9月15日,沛力公司与森源公司签署《租赁合同》,而2013年9月29日,沛力公司作为出租人与其法定代表人张某新即向农商银行棠下支行出具《承诺书》,明确承诺抵押给农商银行棠下支行的案涉房产不存在租赁关系,《租赁合同》与《承诺书》存在明显冲突。基于上述分析,并结合案涉房产所占用的土地一直抵押给农商银行棠下支行、农商银行棠下支行对案涉房产抵押登记属于善意相对人,一、二审判决认定森源公司不能证明其与沛力公司之间存在真实、合法有效的租赁关系,也不能证明森源公司在设立本案抵押权前已合法占有、使用案涉房产，其请求在租赁期内阻止案涉房产向买受人移交，没有事实和法律依据，并无不当。

65. 以租抵债，“承租人”可否排除执行（移交占有）

一、裁判观点

（一）以租抵债，“承租人”可以排除执行（移交占有）

郑州市中级人民法院（2017）豫01执异426号执行裁定认为，河南康达机械设备工程有限公司将其承租的土地和厂房通过以物抵债的方式转给异议人环球公司，并得到原出租方郑州市下坡杨暖气片厂的认可，应视为双方对租赁合同中的权利主体变更已经达成共识，也经惠济区人民法院（2017）豫0108民初2179号民事裁定予以确认，因此，河南康达机械设备工程有限公司和异议人环球公司签订的《以物抵债协议》实际是转手租赁合同的转租合同，其对法院于2016年11月24日作出的《限期搬离公告》提出异议实际是主张租赁权排除执行。《执行异议复议规定》第三十一条第一款规定：“承租人请求在租赁期内阻止向受让人移交占有被执行的不动产，在人民法院查封之前已签订合法有效的书面租赁合同并占有使用该不动产的，人民法院应予支持。”本案中，转租合同（以物抵债协议）签订在法院查封之前且经司法确认，异议人也实际占有使用，故此，其异议理由成立，法院予以支持。

上述裁判认为，满足“在人民法院查封之前已签订合法有效的书面租赁合同”和“人民法院查封之前已占有使用该不动产”这两个要件就满足《执行异议复议规定》第三十一条的规定，就可以排除执行（移交占有）。

（二）以租抵债，“承租人”不可以排除执行（移交占有）

广西壮族自治区高级人民法院（2021）桂民终72号民事判决认为，张某主张其与金鑫公司于2015年7月3日就涉案不动产签订租赁合同，其对涉案不动产享有的租赁权可以对抗人民法院的强制执行。该租赁协议名为租赁实为抵债，不能对抗人民法院的强制执行。该租赁协议约定租金从金鑫公司拖欠张某的款项中抵扣，该协议本质上是债务人以房屋使用权抵偿债务的合同之债，从权利性质而言，张某对金鑫公司的债权属于普通债权，并不能优先于其他债权受偿，且张某和金鑫公司双方对抵扣的债权本金及利息没有明确，双方未发生实际的租金收缴行为，该以租金抵债行为不能对抗黄田支行设立在涉案不动产上的抵押权。

重庆市高级人民法院(2020)渝民终1519号民事判决认为,房屋租赁合同缔约双方缔约目的是特定的,即承租人的目的是取得房屋的使用权,出租人则是收取租金。本案中,即使梅某与泽珲地产公司所签订的租赁合同真实,也是泽珲地产公司以在一定期限内让渡其对涉案房屋的使用权为代价,以租抵债,偿还泽珲地产公司向梅某所负的债务。合同关系本身具有相对性,即只在梅某与泽珲地产公司之间发生效力,且该合同规范和约束的是双方的债权债务关系,实质上是双方债权债务的延续。故即使案涉《房屋租赁合同》具有真实性,亦是以房屋使用权抵偿欠款的合同之债,而非我国《合同法》中所调整的出租人与承租人之间签订的房屋租赁合同关系,泽珲地产公司以房租抵偿梅某的债权,梅某的债权未经有效确认,且梅某主张的租赁权本质上为债权,以对租赁物的占用、使用为主要权能,其权利尚不能阻止物权变动,更不能阻止人民法院的查封、拍卖及交付程序。

四川省高级人民法院(2019)川民申3757号民事裁定认为,再审申请人依据两份《房屋租赁合同书》,以对案涉房屋享有租赁权益为由阻却执行。再审申请人亦承认其签订的虽是租赁合同,但性质为"以租抵债"。该租赁合同与传统租赁合同性质并不相同,实质为双方借款合同的延续,即以房屋使用权抵偿欠款的合同之债。对该租赁合同应考虑到其特殊性,不能对抗善意第三人的抵押权,故本案不能适用《合同法》第二百二十九条"租赁物在租赁期间发生所有权变动的,不影响租赁合同的效力"以及《执行异议复议规定》第三十一条"承租人请求在租赁期内阻止向受让人移交占有被执行的不动产,在人民法院查封之前已签订合法有效的书面租赁合同并占有使用该不动产的,人民法院应予支持"的规定。

福建省高级人民法院(2019)闽民终1233号民事判决认为,根据《合同法》第二百一十二条规定"租赁合同是出租人将租赁物交付承租人使用、收益,承租人支付租金的合同"。故房屋租赁合同承租人缔约的目的是取得房屋的使用权,出租人的缔约目的是收取租金。而本案《厂房租赁合同》约定总租金2,655,360元,其中一部分1,655,360元系以货物抵扣的方式付清,属于以租抵债性质,不符合租赁合同的法律特征,故本案不适用《合同法》规定的"买卖不破租赁"原则,也不适用《执行异议复议规定》第三十一条"承租人请求在租赁期内阻止向受让人移交占有被执行的不动产,在人民法院查封之前已签订合法有效的书面租赁合同并占有使用该不动产的,人民法院应予支持"的规定。

认为以租抵债,"承租人"不可以排除执行(移交占有)的主要理由是:

1. 不符合《合同法》第二百一十二条(对应《民法典》第七百零三条)租赁法律

关系的内涵，以租抵债的双方是原债权债务关系（如民间借贷法律关系）的延续，非租赁法律关系，不受“买卖不破租赁”法理的保护。

2. 以租抵债排除执行会破坏债的平等性。

3. 以租抵债侵害其他债权人的权利，协议无效。

二、法律适用：以租抵债是不是支付租金的合法方式，是否违反了债的平等性

（一）排除执行的法律依据

1. 直接的法律依据：《执行异议复议规定》第三十一条

以租抵债的“承租人”可否排除执行（移交占有），直接的法律依据是《执行异议复议规定》第三十一条。《执行异议复议规定》第三十一条规定：“承租人请求在租赁期内阻止向受让人移交占有被执行的不动产，在人民法院查封之前已签订合法有效的书面租赁合同并占有使用该不动产的，人民法院应予支持。承租人与被执行人恶意串通，以明显不合理的低价承租被执行的不动产或者伪造交付租金证据的，对其提出的阻止移交占有的请求，人民法院不予支持。”

2. 法理渊源：“买卖不破租赁”

《民法典》第七百二十五条规定：“租赁物在承租人按照租赁合同占有期限内发生所有权变动的，不影响租赁合同的效力。”

3. 起解释作用的法律规定

《民法典》第七百零三条关于租赁合同的概念的规定，所起到的作用是对直接法律依据《执行异议复议规定》第三十一条中相关概念的解释，《民法典》第七百零三条不能作为执行异议（之诉）裁判的直接法律依据。

（二）围绕着《执行异议复议规定》第三十一条的分析

1. 以租抵债的“承租人”是不是《执行异议复议规定》第三十一条中的“承租人”？

《民法典》第七百零三条规定：“租赁合同是出租人将租赁物交付承租人使用、收益，承租人支付租金的合同。”

有裁判观点认为，以租抵债的“承租人”并未“支付租金”，因此，以租抵债的“承租人”不是承租人，即以租抵债的“承租人”与“出租人”之间不存在租赁合同关系，不受“买卖不破租赁”的保护，以租抵债的“承租人”要求排除执行（移交占有）的诉讼请求不能得到支持。

笔者认为上述观点有瑕疵，因为上述观点并未阐释为什么以租抵债并非租金的支付方式。

2. 如果支持以租抵债的“承租人”排除执行（移交占有），是否违反债的平等性？

首先说明，作此探讨的前提是申请执行人是普通金钱债权的债权人（申请执行人是抵押权人的，通过本节的分析逻辑也可以得出结论，本节不再将抵押权人的执行单独列出）。

从民法的角度讲，普通债权是平等的；从执行的角度讲，普通债权以“先到先得”的个别清偿为原则，以参与分配为例外[注：参与分配以多债权人均具备参与分配资格（如已取得生效法律文书并已申请执行）为前提]。

以租抵债的“承租人”的执行异议更像是“先到先得”的个别清偿，因为很明显，以租抵债的“承租人”并非申请执行人之一：如果法院支持了以租抵债的“承租人”的执行异议，就相当于支持了以租抵债的“承租人”在一定期限内（租期内）对执行不动产使用收益的权利，以租抵债的“承租人”实现了“先得”，而申请执行人则对该段时间内的不动产失去了使用收益的权利；如果法院驳回了以租抵债的“承租人”的执行异议，则在一定期限内（租期内）对执行不动产使用收益的利益归属了申请执行人。[注：(1)申请执行人对一定期限内（租期内）执行不动产使用收益的利益的享有是通过拍卖等变现的方式实现的；(2)带租拍卖和不带租拍卖是承租人执行异议审查的核心，申请执行人之所以要求驳回承租人的执行异议以实现不带租拍卖，一般是因为如果带租拍卖则拍得的价款不足以实现申请执行人的全部债权（甚至会流拍），因此带租拍和不带租拍之间的拍卖价款的差额对申请执行人的利益有直接的影响。]

既然是“先到先得”，以租抵债的“承租人”和申请执行人都是普通债权人，为何以租抵债的“承租人”的执行异议胜诉就违反债的平等性？为何申请执行人胜诉就不违反债的平等性呢？其实，哪方胜出都不能通过贴标签来裁判，而要实实在在地从法理的角度分析哪一方权益应当优先保护，具体而言，还是回到了以租抵债是否是租金的支付方式这个核心和基础，这个问题搞清楚了，再依据《执行异议复议规定》第三十一条的其他要件就可以判断是否应当支持以租抵债的“承租人”的执行异议了。

三、笔者观点

笔者认为，“以租抵债”可以作为付款方式，但是，为了防止案外人与被执行人恶意串通，规避执行，侵害申请执行人的合法权利，要注意如下因素：

（一）要严格审查“债”的真实性和合法性

这里的“债”一般是金钱债权，法院应当严格审查此债的真实性和合法性。比如：（1）如果是货款，则要审查货物交易是否真实存在，欠款金额是否准确等；（2）如果是民间借贷，则要审核是否存在“套路贷”，利息约定是否合法等。

（二）“以租抵债”行为要发生于申请执行人与被执行人债权债务形成之前

1. 作此“苛刻”要求的原因

“以租抵债”行为要发生于申请执行人与被执行人债权债务形成之前，之所以在时间上作此“苛刻”要求，是为了防止案外人与被执行人恶意串通，规避执行，侵害申请执行人的利益。

如果以查封时间为界限，则无疑给了被执行人和案外人串通损害申请执行人合法权利以巨大的时间窗口期。但是，在被执行人和申请执行人债权债务形成之前，很难说被执行人知道将有债务并知道某不动产将被执行，提前做好准备将之或真实或虚假的以“以租抵债”的方式出租出去。另外，如果债权人（申请执行人）与被执行人交易前非常看重被执行人的该不动产的变现价值，完全可以调查该不动产的出租情况（这就涉及下面一个问题）。

2. 对于“以租抵债”行为的发生时间要严格审查

对于“以租抵债”行为的发生时间不能只看租赁协议或类似协议的落款时间，因为时间有可能会倒签（有公证或律师见证等能证明抵债时间的除外），还要根据其他因素综合判断，例如：

（1）因“以租抵债”行为的发生而发生的一些事实，如“承租人”已作为申请执行人在执行过程中，则相应地会有执行和解协议等；如“承租人”已作为原告在起诉债务人，则相应地会有调解书或撤诉行为等。

（2）有相关的邮件或短信、微信记录以佐证“以租抵债”行为的发生时间。

（3）“承租人”支付水电煤气等费用可以证明其已实际入住的时间的凭证，也可以佐证“以租抵债”行为的发生时间。

66. 机动车买受人（非登记权利人）是否有权排除执行

《行异议复议规定》第二十八条、第二十九条、第三十条、第三十一条对案外人对不动产的执行异议作了特殊规定，案外人可以基于物权期待权或租赁权排除法院的相关强制执行，而且案外人还可以基于其他一般性的规定排除法院对动产或不动产的执行。

《执行异议复议规定》第二十四条规定："对案外人提出的排除执行异议，人民法院应当审查下列内容：(一)案外人是否系权利人；(二)该权利的合法性与真实性；(三)该权利能否排除执行。"围绕本规定，分析机动车买受人(非登记权利人)是否有权排除执行问题。

一、排除普通金钱债权人对机动车执行的条件：交付

根据物权优先于债权的法理，如果案外人对执行标的机动车享有所有权，申请执行人对被执行人仅享有普通债权，则案外人的权利能够排除执行。无论被执行人出售涉案机动车是有权处分，还是无权处分，买受人(无权处分背景下要求买受人是善意的)都可以依法排除执行：

1. 被执行人有权处分

《民法典》第二百二十四条规定："动产物权的设立和转让，自交付时发生效力，但是法律另有规定的除外。"根据此规定，如果原机动车所有权人已经将机动车交付给案外人(买受人)，则买受人对标的机动车享有所有权，案外人的权利可以排除法院的执行。但是需要注意的是，这里的"交付"是以转移所有权为目的的交付，并非基于租赁或借用的意思而为的交付，这也就要求案外人和机动车原所有权人(被执行人)之间存在一个作为原因的机动车买卖合同(书面协议或口头协议)，且该买卖合同要合法有效。

2. 被执行人无权处分

《最高人民法院关于适用〈中华人民共和国民法典〉物权编的解释(一)》第十九条规定："转让人将民法典第二百二十五条规定的船舶、航空器和机动车等交付给受让人的，应当认定符合民法典第三百一十一条第一款第三项规定的善意取得的条件。"即便被执行人并非机动车的真实所有权人，其转让和交付机动车给案外人的行为属无权处分，根据上述司法解释的规定，案外人也可以善意取得机动车所有权，案外人有权排除普通金钱债权人的执行。

二、先买卖，后抵押：排除"抵押权人"对机动车执行的条件为交付加付款

《民法典》第二百二十五条规定："船舶、航空器和机动车等的物权的设立、变

更、转让和消灭,未经登记,不得对抗善意第三人。”因交付是机动车所有权转移的标志,且本节所讨论的前提是机动车所有权人已经将机动车交付给买受人(案外人),则机动车所有权人不可能再将标的机动车交付给其他买受人,因此《民法典》第二百二十五条中的“第三人”不可能是“一车多卖”中的其他买受人。因此,申请执行人即便也是机动车的买受人且机动车已经登记到其名下,其权利(非所有权,而是“物权期待权”)也不能对抗案外人(已占有机动车的所有权人)。

另外,由于质权和留置权,也要求质权人和留置权人要占有动产,因此,《民法典》第二百二十五条中的“第三人”也不可能是质权人或留置权人。

在本节讨论的前提下,《民法典》第二百二十五条中的“第三人”只可能是抵押权人。而抵押权优先于所有权,因此,案外人要排除抵押权人的执行,就必须满足“抵押权”不成立这个要件。

《民法典》第三百九十四条规定:“为担保债务的履行,债务人或者第三人不转移财产的占有,将该财产抵押给债权人的,债务人不履行到期债务或者发生当事人约定的实现抵押权的情形,债权人有权就该财产优先受偿。前款规定的债务人或者第三人为抵押人,债权人为抵押权人,提供担保的财产为抵押财产。”需要注意的是,该条规定中的抵押人是抵押财产的所有权人。否则,就是无权处分。抵押权人只可能在符合《民法典》第三百一十一条“无处分权人将不动产或者动产转让给受让人的,所有权人有权追回;除法律另有规定外,符合下列情形的,受让人取得该不动产或者动产的所有权:(一)受让人受让该不动产或者动产时是善意;(二)以合理的价格转让;(三)转让的不动产或者动产依照法律规定应当登记的已经登记,不需要登记的已经交付给受让人。受让人依据前款规定取得不动产或者动产的所有权的,原所有权人有权向无处分权人请求损害赔偿。当事人善意取得其他物权的,参照适用前两款规定”的前提下善意取得抵押权。

而本节所讨论的前提是机动车已交付给案外人,因此实质上,被执行人(机动车原所有权人)已不是机动车的所有权人,其做抵押的行为本质上就是无权处分,因此,“抵押权人”只有在符合《民法典》第三百一十一条的规定的前提下善意取得抵押权。

《最高人民法院关于适用〈中华人民共和国民法典〉物权编的解释(一)》第六条规定:“转让人转让船舶、航空器和机动车等所有权,受让人已经支付合理价款并取得占有,虽未经登记,但转让人的债权人主张其为民法典第二百二十五条所称的‘善意第三人’的,不予支持,法律另有规定的除外。”如果案外人除已占有机动车外,还符合“已经支付对价”(注:这里的已经支付对价应该是指已支付全部对价)这个要件,则“抵押权人”不符合“善意第三人”,也就不符合善意取得的规定。这样,案外人对机动车的权利(所有权)可以排除“抵押权人”的执行。

另外,依据《民法典》第二百二十五条和《最高人民法院关于适用〈中华人民共和国民法典〉物权编的解释(一)》第六条的规定,案外人在符合已经支付合理价款并取得占有这两个条件时,申请执行人即便是经登记的名义抵押权人,案外人的权利也可以排除其执行。

三、先抵押,后买卖:机动车买受人无权排除抵押权人的执行

需要注意的是,上文所谓的机动车买受人可以排除抵押权人执行的论述都是以先买卖且交付后抵押为前提的,如果是先抵押再买卖就完全不同了,因为抵押权人取得抵押权不是通过善意取得制度,不能适用或参照适用《最高人民法院关于适用〈中华人民共和国民法典〉物权编的解释(一)》第六条,而应当依据抵押权优先于所有权的基本法理,认定抵押权人的权利优先于机动车买受人的权利,机动车买受人无权排除执行。理由如下:

《民法典》第四百零六条规定:“抵押期间,抵押人可以转让抵押财产。当事人另有约定的,按照其约定。抵押财产转让的,抵押权不受影响。抵押人转让抵押财产的,应当及时通知抵押权人。抵押权人能够证明抵押财产转让可能损害抵押权的,可以请求抵押人将转让所得的价款向抵押权人提前清偿债务或者提存。转让的价款超过债权数额的部分归抵押人所有,不足部分由债务人清偿。”根据该条规定,抵押权具有追及力,带抵押的机动车转让后,机动车上仍有抵押权,且抵押权人的抵押权优先于所有权人的所有权。

6-8 刘某龙与瑞某、辽宁新华天房地产开发有限公司、丁某峰执行异议之诉案

案情简介:2017 年 8 月 11 日,刘某龙与丁某峰签订车辆抵债协议一份,约定丁某峰自愿用其名下路虎 SUV 车辆一台,作价 50 万元人民币抵给刘某龙,用于偿还刘某龙部分欠款。协议签订后,刘某龙将涉案车辆开走直至法院扣押该车辆,在此期间,刘某龙交纳该车辆 2018—2019 年度交强险并支付了有关的维修费用。瑞某与辽宁新华天房地产开发有限公司、丁某峰民间借贷纠纷一案,在执行过程中,法院于 2018 年 9 月 10 日作出(2018)辽 01 执 800 号民事裁定书及协助执行通知书依

法查封了登记在被执行人丁某峰名下的辽 A×××××车辆，并于 2019 年 4 月 28 日对该车辆予以扣押。刘某龙提出执行异议。

裁判观点：【案号：最高人民法院（2020）最高法民申 332 号】《物权法》第二十三条规定："动产物权的设立和转让，自交付时发生效力，但法律另有规定的除外。"机动车作为特殊动产，仍属于动产，除法律另有规定外，自交付时发生物权变动效力。瑞某申请再审主张，依据《物权法》第二十四条"船舶、航空器和机动车等物权的设立、变更、转让和消灭，未经登记，不得对抗善意第三人"的规定，瑞某应为善意第三人从而取得案涉车辆的所有权。《最高人民法院关于适用〈中华人民共和国物权法〉若干问题的解释（一）》第六条规定："转让人转移船舶、航空器和机动车等所有权，受让人已经支付对价并取得占有，虽未经登记，但转让人的债权人主张其为物权法第二十四条所称的'善意第三人'的，不予支持，法律另有规定的除外。"瑞某作为转让人丁某峰的债权人，不符合前述法律规定的善意第三人的范围。由于刘某龙基于之前生效法律文书以抵债的方式取得案涉车辆，并长期占有使用，在此期间，刘某龙亦交纳该车辆 2018—2019 年度交强险并支付了有关的维修费用，虽未经登记，但案涉车辆的所有权已经实际转移至刘某龙，刘某龙对案涉车辆享有足以排除强制执行的民事权益。

67. 机动车挂靠经营，实际所有权人有权排除法院对案涉机动车的执行

所谓机动车挂靠经营，是指挂靠人将其所有的机动车登记在被挂靠人名下，但是机动车由挂靠人实际占有、使用，挂靠人借用被挂靠人的相关资质，以被挂靠人的名义进行经营。

一、挂靠人是执行标的机动车的所有权人

《民法典》第二百二十四条规定："动产物权的设立和转让，自交付时发生效力，但是法律另有规定的除外。"第二百二十五条规定："船舶、航空器和机动车等的物权的设立、变更、转让和消灭，未经登记，不得对抗善意第三人。"根据上述规定，机动车的所有权自交付时发生效力，但未经登记不得对抗善意第三人。需要注意的是，挂靠人是自其出卖方（如机动车销售公司）取得机动车所有权的，这里的"交付"也是机动车销售公司以转移机动车所有权为目的将机动车交付给挂靠人。这里的"交付"并不发生在挂靠人和被挂靠人之间。

二、挂靠人(所有权人)有权排除普通金钱债权人的执行

《执行异议复议规定》第二十四条规定:“对案外人提出的排除执行异议,人民法院应当审查下列内容:(一)案外人是否系权利人;(二)该权利的合法性与真实性;(三)该权利能否排除执行。”第二十五条规定:“对案外人的异议,人民法院应当按照下列标准判断其是否系权利人……(二)已登记的机动车、船舶、航空器等特定动产,按照相关管理部门的登记判断;未登记的特定动产和其他动产,按照实际占有情况判断……”

在执行异议阶段,法院审查案外人是否有权排除执行的依据,是形式审查。因机动车登记在被挂靠人名下,因此法院不会支持案外人排除执行的异议。

在执行异议之诉阶段,法院则是实质审查,法院要审查案外人是否享有足以排除强制执行的民事权益。挂靠人作为执行标的机动车的实际所有权人,对案涉机动车享有物权。而申请执行人,只是对被挂靠人享有普通金钱债权。因此,在执行异议之诉阶段,法院会支持案外人(挂靠人)排除对登记在被执行人(被挂靠人)名下机动车的执行。

注:这和挂靠经营中银行账号被冻结不一样,因为对于金钱,“占有即所有”,被挂靠人名下银行账号内的钱即被挂靠人所有(挂靠人拿着银行卡不能视为挂靠人占有该账户内存款,也不能视为挂靠人对该账户内的存款享有所有权,银行卡只能视为挂靠人基于与被挂靠人的约定,使用被挂靠人账户的凭证和工具。挂靠人是基于其与被挂靠人的约定而使用该账户的,该约定一般有效,因此挂靠人对该账户内资金的使用是合法的,该账户内的资金因挂靠人将其转入他人账户而发生所有权的转移),该账号被查封的,大多数法院都认为挂靠人无权排除执行。至于挂靠人基于其与被挂靠人的内部约定,要求被挂靠人赔偿则是另一回事。

挂靠人挂靠经营往往是因为其缺乏相关经营资质,或者为了规避其他法律规定,或者为了享有本不属于其的利益,对此,挂靠人应当承担相应的法律责任(如行政责任)。但是,挂靠人的这些过错,尚不至于导致其丧失对执行标的机动车的所有权,也不至于导致其基于其所有权而排除被挂靠人的普通金钱债权人的执行。

三、如果申请执行人对执行标的机动车享有的是非金钱债权,挂靠人要通过审判监督程序或第三人撤销之诉救济自己的权利

如果申请执行人对执行标的机动车享有的是非金钱债权呢?如被挂靠人将其

名下的执行标的机动车卖给了申请执行人，申请执行人已付清价款，申请执行人起诉要求被挂靠人将执行标的机动车过户到申请执行人名下，并将之交付给申请执行人，法院判决支持了申请执行人的诉请，判决生效后，申请执行人向法院申请执行。请注意，如上所述的判决笔者认为是错误的。法院将标的机动车的所有权人误认为是被挂靠人，在此基础上才作出了机动车所有权转移的判决（交付和过户。注：这是合同纠纷，不是确权之诉）。因此，挂靠人要通过审判监督程序或者第三人撤销之诉救济自己的权利。

四、申请执行人不能依法取得执行标的机动车的抵押权，挂靠人有权排除“抵押权人”的执行

被挂靠人（非机动车所有权人），设定抵押权属于处分行为，其在执行标的机动车上设定抵押权属于无权处分，该处分行为无效，申请执行人不能取得抵押权，除非申请执行人符合《民法典》第三百一十一条规定的善意取得制度。

根据《民法典》第三百一十一条的规定，申请执行人要取得执行标的机动车的抵押权要符合“善意”这个要件，即不知道且不应当知道被挂靠人不是所有权人。鉴于作为动产的执行标的机动车不在被挂靠人控制之下（且购买该机动车的付款凭证和发票原件也不在被挂靠人处），因此，债权人很难说自己不知道且不应当知道被执行人非机动车所有权人，即申请执行人不符合“善意”这个要件，不享有抵押权。参照《最高人民法院关于适用〈中华人民共和国民法典〉物权编的解释（一）》第六条的规定“转让人转让船舶、航空器和机动车等所有权，受让人已经支付合理价款并取得占有，虽未经登记，但转让人的债权人主张其为民法典第二百二十五条所称的‘善意第三人’的，不予支持，法律另有规定的除外”，也能得出申请执行人不符合“善意”这个要件的结论。

当然，如果法院在审判阶段仅仅依据抵押登记文件就认定申请执行人享有抵押权并在裁判文书中对申请执行人的抵押权进行了确认，属于判决错误。挂靠人要通过审判监督程序或第三人撤销之诉撤销相关判项。

6-9 张某锋与连鹏公司、东盛公司、中集公司案外人执行异议之诉案

案情简介：2017 年 10 月 1 日，张某锋（乙方）与东盛公司（甲方）签订《混凝土搅拌车合作经营协议书》一份，约定：乙方以甲方名义出资购买涉案车辆，车辆自购买之日起挂靠至甲方名下，甲方负责乙方车辆的经营管理及相关费用的代收代付，但

车辆所产生的所有经营管理费用、车辆按揭、运营风险属于车辆所有者即乙方承担，甲方仅收取乙方车辆的挂靠管理费，管理费为1000元/月。该协议还约定了甲、乙双方的其他权利义务。张某锋以东盛公司的名义向中集公司购买了涉案车辆，涉案车辆于2017年9月29日登记至被告东盛公司名下。连鹏公司与东盛公司承揽合同纠纷一案，法院在执行过程中查封了涉案车辆，张某锋作为案外人提出执行异议。

裁判观点：【案号：广西壮族自治区高级人民法院(2021)桂民申4045号】根据《物权法》第二十四条"船舶、航空器和机动车等物权的设立、变更、转让和消灭，未经登记，不得对抗善意第三人"以及《最高人民法院关于适用〈中华人民共和国物权法〉若干问题的解释(一)》第六条"转让人转移船舶、航空器和机动车等所有权，受让人已经支付对价并取得占有，虽未经登记，但转让人的债权人主张其为物权法第二十四条所称的'善意第三人'的，不予支持，法律另有规定的除外"的规定，动产物权的权属变更是以支付对价并取得占有为准。机动车作为特殊动产，也适用这一原则。未经登记，不得对抗善意第三人是为了保护机动车交易行为中的善意的购买人而设立。并不包括出卖人的债权人，即执行案件中的申请执行人。本案中，张某锋以东盛公司名义购买涉案车辆，购车按揭款已于2019年9月26日全部还清，东盛公司并未实际支付购车款。因此，一、二审法院认定涉案车辆属于张某锋所有并无不当。张某锋有权排除执行。

68. 可否基于合同无效或解除的返还原物请求权排除执行

《九民纪要》第一百二十四条第二款规定："应予注意的是，在金钱债权执行中，如果案外人提出执行异议之诉依据的生效裁判认定以转移所有权为目的的合同(如买卖合同)无效或应当解除，进而判令向案外人返还执行标的物的，此时案外人享有的是物权性质的返还请求权，本可排除金钱债权的执行，但在双务合同无效的情况下，双方互负返还义务，在案外人未返还价款的情况下，如果允许其排除金钱债权的执行，将会使申请执行人既执行不到被执行人名下的财产，又执行不到本应返还给被执行人的价款，显然有失公允。为平衡各方当事人的利益，只有在案外人已经返还价款的情况下，才能排除普通债权人的执行。反之，案外人未返还价款的，不能排除执行。"

对于上述规定，笔者认为有五点需要说明：

一、案外人提出执行异议之诉依据的"生效裁判"必须是在执行标的被查封、扣押、冻结前作出的

《执行异议复议规定》第二十六条第一款规定:"金钱债权执行中,案外人依据执行标的被查封、扣押、冻结前作出的另案生效法律文书提出排除执行异议,人民法院应当按照下列情形,分别处理:(一)该法律文书系就案外人与被执行人之间的权属纠纷以及租赁、借用、保管等不以转移财产权属为目的的合同纠纷,判决、裁决执行标的归属于案外人或者向其返还执行标的且其权利能够排除执行的,应予支持;(二)该法律文书系就案外人与被执行人之间除前项所列合同之外的债权纠纷,判决、裁决执行标的归属于案外人或者向其交付、返还执行标的的,不予支持。(三)该法律文书系案外人受让执行标的的拍卖、变卖成交裁定或者以物抵债裁定且其权利能够排除执行的,应予支持。"

《执行异议复议规定》第二十六条第二款规定:"金钱债权执行中,案外人依据执行标的被查封、扣押、冻结后作出的另案生效法律文书提出排除执行异议的,人民法院不予支持。"从上述规定可以看出,金钱债权执行中,案外人依据执行标的被查封、扣押、冻结后作出的另案生效法律文书提出排除执行异议的,一律不予支持。金钱债权执行中,案外人依据执行标的被查封、扣押、冻结前作出的另案生效法律文书提出排除执行异议的,要依据案外人根据另案生效法律文书所享有的权利性质判断可否排除执行:简言之,物权请求权可以排除执行[《执行异议复议规定》第二十六条第一款的第一项和第三项],债权请求权不可以排除执行[《执行异议复议规定》第二十六条第一款的第二项]。

《九民纪要》第一百二十四条第一款是对《执行异议复议规定》第二十六条第一款的解读,《九民纪要》第一百二十四条第二款是对《执行异议复议规定》第二十六条第一款的补充(同时对这个补充作了进一步的细化),我们可以将《九民纪要》第一百二十四条第二款理解为《执行异议复议规定》第二十六条第一款的第四项:该法律文书判令以转移所有权为目的的合同(如买卖合同)无效或应当解除并判令向案外人返还执行标的物的,应予支持。但在双务合同无效的情况下,只有在案外人已经返还价款的情况下,才能排除普通债权人的执行。

二、执行标的已登记在被执行人名下(不动产),或已交付被执行人(动产)

"进而判令向案外人返还执行标的物的,此时案外人享有的是物权性质的返还

请求权”，由这个措辞可以看出，上述规定还有一个适用的前提，即如果执行标的是不动产，案外人已经依据其与被执行人的以转移所有权为目的的合同（如买卖合同），将执行标的过户到被执行人名下；如果执行标的是动产，案外人已经依据其与被执行人的以转移所有权为目的的合同（如买卖合同），将执行标的交付给了被执行人。即《九民纪要》第一百二十四条第二款适用的前提是执行标的的所有权已由案外人转移给被执行人，因合同解除或合同无效，案外人享有返还原物的物权性质的请求权，并依据此请求权排除普通金钱债权的执行。

如果不动产买卖中，案外人已经依据买卖合同将不动产交付给了被执行人，但是尚未办理过户手续（该不动产仍登记在案外人名下），因被执行人未按约定付款或因其他原因，构成根本违约，案外人起诉解除合同，返还不动产，法院生效判决判令解除合同，返还不动产，那么，这种情况下案外人可否依据《九民纪要》第一百二十四条第二款排除执行呢？① 笔者认为不可以，因为这种情况下虽然占有的返还请求权也是物权性质的，但是这并非所有权的返还，不符合《九民纪要》第一百二十四条第二款的立法本意。此外，法院对不动产的执行，执行的是其财产属性，其财产属性包含所有权的财产属性和占有利益的财产属性，案外人依据合同无效或解除而产生的返还原物请求权请求排除执行，所要排除的是对完整所有权（含占有）的执行，而非仅仅排除对占有的执行（类似承租人要求“带租拍卖”）。如果案外人依据生效裁判中有占有返还的判项，进而依据《九民纪要》第一百二十四条第二款要求排除执行，则是把占有返还混淆成了完整所有权的返还。

三、在执行标的已因合同之履行而发生所有权变更且所有权变更后已被另案查封（首封）的情况下，法院不宜判决解除合同

1.《最高人民法院关于人民法院民事执行中查封、扣押、冻结财产的规定》第二十四条第一款规定：“被执行人就已经查封、扣押、冻结的财产所作的移转、设定权利负担或者其他有碍执行的行为，不得对抗申请执行人。”在执行标的已因合同之履行而发生所有权变更且所有权变更后已被另案查封（首封）的情况下，如果法院再判决解除合同，被执行人返还执行标的给案外人，势必会导致“有碍执行”。并且，从查封的法律效果看，执行标的被查封就是限制权利转移，限制以查封标的为

---

① 注：这种情况一般发生在预查封的情况下，如案外人是开发商，被执行人是商品房买受人，执行标的房屋做了预告登记，法院预查封了该房屋。且开发商解除合同一般是由于开发商承担了阶段性保证责任，开发商依据其与商品房买受人签订的预售合同的约定解除合同。

标的的法律关系发生变更，如果执行标的已因合同之履行而发生所有权变更且所有权变更后已被另案查封（首封）的情况下，法院再判令以其为标的的合同解除，则破坏了查封的效力，使得法律关系更复杂。

2.《最高人民法院关于执行权合理配置和科学运行的若干意见》第二十六条规定："审判机构在审理确权诉讼时，应当查询所要确权的财产权属状况，发现已经被执行局查封、扣押、冻结的，应当中止审理；当事人诉请确权的财产被执行局处置的，应当撤销确权案件；在执行局查封、扣押、冻结后确权的，应当撤销确权判决或者调解书。"根据该规定，财产被另案查封的，法院不能再作确权判决。参考该规定，执行标的已因合同之履行而发生所有权变更且所有权变更后已被另案查封（首封）的情况下，法院也不能作解除合同判决，因为解除合同的法律后果系返还原物，返还原物是物权性质的，即解除合同系变相的确权。

四、无另案生效裁判，案外人也可排除执行

《九民纪要》第一百二十四条的主题是"案外人依据另案生效裁判对金钱债权的执行提起执行异议之诉"，所以该条第二款也是在"生效裁判认定以转移所有权为目的的合同（如买卖合同）无效或应当解除"的前提下展开的。那么，如果没有"另案生效裁判"，案外人直接在执行异议之诉中主张因合同无效或合同已解除（案外人在执行异议之诉前已给被执行人发合同解除函，在执行异议之诉中主张合同已解除，并据此主张排除执行），并进而主张排除执行是否可以呢？笔者认为是可以的。因为案外人执行异议之诉审查的就是案外人是否享有足以排除强制执行的民事权益，这里的民事权益包括合同无效或解除后返还标的物的请求权（物权请求权）。程序上，这就像案外人以自己是执行标的物的真实所有权人为由提出执行异议之诉排除执行，法院要审查案外人是不是执行标的物的真实所有权人一样（注：这样的执行异议，无论案外人是否提出确权的诉请，法院都要审查案外人是不是实际物权人）。案外人以合同无效或已解除为由要求排除执行的，执行异议之诉中，法院应当首先审查合同是否无效，合同是否已解除，进而判断案外人是否享有足以排除强制执行的民事权益，法院不得要求案外人先去打一个确认合同无效或解除合同的官司，拿到判决书，然后再来打执行异议之诉的官司，这样太浪费司法资源，也会大大加重案外人的诉讼成本。此外，由于案外人打确认合同无效或解除合同的官司不是中止执行的法定事由，如果在确认合同无效或解除合同诉讼中，执行标的被司法拍卖了，则案外人的权利救济会更难，这对案外人非常不公平。如果案外

人打确认合同无效或解除合同的官司的过程中，执行法院也中止执行，一则没有法律依据，二则严重降低执行效率，对申请执行人又严重不公平。因此，在执行异议之诉中直接审查合同是否无效，是否已经解除，对于保护案外人和申请执行人的权利都是非常必要的。

五、案外人不可排除抵押权人的执行

只要申请执行人的抵押权合法有效（含被执行人有权处分背景下申请执行人取得抵押权和被执行人无权处分背景下申请执行人通过善意取得制度取得抵押权），基于抵押权大于所有权的法理，案外人返还原物的请求权不得排除抵押权人的执行。比如，甲出售房屋给乙，乙取得房屋所有权后向丙借款并将该房屋抵押给丙，因乙未按约还款，丙起诉乙还款并行使抵押权，执行过程中，甲提出执行异议，以其与乙的买卖合同无效或合同已解除为由主张排除执行，即便甲与乙的买卖合同无效或合同已解除，甲也无权排除执行。

69. 法院对合同纠纷作出的给付判决非确权判决，不能排除执行

《九民纪要》第一百二十三条规定，如果作为执行依据的生效裁判是给付标的物的裁判，而作为提出异议之诉依据的裁判是确权裁判，一般应据此排除执行，此时人民法院应告知其对该确权裁判申请再审；第一百二十四条规定，作为案外人提起执行异议之诉依据的裁判将执行标的物确权给案外人，可以排除执行。由此可见，"确权判决"在执行异议之诉中具有重要作用。但是，司法实际中，很多人对确权判决理解有误。本节主要介绍一下确权判决的概念和常见情形。

一、裁判案例及简析

最高人民法院（2019）最高法民申 4377 号民事裁定认为，张某某虽于 2016 年 9 月 8 日向细河区人民法院对海罗公司提起房屋买卖合同纠纷诉讼，请求判令海罗公司交付房屋，并办理产权手续。细河区人民法院亦判决海罗公司向张某某交付房屋，并自房屋能够进行不动产登记之日起 10 日内协助张某某进行不动产登记。但张某某向细河区人民法院提起的系债权纠纷诉讼，该判决只是判令海罗公司向张某某转移房屋的所有权。张某某根据该判决享有的权利在性质上亦为债权，不能排除人民法院对案涉房屋的强制执行。

山西省高级人民法院（2020）晋民终 825 号民事判决认为，临汾市尧都区人民

法院(2017)晋1002民初2607号民事判决认定马某、崔某与王某2之间存在房屋置换的事实,判令王某2协助办理尧乡花苑2单元×××号房产的过户手续。可见,该判决是给付判决,而非确权判决,因此并不能产生物权变动的法律效果,马某、崔某基于该民事判决只享有要求王某2办理房产变更登记的权利。马某、崔某依据该判决主张案涉房屋归其所有,无法律依据。

海南省高级人民法院(2018)琼民终624号民事判决认为,具体到本案,(2014)海仲字第549号仲裁调解书认定刘某与辉弘公司签订的《房屋买卖合同》合法有效,并要求辉弘公司按照合同约定协助刘某办理案涉房产的过户手续。由此可见,该调解书是处理刘某与辉弘公司之间债权债务关系的法律文书,不属于分割共有动产或不动产的能够直接改变原有物权关系的生效法律文书。因此,(2014)海仲字第549号仲裁调解书不能产生物权变动的效力,也即刘某不能依此获得案涉房产的物权并排除人民法院的强制执行。一审法院认定刘某已经取得案涉房产的物权不当,本院予以纠正。

北京市高级人民法院(2016)京民再120号民事判决认为,法院对合同纠纷作出的给付判决非确权判决,不能排除执行。

上述判决观点说明,并非所有涉及"过户"的判决都是确权判决,并非所有涉及"过户"的判决都能直接导致物权变动,并非所有涉及"过户"的判决都能排除执行。

我们通常所说的确权是指确认物权,包括共有权。可参考案例:江西省高级人民法院(2018)赣民终31号民事判决。该判决认为:"根据《民诉法解释》第三百一十二条第二款的规定,就执行标的提出确权之诉,则应当是确认当事人物权的权利归属与内容。"

二、对不动产而言,可能存在确权判决的情形

根据《民法典》第二百零九条、第二百一十四条、第二百一十七条的规定,一般而言,不动产登记簿记载的权利人就是所有权人。但是由于一些特殊的原因,导致不动产登记簿记载的权利人和实际所有权人不一致(或不完全一致,如只记载了一个共有人的名字)。这时,实际权利人起诉确认其为物权人,这样的判决才是确权判决。

《民法典》第二百二十九条规定:"因人民法院、仲裁机构的法律文书或者人民政府的征收决定等,导致物权设立、变更、转让或者消灭的,自法律文书或者征收决定等生效时发生效力。"

《最高人民法院关于适用〈中华人民共和国民法典〉物权编的解释(一)》第二

条规定:“当事人有证据证明不动产登记簿的记载与真实权利状态不符、其为该不动产物权的真实权利人,请求确认其享有物权的,应予支持。”第七条规定:“人民法院、仲裁机构在分割共有不动产或者动产等案件中作出并依法生效的改变原有物权关系的判决书、裁决书、调解书,以及人民法院在执行程序中作出的拍卖成交裁定书、变卖成交裁定书、以物抵债裁定书,应当认定为民法典第二百二十九条所称导致物权设立、变更、转让或者消灭的人民法院、仲裁机构的法律文书。”

《民诉法解释》第四百九十一条规定:“拍卖成交或者依法定程序裁定以物抵债的,标的物所有权自拍卖成交裁定或者抵债裁定送达买受人或者接受抵债物的债权人时转移。”

根据上述法律、司法解释的规定,对不动产而言,可能存在确权裁判的情形主要有如下几种:

1. 人民法院、仲裁委员会在分割共有不动产或者动产等案件中作出并依法生效的改变原有物权关系的判决书、裁决书、调解书。

2. 拍卖成交裁定书、以物抵债裁定书。

3. 夫妻共有的房产只登记了一方的名字,离婚时对该房产未作处理,离婚后,另一方起诉确认其为共有人的,虽案由是离婚后财产纠纷,但实质上是确权诉讼,由此诉讼而作出的裁判也是确权判决。

4. 其他登记物权人与实际物权人不一致或不完全一致导致诉讼的裁判文书。

三、对动产而言,可能存在确权判决的情形

根据《民法典》第二百二十四条的规定,动产的占有人推定为所有权人。占有人和实际所有权人不一致的情形,最常见的就是动产的租赁、借用、保管等。由于租赁、借用、保管等合同纠纷而导致诉讼,法院判令返还租赁物、借用物、保管物的裁判,也是物权性质的裁判。

执行异议之诉中的确权最常见的就是确认所有权。但是,需要注意的是:(1)有些法律纠纷是债权债务纠纷,不是权属纠纷,例如,房屋买卖合同纠纷、房产代持引发的纠纷等。这些债权债务纠纷就不能在执行异议之诉中确权,而只能在排除执行(实体上如能)之后通过另案诉讼等方式实现所有权的转移。(2)确权的审查不一定是案外人排除执行的前提。案外人排除执行只要求案外人享有足以排除执行的权利,而这个“权利”包括但不限于物权,还有物权期待权、租赁权等。案外人在执行异议之诉中不得要求确认其享有“物权期待权”和“租赁权”等非物权权利。

第七章

《执行异议复议规定》未涉及类型的执行异议的审查

70. 执行异议之诉审查标准

一、三个经典裁判观点

最高人民法院(2021)最高法民申7706号民事裁定认为,根据《民事诉讼法》第二百二十七条的规定,执行异议之诉作为与执行异议衔接的后续诉讼程序,是一个独立于执行异议的完整的实体审理程序,其价值取向是以公平优先、兼顾效率,通过实质审查的方式对执行标的权属进行认定,进而作出案外人享有的民事权益是否足以排除强制执行的判断,以实现对案外人民事权益的实体性执行救济。若案外人执行异议符合《执行异议复议规定》中关于可以排除强制执行的认定标准,人民法院在执行异议之诉中就要支持案外人的异议请求。同时,基于二者审查方式和判断标准的不同,在案外人异议不符合或者不能完全符合《执行异议复议规定》中关于可以排除强制执行认定标准的情况下,人民法院在执行异议之诉中也不能当然认定案外人的异议请求不能成立,而应该根据《最高人民法院关于适用〈中华人民共和国民事诉讼法〉的解释》第三百一十二条第一款关于"对案外人提起的执行异议之诉,人民法院经审理,按照下列情形分别处理:(一)案外人就执行标的享有足以排除强制执行的民事权益的,判决不得执行该执行标的;(二)案外人就执行标的不享有足以排除强制执行的民事权益的,判决驳回诉讼请求"的规定,基于案件的具体情况对案外人是否享有足以排除强制执行的民事权益进行实质审查,并依法作出是否支持案外人异议请求的判断(该裁定作出的时间是2021年12月

20日)。

最高人民法院(2019)最高法民终370号民事判决认为,对于案外人排除强制执行的主张能否成立,应当在依据法律、司法解释对于民事权利(益)的规定认定相关当事人对执行标的的民事权利(益)的实体法性质和效力的基础上,通过对相关法律规范之间的层级关系、背后蕴含的价值以及立法目的的探寻与分析,并结合不同案件中,相关当事人的身份职业特点、对于执行标的权利瑕疵状态的过错大小,与执行标的交易相关的权利行使状况、交易履行情况,乃至于进一步探寻执行标的对于相关当事人基本生活保障与秩序追求的影响等具体情况,综合加以判断。

最高人民法院(2015)民一终字第150号判决认为,《执行异议复议规定》第二十五条至第二十八条的规定就应当在如下意义上理解,即符合这些规定所列条件的,执行异议能够成立;不满足这些规定所列条件的,异议人在执行异议之诉中的请求也未必不成立。

二、问题的提出、分析和结论

执行标的异议司法实践的现状是什么呢?简单讲,执行标的异议司法实践的现状是:(1)这对法院和律师来说都是一个比较新的业务;(2)相关法律规范还很不健全(《最高人民法院关于人民法院民事执行中查封、扣押、冻结财产的规定》《执行异议复议规定》、《九民纪要》等虽然规定了一些具体可以适用的规范,但这远远不能满足司法实践的需要)。

一方面,法律、司法解释不可能像《执行异议复议规定》第二十八条、第二十九条一样列举所有的执行标的异议应否得到支持的情形和相应要件;另一方面,即便像《执行异议复议规定》第二十八条、第二十九条这样明确规定,但是司法实践中还是需要对其进行解释以确定是否可以适用于个案。这就需要一个执行标的异议能否获得支持的指导原则,或者说执行标的异议需要一个"总则"。

这个指导原则或者说这个总则在现有的法律、司法解释中有没有呢?

《民事诉讼法》第二百三十四条规定:"执行过程中,案外人对执行标的提出书面异议的,人民法院应当自收到书面异议之日起十五日内审查,理由成立的,裁定中止对该标的的执行;理由不成立的,裁定驳回。案外人、当事人对裁定不服,认为原判决、裁定错误的,依照审判监督程序办理;与原判决、裁定无关的,可以自裁定送达之日起十五日内向人民法院提起诉讼。"这看似只是关于执行标的异议的程序性规定,但其中的"理由成立的"却是从实体权利的角度讲的。

“理由成立的”是指什么呢？

《执行异议复议规定》第二十四条规定：“对案外人提出的排除执行异议，人民法院应当审查下列内容：（一）案外人是否系权利人；（二）该权利的合法性与真实性；（三）该权利能否排除执行。”这个条文从实体法的角度正面回应了《民事诉讼法》第二百三十四条中的“理由成立的”。但是，遗憾的是，《执行异议复议规定》第二十四条的规定过于抽象，甚至是从结论的角度做了什么样的权利可以排除执行的回答（即该条中的第三项“该权利能否排除执行”），这从逻辑上来说无疑是一个悖论。

那么，《民事诉讼法》第二百三十四条中的“理由成立的”和《执行异议复议规定》第二十四条中的“该权利能否排除执行”到底指什么呢？即理由是否成立以及该权利能否排除执行的依据是什么呢？

《民诉法解释》第三百零九条规定：“案外人或者申请执行人提起执行异议之诉的，案外人应当就其对执行标的享有足以排除强制执行的民事权益承担举证证明责任。”这虽然是关于执行标的异议举证责任的规定，但是却包含了重要的实体法信息。

也就是说，判断案外人是否有权排除执行的标准是“其对执行标的享有足以排除强制执行的民事权益”，换言之，即对比案外人与申请执行人哪一方对执行标的的权利更优先：如果案外人对执行标的的权利优先于申请执行人，则案外人排除执行的异议可以获得支持；如果案外人对执行标的的权利不优先于（包括弱于和平等）申请执行人，则案外人排除执行的异议无法获得支持。这就是执行标的异议的指导原则，或者说这就是执行标的异议的审查标准。

有了这个审查标准，很多没有法律明确规定的执行标的异议就很容易处理了。当然，这个审查标准还是过于抽象，希望立法或司法解释能够进一步明确一些标准。

7-1 王某欢与唐某俚、利达公司、曾某兰案外人执行异议之诉案

案情简介：2015年2月13日，王某欢、罗某均与利达公司签订一份《商品房买卖合同》，约定买受人（王某欢、罗某均）购买的涉案商品房为预售商品房，王某欢的支付方式是按揭贷款，首付款为143,352元，剩余房款320,000元在7个工作日内办理银行按揭，合同约定交房时间为2015年12月31日之前，交付条件为验收合格。同日，王某欢取得一份首付款收据，付款人是王某欢、罗某均，款项处载明“壹

拾肆万叁仟叁佰伍拾贰元整(9－1－1904)”,落款载明“抵王某工程款”。唐某俚诉利达公司、曾某兰民间借贷纠纷一案中,法院于2015年11月11日查封了涉案房屋,该案执行过程中,王某欢提出执行异议。

裁判观点:【案号:最高人民法院(2020)最高法民申1717号】(一)执行异议之诉案件的法律适用规则。案外人执行异议程序与执行异议之诉虽具有一定的关联性和共通性,但二者分属于不同的诉讼程序,其功能并不相同。案外人执行异议与执行异议之诉审查的核心内容尽管均是案外人是否享有足以排除强制执行的权益,但二者在审查判断的方式和标准上并不相同,执行异议程序侧重形式审查,而执行异议之诉程序侧重实体审查。基于二者的关联性和共通性,在专门针对执行异议之诉审查标准的具体法律规定或者相应司法解释出台前,执行异议之诉案件可参照适用《执行异议复议规定》的相关规定,对于案外人是否享有足以排除强制执行的权益进行审查认定。同时,基于二者审查方式和判断标准的不同,在案外人异议不符合或者不能完全符合《执行异议复议规定》中关于可以排除强制执行认定标准的情况下,人民法院应当根据《最高人民法院关于适用〈中华人民共和国民事诉讼法〉的解释》第三百一十二条第一款关于“对案外人提起的执行异议之诉,人民法院经审理,按照下列情形分别处理:(一)案外人就执行标的享有足以排除强制执行的民事权益的,判决不得执行该执行标的;(二)案外人就执行标的不享有足以排除强制执行的民事权益的,判决驳回诉讼请求”的规定,根据案件具体情况对案外人是否享有足以排除强制执行的民事权益进行实质审查,并依法作出是否支持案外人异议请求的判断。(二)《执行异议复议规定》在本案中的参照适用。就本案参照适用《执行异议复议规定》的规定而言,主要涉及第二十九条的规定:“金钱债权执行中,买受人对登记在被执行的房地产开发企业名下的商品房提出异议,符合下列情形且其权利能够排除执行的,人民法院应予支持:(一)在人民法院查封之前已签订合法有效的书面买卖合同;(二)所购商品房系用于居住且买受人名下无其他用于居住的房屋;(三)已支付的价款超过合同约定总价款的百分之五十。”根据本案已经查明的事实,案涉房屋2015年11月11日被人民法院查封,而王某欢与利达公司于2015年2月13日签订《商品房买卖合同》,无证据证明王某欢名下还有其他可用于居住的房屋,王某欢的异议符合《执行异议复议规定》第二十九条第一项、第二项规定的条件。案涉《商品房买卖合同》约定,王某欢的支付方式是按揭贷款,首付款为143,352元,剩余房款320,000元在7个工作日内办理银行按揭。王某欢已经按约支付了首付款143,352元,但因利达公司资产和账户被查封,处于停业状态,致使按揭贷款无法办理,过错不在王某欢。尽管王某欢的异议不完全符合《执行异议复议规定》第二十九条第三项关于已付款项须超过总价款的50%的条件,但是基于前述案涉事实,王某欢对案涉房屋享有相应的居住权益,具有优先于唐某俚基于对利达公司借款形成的普通债权给予保护的价值,且王某欢对前述条件未能满足并无过错。一审、二审判决基于本案具体案情,并结合其他案涉事实,经实质审查,统筹考虑认定王某欢享有的民事权益足以排除强制执行,并无明显不当。

71. 案外人可否依据离婚协议排除执行

一、司法判决:有支持的判决,有不支持的判决

(一)支持的判决

最高人民法院(2021)最高法民申7090号民事判决认为,2009年11月30日,邓某红与李某签订的离婚协议书载明,案涉房屋归李某远所有。离婚协议书中对案涉房屋的约定虽然不直接产生物权变动的法律效力,但案涉房屋作为邓某红与李某原婚姻关系存续期间的夫妻共同财产,双方在婚姻关系解除时约定案涉房屋归儿子李某远所有,具有生活保障功能。李某远享有将案涉房屋的所有权变更登记至其名下的请求权。2016年,顺德丰公司基于金钱债权请求查封案涉房屋。综合比较李某远的请求权与顺德丰公司的金钱债权,李某远的请求权具有特定指向性,且该权利早于顺德丰公司对邓某红所形成的金钱债权,李某远的请求权应当优于顺德丰公司的金钱债权受到保护。

最高人民法院(2021)最高法民申4533号民事裁定认为,关于原审判决是否认定法律关系错误问题。原审判决认定《离婚协议书》使贺某彭、贺某乐对案涉房产享有请求办理过户的权利为债权,符合原《合同法》第二条第一款关于"本法所称合同是平等主体的自然人、法人、其他组织之间设立、变更、终止民事权利义务关系的协议"的规定,也符合合同法理论关于合同为债的形式之一的学理通说。故大秦公司关于贺某彭、贺某乐所享有权利并非债权的主张缺乏事实根据和法律依据。关于贺某彭、贺某乐所享有权益是否可以排除强制执行问题。二审法院对贺某彭、贺某乐是否享有足以排除强制执行的民事权益从权利的形成时间、权利内容、权利性质以及权利主体四个方面展开论述,并不违反法律和司法解释规定,符合执行异议之诉制度的基本精神。原审法院对贺某彭、贺某乐所享有权利与大秦公司的权利为平等债权的表述,系根据各自权利形成时间作出贺某崴与彭某梅并无提前预知

以及逃避债务的可能性的判断，进而得出案涉权利均应受到法律保护的结论，并不影响继续从前述各个方面展开论述并最终对权利优劣作出排序（案外人有权排除执行）。故大秦公司关于原审判决认定权利平等又认定其中某一权利可排除强制执行违法的主张并不符合本案情形。

最高人民法院（2021）最高法民申1530号民事裁定认为，作为被执行标的物的涉案房屋，在王某与王某楠协议离婚时，已约定归王某楠所有。因房屋本来就登记在王某楠名下，故无须另行办理产权过户手续，王某楠即对案涉房屋享有所有权。在霍某燕没有提交新的证据证明案涉离婚协议存在恶意串通规避债务的情况下，原审判决判令不得执行案涉房屋并无不当。

参考以上法院的判决，并结合一般的法理，案外人可依据离婚协议排除执行的理由总结如下：

1. 从法律逻辑上看

（1）最高人民法院（2015）民一终字第150号判决认为，“《最高人民法院关于人民法院办理执行异议和复议案件若干问题的规定》第二十五条至第二十八条的规定就应当在如下意义上理解，即符合这些规定所列条件的，执行异议能够成立；不满足这些规定所列条件的，异议人在执行异议之诉中的请求也未必不成立”。也就是说，《执行异议复议规定》没有对“能否依据《离婚协议书》排除执行”这个问题作出直接规定，案外人的执行异议之诉没有明确法理依据，并不代表案外人就不能依据《离婚协议书》排除执行。这就打破了“案外人的执行异议要有明确法理依据才能得到支持，没有明确法律依据就不能得到支持”这个法律逻辑。

（2）在民政部门备案的离婚协议签订的时间早于被执行人债务产生的时间；被执行的房屋不是被执行人的责任财产，不是申请执行人债权明确指向的对象，但却是案外人要求办理过户手续的标的；案外人实际占有被执行的房屋，被执行房屋对案外人有居住和生存保障的功能；等等。

2. 从价值判断和利益衡量上看

（1）不存在通过《离婚协议书》逃避执行的情况；

（2）案外人的“居住权益”（标的房屋对案外人的生活保障功能）优先于申请执行人的普通债权。

（二）不支持的判决

最高人民法院（2021）最高法民申1054号民事裁定认为，第一，吴某汝对案涉房屋的权利属性、权利内容及对相关民事主体的利害影响等的举证不足以证明其享有排除对案涉房产强制执行的民事权益。首先，吴某汝基于《离婚协议书》的约定，可以就房屋权属对刘某提出权利主张，但不能得出其已享有该房产所有权的结论。其次，海光公司对刘某的债权已经生效，裁判文书确认，其有权申请对刘某名下包括案涉房产在内的财产进行执行。最后，《离婚协议书》是否恶意损害相关利害关系人的权益，与利害关系人是否有权查封案涉房产没有关联。第二，原判决适用《婚姻法》第十九条并无不当。《最高人民法院关于适用〈中华人民共和国婚姻法〉若干问题的解释（二）》第二十五条规定，当事人的离婚协议或者人民法院的判决书、裁定书、调解书已经对夫妻财产分割问题作出处理的，债权人仍有权就夫妻共同债务向男女双方主张权利。一方就共同债务承担连带清偿责任后，基于离婚协议或者人民法院的法律文书向另一方主张追偿的，人民法院应当支持。《离婚协议书》作为吴某汝和刘某解除婚姻关系时对财产等事宜的约定处理方案，仅能对作为婚姻关系当事人的吴某汝和刘某发生对内效力，不具有对外向作为第三人的海光公司产生约束力的效力。一、二审判决根据《婚姻法》[①]第十九条第一款、第二款的规定，认定《离婚协议书》的财产归属约定不能对抗海光公司，并无不当。

最高人民法院（2021）最高法民申1198号民事裁定认为，从事实方面来看，青神农村商业银行与家良律师事务所所涉纠纷涉及的两份委托代理合同签订的时间为2004年6月4日、2007年9月18日。此后，张某良才与牟某君签订《离婚协议书》，并约定："1. 凡双方名下的房产张某良自愿放弃一切权利，均归女方牟某君所有，未交的按揭款由张某良负责交清；2. 张某良补偿牟某君200万元，婚前及婚后存续期间各自对外形成的债务均由本人自行承担。"该约定客观上降低了张某良的偿债能力。且目前也无证据证明青神农村商业银行非善意第三人（案外人牟某君无权排除执行）。

最高人民法院（2021）最高法民申2847号民事裁定认为，涉案房屋购买于黄某菊与陈某光二人婚姻关系存续期间，原为二人共有财产。陈某光与黄某菊的离婚协议虽然约定涉案房屋归黄某菊所有，但离婚协议仅系双方内部约定，不具有直接导致房屋物权变更的法律效果。黄某菊系被执行人北京国大公司法定代表人，参与了本案执行债权的形成过程，而且在陈某光所签保证合同上签字同意陈某光提供连带责任保证。前述事实表明，黄某菊明知陈某光负有担保债务，但时至法院查

---

① 现已失效。——编者注

封涉案房屋仍未办理房屋所有人变更登记。原审判决由此认定其主观上具有一定过错,符合实际情况。所以,在涉案房屋仍然登记在陈某光名下的情况下,黄某菊主张其为房屋实际所有人并据以主张排除执行,缺乏事实和法律依据。

最高人民法院(2020)最高法民申 288 号民事裁定认为,李某红的对外债务形成在先,李某红与赵某红离婚在后。李某红与赵某红在离婚协议中约定将作为家庭主要财产的全部两套房产分割给赵某红所有,降低了李某红的对外偿债能力。赵某红与李某红的离婚协议属双方之间的内部约定,不能对抗善意第三人,本案二审判决认定夫妻共有财产中属李某红的份额,应为李某红偿还个人涉案债务、履行生效法律文书确定义务的责任财产,并无不当。

最高人民法院(2020)最高法民申 7055 号民事裁定认为,本案刘某红作为一审原告提起案外人执行异议之诉,以离婚协议的约定主张其享有足以排除强制执行的民事权益,请求判决不得执行案涉房屋。刘某红排除人民法院的强制执行,应当同时满足离婚协议真实、离婚协议签订于人民法院查封之前以及非因个人原因未能办理过户等要件。本案中,2008 年 8 月 11 日,赵某荣以哈尔滨宇信置业有限公司、秦某韬为被告诉至一审法院,一审法院于 2008 年 8 月 19 日作出(2008)哈民一初字第 19 号民事调解书,确认了该案当事人之间达成的调解协议的效力。该调解协议约定,秦某韬对哈尔滨宇信置业有限公司给付赵某荣投资款 1520 余万元及逾期利息承担连带给付责任。2008 年 8 月 26 日,赵某荣向一审法院申请执行。2008 年 10 月 23 日,一审法院向秦某韬公告送达执行通知书。2008 年 11 月 18 日,刘某红与秦某韬办理离婚登记,双方同时签订《离婚协议书》,约定案涉房屋归刘某红所有,剩余购房贷款由刘某红偿还。2008 年 12 月 8 日,一审法院查封案涉房屋。本案二审判决基于上述事实,认为尽管本案离婚协议签订于人民法院查封之前,但该离婚协议的真实性存疑,判决驳回刘某红排除人民法院对案涉房屋强制执行的诉讼请求,并无不当。

参考以上法院的判决,并结合一般的法理,案外人不可依据离婚协议排除执行的理由主要有:

1. 从法律逻辑上看

(1)《民法典》第二百零九条第一款规定:“不动产物权的设立、变更、转让和消灭,经依法登记,发生效力;未经登记,不发生效力,但是法律另有规定的除外。”被执行的房屋没有登记在案外人名下,因此案外人对标的房屋不享有物权,即离婚协议关于夫妻共有财产归属的约定不能直接导致物权变动。

(2)《执行异议复议规定》第二十四条规定:“对案外人提出的排除执行异议,人民法院应当审查下列内容:(一)案外人是否系权利人……”第二十五条规定:“对案外人的异议,人民法院应当按照下列标准判断其是否系权利人:(一)已登记的不动产,按照不动产登记簿判断……”标的房屋没有登记在案外人名下,因此案外人不是标的房屋的权利人,案外人的执行异议不能得到支持。

(3)离婚协议是夫妻双方内部的约定,不具有公示公信效力。相反,物权登记具有公示公信的效力。“对外效力”大于“对内效力”,标的房屋被执行后,案外人可以依据《离婚协议书》和相关法律规定等向被执行人主张赔偿。

(4)案外人的执行异议没有法律依据。

2. 从价值判断和利益衡量上看

(1)防止夫妻双方利用《离婚协议书》规避执行。

(2)保护善意第三人,保护交易的安全。

(3)标的房屋没有按照《离婚协议书》的约定过户到案外人名下,说明案外人有过错。

(4)法律规定和法院判决具有指引作用,如果支持案外人依据《离婚协议书》中关于夫妻共有财产的约定排除执行,则是变相地鼓励夫妻双方签订《离婚协议书》后不办理过户手续,这会损害更多债权人的利益,导致交易风险越来越大,交易成本越来越高。

二、《离婚协议书》对夫妻共同财产归属的约定不能直接导致物权(以不动产为例)变动

本节所讨论的《离婚协议书》是指民政部门登记备案的《离婚协议书》,而非没有备案的版本(包括未在民政部门登记备案的《离婚协议书》的补充协议等)。作此限制是为了确定《离婚协议书》的形成时间,也是为了避免被执行人与案外人(原夫妻双方)为规避执行而倒签离婚协议或补充协议等。

《民法典》第二百二十九条规定:“因人民法院、仲裁机构的法律文书或者人民政府的征收决定等,导致物权设立、变更、转让或者消灭的,自法律文书或者征收决定等生效时发生效力。”《最高人民法院关于适用〈中华人民共和国民法典〉物权编的解释(一)》第七条规定:“人民法院、仲裁机构在分割共有不动产或者动产等案件中作出并依法生效的改变原有物权关系的判决书、裁决书、调解书,以及人民法院在执行程序中作出的拍卖成交裁定书、变卖成交裁定书、以物抵债裁定书,应当认

定为民法典第二百二十九条所称导致物权设立、变更、转让或者消灭的人民法院、仲裁机构的法律文书。”《民法典》第二百三十条规定：“因继承取得物权的，自继承开始时发生效力。”《民法典》第二百三十一条规定：“因合法建造、拆除房屋等事实行为设立或者消灭物权的，自事实行为成就时发生效力。”根据上述法律、司法解释的规定，除过户登记外，能够导致不动产物权发生变动的文书或行为或事件如下：

1. 政府的征收决定。

2. 人民法院、仲裁委员会在分割共有不动产或者动产等案件中作出并依法生效的改变原有物权关系的判决书、裁决书、调解书。

3. 人民法院在执行程序中作出的拍卖成交裁定书、以物抵债裁定书。（注：《民诉法解释》第四百九十一条的规定：“拍卖成交或者依法定程序裁定以物抵债的，标的物所有权自拍卖成交裁定或者抵债裁定送达买受人或者接受抵债物的债权人时转移。”）

4. 继承或者受遗赠。（注：被继承人死亡时，继承人取得物权；被继承人死亡且受遗赠人作出接受遗赠的表示时，受遗赠人取得物权。）

5. 合法建造、拆除房屋等事实行为。（注：因合法建造、拆除房屋等事实行为设立或者消灭物权的，自事实行为成就时发生效力。）

《离婚协议书》及其对夫妻共同财产归属的约定并非上述可以直接导致物权发生变动的文书或事由，案外人不能以《离婚协议书》及其对夫妻共同财产归属的约定为由认为自己对标的财产（如房屋）享有所有权，进而有权排除执行。依据《离婚协议书》及其对夫妻共同财产归属的约定诉至法院要求办理过户登记的，本质上是债权债务纠纷（案由可能是离婚后财产纠纷等）。

三、笔者的建议

以上两种观点，无论是从法律逻辑上，还是从价值判断和利益衡量上，都有其合理之处，但是只有更明确的法律，才能更好地发挥其作用。因此，笔者建议可以参照《执行异议复议规定》第二十八条的规定，裁判是否支持案外人依据《离婚协议书》所提出的执行异议（之诉）。

（一）笔者认为可以参照适用《执行异议复议规定》第二十八条

笔者认为，案外人依据《离婚协议书》要求排除执行，可以参照适用《执行异议复议规定》第二十八条，理由如下：

1. 离婚协议不是不动产买卖，离婚协议是一份协议，在案外人与被执行人之间产生债权债务关系。

2. 案外人对标的不动产享有的也是物权期待权，符合《执行异议复议规定》第二十八条的法理基础（物权期待权优先于普通债权）。

3.《执行异议复议规定》第二十八条的立法价值是保护案外人的生存权，依据《离婚协议书》要求排除执行的案外人（往往包含未成年人）的生存权也需要保护。

4. 在法律、司法解释对此问题作出直接规定之前，参照适用一个明确的规则，对于保护申请执行人和案外人等各方当事人的权利都是最公平的，也可以最大限度地限制自由裁量权，防止同案不同判。

（二）具体法律要件的适用

1. 在申请执行人与被执行人债权债务形成之前已签订合法有效的《离婚协议书》

这里需要强调的是：

（1）时间先后。为防止案外人与被执行人恶意串通规避债务与执行，应当要求《离婚协议书》的签订时间早于债权债务形成时间。而债权债务形成的时间，不论是主债务还是担保债务，均应以签订合同（如民间借贷合同、保证合同等）为认定债权债务形成的时间。

（2）《离婚协议书》的效力。重点审查《离婚协议书》是否存在“恶意串通损害第三人利益”“以合法形式掩盖非法目的”“意思表示不真实”“违背公序良俗”等无效的事由。一般而言，为规避执行而签订的《离婚协议书》可以以“恶意串通损害第三人利益”或“意思表示不真实”等为由认定其为无效协议。

2. 在人民法院查封之前已合法居住在该房屋内且案外人名下无其他用于居住的房屋

也就是说，标的房屋对案外人是居住用途，是保障其居住利益的，“居住权益”大于申请执行人的普通债权。既然是为了保障案外人的“居住权益”，则原则上案外人最多只有权排除法院对一套房屋的执行，而无权排除对多套房屋的执行。在执行标的房屋同一设区的市或者县级市范围内案外人名下有其他用于居住的房屋的，案外人的执行异议不应予以支持。如果案外人的现配偶，或对其有扶养义务的直系亲属，或未成年子女名下有住房，且面积能够满足基本居住需要的，案外人的执行异议也不应予以支持。

《民法典》第三百六十六条至第三百七十一条对“居住权”作了规定，居住权保护的是居住权人最基本的居住保障，是对其“生存权”的保护。从这个角度讲，《民法典》中“居住权”的立法价值和《执行异议复议规定》第二十八条、第二十九条等关于案外人对不动产，尤其是住房执行异议的立法价值是共通的。

虽然司法解释对于案外人依据《离婚协议书》提出的执行异议并未作出直接规定，但是参考《民法典》中“居住权”的立法价值和《执行异议复议规定》第二十八条、第二十九条等关于案外人对不动产，尤其是住房执行异议的立法价值（对“生存权”的保护），笔者认为，案外人依据《离婚协议书》要求排除执行的，执行标的必须是用于居住的房屋（可以是商品房、动迁房、农村房屋，也可以是“商住房”），法院应重点审核案外人及其家人（尤其是其抚养的未成年子女、其赡养的老人）是否在查封之前已实际居住在执行标的房屋内（对此案外人应当承担举证责任）。对此，应注意两种特殊情况：

（1）如果执行标的房屋尚处于装修过程中，如果其房屋性质是住房，则原则上应认定符合“在人民法院查封之前已合法居住在该不动产内”这个要件。

（2）如果案外人将之出租或空置，则原则上应认定不符合“在人民法院查封之前已合法居住在该不动产内”这个要件。但是，如果案外人能够举证证明其有合理理由而未居住在执行标的房屋（如为子女上学方便、照顾老人方便、工作方便等），且执行标的房屋出租的租金（如出租）用于支付现居住房屋的房租的，则原则上应认定符合“在人民法院查封之前已合法居住在该不动产内”这个要件。

3. 非因案外人自身原因未办理过户登记

因为不存在支付房款的问题，因此免去了“已支付全部价款，或者已按照合同约定支付部分价款且将剩余价款按照人民法院的要求交付执行”这个要件。但是要强调非因案外人自身原因未办理过户登记。因为如果因案外人自身原因未办理过户登记，那么在有过错的案外人的利益和无过错的申请执行人的利益之间做选择的时候，应当优先选择无过错的申请执行人的利益。此外，这也是为了引导案外人积极办理过户手续，防止法律关系长期处于不稳定状态，防止损害申请执行人的权利，防止交易风险的扩大和交易成本的增加。

在这里需要讲一个具体的例子，就是如果《离婚协议书》签订的时候标的房屋上设有抵押，因为抵押未涤除，不能办理过户而未办理过户，案外人是否符合“非因案外人自身原因未办理过户登记”这个要件？笔者认为这种情况下，案外人不符合

这个要件,因为:

(1)如果《离婚协议书》约定抵押贷款由案外人偿还,贷款偿还且抵押涤除之后,被执行人配合案外人办理变更登记手续。那么,案外人未及时偿还贷款,涤除抵押,属于因案外人自身原因未办理过户登记。

(2)如果《离婚协议书》约定抵押贷款由被执行人偿还,贷款偿还且抵押涤除之后,被执行人配合案外人办理变更登记手续。那么,被执行人未偿还贷款,涤除抵押权,导致无法过户,看似非因案外人自身原因未办理过户登记。但是,这个约定本身就有问题,是否有转移财产对抗将来的执行之嫌暂且不讲,案外人在签订这个条款的时候就应当知道作这个约定是有法律风险的,比如:被执行人不还贷款可能导致银行起诉并执行该房产,被执行人因其他债务而导致该房产被执行,等等。再考虑到物权的公示公信效力和债权人合法利益的保护,应当认定因案外人自身原因未办理过户登记。

72. 法院执行被执行人的股权,被执行人的配偶是否有权对一半股权排除执行

一、股东的配偶不享有股权

《民法典》第一千零六十二条规定:"夫妻在婚姻关系存续期间所得的下列财产,为夫妻的共同财产,归夫妻共同所有:(一)工资、奖金、劳务报酬;(二)生产、经营、投资的收益;(三)知识产权的收益;(四)继承或者受赠的财产,但是本法第一千零六十三条第三项规定的除外;(五)其他应当归共同所有的财产。夫妻对共同财产,有平等的处理权。"

《最高人民法院关于适用〈中华人民共和国民法典〉婚姻家庭编的解释(一)》第二十五条规定:"婚姻关系存续期间,下列财产属于民法典第一千零六十二条规定的'其他应当归共同所有的财产':(一)一方以个人财产投资取得的收益;(二)男女双方实际取得或者应当取得的住房补贴、住房公积金;(三)男女双方实际取得或者应当取得的基本养老金、破产安置补偿费。"

《最高人民法院关于适用〈中华人民共和国民法典〉婚姻家庭编的解释(一)》第七十三条规定:"人民法院审理离婚案件,涉及分割夫妻共同财产中以一方名义在有限责任公司的出资额,另一方不是该公司股东的,按以下情形分别处理:(一)夫妻双方协商一致将出资额部分或者全部转让给该股东的配偶,其他股东过

半数同意，并且其他股东均明确表示放弃优先购买权的，该股东的配偶可以成为该公司股东；（二）夫妻双方就出资额转让份额和转让价格等事项协商一致后，其他股东半数以上不同意转让，但愿意以同等条件购买该出资额的，人民法院可以对转让出资所得财产进行分割。其他股东半数以上不同意转让，也不愿意以同等条件购买该出资额的，视为其同意转让，该股东的配偶可以成为该公司股东。用于证明前款规定的股东同意的证据，可以是股东会议材料，也可以是当事人通过其他合法途径取得的股东的书面声明材料。"

股权是公司股东依法享有的资产收益、参与重大决策和选择管理者等权利，参与重大决策、选择管理者等权利属于股东个人所有，不属于夫妻共同财产，属于夫妻共同财产的是由股权而产生的资产收益。

二、股东（被执行人）的配偶无权排除执行

股东的配偶不享有股权份额，对于法院执行股权自然就不享有足以排除强制执行的民事权益，无权排除对股权的执行。

三、股东（被执行人）的配偶可以要求为其保留股权执行价款的份额

股权的拍卖价款是股权投资的收益，拍卖价款系夫妻共同财产，被执行人的配偶可以要求为其保留相应的份额，一般是一半。

7-2 赵某枝与郭某文、神池县永信小额贷款有限责任公司、山西泰达矿业有限公司、王某义、张某财、郭某海案外人执行异议之诉案

案情简介：1979年赵某枝与张某财开始夫妻生活，2007年5月25日补办结婚登记，2011年张某财取得案涉股权。神池县永信小额贷款有限责任公司诉山西泰达矿业有限公司、王某义、张某财、郭某海民间借贷纠纷一案，2016年9月1日，一审法院冻结张某财持有的在大同煤矿集团同生同基煤业有限公司24.5%的股权，2020启动拍卖程序，赵某枝对涉案股权提出异议。

裁判观点：【案号：山西省高级人民法院（2021）晋民终30号】股权是有限责任公司或者股份有限公司的股东对公司享有的人身和财产权益的一种综合性权利。即股权是股东基于其股东资格而享有的，从公司获得经济利益，并参与公司经营管理的权利。《公司法》第七十一条规定：有限责任公司的股东之间可以相互转让其

全部或者部分股权。股东向股东以外的人转让股权,应当经其他股东过半数同意。股东应就其股权转让事项书面通知其他股东征求同意,其他股东自接到书面通知之日起满三十日未答复的,视为同意转让。其他股东半数以上不同意转让的,不同意的股东应当购买该转让的股权;不购买的,视为同意转让。经股东同意转让的股权,在同等条件下,其他股东有优先购买权。两个以上股东主张行使优先购买权的,协商确定各自的购买比例;协商不成的,按照转让时各自的出资比例行使优先购买权。《婚姻法》第十七条第二款规定:夫妻对共同所有的财产,有平等的处理权。根据上述法律规定,股东转让其股权,需征得其他股东过半数同意,并不需要征得其配偶同意;而夫妻共同所有的财产,夫妻有平等的处理权,故股权不属于夫妻共同财产。但根据《婚姻法》第十七条第一款:"夫妻在婚姻关系存续期间所得的下列财产,归夫妻共同所有:(一)工资、奖金;(二)生产、经营的收益;(三)知识产权的收益;(四)继承或赠与所得的财产,但本法第十八条第三项规定的除外;(五)其他应当归共同所有的财产。"《最高人民法院关于适用〈中华人民共和国婚姻法〉若干问题的解释(二)》第十一条:"婚姻关系存续期间,下列财产属于婚姻法第十七条规定的'其他应当归共同所有的财产':(一)一方以个人财产投资取得的收益……"第十六条:"人民法院审理离婚案件,涉及分割夫妻共同财产中以一方名义在有限责任公司的出资额,另一方不是该公司股东的,按以下情形分别处理:……"的规定,股权出资额、股权产生的收益包括分红或者股权转让款、拍卖款属于夫妻共同财产。本案中,张某财持有的案涉股权不属于夫妻共同财产,本案执行过程中并不涉及股权出资额,而是涉及股权拍卖款的分配问题,故赵某枝诉请确认张某财在大同煤矿集团同生同基煤业有限公司的股权为其与张某财共同所有,其中赵某枝享有出资额367.5万元的诉请不能成立,赵某枝对案涉股权不享有足以排除强制执行的民事权益,不能排除人民法院对张某财在大同煤矿集团同生同基煤业有限公司持有股权的拍卖。但股权拍卖款系张某财与赵某枝的夫妻共同财产,在执行过程中对共有人赵某枝在股权拍卖款中享有的份额应予以保留。

73. 不得执行被执行人配偶享有的房产变现份额

最高人民法院(2020)最高法民申6765号民事裁定认为,法院可以查封、拍卖被执行人与其配偶共有的房产,被执行人的配偶无权排除执行,但是法院不得执行被执行人配偶享有的房产变现份额(拍卖价款要为被执行人的配偶保留其享有的房产变现份额)。

司法实践中,有很多法院是采取为被执行人的配偶保留50%的拍卖价款的做法。但是,有些法院就比较死板地拍卖不动产50%的份额,如重庆市高级人民法院(2019)渝民终358号民事判决认为,被执行人的配偶有权排除法院对夫妻共有房产50%份额的执行。司法实践中,笔者曾遇到某法院拍卖某房地产一半份额引发的一系列副作用的案例,因此,拍卖不动产50%的份额看似不违法,但是却不恰当。

如果说"拍卖不动产50%的份额看似不违法,但是却不恰当",那么,有些法院居然无视被执行人配偶的权利,既不为被执行人的配偶保留50%的拍卖价款,也不为被执行人的配偶保留不动产50%的份额的做法,就只能说是"违法"了。

一、执行被执行人与其配偶的共有不动产时,应当保护被执行人配偶的合法权利

《最高人民法院关于人民法院民事执行中查封、扣押、冻结财产的规定》第十二条规定:"对被执行人与其他人共有的财产,人民法院可以查封、扣押、冻结,并及时通知共有人。共有人协议分割共有财产,并经债权人认可的,人民法院可以认定有效。查封、扣押、冻结的效力及于协议分割后被执行人享有份额内的财产;对其他共有人享有份额内的财产的查封、扣押、冻结,人民法院应当裁定予以解除。共有人提起析产诉讼或者申请执行人代位提起析产诉讼的,人民法院应当准许。诉讼期间中止对该财产的执行。"

简析:

1."对被执行人与其他人共有的财产,人民法院可以查封、扣押、冻结",之所以可以查封、扣押、冻结,是因为:(1)如果该财产是不可分割的实物,则只能整体查封、扣押;(2)即便是如股权、存款、数量众多可以分割的实物等可以分割的财产,因法院无法确认被执行人和其共有人分别享有多少份额,因此也只能整体查封、扣押、冻结;(3)查封、扣押、冻结只是处置前的保全措施,防止被执行人转移财产或者设立权利负担,一般不会直接损害财产共有人(非被执行人)的合法权益,更不会导致其权利灭失。

2."及时通知共有人"是告知共有人采取措施保护其合法权益,这是对共有人权利保护的基础和必要措施。

3."共有人协议分割共有财产,并经债权人认可的,人民法院可以认定有效。""共有人提起析产诉讼或者申请执行人代位提起析产诉讼的,人民法院应当准许。"这是共有物分割的两种合法方式:这两种方式,不论从程序上,还是从实体上,都既

考虑了申请执行人的合法权利,也考虑了被执行人和共有人的合法权利。

4."查封、扣押、冻结的效力及于协议分割后被执行人享有份额内的财产;对其他共有人享有份额内的财产的查封、扣押、冻结,人民法院应当裁定予以解除。"这才是这个条文的核心,即共有财产分割后,对于被执行人的财产法院可以查封、扣押、冻结并依法处置,但是对于共有人的财产或变现份额,法院无权查封、扣押、冻结,更无权处置或分配给申请执行人。

5.上述规定符合《民法典》第三百零三条规定的精神。《民法典》第三百零三条规定:"共有人约定不得分割共有的不动产或者动产,以维持共有关系的,应当按照约定,但是共有人有重大理由需要分割的,可以请求分割;没有约定或者约定不明确的,按份共有人可以随时请求分割,共同共有人在共有的基础丧失或者有重大理由需要分割时可以请求分割。因分割造成其他共有人损害的,应当给予赔偿。"法院强制执行被执行人与其配偶共同共有的财产,应当理解为符合"有重大理由需要分割"的情形。

根据上述规定的精神,执行被执行人与其配偶的共有不动产时,应当保护被执行人配偶的合法权利。

二、为被执行人的配偶保留份额和夫妻关系存续期间不得析产的规定不矛盾

《民法典》第一千零六十六条规定:"婚姻关系存续期间,有下列情形之一的,夫妻一方可以向人民法院请求分割共同财产:(一)一方有隐藏、转移、变卖、毁损、挥霍夫妻共同财产或者伪造夫妻共同债务等严重损害夫妻共同财产利益的行为;(二)一方负有法定扶养义务的人患重大疾病需要医治,另一方不同意支付相关医疗费用。"

根据上述规定,夫妻一方变卖夫妻共同财产的,另一方可以要求分割共同财产。那么,参考该规定,法院拍卖夫妻共同财产的,另一方当然也可以要求分割共同财产。因为站在被执行人配偶的角度,被执行人变卖夫妻共同财产和法院拍卖夫妻共同财产,同样地,损害被执行人配偶的权利(在损害被执行人配偶的权利的结果上是一样的)。

三、处分不动产中被执行人的份额的方法不太恰当

一般而言,不动产在物理上不可分,强行分割会导致其价值显著降低。因此,对不动产进行物理上分割的做法不可取。比如,对于被执行人与其配偶共有的一套

房屋,法院不应当将之在物理上分割成两小套房屋,进而拍卖其中的一小套。因为这一方面会严重降低该房屋整体的使用价值和交换价值,而且现实中由于这种强行物理分割的做法(如中间砌一道墙)无异于违建,不合法,且房产管理部门也不会做分割登记。

但是,对于某一不动产进行份额处分(如拍卖执行标的房屋50%的份额)的方法同样不可取:

1. 不利于"物尽其用",有损执行标的物的价值

司法实践中,不动产的一定份额被拍卖的,买受人一般不会是被执行人的配偶,这样就会导致两个不太熟悉,甚至完全陌生的人共有了一个不动产。对于该不动产的占有、使用、处分等,新的共有人往往很难达成一致意见,会形成不动产共有人之间的"僵局",这势必不利于"物尽其用",有损执行标的物的价值。

2. 有损被执行人配偶的利益

如上所述,拍卖某不动产中被执行人的份额,不利于"物尽其用",有损执行标的物的价值,被执行人的配偶作为不动产的共有人,其利益自然会受损。

3. 有损被执行人的利益

司法实践中,拍卖一个不动产的一定的份额,拍卖价款一般会比市场价低很多,这就损害了被执行人的利益。

4. 也可能会有损申请执行人的利益

司法实践中,拍卖一个不动产的一定的份额,拍卖价款一般会比市场价低很多,如果拍卖价款低于申请执行人的债权总额,就同时会损害申请执行人的利益。

因此,拍卖份额的做法并不可取。比较好的做法是对不动产整体拍卖,赋予被执行人的配偶以优先购买权,如果买受人非被执行人的配偶,则为被执行人的配偶保留一半拍卖价款,这既利于不动产价值的发挥,也保障了被执行人配偶的合法权利。这也是司法实践中比较常见的做法。

四、不为被执行人的配偶保留份额的做法违法

1. 严重侵害了被执行人配偶的实体权利

被执行人的配偶不是被执行人,法院自然不能执行其财产,包括其单独所有的财产,也包括其与被执行人共有的财产中其享有的份额。

2. 严重侵害了被执行人配偶的程序权利

直接将被执行人与其配偶共有的财产拍卖并将之全部作为执行款(不为被执

行人的配偶保留份额)的行为已经超越了"以执代审",本质是"有罪推定",即未经审判,直接推定被执行人的配偶是被执行人,这严重侵害了被执行人配偶的程序权利。

74. 被执行人与案外人共同共有的房产可否执行

从执行异议的角度来看,执行标的共有人无权排除执行,但是应当为执行标的共有人保留其财产份额。但是从执行实施的角度看,有些法院会以执行标的系被执行人与案外人共同共有为由不予执行。执行法院要求申请执行人先去打一个析产官司,确认了被执行人对执行标的的份额,法院再决定是否执行。而申请执行人一旦启动了析产诉讼,则势必要花费大量的时间精力和物质成本,执行案件也会终结本次执行,从执行效率的角度看,这种让申请执行人去打析产诉讼的要求不合理。但是,站在执行法官的角度,他可能会担心处置被执行人与案外人共同共有的财产可能会对案外人造成侵权,在执行标的通过拍卖等方式变现后,为案外人保留多少份额可能又是一个难题(执行法官确定被执行人与案外人对其共同共有的执行标的的变价份额有以执代审之嫌)。从这个角度讲,有些执行法官要求申请执行人先去打一个析产官司也有道理。

《最高人民法院关于人民法院民事执行中查封、扣押、冻结财产的规定》第十二条规定:"对被执行人与其他人共有的财产,人民法院可以查封、扣押、冻结,并及时通知共有人。共有人协议分割共有财产,并经债权人认可的,人民法院可以认定有效。查封、扣押、冻结的效力及于协议分割后被执行人享有份额内的财产;对其他共有人享有份额内的财产的查封、扣押、冻结,人民法院应当裁定予以解除。共有人提起析产诉讼或者申请执行人代位提起析产诉讼的,人民法院应当准许。诉讼期间中止对该财产的执行。"根据上述规定,确定被执行人与案外人共有财产份额的方式有:

第一,被执行人与案外人协商并经申请执行人认可。

这需要三方自愿,不具有强制力。

第二,共有人提起析产诉讼。

这里的"共有人提起析产诉讼"应当包括被执行人提起析产诉讼,也包括案外人提起析产诉讼。但是,如果被执行人与案外人串通拖延、阻挠执行,这个方案也不可行。这个方案还有一个缺陷,即申请执行人无法参与到该析产诉讼中,申请执行人对该析产诉讼无法有效地发表自己的法律意见,诉讼中如果被执行人与案外人拖延诉讼程序怎么办?被执行人与案外人恶意串通作出不利于申请执行人的财产份额怎么办？所以这个方案应当取消。

第三，申请执行人代位提起析产诉讼。

这个方案是最差的方案，但是却是一个能够“兜底”的方案。因为申请执行人去打一个析产官司需要花费大量的时间精力和物质成本，这对申请执行人非常不公平，但是，这可能是保护申请执行人利益的最后一根救命稻草。

一边是程序上的严谨，一边是“执行难”背景下申请执行人的“执行累”，两难。笔者的建议是在“被执行人与案外人协商并经申请执行人认可”这个方案行不通的情况下，先启动拍卖，拍卖成交之后执行法官组织申请执行人、被执行人、案外人三方进行听证，然后由执行法官裁定确认份额，并赋予当事人（申请执行人、被执行人、案外人）通过诉讼实体审查推翻该裁定的救济方式。这样既考虑到了执行效率，又通过救济途径照顾到了各方当事人的实体权利。

7－3 宁某飞与单某栋、李某申请执行人执行异议之诉案

案情简介：1984 年 2 月 10 日，李某与单某栋登记结婚，婚后购买案涉房屋，登记在李某名下。宁某飞诉李某等民间借贷纠纷案，一审法院作出(2017)吉 04 民初 61 号民事判决，该判决生效后，案件进入执行程序，一审法院作出(2019)吉 04 执恢 37 号民事裁定书，裁定拍卖案涉房屋。单某栋提出执行异议。

裁判观点：【案号：最高人民法院(2020)最高法民申 4638 号】案涉房屋是单某栋和李某婚姻存续期间取得的财产，属于夫妻共同财产。案涉房屋既有单某栋的财产份额部分，亦有李某的财产份额部分。宁某飞根据生效判决请求执行李某对案涉房屋的财产份额，单某栋虽然是案涉房屋的共同共有人，但其共有份额可通过分割标的物的方式实现，亦可通过在案涉房屋变价后保留相应价款的方式实现。单某栋以其系案涉房屋的共有人为由，主张排除人民法院的强制执行，缺乏事实和法律依据；原审法院对单某栋的主张未予支持，并无不当。

75. 抵押权人无权排除执行

一、因果关系

因为案外人对某执行标的享有足以排除强制执行的民事权益，所以法院会支持案外人要求停止对该执行标的执行的请求。

二、技术上:比较案外人的权利和申请执行人的权利哪个更优先

法院判断案外人是否享有足以排除强制执行的民事权益,本质上就是比较案外人对执行标的的权利和申请执行人对执行标的的权利哪个优先:前者优先于后者,则可以排除执行;前者不优先于后者,则不得排除执行。

三、比较前需考虑是否有必要作比较:案外人权利的性质是什么?

在比较案外人对执行标的的权利和申请执行人对执行标的的权利哪个优先之前,需先考虑是否有必要作比较。

比如,案外人是执行标的抵押权人,申请执行人是被执行人的普通金钱债权人(被执行人对执行标的有所有权),抵押权优先于普通债权,是否案外人有权排除执行呢?当然不能。因为抵押权的本质是优先受偿权,是对执行标的折价、拍卖、变卖之后的价款优先受偿的权利,法院拍卖执行标的没有侵害抵押权人的权利,抵押权人参与分配就可以了。

7-4 潘某祥、马某勇与农行夏津支行等执行异议之诉纠纷案

案情简介:2002年潘某祥、马某勇、李某梅三人与银海地毯公司借款纠纷三案进入执行程序后开始执行涉案房屋,涉案房屋的抵押权人农行夏津支行提出执行异议。

裁判观点:【案号:山东省高级人民法院(2019)鲁民再965号】抵押权是优先受偿权。执行程序中,抵押权的效力不足以排除对标的物的强制执行。最高人民法院《关于人民法院执行工作若干问题的规定(试行)》第四十条规定,"人民法院对被执行人所有的其他人享有抵押权、质押权和留置权的财产,可以采取查封、扣押措施。财产拍卖、变卖后所得价款,应当在抵押权人、质押权人或留置权人优先受偿后,其余额部分用于清偿申请执行人的债权"。《最高人民法院关于适用〈中华人民共和国民事诉讼法〉的解释》第五百一十条规定,"参与分配执行中,执行所得价款扣除执行费用,并清偿应当优先受偿的债权后,对于普通债权,原则上按照其占全部申请参与分配债权数额的比例受偿。清偿后的剩余债务,被执行人应当继续清偿。债权人发现被执行人有其他财产的,可以随时请求人民法院执行"。由此可见,抵押权人可以在执行程序中主张其优先受偿的权利,抵押权人的权利不能排除执行法院对案涉标的物的执行。因此本案中,农行夏津支行以享有抵押权为由提出执行异议,不符合上述相关司法解释规定。

76. 保证金之特定化不意味着固定化，其浮动性不影响案外人排除执行

一、保证金的质权人有权排除普通金钱债权的债权人对该保证金的执行

《执行异议复议规定》第二十四条规定："对案外人提出的排除执行异议，人民法院应当审查下列内容：（一）案外人是否系权利人；（二）该权利的合法性与真实性；（三）该权利能否排除执行。"保证金的质权人对保证金有优先受偿权，其质权优先于普通金钱债权的债权人。因此，只要能确认权利人对某笔金钱享有质权，就可以排除普通金钱债权的债权人对该笔金钱的执行。

为什么抵押权人不能排除申请执行人对抵押物的执行，但是保证金的质权人却能排除申请执行人对保证金的执行？抵押权和金钱质权不都是担保物权吗？不都是优先受偿权吗？笔者的理解是这样的：

1. 因为保证金本身就是钱，不需要再变现，而抵押物需要变现，两者"排除"的执行行为不同，因而能否排除执行的结果不同。

（1）所谓的抵押权人不能排除执行，是指抵押权人不能排除法院对抵押物进行司法拍卖（变现），但是变现之后，抵押权人对法院通过司法拍卖等方式变现的价款还是享有优先受偿权的。抵押权本质就是优先受偿权，"拍卖"等变现的执行行为并未侵害抵押权人的利益：如抵押物变现金额是 100 万元，抵押权担保的债权总金额是 80 万元，抵押权人就受偿 80 万元，剩余的 20 万元（不考虑评估费、执行费等）由法院依法分配给申请执行人和其他参与分配的普通金钱债权人，再有剩余则返还给被执行人；如抵押物变现金额是 100 万元，抵押权担保的债权总金额是 120 万元，抵押权人就受偿 100 万元（不考虑评估费、执行费等），抵押权人的优先受偿权还是百分之百得到了保护，其权利没有受到任何侵害。

（2）保证金质权人可以排除执行是指保证金质权人可以排除法院把保证金扣划到法院账户并分配给其他债权人（申请执行人），因为法院如果把保证金扣划到法院账户并分配给了其他债权人就侵害了保证金质权人的质权（优先受偿权）。并且，司法实践中，保证金的金额一般都会远远低于债权金额，法院哪怕只扣划一部分保证金到法院账户并分配给其他债权人都会实质性地侵害质权人的优先受偿权。如果质押财产不是金钱（保证金），而是普通动产（如价值 100 万元的手表），那么，质权人是否有权排除法院对该普通动产拍卖变现呢？笔者认为法院有权拍卖变现，质权人无权排除此执行，但是对于拍卖价款，质权人有权在其担保的债权范

围内优先受偿,这就和抵押权一样了。

也就是说,“抵押权人不能排除执行”中的“执行”和“保证金质权人可以排除执行”中的“执行”并非同一概念,前者是指拍卖等变现行为,后者是指把保证金扣划到法院账户并分配给申请执行人的执行行为,前者未侵害抵押权人的优先受偿权,后者侵害了保证金质权人的优先受偿权,但是前者不可排除执行和后者可以排除执行对于抵押权人和质权人的优先受偿权的保护是一样的。

2. 与“占有”与否无关。

最高人民法院(2020)最高法民再89号民事判决中有一段话:“质权以担保被担保债权清偿为目的,故质权人于未受清偿前,均得占有质押物,并对质押物享有优先受偿权。”这句话给人的感觉是质权人可以排除执行(尤其是和抵押权人不能排除执行相比)似乎与质权的“占有”特征有关,笔者认为金钱质权人可以排除执行与“占有”无关:

(1)从公权力与私权利的角度看,或者从程序与实体的角度看。

从私权利的角度讲,占有是质权成立的必要条件,质权人有权占有质押财产,出质人或者第三人无权要求质权人返还质押财产。

但是,如果出质人成了被执行人,法院是否可以执行质押财产呢?笔者认为是可以的,如上文所讲:“如果质押财产不是金钱(保证金),而是普通动产(如价值100万元的手表),那么,质权人是否有权排除法院对该普通动产拍卖变现呢?笔者认为法院有权拍卖变现,质权人无权排除此执行,但是对于拍卖价款,质权人有权在其担保的债权范围内优先受偿,这就和抵押权一样了。”质权人不能以其私权利和实体权利(占有)对抗法院的公权力和程序权力(执行),但是法院的执行行为不得伤及质权人的最核心权利:优先受偿权。

(2)对比留置权。

《民法典》第四百四十七条规定:“债务人不履行到期债务,债权人可以留置已经合法占有的债务人的动产,并有权就该动产优先受偿。前款规定的债权人为留置权人,占有的动产为留置财产。”

留置权和质权有很多相似的地方,其中一点即都要求权利人“占有”相关财产。占有留置财产是留置权人享有留置权的必要条件,换个角度讲,留置权人有权占有留置财产,债务人或第三人在留置权人的债权获得清偿之前无权要求留置权人返还留置物。但是,如果债务人成为另案的被执行人,申请执行人是否可以申请执行该留置物呢?笔者认为可以执行,即通过拍卖等方式将留置物变现,在留置权人的债权获得优先受偿的前提下，将多余变价款分配给申请执行人和其他参与分配的普通金钱债权人，如再有多余则返还给被执行人（留置权人的债权一般都低于留置财产）。比如，张三将其价值100万元的汽车送到修理厂修理，产生维修费10万元，张三没有付款，汽车被修理厂留置。张三的债权人依据生效判决向法院申请执行，执行标的50万元。法院当然可以拍卖被修理厂留置的张三的汽车，变现100万元，首先分配给修理厂10万元，再给申请执行人50万元，剩下的40万元给被执行人（不考虑执行费用等因素）。这样，留置权人最核心的权利（优先受偿权）没有受到损害，申请执行人等当事人和利害关系人的权利也得到了应有的保护。否则，如果留置财产不可以拍卖，被执行人岂不是可以通过与案外人恶意串通人为制造留置权的方式保护其财产不被执行了。

二、对“保证金”享有质权的认定

《民法典》第四百二十五条规定，“为担保债务的履行，债务人或者第三人将其动产出质给债权人占有的，债务人不履行到期债务或者发生当事人约定的实现质权的情形，债权人有权就该动产优先受偿。前款规定的债务人或者第三人为出质人，债权人为质权人，交付的动产为质押财产”。

《最高人民法院关于适用〈中华人民共和国民法典〉有关担保制度的解释》第七十条第一款规定，“债务人或者第三人为担保债务的履行，设立专门的保证金账户并由债权人实际控制，或者将其资金存入债权人设立的保证金账户，债权人主张就账户内的款项优先受偿的，人民法院应予支持。当事人以保证金账户内的款项浮动为由，主张实际控制该账户的债权人对账户内的款项不享有优先受偿权的，人民法院不予支持”。

根据上述法律、司法解释的规定，认定金钱质权的关键就是看该笔金钱是否已经特定化并已移交权利人占有。特定化比较常见的表现形式是专用账户，转移占有的标志和判断标准即该笔金钱是否在权利人的掌控之下。

7-5 深泽信用社与张家口农商银行、东源担保公司申请执行人执行异议之诉案

案情简介：2014年、2015年、2016年、2017年，深泽信用社（甲方）与东源担保公司（乙方）均签订了《担保机构合作协议》，约定保证金缴存额度为3029万元，总授

信额度为21,200万元,单户最大担保额度为1500万元,保证金放大位数为7倍,保证金账户账号为12×××85。乙方对被担保人与甲方签订的主合同项下的所有债务及甲方为实现债权的一切费用提供连带责任保证。乙方在甲方开立结算账户和保证金专户。开展业务前要按照约定将保证金存入保证金专户。乙方以保证金专户内的保证金向甲方提供质押担保。乙方在甲方开立的保证金专户浮动状态与融资性担保业务相对应,不做日常结算使用。甲方实际控制、管理保证金专户。甲方对保证金专户内的资金依法享有质权。未经甲方书面同意,乙方不得支用和划转保证金专户的资金。张家口农商银行与张家口亿鑫精铸工贸有限公司、东源担保公司、姜某栋、李某铃银行承兑汇票协议纠纷一案执行过程中,法院将东源担保公司在深泽信用社12×××85账户内存款18,414,684元扣划至法院账户,深泽信用社提出执行异议。

裁判观点:【最高人民法院(2020)最高法民再89号】《担保法解释》第八十五条规定:"债务人或者第三人将其金钱以特户、封金、保证金等形式特定化后,移交债权人占有作为债权的担保,债务人不履行债务时,债权人可以以该金钱优先受偿。"根据质押的法理和上述规定,设定保证金质押,应当具备两个要件:一是金钱特定化,二是将质押物移交债权人占有。基于货币"占有即所有"原则,金钱特定化的目的是使用以担保的货币所有权不发生转移,并独立于出质人和质权人的财产。但特定化并不意味着保证金账户内用以出质的金钱必须固定化,不意味着其不能在约定的数额范围内进行浮动。在借款担保实务中,根据当事人的约定,保证金账户内的金钱随着被担保债权的清偿情况而发生被扣划减少、按照约定增补等浮动情况是该类业务的正常表现形态,只要该账户为特定账户,该账户内的金钱被担保权人控制并与被担保债权相对应,就应当认定已经具备了保证金质押特定化要件,浮动性并不能否定保证金账户内金钱的特定化。本案中,虽然保证金账户内的资金根据业务发生情况处于浮动状态,但支出的款项均用于承担保证金质押担保责任,并不用作日常结算使用,深泽信用社对该账户享有控制、管理权。保证金专户浮动状态与融资性担保业务相对应。因此,该浮动性并不能否定保证金账户内资金的特定化。本案执行标的为案涉保证金账户内的金钱。如前所述,东源担保公司是以案涉保证金账户内的全部金钱为深泽信用社在双方合作期间发生的所有被担保债权提供担保。张家口市中级人民法院2016年5月25日查封案涉保证金账户,该账户内的金钱均系在查封之前存入。质权以担保被担保债权清偿为目的,故质权人于未受清偿前,均可占有质押物,并对质押物享有优先受偿权。依据查明的事实,案涉被担保债权未获清偿,故保证金账户内全部金钱均具有担保功能,足以排除强制执行。

77. 对于业主(被执行人)购买但尚未过户的房屋,开发商是否有权排除执行

最高人民法院(2020)最高法民终690号民事判决认为,业主购买开发商的房屋,房屋已做预告登记但尚未过户到业主名下(仍登记在开发商名下),房屋所有权仍属开发商所有。业主已通过首付款和按揭贷款(开发商提供阶段性保证)付清了房款,但因业主未按约还款,开发商承担了保证责任,代业主还清了银行贷款和相关费用,并起诉业主解除商品房买卖合同,业主因其他债务纠纷成为被执行人,法院拍卖业主购买的上述房屋的,开发商基于对房屋的所有权而有权请求排除执行或就拍卖价款优先受偿。

上面这个案例涉及很多法律问题,本节作简要分析。

一、被执行人购买的办理了预告登记的商品房可以"预查封"

《最高人民法院、国土资源部、建设部①关于依法规范人民法院执行和国土资源房地产管理部门协助执行若干问题的通知》(以下简称《通知》)第十五条规定:"下列房屋虽未进行房屋所有权登记,人民法院也可以进行预查封……(二)被执行人购买的已由房地产开发企业办理了房屋权属初始登记的房屋;(三)被执行人购买的办理了商品房预售合同登记备案手续或者商品房预告登记的房屋。"根据上述规定,对于被执行人购买的尚未登记到被执行人名下的办理了商品房预售合同登记备案手续或者商品房预告登记的房屋,法院可以预查封。另外,根据《通知》第十八条的规定,预查封的效力等同于正式查封。(注:预查封和轮候查封是两个完全不同的概念)

二、预查封的房屋是否可以处置

(一)不可以处置

1.《百色市中级人民法院关于"终结本次执行程序"适用标准及管理规范》第五

① 国土资源部、建设部已撤销。——编者注

条规定："被执行人财产无法处置，包括下列情形……（三）国土资源管理等相关管理部门依法不同意法院处置的国有划拨土地使用权、集体土地使用权、农村房屋涉及集体土地、尚未办理土地使用权登记、未做分割的土地使用权、预查封房地产、在建工程、无证房产等……"

2.《开封市中级人民法院关于执行案件终结本次执行程序适用标准及管理规定》第四条规定："被执行人财产无法处置，包括下列情形……（三）国土资源管理等相关管理部门依法不同意法院处置的国有划拨土地使用权、集体土地使用权、农村房屋涉及集体土地、尚未办理土地使用权登记、未做分割的土地使用权、预查封房地产、在建工程、无证房产等……"

（二）在开发商同意的前提下，可以处置

《北京市法院执行局局长座谈会（第九次会议）纪要——执行查控时财产权属判断规则及案外人异议审查中权利（利益）冲突规则》规定："……预查封期间，在产权未过户登记到被执行人名下之前，人民法院不得对该财产进行处置，但第三人同意处置的除外……"

《北京市法院执行局局长座谈会（第十次会议）纪要——关于强制执行中财产处置若干问题的意见》第一条规定："……对预查封的财产，其权利转移至被执行人名下之前，不得处置。但权利人对执行法院处置该财产不持异议的，应当及时、高效、依法推进处置工作。"

（三）简析：不宜直接处置

1. 所有权上的障碍

登记在开发商名下的房屋首先推定为开发商所有，而法院原则上只能执行被执行人的财产，而不宜直接执行案外人（开发商）的财产。这样既是对开发商和被执行人的保护，也是对可能的利害关系人的保护。

《通知》第七条第一款规定："登记在案外人名下的土地使用权、房屋，登记名义人（案外人）书面认可该土地、房屋实际属于被执行人时，执行法院可以采取查封措施。"从文义上解释，这里只规定了在特定条件下可以查封案外人的财产，即便这里的"查封"扩大解释为包括处置，该规定也是针对"代持"法律关系，而本节所探讨的"预查封"与代持属不同的法律关系。

2. 税收上的障碍

涉案房屋流转的正常情形应该是：开发商—被执行人—第三人，即两次流转，每次流转都应该缴纳相应的税款，而如果直接将登记在开发商名下的房产拍卖，则只有一次流转，只需要缴纳一次税款，这就侵害了国家的税收利益。

三、开发商可否基于所有权排除执行

《执行异议复议规定》第二十四条规定："对案外人提出的排除执行异议，人民法院应当审查下列内容：（一）案外人是否系权利人；（二）该权利的合法性与真实性；（三）该权利能否排除执行。"根据该规定，似乎开发商基于其对标的房屋的所有权当然有权排除执行，但是，不能这么简单理解，因为上述规定是执行异议阶段法院对案外人是否有权排除执行进行形式审查的依据，在执行异议之诉中，法院应进行实质审查，不能仅仅依据不动产登记作为判断权利归属以及案外人是否有权排除执行的依据。

《民法典》第二百二十一条规定："当事人签订买卖房屋的协议或者签订其他不动产物权的协议，为保障将来实现物权，按照约定可以向登记机构申请预告登记。预告登记后，未经预告登记的权利人同意，处分该不动产的，不发生物权效力。预告登记后，债权消灭或者自能够进行不动产登记之日起九十日内未申请登记的，预告登记失效。"对于开发商可否基于其对执行标的房屋的所有权排除执行，笔者认为应根据预告登记是否已失效等因素作区别对待。

（一）预告登记未失效，开发商无权排除执行

根据《民法典》第二百二十一条的规定，商品房买受人对执行标的房屋预告登记的权利优先于开发商对执行标的房屋形式上的所有权。商品房买受人作为被执行人，其对执行标的房屋的权利受到了限制（执行标的房屋被查封），商品房买受人自己都无权要求解除对执行标的房屋的查封，开发商自然更无权要求排除执行。因此，预告登记未失效，开发商无权排除执行。

（二）预告登记失效，开发商也不一定有权排除执行

预告登记失效，一般是由于商品房买卖合同解除，而商品房买卖合同的解除，一般是由于商品房买受人未按约定付款或开发商承担了阶段性保证责任。《最高人民法院关于人民法院民事执行中查封、扣押、冻结财产的规定》第二十四条第一

款规定:“被执行人就已经查封、扣押、冻结的财产所作的移转、设定权利负担或者其他有碍执行的行为,不得对抗申请执行人。”根据该规定的精神,在执行标的房屋已被预查封的情况下,即便开发商发函解除合同,甚至通过诉讼法院判决解除合同,开发商都无权对抗申请执行人,开发商无权排除执行。而只有在执行标的房屋被预查封之前,开发商已依法解除了合同,并履行了合同解除后其应履行的义务(如返还房屋买受人已付房款等,该义务的履行不要求是在预查封之前),其才有权排除执行。

四、赋予开发商优先受偿权很合理,但是法理基础比较薄弱

在房价上涨的背景下,如果开发商排除执行,撤销预告登记,则开发商因业主的违约和欠债行为而获利,但业主的其他债权人却“执行不到”,这显然是不公平的。如果赋予开发商对其实际支出费用(替业主还的按揭贷款和费用)的优先受偿权,一方面保障了开发商“不亏本”(和房子正常交易过户相同的利益状态),另一方面又照顾到了业主其他债权人的利益,更加公平合理。但是,这样裁判没有直接的法律规定,法理基础薄弱。

7-6 贵州银行花溪支行与宏立城公司、东风公司、恒通公司、苏某加、苏某平、白某晋、周某可、陈某、施某州案外人执行异议之诉案

案情简介:2009年5月19日,苏某加与宏立城公司签订了一份《商品房买卖合同》,由苏某加向宏立城公司购买其开发的涉案房屋,该房总价款为797,350元,首付房款为160,350元,余款637,000元以银行按揭支付。双方同日签订了贵阳市商品房预售合同备案登记表。2009年6月24日,农业银行小河支行作为贷款人、苏某加作为借款人(抵押人)、宏立城公司作为保证人三方共同签订了《个人购房担保借款合同》,借款金额为637,000元。之后,苏某加未按约还款,宏立城公司承担了保证责任。贵州银行花溪支行与东风公司、恒通公司、苏某加、苏某平、白某晋、周某可、陈某、施某州借款合同纠纷一案,执行过程中,法院依法作出(2015)黔高执字第6-1号执行裁定和协助执行通知书,查封了涉案房屋。宏立城公司提出执行异议,请求停止对案涉房屋的执行,或将案涉房屋的拍卖所得优先支付苏某加所欠宏立城公司的购房款等费用。

裁判观点:【案号:最高人民法院(2020)最高法民终690号】第一,根据《物权

法》第十四条“不动产物权的设立、变更、转让和消灭,依照法律规定应当登记的,自记载于不动产登记簿时发生效力”之规定,案涉房屋仍登记在宏立城公司名下,该房屋从物权归属上仍然为宏立城公司所有的财产。宏立城公司通过与苏某加签订《商品房买卖合同》将案涉房屋出售给苏某加,虽然案涉房屋已办理了预告登记,但预告登记的目的在于防止开发商一房多卖,预告登记具有公示作用但不具有转移所有权的效力。2009年6月24日,农业银行小河支行作为贷款人、苏某加作为借款人(抵押人)、宏立城公司作为保证人三方共同签订了《个人购房担保借款合同》。根据该担保借款合同的约定,宏立城公司虽承担了阶段性担保责任,但并不能据此认为宏立城公司丧失了案涉房屋的所有权,宏立城公司具有基于案涉房屋所有权而请求排除执行或就拍卖价款优先受偿的权利。第二,贵州银行花溪支行基于贵州省高级人民法院(2014)黔高民商初字第35号民事调解书,取得了请求保证人苏某加承担连带清偿责任的债权请求权。基于该债权请求权,贵州银行花溪支行申请人民法院查封了苏某加购买的房屋。如前所述,人民法院查封、扣押、冻结被执行人财产,其前提为该被查封财产从权利上属于被执行人所有的财产。本案中,案涉房屋的所有权尚未登记转移至苏某加名下。根据贵州银行花溪支行的申请,贵州省高级人民法院查封并已将案涉房屋进行了拍卖,客观上导致宏立城公司提起执行异议之目的不能达成,即本案已无停止对案涉房屋执行的可能。但宏立城公司基于物上请求权主张对房屋拍卖价款优先受偿的权利并未消灭,其请求人民法院将已拍卖案涉房屋的价款得以优先受偿,虽有退而求其次的目的,但宏立城公司对案涉房屋的权利基于物权,效力上优先于贵州银行花溪支行基于对苏某加享有的债权。第三,从形式上看,苏某加通过首付款和银行按揭的方式向宏立城公司支付了全部购房款。但实质上大部分房款真正的支付主体系宏立城公司。《最高人民法院关于人民法院办理执行异议和复议案件若干问题的规定》第二十八条的规定旨在保护已全部支付对价的善意购房人。但本案中,苏某加的付款情况不符合上述第二十八条的规定。鉴于本案已执行,宏立城公司的诉讼请求亦表达了优先受偿执行款的意愿,一审法院对宏立城公司的诉请予以支持,并无不当。另,宏立城公司的诉讼请求为停止对案涉房屋的执行,或将案涉房屋的拍卖所得优先支付苏某加所欠宏立城公司的购房款等费用。

78. 借名买房非登记错误，借名人不得以其系所有权人为由排除执行

一、借名人对标的房屋不享有物权

（一）登记的权利人推定为不动产物权的所有人

《民法典》第二百零九条第一款规定："不动产物权的设立、变更、转让和消灭，经依法登记，发生效力；未经登记，不发生效力，但是法律另有规定的除外。"第二百一十六条规定："不动产登记簿是物权归属和内容的根据。不动产登记簿由登记机构管理。"第二百一十七条规定："不动产权属证书是权利人享有该不动产物权的证明。不动产权属证书记载的事项，应当与不动产登记簿一致；记载不一致的，除有证据证明不动产登记簿确有错误外，以不动产登记簿为准。"根据上述法律规定，不动产物权的变动一般以登记为生效要件，登记的不动产权利人推定为物权人，但有证据证明不动产登记簿确有错误的除外。

（二）借名买房不是法律规定的例外情形

何为"不动产登记簿确有错误"呢？笔者认为，"不动产登记簿确有错误"的情形应当包括如下两种：

1. 由于房地产登记机构工作失误，误把权利人张三写成了李四。

2. 标的不动产的原权利人为A，但根据法律规定，标的不动产的权利人已变更为B，但是不动产登记簿尚未作变更。根据法律规定，标的不动产尚未作变更登记，但物权人已变更的情形（登记的物权人和实际物权人不一致或不完全一致的情形）有：

（1）法律文书导致的物权变动。

《民法典》第二百二十九条规定："因人民法院、仲裁机构的法律文书或者人民政府的征收决定等，导致物权设立、变更、转让或者消灭的，自法律文书或者征收决定等生效时发生效力。"

《最高人民法院关于适用〈中华人民共和国民法典〉物权编的解释（一）》第二条规定："当事人有证据证明不动产登记簿的记载与真实权利状态不符、其为该不动产物权的真实权利人，请求确认其享有物权的，应予支持。"第七条规定："人民法院、仲裁机构在分割共有不动产或者动产等案件中作出并依法生效的改变原有物权关系的判决书、裁决书、调解书，以及人民法院在执行程序中作出的拍卖成交裁定书、变卖成交裁定书、以物抵债裁定书，应当认定为民法典第二百二十九条所称

导致物权设立、变更、转让或者消灭的人民法院、仲裁机构的法律文书。”

《民诉法解释》第四百九十一条规定：“拍卖成交或者依法定程序裁定以物抵债的，标的物所有权自拍卖成交裁定或者抵债裁定送达买受人或者接受抵债物的债权人时转移。”

总结上述法律、司法解释的规定，可以导致物权变动的法律文书有两种：①人民法院、仲裁委员会在分割共有不动产或者动产等案件中作出并依法生效的改变原有物权关系的判决书、裁决书、调解书。②拍卖成交裁定书、以物抵债裁定书。

（2）继承或遗赠导致的物权变动。

《民法典》第二百三十条规定：“因继承取得物权的，自继承开始时发生效力。”继承或者受遗赠开始时，不动产所有权就发生了变动，但是登记簿可能还没有进行变更登记，这就导致不动产登记簿记载的权利人和实际权利人不一致。

（3）合法建造、拆除房屋等事实行为。

《民法典》第二百三十一条规定：“因合法建造、拆除房屋等事实行为设立或者消灭物权的，自事实行为成就时发生效力。”上述事实发生时所有权已经发生变动，但是不动产登记簿上可能还未进行变更登记，这也会产生不动产登记簿记载的权利人和真实的所有权人不一致的情况。比如，农村自建房，房屋建好，相应的农户即享有了所有权，而非办了产权证才享有所有权。

（4）在上海，依据92方案动迁的，同住人是共有人（不考虑时效）。

（5）夫妻共有的房产只登记了一方的名字，另一方也是物权人（共有人）。

很明显，借名买房不属于上述登记权利人和实际权利人不一致的情形。借名人和出名人对标的房屋物权归属的约定是合同，是债权债务关系。

二、借名人不享有物权期待权

《执行异议复议规定》第二十八条规定：“金钱债权执行中，买受人对登记在被执行人名下的不动产提出异议，符合下列情形且其权利能够排除执行的，人民法院应予支持：（一）在人民法院查封之前已签订合法有效的书面买卖合同；（二）在人民法院查封之前已合法占有该不动产；（三）已支付全部价款，或者已按照合同约定支付部分价款且将剩余价款按照人民法院的要求交付执行；（四）非因买受人自身原因未办理过户登记。”

借名人不符合上述规定（也不可参照适用），理由如下：

1.“借名人”不是“买受人”，而且两者有本质的区别，不能类推适用。买受人和被执行人之间是买卖合同关系，买受人据以排除强制执行的法理依据是买受人对执行标的物（房屋）的物权期待权优先于申请执行人对执行标的物（房屋）的普通债权。但是，借名人和被执行人（出名人）之间的法律关系虽然本质上也是债权债务关系（注：代持协议一般为合法有效的协议，在此不展开论述），但是明显不是买卖合同关系，很难认定借名人对执行标的物享有物权期待权。

2. 借名人是向第三人（原房屋所有人）支付的房款，不是向被执行人支付的房款。这和《执行异议复议规定》第二十八条第三项的规定也不一致。

3. 借名人之所以要借名买房，一般是出于规避限购政策、规避限贷政策、享受本不属于自己的优惠政策或福利等不合法的目的。因此，执行标的物没有从被执行人名下过户到借名人名下，一般是由于借名人自身的原因。从这个角度讲，和《执行异议复议规定》第二十八第四项的规定一般也不符合。

注：《执行异议复议规定》第二十九条的规定同样不适用。

三、不宜通过类推适用或扩大解释等方法认定借名人享有排除执行的权利

不宜通过类推适用或扩大解释等方法认定借名人享有排除执行的权利，主要有以下两方面原因：

1. 对申请执行人合法权利保护的需要

（1）《执行异议复议规定》等相关规定对法院支持执行异议规定了严格的条件（比如，第二十八条规定的四个要件），做此严格规定是为了在保护案外人的合法权利的同时，也保护申请执行人的合法权利。如果随意地类推适用，扩大解释相关的规定以排除执行，则被执行人的财产将可能大幅减少，这对于申请执行人权利的保护是十分不利的。

（2）从部分高级人民法院的规定来看，借名买房的借名人所提出的执行异议也不应得到支持。《北京市高级人民法院关于审理房屋买卖合同纠纷案件适用法律若干问题的指导意见（试行）》第十五条第一款规定："当事人约定一方以他人名义购买房屋，并将房屋登记在他人名下，借名人实际享有房屋权益，借名人依据合同约定要求登记人（出名人）办理房屋所有权转移登记的，可予支持。但是，该房屋因登记人的债权人查封或其他原因依法不能办理转移登记，或者涉及善意交易第三人利益的除外。"根据该规定，"债权人查封"是借名人依据合同约定要求登记人（出名人）办理房屋所有权转移登记的障碍。从该规定可看出，该规定的立法本意是这个障碍是借名人不能通过保全异议或执行异议（之诉）涤除掉的（善意第三人的权

利优先于借名人的权利受到保护，对此应该没有争议。该规定把“债权人查封”和“善意第三人”并列，由此可以看出，该规定的本意是申请查封了房屋的债权人的债权优先于借名人的债权）。

2. 规范市场交易秩序的需要

有些人通过借名买房等方式规避政府的政策，滋生出很多的纠纷。不支持借名人执行异议（之诉）的判决实现由“特殊预防”到“一般预防”的效果，这对于规范市场秩序是有利的。如果法院支持了借名人的执行异议（之诉），就会导致更多的人借名买房，就会产生更多的纠纷，也会导致出名人的债权人可能因无法知晓出名人的责任财产（房产）是否为其所有，而不敢与之交易，这与鼓励交易原则是相违背的。

7-7 中集哈深公司与徐某欣、曾某外案外人执行异议之诉案

案情简介：涉案房屋登记在曾某外名下，但实际出资人系徐某欣。徐某欣（甲方）与曾某外（乙方）签订的《房产代持协议》约定，涉案房产的所有权、使用权、收益权、处分权等一切权利均属于甲方，甲方仅以乙方名义购买涉案房屋，乙方仅代替甲方持有目标房产并不享有目标房产的任何权利。兴业银行与石某、秦某、曾某外、周某、马某勇借款合同纠纷一案，执行过程中，法院查封了涉案房屋，徐某欣提出执行异议。

裁判观点：【案号：最高人民法院（2020）最高法民再328号】《物权法》第九条规定：“不动产物权的设立、变更、转让和消灭，经依法登记，发生效力；未经登记，不发生效力，但法律另有规定的除外。”第十六条规定：“不动产登记簿是物权归属和内容的根据……”根据前述法律确立的物权公示原则和不动产物权登记生效原则，除非法律另有规定，不动产物权的变动应履行变更登记程序才能发生相应的法律效力。《最高人民法院关于适用〈中华人民共和国物权法〉若干问题的解释（一）》第二条规定：“当事人有证据证明不动产登记簿的记载与真实权利状态不符、其为该不动产物权的真实权利人，请求确认其享有物权的，应予支持。”但司法解释的该条规定系适用于利用虚假资料骗取登记、登记机关人员错误登记、非基于法律行为导致物权变动后未及时更正登记等情况下，已经过法定程序取得权利的真实权利人与登记簿记载不一致导致的登记错误等情形。本案徐某欣借用曾某外名义签订商品房买卖合同、办理相关手续，故意将案涉房屋登记在曾某外名下，不属于前述法律规定的登记错误情形。在借名买房并不违反公序良俗原则、不存在无效事由的

情况下，借名人可以依据实质上的代持关系要求出名人将房屋过户至其名下，但此项权利系基于合同关系所产生的债权请求权，在经法定变更登记程序完成物权公示之前，借名人尚不能依据借名买房的合同关系未经公示程序即直接被确认为房屋的物权人，其所享有的债权请求权也不具有对世效力、排他效力和绝对效力。这符合我国法律关于物权变动的实然规定，也是借名人故意制造名义买房人与实际买房人不一致时应面临的权利风险。故仅依据借名买房协议，徐某欣并不能直接成为案涉房屋的所有权人，不享有排除执行的合法权益。原审判决认定徐某欣因借名买房关系对案涉房屋享有物权或所谓物权期待权而足以排除执行，认定事实及适用法律错误，本院予以纠正。

79. 隐名股东无权排除法院对名义股东名下股权的执行

《公司法》第三十二条规定："有限责任公司应当置备股东名册，记载下列事项：（一）股东的姓名或者名称及住所；（二）股东的出资额；（三）出资证明书编号。记载于股东名册的股东，可以依股东名册主张行使股东权利。公司应当将股东的姓名或者名称向公司登记机关登记；登记事项发生变更的，应当办理变更登记。未经登记或者变更登记的，不得对抗第三人。"

《最高人民法院关于适用〈中华人民共和国公司法〉若干问题的规定（三）》（以下简称《公司法解释三》）第二十四条规定："有限责任公司的实际出资人与名义出资人订立合同，约定由实际出资人出资并享有投资权益，以名义出资人为名义股东，实际出资人与名义股东对该合同效力发生争议的，如无法律规定的无效情形，人民法院应当认定该合同有效。前款规定的实际出资人与名义股东因投资权益的归属发生争议，实际出资人以其实际履行了出资义务为由向名义股东主张权利的，人民法院应予支持。名义股东以公司股东名册记载、公司登记机关登记为由否认实际出资人权利的，人民法院不予支持。实际出资人未经公司其他股东半数以上同意，请求公司变更股东、签发出资证明书、记载于股东名册、记载于公司章程并办理公司登记机关登记的，人民法院不予支持。"

总结上述法律、司法解释的规定，可以看出法律对隐名股东权利的态度是：

1. 在隐名股东与名义股东的内部关系上，以认可隐名股东与名义股东之间的股权代持协议或类似协议合法有效为基础和前提，承认隐名股东的投资收益等权利，也认可名义股东在因隐名股东出资不实等原因承担赔偿责任后向隐名股东追偿的权利。

2. 在外部关系上，包括名义股东与公司的关系、名义股东与其债权人的关系等，则以保护第三人为原则。

站在名义股东的普通金钱债权人（第三人）的角度，名义股东的股权是名义股东的责任财产，虽然第三人不一定因名义股东有标的股权而信赖其偿债能力而与之交易，第三人与名义股东的交易也不一定直接涉及标的股权，但是，根据上述《公司法》及《公司法解释三》相关规定的精神，再考虑到隐名股东对于股权没有登记在其名下而可能产生的各种法律风险应当明知，在第三人的权利与隐名股东的权利发生冲突时，原则上应当优先保护第三人的权利，即隐名股东不享有足以排除强制执行的民事权益。

因此，隐名股东的权利不能排除法院对名义股东名下股权的执行。

7-8 贵州雨田公司与逸彭企业、付某案外人执行异议之诉案

案情简介：付某代贵州雨田公司持有雨田投资公司10%的股权。2017年3月18日，法院在执行逸彭企业与付某等借款合同纠纷一案中，于2017年6月8日冻结了付某持有的雨田投资公司10%的股权。贵州雨田公司提出执行异议。

裁判观点：【案号：最高院（2020）最高法民终844号】《执行异议复议规定》第二十五条第一款第四项规定："对案外人的异议，人民法院应当按照下列标准判断其是否系权利人：……（四）股权按照工商行政管理机关的登记和企业信用信息公示系统公示的信息判断。"《公司法》第三十二条第三款规定："公司应当将股东的姓名或者名称向公司登记机关登记；登记事项发生变更的，应当办理变更登记。未经登记或者变更登记的，不得对抗第三人。"公司的工商登记对社会具有公示公信效力，善意第三人有权信赖公司登记机关的登记文件，工商登记表现的权利外观应作为认定股权权属的依据。本案中，2016年8月10日，贵州雨田公司与付某签订《代持股协议书》，约定付某代贵州雨田公司持有雨田投资公司10%的股权。雨田投资公司《企业信用信息公示报告》显示，付某持有雨田投资公司10%的股权。贵州雨田公司在二审中提交两组证据，证明其与付某之间存在股权转让关系，贵州雨田公司按照股权转让协议的安排支付了对价。法院认为，该两组证据仅能证明贵州雨田公司与付某之间进行了股权转让，但双方关于股权转让的约定和案涉《代持股协议书》均仅在协议签订双方之间具有法律效力，对外不具有公示效力，不能对抗第三人。在诉争股权仍然登记在付某名下的情形下，逸彭企业作为申请执行人有理由相信工商行政管理机关的登记和企业信用信息公示系统公示的信息是真实的。因

此，不论贵州雨田公司是否支付对价，均不能以其与付某之间的代持股关系排除人民法院的强制执行行为。

80. 被挂靠的公司账户被冻结，挂靠人（账户实际使用人）是否有权排除执行

挂靠经营是一种比较常见的经营合作方式，一般是指没有资质的一方（挂靠人）以有资质的一方（被挂靠的公司）的名义从事生产经营活动（建设工程中比较常见）。作为实际经营一方的挂靠人一般会以被挂靠公司的名义开设一个银行账户，由挂靠人实际控制和使用。

被挂靠公司账户被法院冻结一般是因为该公司对外有债务，在诉讼或执行程序中被法院冻结（本节以执行程序中的冻结为例）。

如果挂靠人挂靠的是一家经过审计的公司且挂靠人具备对这家公司完全和绝对的控制权（类似于挂靠人承包被挂靠的公司），则公司所欠之债即是挂靠人所欠之债，法院执行公司的财产也就是执行挂靠人的财产，这样挂靠人也不“冤枉”，没有理由提出案外人执行异议之诉。

但是，如果挂靠人挂靠公司前未经审计，挂靠人对公司所欠之债并不知情，则公司的债权人执行公司的财产就变成了执行挂靠人的财产；如果挂靠人对公司并无完全和绝对的控制权，则在挂靠人以公司名义生产经营过程中，公司可能会因挂靠人之外的原因欠债。

这样就会产生一个问题：债权人申请执行，法院可否执行被挂靠公司的财产（实际上是挂靠人的财产）？

不得执行的理由主要是：被挂靠公司的财产实际上是挂靠人的财产，而非被挂靠公司的财产，但是债务是被挂靠公司的债务，而非挂靠人的债务，法院只能执行实际上的债务人的财产，而不能执行债务人之外的人的财产。这种观点主要体现了对挂靠人的保护。

可以执行的理由主要是：（1）挂靠人借被挂靠公司的名义进行生产经营一般都是为了规避某些法律法规或政策的规定，本身就具有违法性和过错，挂靠人应当预见到其可能会为被挂靠公司“背锅”；（2）债权人无法辨别挂靠人和被挂靠公司之间内部的约定，债权人的债权应当得到保护；（3）挂靠人的损失可以依法向被挂靠公司主张或依据相关约定向相关主体主张；（4）并无法律规定此种情形下挂靠人的权利可以排除法院的强制执行，法院不得为挂靠人扩张解释某个法律条款。这主要

体现了对债权人利益的保护。

法律的制定和法院在审判中对法律的解释,本身就是一个价值判断和利益衡量的过程。

笔者赞同可执行的观点,即法院原则上可以执行被挂靠公司的财产(实际上是挂靠人的财产)。但是,应当作出一些例外规定,比如,被挂靠公司的债权人明知公司的财产是挂靠人的财产,为了获取非法利益而与公司恶意串通制造虚假债务,这种债务本身是无效的,挂靠人可以通过审判监督程序撤销执行依据(包括通过第三人撤销之诉撤销调解书),以此保护自己的财产免被执行。再如,被挂靠公司与其债权人的债权债务形成之前,被挂靠公司就告知了其债权人该账户系挂靠人实际使用,该账户内的资金也系挂靠人所有,被挂靠人不能用该账户内的资金偿还其债权人的债务,在此情形下,即不能将该账户内的资金视为被挂靠人的责任财产,挂靠人有权据此排除被挂靠人的债权人的执行。

7-9 李某川与李某、创荣公司执行异议之诉案

案情简介:李某借用创荣公司资质、账户等手续实际投资并负责施工某项目。李某川与创荣公司合同纠纷一案,执行过程中冻结了涉案账户,李某提出执行异议。

裁判观点:【案号:河南省高级人民法院(2021)豫民再52号】李某对法院查封的案涉账户中的800,000元存款不享有足以排除强制执行的民事权益,具体理由如下:首先,《执行异议复议规定》第二十五第三项规定:“对案外人的异议,人民法院应当按照下列标准判断其是否系权利人:……(三)银行存款和存管在金融机构的有价证券,按照金融机构和登记结算机构登记的账户名称判断;”本案中,案涉银行账户登记名称为创荣公司,且未特定化,故该账户存款权利人为创荣公司,李某川有权依据法院生效裁判申请强制执行该账户存款。其次,《人民银行结算账户管理办法》第四十五条规定:“存款人应按照本办法的规定使用银行结算账户办理结算业务。存款人不得出租、出借银行结算账户。”第六十五条第一款规定:“存款人使用银行结算账户,不得有下列行为:……(四)出租、出借银行结算账户。”存款人不得出借账户。银行账户作为货币占有的一种表现形式,确定其权属时亦应遵循保护不特定第三人的利益和维护商业交易安全及金融秩序的原则,否则容易造成金融秩序的紊乱,不利于监管,亦不利于诚信社会的建立。本案中,李某主张借用创荣公司的账户收取案涉工程相关款项,但该借用行为违反上述法律规定,即使李某与

创荣公司约定由李某使用案涉账户,但也只能对其双方产生约束力,而不能改变对于第三人而言案涉账户内存款为创荣公司所有的性质,也不能对抗第三人的执行申请和人民法院的强制执行。

第三编

房产纠纷与执行异议成功案例分享

案例一

想办法突破合同约定的履行期限

这是一个房屋买卖合同纠纷,我代理房屋出卖人(甲方,上家),对方是房屋买受人(乙方,下家)。

一、案情简介

2016 年,出卖人以 500 万元的到手价出售标的房屋给买受人,网签合同价 449 万元,补充协议约定装修补偿款 51 万元。合同约定,出卖人要在过户前把户口迁出去,否则按照每日万分之四承担逾期违约金,超过 15 日仍未迁出的,出卖人要承担房屋总价 20% 的违约金(注:这个合同约定很罕见,出卖人承担 20% 违约金不以买受人解除合同为前提)。

过户前,买受人突然通知出卖人房子里有户口没迁出,要求出卖人在过户后承担每日房屋总价万分之四(每天 2000 元)的逾期违约金,超过 15 日仍未迁出的,出卖人要承担房屋总价 20% 即 100 万元的违约金。

出卖人接到通知后觉得买受人搞错了,因为这个房子是出卖人在 10 年前买的二手房,装修后出租(10 年没涨租金,租客每月一付租金),自己和家人从来没把户口迁进去,里面怎么可能有户口?合同是中介起草和提供的,关于迁出户口的约定,中介说这是模板不能改(注:事实上这个说法不成立),出卖人觉得既然这样,带着这个条款也无所谓。

出卖人到当地派出所查询后才知道,原来这个房子里有上家出卖人的户口。出卖人很着急,感觉自己被算计了,立即采取了如下措施:(1)积极联系其上家。房屋交易结束 10 年了,联系方式早就没有了。经过非常艰苦的努力,出卖人才联系上其上家。出卖人的上家在国外做生意,一年回国一次。出卖人说你回来把户口迁出去吧,你来回的机票我负担,但是其上家说近期没时间回不来。(2)出卖人找到买受人说,我给你留几十万元的押金,你每天在押金里扣一定的逾期违约金,我继续去做我的上家的工作,让他尽快把户口迁出去,但是你别要那100万元的违约金。买受人拒绝了,坚持要出卖人按合同赔偿违约金。

出卖人觉得在房价大幅上涨的背景下,自己没涨价,反倒要赔偿对方100多万元,完全接受不了。眼看过户日期马上就要到了,出卖人急得不得了,几经辗转,找到了我。

二、发律师函:按照真实的房价重新网签、重新审税,继续交易

我在和出卖人面谈并看了所有相关的材料后,帮当事人分析了法律关系(包括合同是否解除,违约金的调整等)。

出卖人急迫地追问,过户时间就要到了,这怎么办?

我说,你们做低房价避税是违法的,任何公民都有义务也有权利纠正违法行为。我建议给对方发律师函,要求按照真实的房价即500万元重新网签、重新审税,再继续交易。当然,这需要一段时间,你们约定的过户时间肯定会被推迟。

出卖人完全赞同纠正违法行为,重新网签,重新审税,再继续交易这个方案。

在和出卖人办理了相关的委托手续并作了相关的准备工作之后,我起草了律师函。我的律师函主要体现如下两个意思:(1)做低房价是违法的,出卖人现要求纠正此违法行为,即按照真实的房价500万元重新网签、重新审税;(2)出卖人要求继续履行合同。

这封律师函起到了以合法的方式推迟合同约定的过户及迁出户口的时间的作用,扭转了出卖人即将违约的不利局面。

之后,这个房产纠纷经过了诉讼,法院在判决书里也完全支持了我方的观点:(1)做低房价不合法,出卖人要求按照真实的房价重新网签属于正当合法的行为,不属于违约;(2)在重新网签之前,合同是否可以继续履行以及如何履行处于不确定状态,因此出卖人未按照原合同约定的时间迁出户口不构成逾期和违约。

三、律师函发出之后

律师函发出后,对方拒绝重新网签,合同履行处于僵持阶段。出卖人利用这段时间(用了一个月左右的时间),做通了其上家的工作,其上家回国把户口迁了出去。

虽然房价在涨,但是出卖人从来没想过要利用这个机会解除合同或者让买受人补

偿,户口迁出之后,出卖人继续通过各种方式和渠道催告买受人履行合同,买受人一直不配合。出卖人提起诉讼,要求买受人继续履行合同(为此我做了充分的准备)。

之后,我们收到诉状副本才知道买受人也起诉了出卖人,买受人的诉讼请求是:(1)判令解除双方签订的《房屋买卖合同》、《上海市房地产买卖合同》和协议,并由出卖人承担按合同约定的违约金人民币100万元;(2)判令出卖人向买受人支付解除合同违约金16,560元;(3)判令出卖人返还买受人已支付的房款276万元,并支付自2016年11月11日起至判决生效之日止的逾期利息,按照中国人民银行同期贷款利率计算;(4)判令出卖人承担居间方的中介费8万元及买受人第二套房屋的税金损失85,500元,合计165,500元。理由是:出卖人发律师函给买受人,声称因做低房价涉嫌违法,要求重新签订合同,不再履行原合同。另出卖人也未按约迁出系争房屋内的户口。故买受人认为,出卖人拒绝过户及逾期迁户口均构成违约,买受人依约享有合同解除权,故诉至法院要求判如所请。

买受人的诉讼请求是不是很吓人?其实就是"纸老虎"。

四、时刻想着收集证据

在发律师函之前我方已经掌握了一些证据可以证明双方在补充协议里约定装修补偿款51万元是做低房价以避税的行为,但是我还想再收集一些证据。由于当时双方都已很敏感,对方应该也已经咨询过律师,很谨慎,因此出卖人直接找买受人固定证据没有取得好的效果(注:这些工作都是在发律师函之前做的)。但是,后面我们又有了机会。

出卖人起诉买受人的案子,和买受人起诉出卖人的案子一起开庭。首先,法官组织双方进行调解,气氛很"友好"。法官问发生纠纷的原因时,我提到这个房屋交易做低房价避税的事,对方开始否认,我说:一是这个房子在内环,450万元是普通住房和非普通住房的分界线,你们把网签价写成449万元明显就是为了避开450万元这条线,我算了一下,你们避税几十万元;二是这个房子是出卖人10年前买的二手房,当时装修(含家具家电)才花了几万元钱,现在这个房子的装修(含家具家电)只会贬值,不可能升值到51万元,我们已经向法院提交了鉴定申请,你不承认的话我们就申请对这个房子的装修价值进行评估。

最后,出卖人没有办法,只能承认网签价写449万元,补充协议写装修补偿款51万元是为了避税,是做低了房价。

好了,做低房价的证据充分了,我方的一切行为合法合理,依据充分。

五、最后的结果

法院完全支持了我方的观点。此外,法院认为虽然买受人无合同解除权,但合同客观上无法履行,因此判决解除合同,出卖人退还买受人已付的房款并支付银行同期贷款利率的50%。买受人诉请的违约金100万元和16,560元、中介费8万元、第二套房屋的税金损失85,500元全部没有支持。

在房价大幅上涨的背景下,从纯经济的角度,完全无责地解除合同,出卖人利益是最大化的,虽然出卖人从未追求房价上涨的这部分利益。

六、总结

从律师的角度,遇到一个案例要客观理性地分析法律关系,要时刻想着请求权基础,要逻辑严密清晰,积极采取措施,认真细致地应对。对于疑难案例,找到一个突破口至关重要。

律师专业化是大势所趋,要想提供最优质的法律服务,说得具体点,以诉讼为例,律师要对这个领域的法律、法规、地方政策、司法解释、法院的会议纪要等非常熟悉,也要大量阅读研究相关的案例并持续追踪法院裁判思路的细微变化,更要有该类案件丰富的办案经验。

附判决书

(一)我方作被告案

原告南某某、许某某诉被告王某房屋买卖合同纠纷案

原告:南某某,女,1979年×月×日出生,×族,住上海市浦东新区。

原告:许某某,男,1972年×月×日出生,×族,住上海市浦东新区。

上列两原告共同委托诉讼代理人:李某某,上海市某律师事务所律师。

被告:王某,女,1970年×月×日出生,×族,住上海市黄浦区。

委托诉讼代理人:张春光,上海市某律师事务所律师。

原告南某某、许某某诉被告王某房屋买卖合同纠纷一案,本院于2016年12月9日立案后,依法适用简易程序,于2017年1月25日公开开庭进行了审理。原告南

某某及原告南某某、许某某的共同委托诉讼代理人李某某，被告王某的委托诉讼代理人张春光到庭参加诉讼。本案现已审理终结。

原告南某某、许某某向本院提出诉讼请求：1. 判令解除双方签订的《房屋买卖合同》、《上海市房地产买卖合同》和协议，并由被告承担按合同约定的违约金人民币 100 万元；2. 判令被告向原告支付解除合同违约金 16,560 元；3. 判令被告返还原告已支付的房款 276 万元，并支付自 2016 年 11 月 11 日起至判决生效之日止的逾期利息，按照中国人民银行同期贷款利率计算；4. 判令被告承担居间方的中介费 8 万元及原告第二套房屋的税金损失 85,500 元，合计 165,500 元。审理中，原告申请撤回第 4 项诉讼请求。事实与理由：两原告系夫妻关系。2016 年 8 月，原、被告通过上海某房地产经纪有限公司居间介绍签订了关于本市浦东新区东园一村 × × × 号 × × × 室房屋（以下简称系争房屋）。后双方又签订了《房屋买卖合同》及《上海市房地产买卖合同》。约定 2016 年 11 月 10 日前办理过户，出卖人在过户前迁出户口，逾期则按已付款的每日万分之四支付违约金，超过 15 日，原告有权解除合同。原告按约支付了房款 276 万元。2016 年 10 月 28 日，被告发律师函给原告，声称因做低房价涉嫌违法，要求重新签订合同，不再履行原合同。另被告也未按约迁出系争房屋内的户口。故原告认为被告拒绝过户及逾期迁户口均构成违约，原告依约享有合同解除权，故诉至本院要求判如所请。

被告王某辩称，系争房屋实际房价为 500 万元，为了避税，在《上海市房地产买卖合同》上写为 449 万元，其余 51 万元作为装修补偿款。后来被告意识到该行为违反法律规定，且可能涉及刑事犯罪，故要求与原告按实际成交价 500 万元重新签订合同再去办理过户，但原告不同意，故双方未能过户。关于户口问题，合同约定为在过户前迁出即可，现在何时过户尚不确定，故不存在逾期迁户口问题。即使逾期了，原告也曾发短信表示户口问题不影响过户，要求继续过户，可见原告已经放弃了其所谓享有的逾期迁户口的合同解除权。综上，原告不享有合同解除权，故被告不同意原告的诉讼请求。

本院经审理认定事实如下：系争房屋登记在被告名下。2016 年 8 月 10 日，被告（甲方）与原告（乙方）经上海某房地产经纪有限公司居间介绍签订了《房地产买卖合同》，合同约定：第二条，甲乙双方经协商一致，同意将系争房屋以 500 万元价格转让给乙方。同日又签订了房屋买卖合同，约定转让价款为 500 万元，于 2016 年 11 月 10 日之前过户，若该房地产上有户口，则甲方应于交易过户前迁出户口。2016 年 8 月 12 日，双方又签订了《上海市房地产买卖合同》，约定转让价款为 449 万元；在 2016 年 11 月 10 日之前，甲乙双方共同向房地产交易中心申请办理转让过户手续。第十条,甲方未按本合同约定的期限将上述房地产交付(包括房地产交接、户口迁出及房地产权利转移)给乙方,应当向乙方支付违约金,违约金应按照乙方已付款万分之四计算,违约金自本合同应交房期限之第二日起算至实际交房之日止;逾期超过十五日后甲方仍未交付的,除甲方应向乙方支付十五日的违约金外,甲方还应承担违约责任,违约金为该房屋总价款的20%。补充条款(一),户口:甲方承诺于甲乙双方交易过户前向房屋所在地的公安派出所机构办妥原有户口的全部迁出手续。同日,双方又签订了《协议》,约定:《上海市房地产买卖合同》中约定的成交价格449万元,该价格未包含该房屋装潢、厨卫设施及附属设施、设备费用。乙方同意将现有装潢、厨卫设施及附属设施、设备另行补偿甲方51万元,该价格不体现于双方签订的上海市房地产买卖合同内。该房屋在交易过程中产生的其他税费及甲乙双方应向中介支付的佣金均由乙方承担。合同签订后,原告依约共支付了房款计276万元,其中定金收据上均写明成交价格500万元。并于2016年9月28日办理了审税,10月12日被告配合原告至银行办理了贷款手续。2016年10月28日,被告向原告寄送了律师函,表示系争房屋的真实交易价格是500万元,做低房价为449万元,这种做低房价行为涉嫌偷逃税款,属于违法行为,故要求与原告重新按照真实的价格签订合同,继续交易。

审理中,本院询问对于增加税费如何承担。原告与被告均不愿意承担增加税费。原告也表示,贷款审批期限已过有效期,目前无力支付剩余房款。

以上事实,由房地产权证、《居间协议》、《房屋买卖合同》、《上海市房地产买卖合同》、《协议》、定金收据、转账汇款、律师函以及双方当事人的庭审陈述等证据证实。

本院认为,原告现主张被告拒绝过户及逾期迁户口,构成违约,依法享有合同解除权。针对原告解除合同理由分析如下:被告称签订合同后意识到做低房价违法涉嫌犯罪,故要求按照真实交易价格重新签订合同。原告认为未做低房价。根据原告提供的无论是居间协议还是房屋买卖合同、定金收据,均约定房价为500万元,庭审中,原告亦陈述中介表示为了避税,把51万元作为装修补偿款,且并未就装修价格协商过,故本院对被告的意见予以采信,本案系争房屋实际价格为500万元,为了避税,做低房价为449万元,原告陈述有违诚信原则。被告在意识到避税违法后,要求按真实房价重新签订合同,属于纠正自己不当行为,系合法主张,并不属于违约行为;原告认为被告逾期迁户口构成违约的意见,因被告要求重新签订合同系合法主张,在双方未重新签订合同之前,合同是否能继续履行以及具体如何履行处于不确定状态,故被告未按原合同约定日期迁出户口不存在逾期问题。故原告要求被告承担违约责任的诉讼请求本院不予支持。但本案合同是否需继续履行？如果继续履行，按真实房价500万元计算税费，势必会超出原本预计税费，对此原、被告均不同意承担。原协议中仅约定税费由原告承担，但这仅是基于双方合意做低房价后原告的意思表示，并未约定如按真实房价计取税费后增加税费由谁承担。本院认为合意做低房价双方都有过错，故对于增加税费仍要求原告独自承担，有失公允。且原告现表示无力支付剩余房款，难以保证合同继续履行。综上所述，本院考虑合同履行基础及风险认为，双方关于系争房屋买卖关系应予解除。合同解除后，尚未履行的，终止履行；已经履行的，根据履行情况和合同性质，当事人可以要求恢复原状、采取其他补救措施，并有权要求赔偿损失。故被告应将收取房款276万元退还原告。至于原告要求被告赔偿银行利息，因合同无法履行，系双方合意做低房价引起，双方对此均有责任，故本院认为利息损失应由原、被告各半承担。据此，依照《中华人民共和国合同法》第六十条、第九十七条、第一百一十条的规定，判决如下：

一、解除原告南某某、许某某与被告王某就上海市浦东新区东园一村×××号×××室房屋买卖关系；

二、被告王某于本判决生效之日起十日内返还原告南某某、许某某购房款2,760,000元；

三、被告王某于本判决生效之日起十日内支付原告南某某、许某某利息损失（计算方式：以276万元为基础，按中国人民银行同期贷款利率50%，自2016年11月11日计算至判决生效之日止）；

四、驳回原告南某某、许某某的其余诉讼请求。

负有金钱给付义务的当事人如未按判决指定的期间履行给付义务，应当依照《中华人民共和国民事诉讼法》第二百五十三条之规定，加倍支付迟延履行期间的债务利息。

案件受理费15,438.54元，保全费5000元，合计20,438.54元，由原告南某某、许某某负担17,938.54元，被告王某负担2500元。

如不服本判决，可在判决书送达之日起十五日内，向本院递交上诉状，并按对方当事人的人数提出副本，上诉于上海市第一中级人民法院。

审判员　×××

二〇一七年三月十五日

书记员　×××

（二）我方作原告案

原告王某诉被告南某某、许某某房屋买卖合同纠纷案

原告：王某，女，1970 年 × 月 × 日出生，× 族，住上海市黄浦区。

委托诉讼代理人：张春光，上海某律师事务所律师。

被告：南某某，女，1979 年 × 月 × 日出生，× 族，住上海市浦东新区。

被告：许某某，男，1972 年 × 月 × 日出生，× 族，住上海市浦东新区。

上列两被告共同委托诉讼代理人：李某某，上海某律师事务所律师。

原告王某诉被告南某某、许某某房屋买卖合同纠纷一案，本院于 2016 年 12 月 9 日立案后，依法适用简易程序，于 2017 年 1 月 25 日公开开庭进行了审理。原告王某的委托诉讼代理人张春光及被告南某某、南某某与许某某的共同委托诉讼代理人李某某到庭参加诉讼。本案现已审理终结。

原告王某向本院提出诉讼请求：要求被告配合原告撤销就本市浦东新区东园一村 ××× 号 ××× 室房屋签订的《上海市房地产买卖合同》并按照真实的房价重新网签，继续履行买卖合同（过户及支付剩余房款）。事实与理由：2016 年 8 月 10 日，原、被告通过上海某房地产经纪有限公司居间介绍签订系争房屋买卖合同，总房价为人民币 500 万元。2016 年 8 月 12 日，双方又签订了《上海市房地产买卖合同》，约定系争房屋的网签合同价为 449 万元，装修等补偿款 51 万元。上述协议均约定一切税费均由被告承担。事实上，系争房屋的装修等价值远远不足 51 万元。原告事后认识到做低房价的行为是违法的，一再要求被告配合撤销原网签并重新网签，重新审税，以推动交易合法地进行，但被告不予配合。故诉至本院要求判如所请。

被告南某某、许某某辩称，原告所述并非事实，房价是 500 万元，但经过协商，房价为 449 万元，51 万元作为装修补偿款，并非做低房价。故不同意重新签订合同，已经另案起诉原告，要求解除合同，并要求原告承担相应的违约责任。

本院经审理认定事实如下：系争房屋登记在原告名下。2016 年 8 月 10 日，原告（甲方）与被告（乙方）经上海某房地产经纪有限公司居间介绍签订了《房地产买卖合同》，合同约定：第二条，甲乙双方经协商一致，同意将系争房屋以 500 万元价格转让给乙方。同日又签订了房屋买卖合同，约定转让价款为 500 万元，于 2016 年 11 月 10 日之前过户，若该房地产上有户口，则甲方应于交易过户前迁出户口。

2016年8月12日，双方又签订了上海市房地产买卖合同，约定转让价款为449万元；在2016年11月10日之前，甲乙双方共同向房地产交易中心申请办理转让过户手续。第十条，甲方未按本合同约定的期限将上述房地产交付(包括房地产交接、户口迁出及房地产权利转移)给乙方，应当向乙方支付违约金，违约金应按照乙方已付款万分之四计算，违约金自本合同应交房期限之第二日起算至实际交房之日止；逾期超过十五日后甲方仍未交付的，除甲方应向乙方支付十五日的违约金外，甲方还应承担违约责任，违约金为该房屋总价款的20%。补充条款(一)，户口：甲方承诺于甲乙双方交易过户前向房屋所在地的公安派出所机构办妥原有户口的全部迁出手续。同日，双方又签订了《协议》，约定：《上海市房地产买卖合同》中约定的成交价格449万元，该价格未包含该房屋装潢、厨卫设施及附属设施、设备费用。乙方同意将现有装潢、厨卫设施及附属设施、设备另行补偿甲方51万元，该价格不体现于双方签订的上海市房地产买卖合同内。合同签订后，被告依约支付了房款共计276万元。并于2016年9月28日办理了审税，10月12日原告配合被告至银行办理了贷款手续。2016年10月28日，原告向被告寄送了律师函，表示系争房屋的真实交易价格是500万元，做低房价为449万元，这种做低房价行为涉嫌偷逃税款，属于违法行为，故要求与被告重新按照真实的价格签订合同合同，继续交易。

以上事实，由房地产权证、《房屋买卖合同》、《上海市房地产买卖合同》、《协议》、律师函以及双方当事人的庭审陈述等证据证实。

本院认为，原、被告就本案系争房屋的买卖关系已经在另一案，即(2016)沪0115民初87647号中经本院判决予以解除，理由不再赘述。故原告现主张重新签订网签合同继续履行合同等诉讼请求，本院不予支持。据此，依照《中华人民共和国合同法》第一百一十条的规定，判决如下：

驳回原告王某的诉讼请求。

案件受理费26,000元，减半收取计13,000元，由原告王某负担。

如不服本判决，可在判决书送达之日起十五日内，向本院递交上诉状，并按对方当事人的人数提出副本，上诉于上海市第一中级人民法院。

审判员　×××

二〇一七年三月十二日

书记员　×××

案例二

在模棱两可中寻找并抓住能打赢的细节

这是一个房屋买卖合同纠纷的案子，本案我代理房屋买受人李先生，这个案子的关键就是合同性质是预约还是本约。

2015 年 10 月下旬，在上海房价大涨的前夕，李先生（乙方）与房屋出卖人陈某（甲方）及中介（丙方）三方签订了《房地产买卖居间协议》，协议签订后李先生按约支付了 10 万元定金，但之后房价大涨，陈某拒绝履行协议。

李先生在 2016 年 6 月才找到我，我仔细看了这份《房地产买卖居间协议》：一张 A3 纸，协议条款很简单，稀稀疏疏没几个条款，乍看像是一个意向协议，但是对房屋交易的坐落、成交价格、付款方式、付款期限、过户时间、交房时间、违约责任都作了约定，并约定本协议生效后 90 个工作日内补签《上海市房地产买卖合同》。

这个案子胜败的关键就是判断这份《房地产买卖居间协议》是预约还是本约：当事人约定在将来一定期限内订立合同的认购书、订购书、预订书等，构成预约合同（预约合同是约定将来签订一定合同的合同），本约合同是为履行预约合同而签订的合同。这个概念很抽象是吧？那么，根据这个抽象的概念应该怎么理解这份《房地产买卖居间协议》中的“本协议生效后 90 个工作日内补签《上海市房地产买卖合同》”这个条款呢？（1）这个条款说明这份《房地产买卖居间协议》是约定将来签订一定合同（《上海市房地产买卖合同》）的合同（预约）？（2）“本协议生效后 90 个工作日内补签《上海市房地产买卖合同》”只是为了行政管理的需要？这份《房地产买卖居间协议》本身就是本约？

关于预约和本约的具体判断标准和依据，法院有争议，判决的观点也不一致。从合同条款来看，这份《房地产买卖居间协议》可以被认定为预约，也可以被认定为本约。

看完协议，我继续问李先生关于这个交易的其他情况，他跟我讲了很多，其中两点让我眼前一亮！

1. 已交房，李先生一家已装修入住。

（1）交房，这是在履行本约，这就说明双方当事人真实的意思表示是这份《房地产买卖居间协议》本身就是本约，将来补签《上海市房地产买卖合同》只是为了行政管理的需要。

（2）已装修入住是法院需要考虑的一个法律关系稳定的因素。

2. 交房后，陈某应李先生的要求补交了拖欠的物业费并将物业费发票原件给了李先生，陈某配合李先生办理了有线电视更名手续（由陈某变更为李先生）。

（1）这两点也说明双方当事人真实的意思表示是这份《房地产买卖居间协议》本身就是本约，将来补签《上海市房地产买卖合同》只是为了行政管理的需要。

（2）由于当时交房的方式是交钥匙交房，没有签订房屋交接书，且钥匙打不开门锁，李先生就在得到陈某允许后撬锁进入案涉房屋。这些都没有证据。开庭的时候陈某说她没有交房，李先生是非法进入案涉房屋的。但是陈某应李先生的要求补交了拖欠的物业费并将物业费发票原件给了李先生，陈某配合李先生办理了有线电视更名手续这两个细节说明陈某是自愿交房并认可李先生装修入住的（关于交房和合法占有案涉房屋这一事实，我们还申请了中介作为证人出庭作证）。

有了上述两个细节，再结合《合同法》鼓励交易的基本原则等法律和事实上的有利因素，我心里就有底了，就很有信心了。

我跟李先生分析了法律关系、利弊因素，他考虑了两天后决定委托我代理打官司。

一审，我们胜诉，陈某上诉，二审我们也胜诉。之后我们申请强制执行，在办理强制过户手续时，这个房子的房价已经涨了大约一倍。房屋买受人李先生的合法权利得到了保护。

附判决书：

（一）本案一审判决书

原告（反诉被告）李某某与被告（反诉原告）陈某房屋买卖合同纠纷案

原告（反诉被告）：李某某，男，1980 年 × 月 × 日生，× 族，住上海市宝山区。

委托诉讼代理人:张春光,上海市某律师事务所律师。

被告(反诉原告):陈某,女,1969 年×月×日生,×族,住上海市宝山区。

委托诉讼代理人:肖某某、郑某。

第三人:中国工商银行股份有限公司上海市分行第二营业部,住所地上海浦东新区即墨路××。

负责人:殷某某,总经理。

委托诉讼代理人:周某某。

原告(反诉被告)李某某与被告(反诉原告)陈某房屋买卖合同纠纷一案,本院立案后,依法适用简易程序,通知中国工商银行股份有限公司上海市分行第二营业部作为第三人参加诉讼,并公开开庭进行了审理。原告李某某及其委托诉讼代理人张春光,被告陈某及其委托诉讼代理人肖某某、郑某,第三人中国工商银行股份有限公司上海市分行第二营业部的委托诉讼代理人周某某到庭参加诉讼。本案现已审理终结。

原告(反诉被告)李某某向本院提出诉讼请求,要求陈某将上海市宝山区陆翔路×××弄×××号×××室房屋(以下简称系争房屋)过户给李某某。事实和理由:2015 年 10 月 21 日,李某某就向陈某购买系争房屋,并与陈某签订《房地产买卖居间协议》。此后,李某某按约入住并装修了系争房屋。因房价上涨,陈某拒绝履行买卖协议,故李某某诉请如上。

被告(反诉原告)陈某反诉并辩称,第一,根据《房地产买卖居间协议》的相关规定,双方应当于签订协议后 90 个工作日内签订正式的《上海市房地产买卖合同》。但经陈某多次要求,李某某拒绝签约,故李某某构成了根本违约。第二,《房地产买卖居间协议》在性质上仅是一个定金协议、居间协议,而不是房屋买卖合同,李某某也仅支付了定金 10 万元。第三,李某某未与陈某就系争房屋办理房屋交割手续,就直接破门而入、非法占有,构成根本违约。第四,李某某与陈某除系争房地产买卖居间协议外,并未达成任何口头协议。第五,李某某对系争房屋的装修和使用改变了房屋原有用途和结构。综上,不同意李某某的诉讼请求,并向本院提出反诉请求,要求:1. 判令解除李某某与陈某就系争房屋签订的《房地产买卖居间协议》;2. 判令李某某支付的定金 10 万元归陈某所有;3. 判令李某某将系争房屋恢复原状后返还给陈某;4. 判令李某某按每月 2000 元的标准向陈某支付 2015 年 10 月 21 日起至实际返还房屋之日止的使用费。

原告(反诉被告)李某某针对反诉辩称,因签订居间协议时陈某遗失房产证而需要补证，故双方协商将签订正式合同的时间定在签订居间协议后的90个工作日。陈某直至2016年3月24日才补出了房产证，已超过协议约定的签约时间。陈某从未催促过李某某签约，反而是李某某一直在催促陈某签约。《房地产买卖居间协议》中明确约定了各类交易条件，故双方已成立了买卖合同关系。居间协议第九条约定了陈某应当在2015年10月23日前交房并同意李某某自行装修，李某某入住并装修系争房屋是获得了陈某的同意，且陈某还配合李某某办理了有线电视的用户名更名。至于李某某装修和使用系争房屋的具体情况，与本案无关。综上，不同意陈某的反诉请求。

第三人中国工商银行股份有限公司上海市分行第二营业部述称，该部与陈某签订了贷款协议，并向陈某发放了贷款70万元。除几期贷款逾期还款外，整体上都在正常还贷。截至2016年12月1日，陈某尚欠贷款本金65万余元。要求法院保护该部的债权及抵押权，愿意在债务本息结清的情况下，配合注销抵押权。

本院经审理查明以下事实：2013年10月，陈某经核准登记为系争房屋的房地产权利人。2013年10月11日，中国工商银行股份有限公司上海市分行第二营业部经核准登记为系争房屋的抵押权人，债权数额为70万元。

2015年10月21日，陈某（出售方，甲方）与李某某（购买方，乙方）及案外人上海某房地产经纪事务所第九分所（居间方，丙方）就系争房屋签订《房地产买卖居间协议》，约定，购买总价款人民币1,362,000元。付款方式：第一次，甲乙双方签订买卖合同当日，乙方支付给甲方房款40万元作为首付款（含定金），甲方如有贷款的，需于买卖合同签订后/日内向贷款银行申请提前偿还所有贷款。第二次，在乙方贷款银行审核批准后按银行规定的形式与期限将乙方贷款款项79万元划入甲方账号，贷款金额不足部分，在乙方与甲方前往房地产交易中心办理产权转移申请时以现金方式支付给甲方。第三次，乙方于过户前支付甲方第三笔购房款262,000元。因房产交易过户需要，双方同意于本协议生效次日起90个工作日内到丙方指定地点按本协议条件补签《上海市房地产买卖合同》，并于《上海市房地产买卖合同》生效后60日内办理过户手续。甲乙双方协商一致，交易所产生的个税、契税、中介费由乙方承担，甲方自行承担还银行贷款部分，甲方同意于2015年10月23日将房屋交给乙方，并且同意乙方自行装修。

2015年10月21日，陈某出具定金收条，确认收到李某某支付的求购系争房屋定金6万元。2016年10月22日，陈某出具定金收条，确认收到李某某支付的求购系争房屋定金4万元。

2016年3月24日,陈某补办出了系争房屋的产权证。

审理中,李某某表示,因陈某需补办产权证后才可以网签合同,故居间协议约定90个工作日后签订《上海市房地产买卖合同》。居间协议签订当日陈某即将系争房屋的钥匙交给了李某某。2015年10月23日,陈某并没有去现场,李某某自己去了后发现钥匙打不开门。李某某打电话给陈某,陈某说将锁芯取下来给她就可以了。此后,李某某在对系争房屋进行装修过程中获知陈某未交物业费,故李某某催促陈某去交物业费。陈某于2015年12月5日补缴完物业费后将发票原件交给了李某某,并表示此后的物业费均由李某某支付。2015年12月,陈某配合李某某办理了有线电视的用户名更名手续。居间协议签订后的90个工作日届满后,陈某才补办出产权证。李某某给陈某打电话,陈某一直不接,李某某通过中介公司催促陈某,中介公司反馈说陈某说一直在忙,故一直未能签约。此外,李某某愿意代陈某向中国工商银行股份有限公司上海市分行第二营业部偿还贷款本息,相关款项在房款中扣除。

为证明己方主张,李某某申请徐某凤作为证人出庭,其证人证言的主要内容为,其是系争交易中介公司的经办人。李某某入住系争房屋是获得了陈某同意的。陈某补办的产权证出来后,徐某凤多次催促签约,但陈某说人在外地。陈某从未向徐某凤催促过签约。

陈某表示,对徐某凤的证人证言不予认可。系争房屋原是空关的毛坯房,确是因为陈某需补办产权证后才可以网签合同,故居间协议约定90个工作日后签订《上海市房地产买卖合同》。陈某从未将系争房屋钥匙交给过李某某。2015年10月23日,李某某要求陈某交房,陈某表示房屋钥匙在其他中介处,要李某某等两天,但李某某在当天直接自己开门进去了。虽陈某不认可李某某占有使用系争房屋,但此后还是配合陈某将有线电视的用户名登记为李某某,当天将物业费的发票也交给了李某某。2016年3月24日,陈某补办出了产权证,时间尚在协议约定的90个工作日内。此后,陈某与李某某电话联系,但联系不上。陈某与中介公司业务员联系,业务员也没有给过正面回复。但对于其关于系李某某的原因致使未能按时签约的主张,陈某未能提供证据予以证明。

以上证据,有原告(反诉被告)李某某提供的《房地产买卖居间协议》、上海市不动产登记簿、收款收据、证人证言、发票、有线数字电视居民用户信息登记表等,被告(反诉原告)陈某提供的上海市房地产权证,及各方当事人陈述等证据为证,已经庭审质证,可以认定。

本院认为,李某某与陈某就系争房屋签订的《房地产买卖居间协议》系双方当事人的真实意思表示，未违反法律和行政法规的强制性规定，当属合法有效，双方当事人均应当严格履行。该买卖居间协议对系争房屋的座落、成交价格、付款方式和付款时间、过户时间、交房时间、违约责任等买卖交易细节均作了明确的约定，故双方间已成立了房屋买卖合同关系。现协议约定的过户时间已届满，李某某诉请要求陈某将系争房屋过户给李某某，与法不悖，当予准许。关于陈某的几点辩称，首先，关于房屋交接的情况，居间协议约定陈某应在2015年10月23日前交付房屋并同意李某某进行装修，李某某于2015年10月23日入住系争房屋并进行装修，陈某于2015年12月还配合李某某办理了有线电视用户名更名手续，可以推断出陈某对李某某入住并装修房屋是知晓并同意的。其次，关于陈某辩称系李某某的原因致使未能按约签约，陈某的陈述与李某某及证人的陈述均不符，陈某未能提供证据对其主张进行证明，且陈某补办出产证的时间已晚于居间协议签订后的90个工作日，故对于陈某的上述陈述，本院不予采信。再者，关于李某某装修及使用系争房屋的具体情况，与本案无关，并不构成陈某不履行买卖合同关系的合理抗辩。由此，陈某的反诉请求，缺乏事实和法律依据，本院不予准许。现李某某自愿先行向中国工商银行股份有限公司上海市分行第二营业部付清贷款本息，相关款项在房屋余款中抵扣，与法不悖，可予准许。李某某向中国工商银行股份有限公司上海市分行第二营业部付清贷款本息后，剩余未付购房款应支付给陈某。中国工商银行股份有限公司上海市分行第二营业部收悉贷款本息后应当注销抵押，陈某应在抵押注销后将房屋过户给李某某。据此，依照《中华人民共和国合同法》第八条、第一百零七条、《最高人民法院关于适用〈中华人民共和国民事诉讼法〉的解释》第九十条的规定，判决如下：

一、原告（反诉被告）李某某于本判决生效之日起十日内，向第三人中国工商银行股份有限公司上海市分行第二营业部还清陈某（反诉原告）所欠的借款本息，具体金额以还款当日该行的借款流水账目为准；

二、第三人中国工商银行股份有限公司上海市分行第二营业部于上述借款清偿之日起七日内，办理上海市宝山区陆翔路×××弄×××号×××室房屋的抵押登记注销手续；

三、被告（反诉原告）陈某于上述房屋抵押登记注销后十日内，协助原告（反诉被告）李某某将上海市宝山区陆翔路×××弄×××号×××室房屋的产权过户至原告（反诉被告）李某某名下；

四、原告（反诉被告）李某某于上述房屋抵押登记注销后十日内，向被告（反诉原告）陈某支付购房款1,262,000元［其中扣除上述第一条中，原告（反诉被告）李

某某向第三人中国工商银行股份有限公司上海市分行第二营业部代为还清借款本息时支付的款项];

五、被告(反诉原告)陈某的所有反诉请求,不予支持。

如果未按本判决指定的期间履行给付金钱义务的,应当依照《中华人民共和国民事诉讼法》第二百五十三条之规定,加倍支付迟延履行期间的债务利息。如果未按本判决指定的期间履行其他义务的,应当依照上述规定,支付迟延履行金。

本诉受理费减半收取为8529元、反诉案件受理费减半收取为8529元、财产保全费5000元,均由被告(反诉原告)陈某负担。

如不服本判决,可在判决书送达之日起十五日内,向本院递交上诉状,并按对方当事人的人数提出副本,上诉于上海市第二中级人民法院。

审判员　×××

二〇一七年一月四日

书记员　×××

(二)本案二审判决书

上诉人陈某与李某某、原审第三人中国工商银行股份有限公司上海市分行第二营业部房屋买卖合同纠纷一案

上诉人(原审被告、反诉原告):陈某,女,1969年×月×日出生,×族,住上海市宝山区。

委托诉讼代理人:肖某某、郑某。

被上诉人(原审原告、反诉被告):李某某,男,1980年×月×日出生,×族,住上海市宝山区。

委托诉讼代理人:张春光,上海某律师事务所律师。

原审第三人:中国工商银行股份有限公司上海市分行第二营业部,住所地上海浦东新区。

负责人:殷某某,总经理。

委托诉讼代理人:周某某。

上诉人陈某因与李某某、原审第三人中国工商银行股份有限公司上海市分行

第二营业部(以下简称"工行上海分行第二营业部")房屋买卖合同纠纷一案,不服上海市宝山区人民法院(2016)沪0113民初17108号民事判决,向本院提起上诉。本院于2017年3月2日立案后,依法组成合议庭进行了审理。本案现已审理终结。

上诉人陈某上诉请求:1.撤销原判,依法改判;2.本案诉讼费用由李某某承担。事实和理由:一审法院仅以居间协议已对买卖交易细节作了明确约定即认定房屋买卖合同关系成立是认定事实错误,双方未签正式范本的《上海市房地产买卖合同》,故双方买卖合同关系未成立;一审对被上诉人违约事实未予认定,被上诉人在产权证补办下来后拒绝签约,未办理房屋交割手续即破门而入并对房屋擅自装修均构成根本性违约;一审法院拒绝追加某房产经纪公司为被告,采信证人证言也不当等,要求二审法院支持上诉诉讼请求。

被上诉人李某某辩称:不同意上诉人的上诉请求,原审法院认定事实清楚,适用法律正确,希望维持原审判决。被上诉人认为系争协议对买卖双方的交易细节已作明确约定,没有按时签约是上诉人怠于补办房产证所致,协议对交付房屋及同意买方装修作了约定,之后上诉人也配合被上诉人到物业、有线电视管理处进行更名,现被上诉人已向一审法院付清全部房款,故请求二审法院驳回上诉。

原审第三人工行上海分行第二营业部述称,尊重法院判决,请求保障公司对系争房屋的抵押权。

李某某向一审法院起诉请求:要求陈某将上海市宝山区陆翔路×××弄×××号×××室房屋(以下简称系争房屋)过户给李某某。

陈某向一审法院反诉请求:1.判令解除李某某与陈某就系争房屋签订的《房地产买卖居间协议》;2.判令李某某支付的定金人民币10万元(以下币种均为人民币)归陈某所有;3.判令李某某将系争房屋恢复原状后返还给陈某;4.判令李某某按每月2000元的标准向陈某支付2015年10月21日起至实际返还房屋之日止的使用费。

一审法院认定事实:2013年10月,陈某经核准登记为系争房屋的房地产权利人。2013年10月11日,工行上海分行第二营业部经核准登记为系争房屋的抵押权人,债权数额为70万元。

2015年10月21日,陈某(出售方,甲方)与李某某(购买方,乙方)及案外人上海某房地产经纪事务所第九分所(居间方,丙方)就系争房屋签订《房地产买卖居间协议》,约定购买总价款1,362,000元。付款方式:第一次,甲乙双方签订买卖合同当日,乙方支付给甲方房款40万元作为首付款(含定金),甲方如有贷款的,需于买卖合同签订后/日内向贷款银行申请提前偿还所有贷款。第二次,在乙方贷款银行审核批准后按银行规定的形式与期限将乙方贷款款项79万元划入甲方账号,贷款金额不足部分,在乙方与甲方前往房地产交易中心办理产权转移申请时以现金方式支付给甲方。第三次,乙方于过户前支付甲方第三笔购房款262,000元。因房产交易过户需要,双方同意于本协议生效次日起90个工作日内到丙方指定地点按本协议条件补签《上海市房地产买卖合同》,并于《上海市房地产买卖合同》生效后60日内办理过户手续。甲乙双方协商一致,交易所产生的个税、契税、中介费由乙方承担,甲方自行承担还银行贷款部分,甲方同意于2015年10月23日将房屋交给乙方,并且同意乙方自行装修。

2015年10月21日,陈某出具定金收条,确认收到李某某支付的求购系争房屋定金6万元。2016年10月22日,陈某出具定金收条,确认收到李某某支付的求购系争房屋定金4万元。

2016年3月24日,陈某补办出了系争房屋的产权证。

一审审理过程中,李某某表示,因陈某需补办产权证后才可以网签合同,故居间协议约定90个工作日后签订上海市房地产买卖合同。居间协议签订当日陈某即将系争房屋的钥匙交给了李某某。2015年10月23日,陈某并没有去现场,李某某自己去了后发现钥匙打不开门。李某某打电话给陈某,陈某说将锁芯取下来给她就可以了。此后,李某某在对系争房屋进行装修过程中获知陈某未交物业费,故李某某催促陈某去交物业费。陈某于2015年12月5日补交完物业费后将发票原件交给了李某某,并表示此后的物业费均由李某某支付。2015年12月,陈某配合李某某办理了有线电视的用户名更名手续。居间协议签订后的90个工作日届满后,陈某才补办出产权证。李某某给陈某打电话,陈某一直不接,李某某通过中介公司催促陈某,中介公司反馈说陈某说一直在忙,故一直未能签约。此外,李某某愿意代陈某向工行上海分行第二营业部偿还贷款本息,相关款项在房款中扣除。

为证明己方主张,李某某申请徐某凤作为证人出庭,其证人证言的主要内容为,其是系争交易中介公司的经办人。李某某入住系争房屋是获得了陈某同意的。陈某补办的产权证出来后,徐某凤多次催促签约,但陈某说人在外地。陈某从未向徐某凤催促过签约。

陈某表示,对徐某凤的证人证言不予认可。系争房屋原是空关的毛坯房,确是因为陈某需补办产权证后才可以网签合同,故居间协议约定90个工作日后签订《上海市房地产买卖合同》。陈某从未将系争房屋钥匙交给过李某某。2015年10月23日,李某某要求陈某交房,陈某表示房屋钥匙在其他中介处,要李某某等两天,但李某某在当天直接自己开门进去了。虽陈某不认可李某某占有使用系争房屋,但此后还是配合陈某将有线电视的用户名登记为李某某，当天将物业费的发票也交给了李某某。2016年3月24日，陈某补办出了产权证，时间尚在协议约定的90个工作日内。此后，陈某与李某某电话联系，但联系不上。陈某与中介公司业务员联系，业务员也没有给过正面回复。但对于其关于系李某某的原因致使未能按时签约的主张，陈某未能提供证据予以证明。

一审法院认为：李某某与陈某就系争房屋签订的《房地产买卖居间协议》系双方当事人的真实意思表示，未违反法律和行政法规的强制性规定，当属合法有效，双方当事人均应当严格履行。该买卖居间协议对系争房屋的座落、成交价格、付款方式和付款时间、过户时间、交房时间、违约责任等买卖交易细节均作了明确的约定，故双方间已成立了房屋买卖合同关系。现协议约定的过户时间已届满，李某某诉请要求陈某将系争房屋过户给李某某，与法不悖，当予准许。关于陈某的几点辩称，首先，关于房屋交接的情况，居间协议约定陈某应在2015年10月23日前交付房屋并同意李某某进行装修，李某某于2015年10月23日入住系争房屋并进行装修，陈某于2015年12月还配合李某某办理了有线电视用户名更名手续，可以推断出陈某对李某某入住并装修房屋是知晓并同意的。其次，关于陈某辩称系李某某的原因致使未能按约签约，陈某的陈述与李某某及证人的陈述均不符，陈某未能提供证据对其主张进行证明，且陈某补办出产权证的时间已晚于居间协议签订后的90个工作日，故对于陈某的上述陈述，一审法院不予采信。再者，关于李某某装修及使用系争房屋的具体情况，与本案无关，并不构成陈某不履行买卖合同关系的合理抗辩。由此，陈某的反诉请求，缺乏事实和法律依据，一审法院不予准许。现李某某自愿先行向工行上海分行第二营业部付清贷款本息，相关款项在房屋余款中抵扣，与法不悖，可予准许。李某某向工行上海分行第二营业部付清贷款本息后，剩余未付购房款应支付给陈某。工行上海分行第二营业部收悉贷款本息后应当注销抵押，陈某应在抵押注销后将房屋过户给李某某。据此一审法院判决：一、李某某于判决生效之日起十日内，向中国工商银行股份有限公司上海市分行第二营业部还清陈某所欠的借款本息，具体金额以还款当日该行的借款流水账目为准；二、中国工商银行股份有限公司上海市分行第二营业部于上述借款清偿之日起七日内，办理上海市宝山区陆翔路×××弄×××号×××室房屋的抵押登记注销手续；三、陈某于上述房屋抵押登记注销后十日内，协助李某某将上海市宝山区陆翔路×××弄×××号×××室房屋的产权过户至李某某名下；四、李某某于上述房屋抵押登记注销后十日内，向陈某支付购房款1,262,000元（其中扣除上述第一条中，李某某向中国工商银行股份有限公司上海市分行第二营业部代为还清借款本息时支付的款项)；五、陈某的所有反诉请求，不予支持。如果未按判决指定的期间履行给付金钱义务的，应当依照《中华人民共和国民事诉讼法》第二百五十三条之规定，加倍支付迟延履行期间的债务利息。如果未按判决指定的期间履行其他义务的，应当依照上述规定，支付迟延履行金。一审案件本诉受理费减半收取为8529元、反诉案件受理费减半收取为8529元、财产保全费5000元，均由陈某负担。

二审中，双方当事人均没有提交新证据，本院对一审法院查明的事实予以确认。

本院认为：系争居间买卖协议系各方当事人真实意思表示，属合法有效，签约各方应按照合同约定全面履行各自义务。该协议对系争房屋买卖的主要必备条款均作了详细明确的约定，故上诉人与被上诉人买卖房屋的合同关系成立。上诉人在约定90天补签房地产文本合同的时间段里没有补办出系争房屋的产权证，故其认为被上诉人拒签导致买卖合同签署延误构成违约的上诉理由本院不予采信；双方协议明确了交付房屋的日期，并同意被上诉人自行装修，虽然在约定交房日期上诉人没有亲自到场，但原审根据之后上诉人陪同被上诉人到物业和有线电视管理部门更换户名的行为推断上诉人知晓交房及装修事宜，本院亦予认同。上诉人上诉理由缺乏事实和法律依据，本院不予支持。现被上诉人自愿向原审第三人结清系争房屋贷款，涤除房屋抵押权，相关款项在欠付上诉人房屋余款中予以扣除，与法不悖，可以准许。原审判决在被上诉人结清房款，工行上海分行第二营业部办理完抵押注销手续之后，由上诉人将系争房屋过户至被上诉人名下并无不当。

综上所述，陈某的上诉请求不能成立，应予驳回；一审判决认定事实清楚，适用法律正确，应予维持。依照《中华人民共和国民事诉讼法》第一百七十条第一款第一项的规定，判决如下：

驳回上诉，维持原判。

二审案件受理费人民币25,587元，由上诉人陈某负担。

本判决为终审判决。

审判长　×××

审判员　×××

审判员　×××

二〇一七年五月十九日

书记员　×××

案例三

充分利用法理和最高人民法院最新出台的会议纪要

一、案情简介

这是一个房屋买卖合同纠纷，我代理的是房屋买受人。

2018 年 12 月 31 日，薛某作为买受人（乙方）与出卖人王某 1（甲方）经中介公司居间介绍就涉案房屋和车位（以下简称系争房屋）签订了《上海市房地产买卖合同》，2019 年 3 月 2 日，买卖双方就系争房屋又签订了《上海市房地产买卖合同》，合同约定系争房屋总价 1300 余万元，全款支付，不贷款，买受人需在 2019 年 4 月 1 日与出卖人办理过户手续并且支付剩余款项，若出现买受人放弃购买该房屋的情况，则买受人需要支付系争房屋总价 20% 的违约金给出卖人，若买受人提出迟延过户，出卖人需配合买受人，最晚买受人付款及过户时间不得晚于 2019 年 6 月 30 日，否则视为买受人放弃购买该房屋并构成违约。合同并对房屋交易的其他事宜作了约定。

合同签订后，买受人付款略有迟延，但已全部支付。2019 年 3 月 28 日出卖人向买受人交付了系争房屋，双方签署了《交房确认书》。但是，由于买受人直至 2019 年 6 月 30 日仍未取得上海市户籍，未取得购房资格，无法办理过户手续。2019 年 7 月 16 日出卖人向买受人发送了《解除合同通知书》。

2019 年 8 月 7 日，买受人取得上海市户籍，取得购房资格。

2019 年 8 月 25 日，系争房屋买受人委托我代理这个案子，诉求是继续履行合同。

二、我的分析和策略

1. 我方优势

(1)全款1300余万元买受人已全部支付;

(2)已交房,房子在装修过程中;

(3)买受人现已取得购房资格,合同履行已无障碍。

2. 我方劣势

(1)因买受人原因至2019年6月30日最晚过户日仍未能过户;

(2)2019年7月16日,出卖人向买受人发送了《解除合同通知书》。

3. 要解决的核心问题

本案要解决的核心问题是论证出卖人无合同解除权。对此,需充分利用鼓励交易原则,维护法律关系稳定原则(房款已全部支付,已交房,在装修等)。

三、我采取的实际行动

1. 发催告函

2019年8月26日,我们给出卖人发送了《催告函》,催告出卖人在收函三日内配合买受人办理系争房屋的过户手续。当然,不出所料,对方回函合同已解除,不同意继续履行。

发这个催告函的目的:

(1)亮明立场:要求继续履行合同。

(2)固定违约时间:合同约定2019年4月1日过户,但因买受人无购房资格没能过户;合同约定最晚过户时间不得晚于2019年6月30日,但因买受人无购房资格没能过户。2019年8月7日,买受人取得上海市户籍,取得了购房资格,可以过户了,"亡羊补牢",这个时间(买受人有购房资格且催告履行合同)一定要尽快固定下来,"量变引起质变",如果再不固定这个违约的时间,那就越来越难解释自己不构成根本违约了。

2. 起诉并查封系争房屋

起诉是为了通过法院裁判解决继续履行的问题,查封系争房屋是为了防止房屋出卖人(房屋所有权人)将系争房屋另行出售他人或将之抵押或出现其他查封(首封)。

3. 申请证人出庭作证

本案中，我们申请了系争房屋交易的中介作为证人出庭作证，且证明以下两点：

（1）买卖双方就系争房屋签订买卖合同的时候出卖人就知道买受人正在办理落户手续，暂时没有购房资格，要等落户完成之后才能有购房资格。买受人虽具备落户条件，但因落户手续的办理进程不受买受人控制，出卖人对于买受人不能在合同约定的时间内取得购房资格有合理预期，买受人对于自己不能在合同约定的时间内取得购房资格也没有恶意，甚至没有过错。

（2）出卖人同意买受人装修涉案房屋。出卖人承认涉案房屋正在装修过程中，但否认装修经过了其同意。装修这个事实说明双方的合同履行已经很深入，距离履行完毕只差过户了，如果法院判决解除合同，则会导致一系列的法律纠纷。

4. 给出卖人一些补偿

系争房屋面积很大，含产权车位，地段、楼层、朝向、小区环境、学区等周围配套都很好，自双方签订合同到起诉的这几个月里，系争房屋房价已上涨两三百万元。为减少法官裁判的压力，我建议买受人主动提出如果法院支持继续履行合同，买受人愿意给出卖人 10 万元补偿并自愿承担出卖人所提出的 5 万余元的所谓逾期违约金，买受人采纳了我的意见，并向法院提交了书面的情况说明作出承诺。

四、好运：《九民纪要》

2019 年 11 月出台的《九民纪要》再次强调了鼓励交易原则，尤其明确了："合同约定的解除条件成就时，守约方以此为由请求解除合同的，人民法院应当审查违约方的违约程度是否显著轻微，是否影响守约方合同目的的实现，根据诚实信用原则，确定合同应否解除。违约方的违约程度显著轻微，不影响守约方合同目的的实现，守约方请求解除合同的，人民法院不予支持；反之，则依法予以支持。"我在庭后提交的代理词中明确引用了《九民纪要》的规定，还是很有说服力的。

五、代理词摘要

庭审后，我提交了一份简明扼要的代理词，摘要核心内容如下：

（一）相关案件事实

通过 2019 年 11 月 7 日的庭审调查，可以认定如下相关事实：

1. 在2018年12月31日双方就涉案房屋签订买卖协议之前，被告（房屋出卖人）就已经知道了原告（房屋买受人）正在办理落户上海的手续，当时还没有办好。

2. 原告已经将全部房屋价款1333.33万元全部支付给了被告，被告已交房给了原告，原告已开始装修（现装修处于中止状态）。

3. 2019年8月7日，原告取得了上海市户籍，案涉房屋的过户已没有障碍。

（二）被告无权解除合同

1. 原告在2019年6月30日前未取得上海市户籍进而未取得购房资格并非原告过错，因为原告符合上海市的落户条件，但落户手续的进程并非原告能控制的。

2. 被告认为解除合同的依据是主合同的第9条、补充条款（一）的第九条、第十条，但补充条款（一）第十条需同时满足2019年6月30日前原告未付款和未过户两个条件才会触发解除条件，事实上，2019年6月30日前原告已经付清了全部房款，该解除条件不会被触发。

3. 鼓励交易原则是《合同法》的基本原则，2019年11月8日最高人民法院发布的《九民纪要》第三部分也明确载明"……要坚持鼓励交易原则……审慎适用合同解除制度……"，第四十七条规定："合同约定的解除条件成就时，守约方以此为由请求解除合同的，人民法院应当审查违约方的违约程度是否显著轻微，是否影响守约方合同目的的实现，根据诚实信用原则，确定合同应否解除。违约方的违约程度显著轻微，不影响守约方合同目的的实现，守约方请求解除合同的，人民法院不予支持；反之，则依法予以支持。"本案中，原告已于2019年8月7日取得了上海市户籍，取得了购房资格，该时间虽晚于2019年6月30日，但属于非自身原因造成的显著轻微的违约，并不影响被告合同目的的实现，也未损害被告的权利，且原告已明确表示若合同能够继续履行，则原告自愿补偿被告10万元，这已经能够充分保障被告的权利了。因此，基于鼓励交易原则，案涉合同不应当解除。

4. 被告要求解除合同的行为有违诚信原则。

（三）合同应当继续履行

1. 合同履行已完全没有障碍。(1)原告已取得购房资格；(2)房款已全部支付；(3)被告已交房；(4)案涉房屋没有另案查封或抵押等影响过户的因素。

2. 合同继续履行符合鼓励交易的原则和诚信原则。

六、判决和执行

一审法院判决支持了我方继续履行合同的诉讼请求，对方上诉，二审维持原判。之后，经过强制执行办理了过户手续。

附判决书：

(一)本案一审判决书

原告薛某与被告王某1、王某2房屋买卖合同纠纷案

原告(反诉被告)：薛某，女，1979年×月×日生，×族，住上海市浦东新区。

委托诉讼代理人：张春光，上海市某事务所律师。

被告(反诉原告)：王某1，男，1977年×月×日生，×族，住上海市浦东新区。

被告(反诉原告)：王某2，男，2004年×月×日生，×族，住上海市浦东新区。

法定代理人：王某1(系王某2之父)，住上海市浦东新区永业路××××××。

上述二被告共同委托诉讼代理人：丁某，上海市某律师事务所律师。

原告薛某与被告王某1、王某2房屋买卖合同纠纷一案，本院于2019年8月26日立案受理后，依法适用普通程序，于2019年11月7日组织证据交换，案件审理期间，被告王某1、王某2提起反诉，本院受理后与本诉合并审理，于2019年12月23日公开开庭进行了审理。原告(反诉被告)薛某的委托诉讼代理人张春光、被告(反诉原告)王某1及其与王某2的共同委托诉讼代理人丁某到庭参加诉讼。本案现已审理终结。

原告薛某向本院提出诉讼请求：两被告将上海市浦东新区迎春路×××弄×××号×××室房屋及地下一层车位×××室过户到原告名下。事实和理由：2019年3月2日原告与二被告就位于上海市浦东新区迎春路×××弄×××号×××室房屋及车位分别签订了《上海市房地产买卖合同》及补充协议，约定两被告将案涉房屋及车位出售给原告，总价人民币(以下币种相同)1,333.33万元，签约当日付50万元，2019年2月1日前支付200万元，2019年3月1日前支付300万元，过户前支付783.33万元，2019年6月30日前过户，付清800万元后被告交房给原告，合

同并对其他事项作了约定。合同签订后,原告支付了全部房款,被告于2019年3月28日向原告交房,但被告拒不配合原告办理过户手续。原告为维护自身合法权益,提起本案诉讼,诉请同前。

被告王某1、王某2辩称,合同约定双方确认的过户时间是2019年4月1日,过户时间最晚不能超过2019年6月30日。然而,原告于2019年8月7日才取得上海市户籍,在合同约定的过户期限原告不具备购房资格。2019年7月16日被告发出了解除合同通知函明确解除合同的意愿并退还了部分购房款。被告认为原告在签约和履约过程中不具备购房资格属于实质性违约,故被告不同意继续履行合同将房屋过户给原告。

反诉原告王某1、王某2提起反诉请求:1.解除反诉原、被告关于上海市浦东新区迎春路×××弄×××号×××室房屋及地下1层车位×××室的两份《上海市房地产买卖合同》;2.反诉被告支付反诉原告违约金2,666,660元;3.反诉被告将房屋恢复原状或向反诉原告照价赔偿50万元;4.反诉被告支付逾期付款和过户的违约金54,203元。事实和理由:2018年年底反诉原、被告经中介公司居间介绍于2018年12月31日签订了《上海市房地产买卖合同》,合同约定反诉被告将系争房屋及车位出售给反诉原告,双方确认过户时间为2019年4月1日。同时,双方签署了《补充协议》,其中约定反诉被告最晚付款和过户时间不得晚于2019年6月30日,否则视为反诉被告放弃购买该房屋处理。2019年3月2日反诉原、被告根据上述约定签署了网签版的《上海市房地产买卖合同》。2019年4月10日,反诉被告提出要对系争房屋进行装修并向物业公司提交了申请表,在没有得到反诉原告及物业公司同意的情况下,擅自进入系争房屋并将原有装修拆除。2019年6月30日,反诉原告要求反诉被告共同至房地产交易中心办理系争房屋的转让过户手续,遭拒。事后,反诉原告得知反诉被告不符合上海市限售规定,不具备购房资格,其在客观上不具备履行涉案合同的能力。同时根据《上海市房地产买卖合同》第九条和补充协议第十条的约定,在2019年6月30日前不能过户的视为反诉被告放弃购买系争房屋处理。反诉原告遂于2019年7月16日向反诉被告发出《解除合同通知书》行使合同约定的单方解除权。系争房屋为反诉原告唯一住房,出售系争房屋是为了置换房屋,由于反诉被告不符合购房条件致系争房屋无法过户,反诉原告因而错过同时段置换房屋的良机,如今反诉原告置换房屋的成本大幅上涨。同时,签约之后,为提前腾出系争房屋交付给反诉被告,反诉原告在外租房居住。上述这些都是反诉原告客观遭受到的损失。反诉原告认为,合同因反诉被告不具备购房资格而解除,根据《上海市房地产买卖合同》第九条和补充条款(一)第九条的约定要求反诉被告支付违约金2,666,660元(合同价的20%)。反诉被告擅自装修系争房屋,合同解除后,要求反诉被告恢复房屋原状或者照价赔偿50万元。合同约定于2019年4月1日前付清房款并过户,反诉被告最后两笔付款逾期且未如期与反诉原告办理过户手续,根据《上海市房地产买卖合同》第9.3条、补充条款(一)第十条的约定,要求反诉被告支付逾期付款和过户违约金合计67,977元,扣除反诉被告已经支付的利息13,774元,实际主张54,203元。

当事人围绕诉讼请求依法提交了证据,本院依法组织了质证,对双方确认真实性的证据,本院根据证据本身反映的内容及关联性认定本案事实。

本院经审理确认如下事实:2018年12月31日薛某作为买受人(乙方)与出卖人王某1(甲方)经中介公司居间介绍签订《上海市房地产买卖合同》一份,合同约定:甲方将位于上海市浦东新区迎春路×××弄×××号×××室房屋以及迎春路1355弄地下车库地下一层车位×××室出售给乙方,房屋建筑面积为162.57平方米,房屋及车位转让价款为13,333,300元。2019年1月1日薛某转账支付王某1购房定金50万元。2019年1月25日案外人贾某某代薛某支付王某1房款200万元,王某1并出具收到200万元房款的收据。2019年2月23日薛某分两笔支付王某1房款200万元和100万元。

2019年3月2日薛某作为买受人(乙方)与出卖人王某1、王某2(甲方)分别就系争房屋及车位签订了《上海市房地产买卖合同》两份,合同约定:甲方将上述系争房屋及车位出售给乙方,房地产转让价款为13,333,300元,车位转让价为30万元,双方确认在2019年4月1日前共同向房地产交易中心申请办理转让过户手续。合同第九条第(三)款约定:乙方未按本合同付款协议约定期限付款的,应当向甲方支付赔偿金,赔偿金按乙方逾期未付款日万分之五计算,赔偿金自本合同应付款期限之第2日起计算至实际付款日止,逾期超过15日乙方仍未完全履行付款义务的,甲方有权单方解除合同,甲方单方解除合同的,应当书面通知乙方,并有权要求乙方承担违约责任,乙方承担违约责任除应支付本合同应付款期限之第2日起计算至甲方发出书面解约通知之日止的赔偿金外,还应按照房屋总价的20%支付违约金,乙方承担违约责任后,甲方可从乙方已付款中扣除相当于全部违约款项的价款,余款返还给乙方,已付款不足支付的,乙方应在接到书面通知之日起5日内向甲方支付。《上海市房地产买卖合同》第十二条约定:经甲、乙双方协商一致,在不违反有关法律、法规的前提下,订立的补充条款或补充协议,为买卖合同不可分割的一部分,本合同补充条款与正文条款不一致的，以补充条款为准。合同补充条款(一)第十条约定：乙方需在2019年4月1日与甲方办理过户手续并且支付剩余款项，若出现乙方放弃购买该房屋，则需要支付总价20%的违约金给甲方，若乙方提出迟延过户，甲方需配合乙方，同时乙方剩余未支付房款按年利率5%支付违约金给甲方，最晚乙方付款及过户时间不得晚于2019年6月30日，否则视为乙方放弃购买该房屋的违约处理。房屋买卖合同附件三"付款协议"约定：乙方于签约当日，支付甲方房款50万元；乙方于2019年2月1日前支付甲方房款200万元；乙方于2019年3月1日前支付甲方房款300万元，乙方于甲、乙双方至房地产交易中心办理过户手续之前，直接支付甲方房款7,833,300元。车位买卖合同附件三"付款协议"约定：乙方于甲、乙双方至房地产交易中心办理过户手续之前，直接支付甲方车位款30万元。同日，薛某(乙方)与王某1、王某2(甲方)就系争房屋及车位又签订了《补充协议》一份，协议约定：本次交易，房屋买卖合同中成交价13,333,300元包含车位买卖合同成交价30万元；乙方累计支付房款满800万元，甲方需在收到上述房款800万元后不超过10日内将该房产交付乙方；双方同意本协议的违约责任适用买卖合同有关规定(参照《上海市房地产买卖合同》的第九条、第十条履行)。

2019年3月19日，薛某支付王某1购房款250万元。2019年4月20日薛某支付王某1购房款280万元。同日，王某1出具收到280万元的收据，并手写注明：其中本金2,766,418.77元，逾期罚息33,581.23元。

2019年3月28日，王某1向薛某交付了系争房屋，双方签署了《交房确认书》。

2019年4月10日，王某1在"九城二期19号702vip售后"微信群中发微信提示薛某在其没有付清全款、房屋尚未过户之前不要擅自装修系争房屋。薛某回复会争取在4月20日左右支付剩余尾款及同期利息并同意暂缓装修。

2019年4月22日，案外人贾某某代薛某转账支付王某12,547,074元，用途备注为：薛某购房款253.30万元及14,074元利息。同日，王某1出具收到2,547,074元的收据，并手写注明：其中本金2,513,353.19元，逾期罚息33,720.81元。2019年6月29日王某1出具《收款确认》确认系争房屋的房款已经全部收到。

2019年6月30日，薛某、王某1、中介公司工作人员刘某宇、陈某军在中介公司门店面谈，因薛某尚未取得上海市户籍以致当日双方无法申请办理系争房屋转让过户手续。

2019年7月16日，王某1、王某2向薛某发出《解除合同通知书》，称由于在合同约定的最后过户期限，薛某仍属于上海市的限购对象导致双方无法如期完成系争房屋的转让过户手续，故通知薛某双方之间签订的房屋及车位买卖合同解除并要求薛某支付违约金并赔偿擅自装修房屋产生的装修重置费用50万元，以上费用与薛某已经支付的购房款相抵后余款将返还至薛某银行账户。

2019年7月17日，薛某回函表示其已经支付了全部购房款，且系争房屋已经交付，不同意解除房屋及车位买卖合同。

2019年7月30日，王某1向薛某退还房款50万元。2019年8月6日王某1又向薛某退还房款50万元。

2019年8月7日，薛某取得上海市户籍。

2019年8月22日，王某1向薛某退还房款30万元。

2019年8月26日，薛某向王某1、王某2发出《催告函》，通知王某1、王某2于收函三日内配合薛某办理系争房屋的过户手续。2019年8月28日，王某1、王某2向薛某回函，表示房屋及车位买卖合同已于2019年7月16日解除。

另查明，2019年7月18日，上海市人力资源和社会保障局发布《上海市引进人才申办本市常住户口》公示名单，已审核同意薛某办理上海市常住户口并予以公示，公示期为2019年7月18日至2019年8月1日。2019年9月24日上海市浦东新区广播电视台出具《情况说明》，其上载明薛某符合上海市的高级人才引进落户政策，浦东广播电视台于2018年10月开始协助薛某办理申请落户上海的相关手续。

庭审中，薛某申请中介公司店长刘某宇作为证人出庭作证，证人陈述签订合同时中介公司的工作人员就告知王某1，薛某的户口尚在办理过程中，预计4月底办出；在王某1陪同薛某办理装修手续时，物业公司提出王某1这样操作有风险，于是王某1就要求中介出一份风险责任书，但王某1对中介公司出具的风险责任书不认可。中介也与薛某沟通让其暂时先不要装修。之后，看到王某1拍摄的照片才知道原有装修已经被敲掉了。薛某和王某1、王某2对证人证言的真实性无异议，但王某1、王某2认为证人对薛某有偏袒。

审理中，薛某自愿补偿王某1、王某2合计10万元并愿意承担王某1、王某2反诉主张的逾期付款和过户违约金54,203元。为保证涉案房屋及车位买卖合同的履行，现薛某已将王某1返还的房款130万元及补偿款10万元以代管款形式缴纳至法院。

本院认为，当事人行使权利、履行义务应当遵循诚实信用原则。依法成立的合同，受法律保护。薛某与王某1、王某2于2019年3月2日就系争房屋及车位签订的两份《上海市房地产买卖合同》系当事人真实意思表示，于法不悖，双方均应恪守。王某1、王某2认为薛某未在合同约定的过户期限获得购房资格的行为已经构成违约,王某1一方有权解除合同。原告不予认可。涉案合同约定“最晚乙方付款及过户时间不得晚于2019年6月30日,否则视为乙方放弃购买该房屋的违约处理”。2019年6月30日薛某尚未取得购房资格,因此导致买卖双方未能如期办理系争房屋转让过户手续,薛某的行为已经构成违约。本案的争议焦点在于:基于薛某的上述违约行为,涉案房屋及车位买卖合同的解除条件是否成就。对此,本院认为,认定约定解除合同的条件是否成就,应当遵循诚实信用原则,结合当事人实际履行情况综合判断。本案中,首先,从合同约定的文义上看。只有当买受方付款时间与过户时间均晚于2019年6月30日才能视为买受方放弃购买房屋。事实上,薛某最后一笔房款的支付时间是2019年4月22日并未晚于2019年6月30日。因此,不能就此认为薛某作出了放弃购买系争房屋及车位的意思表示。其次,从当事人的过错程度来看。虽然2019年8月7日薛某才取得上海市户籍,但是通过浦东广播电台出具的情况说明可以反映在涉案合同签订之前2018年10月浦东广播电视台就开始协助薛某办理落户手续。而中介公司的证人证言也证实王某1、王某2签订《上海市房地产买卖合同》时明知薛某不是上海市户籍,当时薛某的上海市户籍正在办理过程中。事实上,相关部门于2019年7月18日审核同意薛某办理上海市户籍。由此可见,薛某在合同履行期间并不存在故意拖延办理落户手续的情形,其逾期取得上海市户籍的行为过错程度显著轻微。再次,从违约的形态来看。虽然薛某未能在合同约定的期限内取得购房资格,但其于事后取得了上海市户籍弥补了自身履行上的瑕疵。最后,从违约行为的后果来看。王某1、王某2作为出卖方,取得系争房屋及车位的对价是其主要合同目的。截至2019年4月22日,王某1、王某2已经收到全款。系争房屋也已于2019年3月28日交付。买卖双方已经履行了涉案合同项下绝大部分合同义务。现在薛某又已将王某1返还的房款130万元缴纳至法院代管款账户,其也已经具备购房资格,买卖双方继续履行合同已不存在障碍。综上,虽然因为薛某逾期取得上海市户籍致无法在双方约定日期完成过户,其行为构成违约,但其违约程度显著轻微,不影响买卖双方合同目的的实现,根据诚实信用和鼓励交易的原则,涉案房屋及车位买卖合同的解除条件不成就,两份《上海市房地产买卖合同》应当继续履行,原告薛某请求被告王某1、王某2协助原告办理系争房屋及车位转让过户手续的诉请,本院予以支持。审理中,原告薛某自愿补偿被告王某1、王某2合计10万元,并无不妥,本院予以准许。反诉原告王某1、王某2请求解除涉案合同的反诉请求,本院不予支持。反诉原告王某1、王某2基于合同解除请求反诉被告薛某支付违约金2,666,660元和将房屋恢复原状或照价赔偿50万元的反诉请求，本院均不予支持。反诉被告薛某逾期支付最后两笔房款且逾期过户按约应当承担相应违约责任。反诉被告薛某同意承担反诉原告王某1、王某2主张的逾期付款和过户违约金54,203元，并无不当，对反诉原告该项反诉请求，本院予以支持。关于本诉的案件受理费及诉讼保全费，考虑到对本案纠纷的产生薛某存在责任，本院酌情确定由薛某承担本诉案件受理费及诉讼保全费的80%，王某1、王某2承担20%。

据此，根据《中华人民共和国合同法》第六条、第八条、第一百零七条之规定，判决如下：

一、被告王某1、王某2于本判决生效之日起十日内协助原告薛某办理位于上海市浦东新区迎春路×××弄×××号×××室房屋及迎春路1355弄地下车库地下一层车位×××室的产权过户手续，将上述房屋及车位由被告王某1、王某2名下转移登记至原告薛某名下；原告薛某应于上述房屋及车位过户手续办理后当日支付被告王某1、王某2购房款130万元及补偿款10万元；

二、反诉被告薛某于本判决生效之日起十日内支付反诉原告王某1、王某2逾期付款和过户违约金54,203元；

三、驳回反诉原告王某1、王某2其余反诉请求。

负有金钱给付义务的当事人如未按判决指定的期间履行给付义务，应当依照《中华人民共和国民事诉讼法》第二百五十三条之规定，加倍支付迟延履行期间的债务利息。

本诉案件受理费101,799元，诉讼保全费5000元，上述共计106,799元，由原告薛某负担85,439元、被告王某1、王某2负担21,360元；反诉案件受理费16,283元（已减半收取），由反诉原告王某1、王某2负担15,705元、反诉被告薛某负担578元。

如不服本判决，可在判决书送达之日起十五日内，向本院递交上诉状，并按对方当事人的人数提出副本，上诉于上海市第一中级人民法院。

审 判 长　×××

审 判 员　×××

审 判 员　×××

二〇二〇年二月二十六日

法官助理　×××

书 记 员　×××

（二）本案二审判决书

上诉人王某1、王某2与被上诉人薛某房屋买卖合同纠纷案

上诉人（原审被告、反诉原告）：王某1，男，1977年×月×日生，×族，住上海市浦东新区。

上诉人（原审被告、反诉原告）：王某2，男，2004年×月×日生，×族，住上海市浦东新区。

法定代理人：王某1（系王某2之父）。

两上诉人之共同委托诉讼代理人：丁某，上海市某律师事务所律师。

被上诉人（原审原告、反诉被告）：薛某，女，1979年×月×日生，×族，住上海市浦东新区。

委托诉讼代理人：张春光，上海市某律师事务所律师。

上诉人王某1、王某2因与被上诉人薛某房屋买卖合同纠纷一案，不服上海市浦东新区人民法院（2019）沪0115民初73813号民事判决，向本院提起上诉。本院于2020年6月24日立案后，依据《全国人民代表大会常务委员会关于授权最高人民法院在部分地区开展民事诉讼程序繁简分流改革试点工作的决定》适用独任制进行了审理。本案现已审理终结。

上诉人王某1、王某2上诉请求：撤销一审判决，改判支持王某1、王某2在一审中的全部反诉请求。事实和理由：依据补充条款，被上诉人未能于约定日期前过户，上诉人可单方解除合同，无须付款时间也晚于上述日期，一审认为两项条件均需具备属于理解错误；被上诉人从签约日至约定的过户日均不具备上海市户籍，其有违诚信，过错程度较大；一审强调诚实信用与鼓励交易，但实质却保护了违约方，违反了公平原则；上诉人卖房目的是置换房屋而非取得对价；一审未对被上诉人违约行为进行判罚并对上诉人的损失进行补偿，应当按照20%的比例支付违约金。

被上诉人薛某辩称：只有付款和过户都延迟的情况才视为放弃购买；看房时被上诉人已明确告知上诉人自己正在办理落户手续，暂时不具备购房资格，落户手续不受被上诉人控制，故暂时不能过户系由于第三人原因导致而非被上诉人过错；即便被上诉人构成违约也属于第三人造成的轻微违约，不应解除合同；房价上涨的损失是实际损失，不可以与违约金同时主张；一审判决正确，请求驳回上诉，维持原判。

薛某向一审法院起诉请求：王某1、王某2将上海市浦东新区××路××弄×

×号××室房屋及地下一层车位×××室(以下简称系争房屋及车位)过户到薛某名下。王某1、王某2提出反诉请求:1.解除双方关于系争房屋及车位的两份《上海市房地产买卖合同》(以下简称系争合同);2.薛某支付王某1、王某2过户违约金人民币(下同)2,666,660元;3.薛某将房屋恢复原状或向王某1、王某2照价赔偿50万元;4.薛某支付逾期付款违约金54,203元。

一审法院审理后于2020年2月26日作出判决:一、王某1、王某2于判决生效之日起十日内协助薛某办理位于上海市浦东新区××路××弄××号××室房屋及××路地下车库地下一层车位××室的产权过户手续,将上述房屋及车位由王某1、王某2名下转移登记至薛某名下;薛某应于上述房屋及车位过户手续办理后当日支付王某1、王某2购房款130万元及补偿款10万元;二、薛某于判决生效之日起十日内支付王某1、王某2逾期付款和过户违约金54,203元;三、驳回王某1、王某2其余反诉请求。负有金钱给付义务的当事人如未按判决指定的期间履行给付义务,应当依照《中华人民共和国民事诉讼法》第二百五十三条之规定,加倍支付迟延履行期间的债务利息。本诉案件受理费101,799元,诉讼保全费5000元,上述共计106,799元,由薛某负担85,439元,王某1、王某2负担21,360元;反诉案件受理费16,283元(已减半收取),由王某1、王某2负担15,705元,薛某负担578元。

二审中,当事人没有提交新证据。

经本院审理查明,一审法院认定事实无误,本院予以确认。

本院认为,上诉人王某1、王某2与被上诉人薛某所签系争合同系双方真实意思表示,并未违反法律、行政法规的强制性规定,应属有效,双方均应履行。被上诉人曾将全部购房款支付给上诉人,其已经履行完毕作为购房人应当履行的主要义务,且目前被上诉人已经取得上海市户籍,系争房屋及车位具备过户条件,上诉人应当配合被上诉人将系争房屋及车位过户至被上诉人名下。关于上诉人是否享有合同解除权的问题,本案中,依据系争合同的约定可知,只有付款时间与过户时间均晚于2019年6月30日才能视为买方放弃购房,而被上诉人已于2019年4月22日前向上诉人支付过全部房款,故上诉人不享有约定解除权;尽管无法在规定的期间内完成过户系被上诉人原因所致,但被上诉人一直在积极申请办理落户手续,实际取得购房资格的日期也仅稍晚于规定最晚日期,被上诉人行为构成违约,但其违约程度显著轻微,不影响合同双方目的的实现,故上诉人亦不享有法定解除权;一审依据合同约定并结合诚实信用原则与鼓励交易原则认定合同解除条件不成就并无不当。关于违约金的问题,被上诉人未能按约履行合同义务,被上诉人应当承担违约责任并支付相应的违约金，一审认定的违约金数额并无不妥，至于上诉人所主张的房屋总价款20%的违约金系合同解除违约金，本案系争合同并未解除故对于该主张本院不予支持。

综上所述，上诉人王某1、王某2的上诉请求不能成立，应予驳回；一审判决认定事实清楚，适用法律正确，应予维持。依照《中华人民共和国民事诉讼法》第一百七十条第一款第一项规定，判决如下：

驳回上诉，维持原判。

二审案件受理费人民币16,066元，由上诉人王某1、王某2负担。

本判决为终审判决。

审判员 ××

二〇二〇年七月十四日

书记员 ××

案例四

房产纠纷中“三角关系”的处理

2021年元宵节上午，我方在松江法院执行局做完笔录，拿了两份协助执行通知书，随即赶到松江房产交易中心（全称：上海市松江区自然资源确权登记事务中心）办理了强制过户手续，之后没几天，我的当事人C就拿到了产权证。我代理的这起房屋买卖合同纠纷案，完美收官。

这是一个带有“三角关系”的房产纠纷：这套房子是A实际出资购买，但由于A没有购房资格就登记在其朋友B名下，之后A又作为B的代理人出售这套房子给我的当事人C。

一、矛盾

根据A和B之间的约定，A应当向B支付一笔代持费，但是A未按约支付，且多次欺骗B，导致B对A非常气愤，双方矛盾很大。

二、窘迫

A欠债很多，还涉嫌刑事犯罪，生活非常窘迫，不得不低价卖房。但是由于代持费等纠纷，A不敢请B出面出售这套房子，只能“自制”产权证和委托书，冒充B的代理人出售这套房子。

三、签合同，付首付

A以B的代理人的名义，通过中介居间，与我的当事人C签订了房屋买卖合同。我的当事人C也按照合同约定付了定金和首付款，根据A的指示，100多万元首付款全部打到了A的配偶的账户，只有10万元定金打到了这套房子的还款账户（户名是B）。

四、履行发生障碍：报警、过关、烂尾

由于A和B之间的矛盾没能解决，房产交易后续的网签、贷款、过户等流程走不下去。

C拿出A提供的产权证复印件一看，“沪”写成了“泸”，伪造的啊！报警！

公安机关经过调查，确认A和B之间存在代持法律关系，这套房子的真实权利人是A，所以还真不好给A定罪。民事纠纷民事诉讼解决吧。

A过关了，但是房产交易却“烂尾”了。怎么办？首付要不回来，赔偿更别指望，权利如何保护？

C做了各种努力和尝试，但是过了大半年，事情仍没有任何进展。眼看着再过几个月孩子报名上学就要用这套房子的产权证了，着急啊。

五、C找到了我

C找到我，我帮C作了分析，给了C后续权利救济方式方法的建议。

1. 确定方向：继续履行合同

原因很简单，A就是因为债务缠身才出售涉案房屋的，你要想去找A要回首付款几乎是不可能的，更别说赔偿了。房价一直在涨，拿到房子才能利益最大化。

2. 一定要通过诉讼、保全、强制过户，而且要争取调解结案

这个地方插一句：诉讼律师，不管你是专业做房产纠纷，还是专业做其他领域纠纷，你必须懂执行，否则你就可能是在引导当事人去拿一张“空头支票”，一纸无法兑现的裁判文书，这很危险。我喜欢研究执行和执行异议，我也代理过大量的执行和执行异议的案子。

（1）一定要通过诉讼、保全、强制过户的原因：A的资产状况很差，法律纠纷很多，且这套房子上还有200余万元的按揭抵押（尚未查封），如果你私下交易，继续付款，偿还抵押贷款，则有可能在你付完钱之后，甚至涤除抵押之后，尚未过户前的这段时间里这套房子被另案查封（首封），那你就麻烦大了，你要到处去打执行异议诉讼，浪费巨大人力、物力，还不一定能打赢。要是你刚涤除这个按揭抵押，A再给你来个巨额的借款抵押，那你就彻底认输吧。但是，如果你去起诉并查封（首封）这套房子，那首先不可能有新的抵押进来，然后你用尾款偿还这套房子的按揭抵押贷

款，涤除抵押权，这样你就可以强制过户了。另外，首封才是生效的查封，即便后面再来几个轮候查封，那也都是不生效查封，对你强制过户没有影响。

(2)争取调解结案的原因：加快速度，争取不耽误C的孩子上学，而且可以缓和C和B的矛盾。

3. 固定证据

(1)要固定A和B之间确实存在代持法律关系，标的房屋确实是A实际出资购买，B只是代持，非真实权利人。

(2)要固定B曾委托A出售该房屋，或追认A的代理行为：因为B与C签订房屋买卖合同时B持有的那份B给A的委托书是A伪造的。

(3)要固定A和B都愿意按照原买卖合同继续履行合同：因为C找到我之前，已经和A(自称是B的代理人)签订过一份解约协议。

4. 争取B的配合

为了争取B的配合，我和C一起从上海跑到外省去找A和B面谈，讲了利害关系，也讲了很多其他的。谈了几个小时，法律上，情感上，都理顺了，我赶紧趁热打铁，起草了A、B、C三方协议，条款很多，主要内容就是合同继续履行，三方一起去法院调解结案，三方的纠纷如何解决，调解协议的内容也涵盖其中了。好了，大局已定。

六、后面一切顺利

之后，三方到法院做了调解，法院出了调解书(主审法官对案件事实做了细致的审查)。

之后，偿还了银行贷款，涤除了抵押。

之后，就是2021年的元宵节，办理了强制过户，没几天C就拿到了产权证。

案例五

精通法理、熟谙案例、坚定信念、注重细节、稳扎稳打

2020年11月4日，某房屋买卖合同纠纷案的执行程序（执行标的是强制迁出被执行人）圆满结束了。从立案遇到管辖新规的障碍，到主审法官给我打电话说可能不会支持我方；从调查取证，以证明对方提交的结婚证系伪造，到测谎闹剧；从事实和法律的对抗，到心里和意志的博弈。边打边谈，边谈边打。我方稳扎稳打，提交了大量的法律意见和参考案例，我方不放过任何一个细节和机会。一审判决我方胜诉的同时，我方也收到了对方的人身威胁。二审很顺利，执行遇新冠肺炎疫情，经年累月，终于完胜，迎来完美大结局！

1. 当事人找到我

2018年5月，当事人薛某某找到我说他2015年1月与乙先生（非沪籍）就标的房屋签订了房地产买卖合同，约定薛某某把标的房屋（动迁安置房）出售给乙先生，2018年8月1日前过户。眼看时间就到了，房子已经满三年也可以过户了，但是买方至今只零零碎碎缴了几个月的社保和个税，根本不具备购房资格，根本不能办过户，这导致薛某某换房子的计划和很多相关的计划都落空了，损失很大，和乙先生协商，乙先生又很强硬，根本协商不出结果来，所以薛某某想解除合同。

2. 背景介绍

（1）这个房子是动迁房，根据上海的政策，动迁房要满三年（小产权证满三年，或者大产权证和动迁协议同时满三年）才可以过户。

（2）2011年1月31日上海出台的限购政策规定，非沪籍居民家庭，2年内在沪累计缴纳1年以上社保或个税限购1套住房（简称2年满1年）；2013年11月8日

上海出台的限购政策规定，非沪籍居民家庭，3 年内在沪累计缴纳 2 年以上社保或个税限购 1 套住房（简称 3 年满 2 年）；2016 年 3 月 24 日上海出台的限购政策规定，非沪籍居民家庭，自购房之日前连续缴纳社保或个税满 5 年及以上限购一套住房（连续 5 年，后改为 63 个月满 60 个月）。

（3）在薛某某找到我之前，我代理过这样的案子，法院判决支持我方解除合同的诉请。我也研究过大量的裁判案例，基本都是支持解除合同的。

3. 别急

薛某某当时很气愤，想请我尽快去法院立案起诉解除合同。我说你别急，毕竟合同约定的过户时间（2018 年 8 月 1 日）还没到，对方享有“期限利益”，你现在去起诉时间上不合适，另外，你合同上没有就此种情况约定解除权，你没有约定解除权，你只能用法定解除权，但是你的准备工作还没做好。

虽然薛某某觉得再等三个多月太漫长太煎熬，但是他还是相信我的专业意见，愿意继续等。

4. 准备工作

自 5 月开始，我们多次给对方发函要求对方配合办理过户手续，最后一次发函是合同约定的最晚过户日期 8 月 1 日，我们给对方发函要求对方在 8 月 8 日前配合办理标的房屋的过户手续，否则就解除合同。对方没有配合过户。

8 月 9 号，我方给对方发了解除函。从法理上讲，解除权属于形成权，对方收到我方解除函的时候合同就解除了，后面就需要通过诉讼来确认合同解除了。

5. 立案调管辖新规障碍

解除函发出后，我们就开始准备起诉材料去法院立案。但是立案庭告知法院刚出了新规定，房屋买卖合同纠纷只有在诉请继续履行合同且诉请中有“交付不动产”这一项的时候才能在房屋所在地管辖，否则不予立案。

我说这是房屋买卖合同纠纷，不属于专属管辖，应当由被告住所地或者合同履行地人民法院管辖。房子在你们区，已发生的签合同、交房等都在你们区，合同履行地就是你们区，为什么非要诉请继续履行合同且诉请中有“交付不动产”呢？这没有道理。而且这样的案子和地方政策有很大的关系，我要是去外省起诉，不光成本高，关键是外省法院又不了解上海的限购政策，你让法院怎么判啊。你去裁判文书网看，哪有房屋买卖合同纠纷不允许在房屋所在地起诉的啊？

我们决定试一下能不能查到乙先生在这个区的居住证或者居委会能不能开个证明，证明他的经常居住地在这个区。但是经过调查发现，乙先生根本没有居住证，居委会也不开任何证明。我们想去立案庭协商解决方法。

幸运的是，我们回到立案庭的时候发现乙先生也在立案，他的诉请是继续履行合同和交付房屋（虽然实际上已经交房，他为了能立案临时手写加了一条诉请），当然，法院给他立案了。

事情解决了，我们等着提反诉就好了。

6. 反诉

我们一直盯着乙先生的这个案子，我们查到这个案子的案号和主审法官之后，立即把反诉状、证据目录和证据邮寄给了主审法官。

7. 我接到主审法官电话：我可能不会支持你们解除合同的

反诉材料邮寄出去的第二天，我接到主审法官的电话，她说她可能不会支持我们确认合同解除的反诉请求，因为她刚判了一个类似的案子，她判的解除，但是被上级法院改判了。对于这种情况上级法院的观点是非沪籍者购房是以家庭为单位的，虽然合同上的买受人只有一个人且没有购房资格，但是其配偶有购房资格，这样以家庭为单位就有购房资格了。

我感觉上级法院的这个说法是错的，因为：第一，所谓以家庭为单位是要求购房人已婚，而不是购房人必须是夫妻二人，如果合同上的购房人社保或个税满五年且已婚就可以过户给一个人；第二，合同上的购房人只写了一个人的名字，你判决房子过户到两个人名下，这就是通过裁判权变更合同（把购房人由一个人变更成两个人），这明显没有法律依据，违反《合同法》关于协议变更合同的规定，这也违反限购政策；第三，这样可能引发道德伦理风险。比如，购房人没有购房资格，临时找一个具备购房资格的人结婚，然后去打官司要求过户到他们两个人名下。

8. 岔开一下

在纠纷发生后，尤其是在诉讼中，任何人以任何理由和你沟通任何事情都有可能在试探你，试探你的底线。所以你在和别人和平理性友好沟通的同时，一定要坚定地坚持自己的主张和观点，不要暴露自己的底牌。

9. 收到乙先生的诉状副本，我方提异议

乙先生的起诉状里把其“配偶”丙女士列为了第三人。对此，我方提交了《撤销第三人申请书》，申请撤销第三人，理由是丙女士非房屋买卖合同当事人，案件处理结果同她没有法律上的利害关系，丙女士不应当作为本案的第三人。

这个申请主要是为了表明态度。

10. 法院追加丙女士为原告，我方再次提出异议

不久，法院把丙女士追加为原告。这在实体上是一个非常不好的信号，法院可能会判决薛某某配合将标的房屋过户到两原告（乙先生和丙女士）名下。

我方提交了书面异议，主要理由是：（1）本案是房屋买卖合同纠纷，丙女士不是合同当事人。乙先生和薛某某就案涉房屋签订房屋买卖合同的时候，乙先生的配偶是丁女士，不是丙女士。薛某某合理怀疑乙先生与丙女士是"假结婚"，是想规避上海的限购政策，这种行为严重违反公序良俗，法院将丙女士追加为原告在一定程度上帮助了这种通过"假结婚"规避限购政策的行为，且对薛某某不公平，本案的审判很难体现公正性。（2）根据上海的限购政策，如果乙先生同时符合已婚、上海无房、社保或个税 63 个月满 60 个月这三个条件，就可以办理过户手续，买房合同和产权证上没有必要写两个人的名字，法院也没有必要将乙先生的"配偶"追加为本案原告。（3）法院强行追加丙女士为原告的行为，有通过司法权变更合同主体之嫌，这和《合同法》第四条（当事人依法享有自愿订立合同的权利，任何单位和个人不得非法干预）等相关规定相违背。（4）法院将丙女士追加为本案原告，没有出具相关的裁定书，剥夺了薛某某的程序救济权利。

注意上面提到的"假结婚"，这是后续庭审的一个重要调查对象。

另外补充一个事实，2015 年签了合同之后，有一笔房款是自称乙先生配偶的丁女士银行转账给薛某某的，但是乙先生起诉又说其配偶是丙女士，且结婚时间是 2006 年。这不得不让人怀疑这是"假结婚"。

11. 证人出庭作伪证

乙先生请标的房屋交易的中介出庭作证，中介说薛某某当时同意网签的时候加上丙女士名字的。但是经过我方的询问和质证，证人证言的证明效力很低。

12. 测谎闹剧

第一次庭审中，乙先生突然提出要求测谎，内容是薛某某是否知道乙先生是以家庭为单位购房的。但是乙先生的"配偶"丙女士不同意测谎（很蹊跷是吧?）。我方同意测谎，并提出乙先生提出的测谎内容太含糊（这其实是在问薛某某签订合同的时候是否知道当时的购房政策，这个问题显然对我方不利），我方要求把测谎内容改成甲乙双方签订买卖合同当时是否约定网签的时候加上丙女士的名字（直到本案诉讼，薛某某才知道有丙女士这个人，2015 年签订房屋买卖合同的时候根本没有这个人，所以这个问题对我方有利）。

测谎时间一拖再拖，最后好不容易确定了测谎时间和地点，最后在我们去测谎

地点的路上被告知乙先生撤回测谎申请了。一场闹剧就此收场。

13. 提供证据和理由，启动对乙、丙婚姻关系真实性的调查

首先，我们提供了银行流水，显示丁女士曾给薛某某支付标的房屋的房款。

其次，我们指出了结婚证有很多不正常之处：(1)乙先生和丙女士的照片是一人一张，不是一张合影；(2)没有钢印；(3)印章全部加盖在丙女士照片上；(4)结婚证字号不规范；(5)乙先生身份证号少两位；(6)结婚证上载明的登记日期2006年9月10日为周日；(7)我们调查了解到，2002年1月1日该县就将结婚登记权限上收到了县民政局，但是该结婚证却是镇政府于2006年办理的，不合常理。

主审法官非常认真，她同意启动对乙、丙双方婚姻关系的调查。

14. 调查乙先生和丙女士婚姻关系的真实性

对乙先生和丙女士婚姻关系的真实性的调查很复杂，我简单讲，首先我们联系当地县民政局、档案馆、镇政府了解情况，然后把主要相关信息告知法院，法院发函给当地县民政局，县民政局回函称自2002年1月1日起至今没有查到乙先生和丙女士的结婚登记信息。

但是，乙先生拿到了当地村委会和镇政府的证明，证明乙、丙系夫妻关系。

法院再次给当地县民政局发函，当地县民政局回函称2002年1月1日之后在乡镇办理的结婚登记一律不予认可。

之后，法院再次发函给省民政厅，省民政厅回函称乙、丙2006年的结婚证无效。

15. 诉讼中，乙先生和丙女士重新在当地民政局领取了结婚证

这个法律事实的出现对我方不利，因为房子过户到乙、丙双方名下的客观条件似乎又具备了。

16. 法理和案例发力

官司打到这个时候已经很焦灼了，要想打赢这个官司，就要去除法官的顾虑(类似案子被改判的事)，为此我们补充提交了很多的法律意见(上文讲过的合同变更等不再赘述)和大量的参考案例(包括其法院以及其上级法院的案例)。

下面介绍一下法理和部分案例。

(1)合同解除的原因

房屋买受人不具备购房资格，则不能完成过户，法律关系就会长时间处于不稳定的状态。比如，第一，房屋如果被另案查封，则即便买受人具备了购房资格，也可能会履行不能，这可能就会导致卖售人对买受人违约，需要向买受人承担违约责

任。第二,房屋因另案的生效法律文书可能会被强制执行,这可能就会导致卖售人对买受人违约,需要向买受人承担违约责任。第三,房屋被政府征收(拆迁),则可能产生很复杂的法律关系,很容易引起买卖双方之间的纠纷。第四,卖售人一房二卖,且已完成过户给后者,则可能会在三者之间产生复杂的纠纷。第五,如果房屋毁损灭失,则责任承担会很复杂。

如果买受人一直不缴社保或个税,则一直无法过户,或者限购政策再度加强,法律关系就会长期处于不稳定的状态。

另外,房屋一直不能过户还可能给卖售人造成损失。比如,第一,卖售人因标的房屋不能过户到买受人名下,导致卖售人没有购房资格,不能购买新的房屋。第二,卖售人即便有购房资格,也可能在首付比例、贷款利率等方面承担不必要的成本和损失。第三,卖售人还可能因此错过房价较低的购房时机。

以上是法院支持解除合同的主要原因。

(2)合同解除的依据

合同解除权分为约定解除和法定解除。

第一,约定解除。

《合同法》第九十三条:当事人协商一致,可以解除合同。当事人可以约定一方解除合同的条件。解除合同的条件成就时,解除权人可以解除合同。①

如果房屋买卖双方所签订的合同约定了由于买受人不具备购房资格导致无法过户则房屋买卖双方任何一方都有权解除合同的,则从其约定,卖售人有权解除合同。

但是,如果双方约定的是由于买受人不具备购房资格则等待买受人具备购房资格时再办理过户手续,则卖售人无权解除合同。

简单来讲就是有约定的从约定。

第二,法定解除。

《合同法》第九十四条:"有下列情形之一的,当事人可以解除合同:(一)因不可抗力致使不能实现合同目的;(二)在履行期限届满之前,当事人一方明确表示或者以自己的行为表明不履行主要债务;(三)当事人一方迟延履行主要债务,经催告后在合理期限内仍未履行;(四)当事人一方迟延履行债务或者有其他违约行为致使不能实现合同目的;(五)法律规定的其他情形。"②

---

① 《合同法》已失效,现相关内容为《民法典》第五百六十二条。

② 现相关内容为《民法典》第五百六十三条。

①不可抗力

《合同法》第一百一十七条第二款规定:"本法所称不可抗力,是指不能预见、不能避免并不能克服的客观情况。"[①]有些法院认为,新的限购政策的出台导致买房人不具备购房资格,应当属于不可抗力,并据此解除合同,如(2016)沪0113民初12930号民事判决。

②当事人一方迟延履行债务或者有其他违约行为致使不能实现合同目的

适用这个条款需要解释两个概念"违约""合同目的"。

看房屋买卖合同,有些约定了过户是买卖双方共同的义务,有些只强调了过户是卖售人的义务。但是,不论合同上是否明确载明买受人有义务配合过户,根据交易流程,过户需要买卖双方共同办理才能完成,因此说过户既是卖售人的义务,也是买受人的义务。买受人不履行此义务即构成违约。

再说合同目的,有些法院认为卖售人的合同目的是取得房款,取得房子的所有权是买受人的合同目的,只要卖售人取得了全部房款,不过户不影响卖售人的合同目的实现。其实这种说法不太准确,有些机械。因为房子不过户到买受人名下,就还在卖售人名下,卖售人无法将之提存以完成自己过户的义务,这就会给卖售人带来很多潜在的成本和法律风险,也可能会给卖售人另外购房带来购房资格上的障碍。因此,将房屋过户到买受人名下也是卖售人的一个很重要的合同目的。我代理的(2018)沪01民终163号案判决的观点和此观点很类似。

③情势变更

《最高人民法院关于适用〈中华人民共和国合同法〉若干问题的解释(二)》(已失效)第二十六条规定,合同成立以后客观情况发生了当事人在订立合同时无法预见的、非不可抗力造成的不属于商业风险的重大变化,继续履行合同对于一方当事人明显不公平或者不能实现合同目的,当事人请求人民法院变更或者解除合同的,人民法院应当根据公平原则,并结合案件的实际情况确定是否变更或者解除。有些法院认为新的限购政策属于情势变更因素,因新的限购政策导致的合同无法履行,当事人可以基于情势变更原则解除合同。当然,有些法院变通情势变更原则为因不可归责于双方当事人的事由导致合同无法履行,并以此为由解除合同。

(3)合同解除的法律后果

第一,由于新的限购政策导致购房者失去购房资格,导致房屋买卖合同不能按

---

① 现相关内容为《民法典》第一百八十条。

照约定的时间过户,房屋买卖双方互相不负违约责任。但是,在房价上涨较多的背景下,有些法院基于所谓的公平原则判决卖售人给予买受人一定的补偿。但是,无论是《合同法》及其司法解释,还是《民法总则》等法律司法解释在合同责任中并未规定所谓的公平责任。

第二,购房者没有购房资格和新的限购政策无关,即便没有新的限购政策,购房者也没有购房资格,买受人需向卖售人承担违约责任。

(4)参考案例

上海市第二中级人民法院(2019)沪02民终6263号民事判决、上海市第二中级人民法院(2018)沪02民终447号民事判决、上海市第二中级人民法院(2018)沪02民终974号民事判决、上海市第二中级人民法院(2018)沪02民终6690号民事判决、上海市第二中级人民法院(2018)沪02民终974号民事判决、上海市第二中级人民法院(2017)沪02民终11340号民事判决书、上海市第二中级人民法院(2017)沪02民终3133号民事判决、上海市第二中级人民法院(2017)沪02民终6312号民事判决、上海市第二中级人民法院(2017)沪02民终11265号民事判决、上海市第二中级人民法院(2017)沪02民终3625号民事判决、上海市第二中级人民法院(2015)沪二中民二(民)终字第580号民事判决;上海市青浦区人民法院(2018)沪0118民初4661号民事判决、上海市青浦区人民法院(2013)青民三(民)初字第3058号民事判决、上海市青浦区人民法院(2016)沪0118民初4222号民事判决;上海市宝山区人民法院(2018)沪0113民初16308号民事判决、上海市宝山区人民法院(2017)沪0113民初16710号民事判决、上海市宝山区人民法院(2017)沪0113民初3635号民事判决、上海市宝山区人民法院(2014)宝民三(民)初字第818号民事判决、上海市宝山区人民法院(2014)宝民三(民)初字第634号民事判决、上海市宝山区人民法院(2013)宝民三(民)初字第923号民事判决、上海市宝山区人民法院(2016)沪0113民初12930号民事判决、上海市宝山区人民法院(2016)沪0113民初7173号民事判决、上海市宝山区人民法院(2016)沪0113民初11945号民事判决、上海市宝山区人民法院(2016)沪0113民初7702号民事判决;上海市第一中级人民法院(2018)沪01民终163号民事判决;上海市浦东新区人民法院(2017)沪0115民初36398号民事判决。

17. 协商只是一个幌子

诉讼中对方提出愿意协商(但是对方的方案很没诚意),法院也很积极,我方自然不能拒绝,但是我方的协商方案都是和解除合同效果差不多的,这就让别人感受到我们是有充分的信心相信这个案子能打赢的。

18. 一审法院判决我方胜诉

2019 年 8 月下旬,经过一年多的法理和意志的对抗,法院判决支持了我方的反诉请求(确认合同于对方收到我方解除函之日解除)。

19. 二审法院判决我方胜诉

二审我们担心会被改判,因此我们非常谨慎地应诉,最终顺利胜诉。

20. 执行遇到疫情

进入执行阶段后,因为疫情拖了很久,最终还是强制换锁,被执行人被强制迁出。至此,这个房屋买卖合同纠纷经历两年多,最终完美结束。

21. 总结

首先,要为一审法官的认真、勤勉、对法理和法治的信仰点个赞。

其次,当事人要争取合法权利,要找到专业的律师,并积极配合律师的工作。

最后,律师要朝专业化的方向发展,研究好、做好自己的专业。对一个案子要认真研究、客观分析、勤勉尽职认真细致地做好每一步工作。

附判决书:

(一)本案一审判决书

白某某、王某平与薛某某房屋买卖合同纠纷案

原告(反诉被告):白某某,男,1979 年×月×日出生,×族,户籍所在地河南省。

原告:王某平,女,1980 年×月×日出生,×族,户籍所在地江苏省。

上列两原告共同委托诉讼代理人:谷某某,上海某律师事务所律师。

被告(反诉原告):薛某某,男,1961 年×月×日出生,×族,户籍所在地上海市静安区。

委托诉讼代理人:张春光,上海市某律师事务所律师。

原告白某某诉被告薛某某房屋买卖合同纠纷一案,本院于 2018 年 8 月 15 日立案受理后,依法适用简易程序审理。根据白某某申请,本院依法对薛某某采取了财产保全措施。审理中,根据白某某和王某平申请,本院依法追加王某平作为原告参加诉讼。审理中,薛某某提起反诉,本院依法予以受理。本案于 2018 年 9 月 17 日

第一次公开开庭进行了审理，原告白某某、王某平及两原告共同委托诉讼代理人谷某某、被告薛某某及其委托诉讼代理人张春光到庭参加了诉讼。审理中，本院依法追加上海某投资有限公司作为第三人参加诉讼。本案于2019年4月25日第二次公开开庭进行了审理，两原告共同委托诉讼代理人谷某某、被告薛某某及其委托诉讼代理人张春光到庭参加了诉讼，第三人上海某投资有限公司经本院合法传唤，无正当理由拒不到庭，本院依法缺席审理。本院于2019年8月16日通知上海某投资有限公司退出本案诉讼。本案于2019年8月16日第三次公开开庭进行了审理，原告白某某、王某平及两原告共同委托诉讼代理人谷某某、被告薛某某的委托诉讼代理人张春光到庭参加了诉讼。本案现已审理终结。

原告白某某、王某平向本院提出诉讼请求：判令被告协助两原告办理上海市青浦区尚泰路×××弄×××号×××室房屋的过户登记手续。事实与理由：两原告是夫妻关系。2014年12月16日，两原告和被告通过上海某投资有限公司（以下简称某公司）中介，达成了买卖被告位于上海市青浦区尚泰路×××弄×××号×××室房屋（以下简称系争房屋）的意向，白某某当日支付定金人民币50,000元给中介公司作为签订合同的保证金。2015年1月19日，薛某某确认收到中介转交的50,000元购房定金。双方约定到2018年8月1日办理房屋转让过户手续。由于签订《上海市房屋买卖合同》时王某平家里有急事回老家了，所以她在合同上没有签字。但是，白某某买房的钱使用的是家庭共同财产，在签订合同前后，薛某某均清楚，白某某是以家庭名义进行的房屋买卖，这也是上海市公开的限购政策要求的，中介对此进行了充分说明。现在白某某、王某平已经按照约定履行了合同义务，薛某某却不履行合同义务。为维护原告方合法权益，特此起诉。

被告薛某某辩称，不同意两原告诉请，原告白某某没有购房资格，合同应当解除。在购房过程中，白某某逾期支付第二笔房款200,000元，双方口头约定白某某赔偿被告薛某某300,000元违约金，是通过短信确认的，但是白某某至今未付。故薛某某有合同解除权，薛某某在2018年8月9日向白某某发送解除通知的短信，双方所签订的买卖合同已在当天解除。

薛某某向本院提出反诉请求：1. 确认薛某某与白某某就上海市青浦区尚泰路×××弄×××号×××室房屋签订的《上海市房地产买卖合同》已于2018年8月9日解除；2. 白某某向薛某某返还上海市青浦区尚泰路×××弄×××号×××室房屋；3. 白某某赔偿薛某某违约金100,000元。审理中，薛某某变更第三项诉请金额性质为解除合同产生的损失。事实与理由：2015年1月，白某某与薛某某签订了

《上海市房地产买卖合同》,约定薛某某出售上海市青浦区尚泰路×××弄×××号×××室房屋于白某某,房屋总价850,000元,2015年1月20日前付房款550,000元(含定金50,000元),2015年12月1日前付房款200,000元,房屋可执行过户当日付100,000元,2015年1月31日前交房,2018年8月1日前过户。合同签订后,薛某某完全履行了合同义务。在房屋可以过户后,薛某某多次催告白某某办理过户手续,白某某一直没有配合。薛某某了解到白某某没有购房资格,无法过户。

白某某针对反诉辩称,不同意反诉请求,在薛某某发送解除合同短信的时候,白某某已经起诉了,是薛某某违约,不是白某某违约,薛某某没有解除权。合同约定的过户期限是2018年8月1日前,但是之前薛某某一直不配合。

经开庭审理查明:系争房屋系薛某某家庭于2013年11月23日签订拆迁协议安置所得,系争房屋所在小区大产证于2015年4月21日登记至案外人上海某置业有限公司名下,系争房屋产权于2016年4月1日登记至薛某某名下。

2014年12月16日,某公司出具收据,确认收到白某某为购买系争房屋的房款50,000元。2015年1月17日,薛某某出具定金收据,确认收到白某某购买系争房屋的定金50,000元。

2015年1月19日,薛某某作为甲方,白某某作为乙方,双方签订《上海市房地产买卖合同》(未作网上备案),约定:双方经某公司居间介绍,乙方受让甲方坐落于青浦区尚泰路×××弄×××号×××室房屋,建筑面积70.84平方米,价款850,000元;2015年1月31日验收交接房屋;2018年8月1日前双方共同办理过户手续,由于甲方故意拖延或者不及时提供相关材料的,乙方按本合同第十条追究甲方的违约责任;乙方未按本合同约定期限付款的,则视为乙方违约,甲方有权单方面解除本合同,乙方并承担违约金500,000元,甲方可从已付款中扣除,金额不足的,乙方应以现金方式补足;第十条约定,甲方逾期未交付房地产或该房地产可执行交易时以任何理由不配合乙方交易或延迟交易,则视为甲方违约,乙方可单方面解除合同,甲方应承担违约金500,000元,乙方已付款金额全额退还于乙方。补充条款约定:甲方应在签署本协议当日将房屋交付于乙方;待乙方第二笔款项支付于甲方时,甲方应将关于该房屋所有证件交付于乙方保管。附件三"付款协议"约定:乙方应于2015年1月20日前支付甲方房款550,000元(含定金50,000元),于2015年12月1日前支付甲方房款200,000元,于房屋可执行过户当日支付甲方房款100,000元。合同另约定了其他事项。

2015年1月19日,案外人王某兰转账支付薛某某房款500,000元,对此薛某某出具收据1份，确认收到白某某购房款500,000元。同日，薛某某配偶陆某针对系争房屋出具《家庭成员同意出售房屋证明》。后薛某某将系争房屋交付白某某。

2015年12月1日，白某某支付薛某某161,000元。2016年3月22日，白某某支付薛某某30,000元。2016年6月20日，白某某支付薛某某11,000元。上述已付款共计752,000元。

2018年5月3日，薛某某向白某某发送短信，提议于2018年5月15日签订网签合同，但不同意加上白某某配偶的名字。白某某回复称准备好后会通知薛某某。2018年5月30日，薛某某再次向白某某发送短信，提议2018年6月15日前签订网签合同并办理过户手续，但不同意买受人加上配偶名字。白某某回复称：签合同时薛某某已答应，现无理由拒绝过户给白某某家人；2016年年初房价涨了，薛某某要求加价200,000元，白某某答应后，薛某某又让加300,000元，白某某又答应了，到了2017年又说要500,000元。签约时白某某配偶在老家过不来，中介说网签时再加上她名字就可以，而且当时社保只要交满2年，白某某有购房资格的，后来2016年3月改为5年；要求见面。后薛某某仍拒绝合同乙方加上其他人名字，故双方未能于2018年8月1日网签购房合同。2018年8月9日，薛某某向白某某发送短信，通知解除薛某某与白某某就系争房屋签订的《上海市房地产买卖合同》。

另查明，截至2018年7月，王某平缴纳上海市社保月数累计62个月。2006年9月10日，江苏省阜南县罗桥镇人民政府为白某某、王某平办理了结婚证。2019年4月17日，江苏省阜南县民政局为两原告办理结婚证。

经本院查询，2018年10月12日江苏省阜宁县民政局复函，称白某某、王某平自2002年1月1日至今在阜宁县民政局婚姻登记处无婚姻登记信息（阜宁县民政局婚姻登记处成立于2002年1月1日）。经本院再次询问，阜宁县民政局婚姻登记处于2019年3月4日复函，称江苏省阜宁县人民政府办公室文件阜政办发（2001）124号规定，自2002年1月1日起在阜宁县民政局婚姻登记处实行全县范围内集中办理婚姻登记；盐城市人民政府办公室文件盐政办发〔2004〕29号（2004年3月3日）规定，取消各县、市、区的乡（镇）办理婚姻登记的职能，集中到县级婚姻登记机关办理婚姻登记；阜宁县民政局婚姻登记处自2002年1月1日成立至今，一直严格执行上述文件规定，遇到文件规定日期之后所谓“在乡镇办理的婚姻登记”一律不予承认。经本院询问，2019年8月2日江苏省民政厅复函，称白某某、王某平于2019年4月17日申请补办结婚登记，合法有效，二人出具的2006年9月10日在罗桥镇人民政府办理的结婚证无效。

上述查明的事实,由以下证据证明:白某某、王某平、薛某某的陈述,白某某提供的《上海市房地产买卖合同》、同意出售房屋证明、收据、不动产登记簿、短信记录、结婚证,薛某某提供的《上海市房地产买卖合同》、银行明细、征收补偿协议、不动产登记簿、短信记录,本院出示的阜宁县民政局婚姻登记处复函、江苏省民政厅复函,上述证据并经庭审出证、质证,本院予以确认。

审理中,双方争议焦点为王某平是否为本案房地产买卖合同的共同购房人。

白某某、王某平称,二人于2006年9月10日取得的结婚证是合法有效的,罗桥镇人民政府有权进行结婚登记。江苏省民政厅在复函中也说二人2019年4月17日是补办结婚证。签约前白某某、王某平一起看房,签约时王某平因回老家处理孩子的学习问题,故未能签约,但中介说网签合同时加上王某平名字就行了,因此只有白某某一人签名,薛某某对此是明知并同意的。至于代付500,000元房款的王某兰,是王某平的妹妹,不是白某某的妻子。

对此白某某、王某平提供如下证据:1. 某公司情况说明,证明白某某、王某平是以家庭名义购房,签订日期和过户日期相差那么久就是为了让二人符合购房资格。2. 村委会和罗桥镇人民政府证明、出生证、出生证存根复印件各1份,以证明白某某、王某平夫妻关系属实,经政府机关和人民医院认可。

薛某某发表如下质证意见:证据1,内容与事实不符;证据2,对真实性不予认可,认为自2002年起罗桥镇政府无权办理结婚证,村委会和镇政府没有权力出具婚姻关系证明,出生证上的身份证与原告身份证号码不一致。出生证存根没有原件,真实性不予认可。

审理中,白某某、王某平申请李某洲出庭作证。李某洲当庭陈述称,李某洲是某公司员工,薛某某来某公司挂牌出售,出价850,000元。白某某找某公司买房,接待人员是张某辉。2014年12月,因某公司没有系争房屋钥匙,李某洲带白某某和王某平一起看了与系争房屋相同房型的房屋,看房时只有李某洲和白某某、王某平在场。签合同时买方只有白某某一人在场,因为他妻子在老家,签的合同只是草签合同,薛某某说过正式网签合同时可以加名字。首付款支付后就交付房屋了,交付房屋是在薛某某位于宝山区的房屋里交接钥匙,交房时王某平不在。王某平回上海后没有补签名字可能是中介的失职。2016年下半年,薛某某开始提出加价要求,金额从100,000元、300,000元一直到500,000元,白某某不同意,薛某某就说白某某没有购买资格。李某洲不清楚原、被告三人是否同时见过面。确认某公司收过薛某某40,000元,但不知道是否约定过交易不成退50,000元。

白某某和王某平对证人证言无异议，薛某某不予认可，认为薛某某没有同意在网签合同时加名字，也没有因房价上涨提出加价，是基于白某某逾期付款而要求白某某补偿300,000元。系争房屋钥匙已交给某公司，故不知道谁去看房的。

本院认证如下：因江苏省民政厅已对2006年9月10日罗桥镇人民政府出具的结婚证效力予以否定，故本院对上述结婚证及罗桥镇人民政府的证明不予采信。关于某公司出具的书面证言，其中关于王某平、白某某二人系家庭购房的陈述亦与二人实际婚姻状况不符，故本院不予采信。证人李某洲称薛某某曾同意在签订网签合同时增加购房人，但该陈述并无其他证据予以印证，本院难以采信。

审理中，白某某、薛某某同意对签订房地产买卖合同时薛某某是否知晓王某平是购房人之一这一节事实进行心理测试，但双方均未在通知的时间到场接受测试；经本院释明，白某某、王某平不申请针对其二人对系争房屋投入的装修费损失进行审价。薛某某称，不愿意利用白某某的装修，但本案中不主张恢复原状；薛某某和白某某对因白某某无购房资格而解除合同的情形未约定违约金，现主张的100,000元损失包括房屋占有使用费损失和因履行合同而产生的交通费、通信费等损失。

本院认为：白某某与薛某某签订的房地产买卖合同系双方真实意思表示，内容未违反法律法规禁止性规定，应为合法有效，双方均应按约履行。

白某某、王某平称二人是本案房地产买卖合同的共同购房人，但是根据现有证据，本案房地产买卖合同的买方处和落款处均只有白某某一人签名，王某平并未作为购房人签名，二人直到2019年4月才成立有效的婚姻关系，故白某某在2015年1月19日签订房地产买卖合同仅能代表白某某个人，王某平并非本案房地产买卖合同购买人。白某某、王某平称薛某某在签订房地产买卖合同时应知王某平亦为购买人之一，缺乏事实和法律依据。退一步说，即使签订合同时薛某某同意在网签买卖合同时增加王某平为购房人，但合同约定过户期限为2018年8月1日，而白某某、王某平在2018年8月1日尚未成立有效结婚关系，并不具备购买本市房屋的资格，故本案房地产买卖合同于2018年8月1日客观上无法办理过户手续，系白某某自身原因造成，薛某某有权单方行使合同解除权，其在2018年8月9日以短信方式通知白某某解除合同，具有法律效力，本院予以确认，故本案房地产买卖合同于2018年8月9日解除。之后王某平、白某某登记结婚具备购房资格，不影响合同已解除的客观情况。

故对白某某、王某平要求薛某某协助过户的诉讼请求，本院不予支持。对薛某某要求确认合同解除、要求白某某返还系争房屋的诉讼请求，本院予以支持。关于薛某某要求白某某赔偿损失100,000元的诉讼请求,因双方并未约定在白某某无购房资格的情形下薛某某单方解除合同时可主张的违约金,在案证据亦无法证明白某某、王某平对2006年9月10日结婚登记无效存在过错,且现系争房屋市场价已明显上涨,薛某某又多年占有使用白某某所付房款,其获益大于其损失,故对该项诉请,本院不予支持。薛某某应返还白某某已付款752,000元。关于合同解除后双方产生的其他损失,双方可另循合法途径主张。

某公司经本院合法传唤,无正当理由拒不到庭参加第二次庭审,视为放弃自身诉讼权利,法律后果自负。据此,依照《中华人民共和国合同法》第九十四条、第九十六条、第九十七条,《最高人民法院关于适用〈中华人民共和国民事诉讼法〉的解释》第二百四十条的规定,判决如下:

一、白某某与薛某某于2015年1月19日签订的《上海市房地产买卖合同》于2018年8月9日解除;

二、白某某应于本判决生效之日起三十日内腾退位于上海市青浦区尚泰路×××弄×××号×××室房屋并返还薛某某;

三、薛某某应于白某某返还上述房屋之日返还白某某已付款752,000元;

四、驳回白某某、王某平要求薛某某协助过户的诉讼请求;

五、驳回薛某某其余反诉请求。

如果未按本判决指定的期间履行给付金钱义务,应当依照《中华人民共和国民事诉讼法》第二百五十三条的规定,加倍支付迟延履行期间的债务利息。

案件本诉受理费80元,减半收取计40元,财产保全费4770元,两项合计4810元,由白某某、王某平负担;反诉受理费2300元,减半收取计1150元,由薛某某负担。

如不服本判决,可在判决书送达之日起十五日内,向本院递交上诉状,并按对方当事人的人数提出副本,上诉于上海市第二中级人民法院。

审判员:×××

二〇一九年八月二十一日

书记员:×××

（二）本案二审判决书

上诉人白某某、王某平与被上诉人薛某某房屋买卖合同纠纷案

上诉人（原审原告、反诉被告）：白某某，男，1979年×月×日出生，×族，户籍所在地河南省。

上诉人（原审原告）：王某平，女，1980年×月×日出生，×族，户籍所在地江苏省。

上列两上诉人的共同委托诉讼代理人：徐某，上海某律师事务所律师。

被上诉人（原审被告、反诉原告）：薛某某，男，1961年×月×日出生，×族，户籍所在地上海市静安区。

委托诉讼代理人：张春光，上海市某律师事务所律师。

上诉人白某某、王某平因与被上诉人薛某某房屋买卖合同纠纷一案，不服上海市青浦区人民法院（2019）沪0118民初×号民事判决，向本院提起上诉。本院于2019年10月21日立案后，依法组成合议庭进行了审理。本案现已审理终结。

白某某、王某平的上诉请求：撤销一审判决，依法改判支持白某某、王某平一审的诉讼请求并驳回薛某某一审反诉请求。

事实与理由：一审认定薛某某2018年8月9日的单方合同解除通知依法有效系认定错误，白某某、王某平已经支付了绝大部分价款，支付比例高达88.23%，远远高于《最高人民法院关于审理买卖合同纠纷案件适用法律问题的解释》第三十六条规定的75%的比例，出卖人没有收回标的物的权利，只要薛某某同意白某某提出的增加配偶为共同购房人，双方的合同目的都能实现。一审判决认定白某某、王某平2018年8月1日前不具备购房资格系与双方请求毫无关联的事实认定，同时也是错误的事实认定。签订《上海市房地产买卖合同》时，白某某、薛某某及中介三方口头达成一致意见，网签合同时将白某某配偶名字加上，中介能证明薛某某在签订合同时知道白某某是以家庭名义购房。能否网签合同及过户，是房管部门审查的事项和权力，不是薛某某享有的权利。综上，请求二审支持白某某、王某平的上诉请求。

薛某某辩称：不同意上诉请求，一审认定事实清楚，请求驳回上诉，维持原判。

白某某、王某平向一审法院起诉的诉讼请求：判令薛某某协助白某某、王某平办理上海市青浦区尚泰路×××弄×××号×××室房屋（以下简称系争房屋）的

过户登记手续。

薛某某向一审法院提出反诉请求:(1)确认薛某某与白某某就系争房屋签订的《上海市房地产买卖合同》已于2018年8月9日解除;(2)白某某向薛某某返还系争房屋;(3)白某某赔偿薛某某违约金人民币(以下币种均为人民币)100,000元。审理中,薛某某变更第三项诉请金额性质为解除合同产生的损失。

一审法院认定事实如下:

系争房屋系薛某某家庭于2013年11月23日签订拆迁协议安置所得,系争房屋所在小区大产证于2015年4月21日登记至案外人上海某置业有限公司名下,系争房屋产权于2016年4月1日登记至薛某某名下。

2014年12月16日,上海某投资有限公司(以下简称祥呈公司)出具收据,确认收到白某某为购买系争房屋的房款50,000元。2015年1月17日,薛某某出具定金收据,确认收到白某某购买系争房屋的定金50,000元。

2015年1月19日,薛某某作为甲方,白某某作为乙方,双方签订《上海市房地产买卖合同》(未作网上备案),约定:双方经某公司居间介绍,乙方受让甲方坐落于青浦区尚泰路×××弄×××号×××室房屋,建筑面积70.84平方米,价款850,000元;2015年1月31日验收交接房屋;2018年8月1日前双方共同办理过户手续,由于甲方故意拖延或者不及时提供相关材料的,乙方按本合同第十条追究甲方的违约责任;乙方未按本合同约定期限付款的,则视为乙方违约,甲方有权单方面解除本合同,乙方并承担违约金500,000元,甲方可从已付款中扣除,金额不足的,乙方应以现金方式补足;第十条约定,甲方逾期未交付房地产或该房地产可执行交易时以任何理由不配合乙方交易或延迟交易,则视为甲方违约,乙方可单方面解除合同,甲方应承担违约金500,000元,乙方已付款金额全额退还于乙方。补充条款约定:甲方应在签署本协议当日将房屋交付于乙方;待乙方第二笔款项支付于甲方时,甲方应将关于该房屋所有证件交付于乙方保管。附件三"付款协议"约定:乙方应于2015年1月20日前支付甲方房款550,000元(含定金50,000元),于2015年12月1日前支付甲方房款200,000元,于房屋可执行过户当日支付甲方房款100,000元。合同另约定了其他事项。

2015年1月19日,案外人王某兰转账支付薛某某房款500,000元,对此薛某某出具收据1份,确认收到白某某购房款500,000元。同日,薛某某配偶陆某针对系争房屋出具《家庭成员同意出售房屋证明》。后薛某某将系争房屋交付白某某。

2015年12月1日,白某某支付薛某某161,000元。2016年3月22日,白某某支付薛某某30,000元。2016年6月20日,白某某支付薛某某11,000元。上述已付款共计752,000元。

2018年5月3日,薛某某向白某某发送短信,提议于2018年5月15日签订网签合同,但不同意加上白某某配偶的名字。白某某回复称准备好后会通知薛某某。2018年5月30日,薛某某再次向白某某发送短信,提议2018年6月15日前签订网签合同并办理过户手续,但不同意买受人加上配偶名字。白某某回复称:签合同时薛某某已答应,现无理由拒绝过户给白某某家人;2016年年初房价涨了,薛某某要求加价200,000元,白某某答应后,薛某某又让加300,000元,白某某又答应了,到了2017年又说要500,000元。签约时白某某配偶在老家过不来,中介说网签时再加上她名字就可以,而且当时社保只要交满2年,白某某有购房资格的,后来2016年3月改为5年;要求见面。后薛某某仍拒绝合同乙方加上其他人名字,故双方未能于2018年8月1日网签购房合同。2018年8月9日,薛某某向白某某发送短信,通知解除薛某某与白某某就系争房屋签订的《上海市房地产买卖合同》。

一审法院另查明,截至2018年7月,王某平缴纳上海市社保月数累计62个月。2006年9月10日,江苏省阜南县罗桥镇人民政府为白某某、王某平办理了结婚证。2019年4月17日,江苏省阜南县民政局为白某某、王某平办理结婚证。

经一审法院查询,2018年10月12日江苏省阜宁县民政局复函,称白某某、王某平自2002年1月1日至今在阜宁县民政局婚姻登记处无婚姻登记信息(阜宁县民政局婚姻登记处成立于2002年1月1日)。经一审法院再次询问,阜宁县民政局婚姻登记处于2019年3月4日复函,称江苏省阜宁县人民政府办公室文件阜政办发(2001)124号规定,自2002年1月1日起在阜宁县民政局婚姻登记处实行全县范围内集中办理婚姻登记;盐城市人民政府办公室文件盐政办发〔2004〕29号(2004年3月3日)规定,取消各县、市、区的乡(镇)办理婚姻登记的职能,集中到县级婚姻登记机关办理婚姻登记;阜宁县民政局婚姻登记处自2002年1月1日成立至今,一直严格执行上述文件规定,遇到文件规定日期之后所谓"在乡镇办理的婚姻登记"一律不予承认。经一审法院询问,2019年8月2日江苏省民政厅复函,称白某某、王某平于2019年4月17日申请补办结婚登记,合法有效,二人出具的2006年9月10日在罗桥镇人民政府办理的结婚证无效。

一审审理中,双方争议焦点为王某平是否为本案房地产买卖合同的共同购房人。

白某某、王某平称,二人于2006年9月10日取得的结婚证是合法有效的,罗桥镇人民政府有权进行结婚登记。江苏省民政厅在复函中也说二人2019年4月17日是补办结婚证。签约前白某某、王某平一起看房，签约时王某平因回老家处理孩子的学习问题，故未能签约，但中介说网签合同时加上王某平名字就行了，因此只有白某某一人签名，薛某某对此是明知并同意的。至于代付500,000元房款的王某兰，是王某平的妹妹，不是白某某的妻子。

对此白某某、王某平提供如下证据：1. 某公司情况说明，证明白某某、王某平是以家庭名义购房，签订日期和过户日期相差那么久就是为了让二人符合购房资格。2. 村委会和罗桥镇人民政府证明、出生证、出生证存根复印件各1份，以证明白某某、王某平夫妻关系属实，经政府机关和人民医院认可。

薛某某发表如下质证意见：证据1，内容与事实不符；证据2，对真实性不予认可，认为自2002年起罗桥镇政府无权办理结婚证，村委会和镇政府没有权力出具婚姻关系证明，出生证上的身份证与对方当事人身份证号码不一致。出生证存根没有原件，真实性不予认可。

一审审理中，白某某、王某平申请李某洲出庭作证。李某洲当庭陈述称，李某洲是某公司员工，薛某某来某公司挂牌出售，出价850,000元。白某某找某公司买房，接待人员是张某辉。2014年12月，因某公司没有系争房屋钥匙，李某洲带白某某和王某平一起看了与系争房屋相同房型的房屋，看房时只有李某洲和白某某、王某平在场。签合同时买方只有白某某一人在场，因为他妻子在老家，签的合同只是草签合同，薛某某说过正式网签合同时可以加名字。首付款支付后就交付房屋了，交付房屋是在薛某某位于宝山区的房屋里交接钥匙，交房时王某平不在。王某平回上海后没有补签名字可能是中介的失职。2016年下半年，薛某某开始提出加价要求，金额从100,000元、300,000元一直到500,000元，白某某不同意，薛某某就说白某某没有购买资格。李某洲不清楚白某某、王某平、薛某某三人是否同时见过面。确认某公司收过薛某某40,000元，但不知道是否约定过交易不成退50,000元。

白某某和王某平对证人证言无异议，薛某某不予认可，认为薛某某没有同意在网签合同时加名字，也没有因房价上涨提出加价，是基于白某某逾期付款而要求白某某补偿300,000元。系争房屋钥匙已交给某公司，故不知道谁去看房的。

一审法院认证如下：因江苏省民政厅已对2006年9月10日罗桥镇人民政府出具的结婚证效力予以否定，故法院对上述结婚证及罗桥镇人民政府的证明不予采信。关于某公司出具的书面证言，其中关于王某平、白某某二人系家庭购房的陈述亦与二人实际婚姻状况不符，故法院不予采信。证人李某洲称薛某某曾同意在签订网签合同时增加购房人，但该陈述并无其他证据予以印证，法院难以采信。

一审审理中，白某某、薛某某同意对签订房地产买卖合同时薛某某是否知晓王某平是购房人之一这一节事实进行心理测试，但双方均未在通知的时间到场接受测试；经法院释明，白某某、王某平不申请针对其二人对系争房屋投入的装修费损失进行审价。薛某某称，不愿意利用白某某的装修，但本案中不主张恢复原状；薛某某和白某某对因白某某无购房资格而解除合同的情形未约定违约金，现主张的100,000元损失包括房屋占有使用费损失和因履行合同而产生的交通费、通信费等损失。

一审法院认为，白某某与薛某某签订的房地产买卖合同系双方真实意思表示，内容未违反法律法规禁止性规定，应为合法有效，双方均应按约履行。白某某、王某平称二人是本案房地产买卖合同的共同购房人，但是根据现有证据，本案房地产买卖合同的买方处和落款处均只有白某某一人签名，王某平并未作为购房人签名，二人直到2019年4月才成立有效的婚姻关系，故白某某在2015年1月19日签订房地产买卖合同仅能代表白某某个人，王某平并非本案房地产买卖合同购买人。白某某、王某平称薛某某在签订房地产买卖合同时应知王某平亦为购买人之一，缺乏事实和法律依据。退一步说，即使签订合同时薛某某同意在网签买卖合同时增加王某平为购房人，但合同约定过户期限为2018年8月1日，而白某某、王某平在2018年8月1日尚未成立有效结婚关系，并不具备购买本市房屋的资格，故本案房地产买卖合同于2018年8月1日客观上无法办理过户手续，系白某某自身原因造成，薛某某有权单方行使合同解除权，其在2018年8月9日以短信方式通知白某某解除合同，具有法律效力，法院予以确认，故本案房地产买卖合同于2018年8月9日解除。之后王某平、白某某登记结婚具备购房资格，不影响合同已解除的客观情况。故对白某某、王某平要求薛某某协助过户的诉讼请求，法院不予支持。对薛某某要求确认合同解除、要求白某某返还系争房屋的诉讼请求，予以支持。关于薛某某要求白某某赔偿损失100,000元的诉讼请求，因双方并未约定在白某某无购房资格的情形下薛某某单方解除合同时可主张的违约金，在案证据亦无法证明白某某、王某平对2006年9月10日结婚登记无效存在过错，且现系争房屋市场价已明显上涨，薛某某又多年占有使用白某某所付房款，其获益大于其损失，故对该项诉请，法院不予支持。薛某某应返还白某某已付款752,000元。关于合同解除后双方产生的其他损失，双方可另循合法途径主张。

一审法院据此判决如下：一、白某某与薛某某于2015年1月19日签订的《上海市房地产买卖合同》于2018年8月9日解除;二、白某某应于判决生效之日起三十日内腾退位于上海市青浦区尚泰路×××弄×××号×××室房屋并返还薛某某;三、薛某某应于白某某返还上述房屋之日返还白某某已付款752,000元;四、驳回白某某、王某平要求薛某某协助过户的诉讼请求;五、驳回薛某某其余反诉请求。

二审中,白某某、王某平提交公安部门出具的情况说明一份,内容为按一审中作为证据提交的出生证明中载明的白某某身份证号码未检索出对应人员身份信息,因此上述身份证号码系笔误。白某某、王某平另提交父母亲登记为白某某、王某平的出生证明一份,称该出生证明可以证明白某某、王某平的婚姻关系。薛某某表示对证据真实性无异议,但不能证明出生证明中的白某某即本案当事人。薛某某进一步补充称二审中白某某、王某平提交的出生证明出具单位为建湖县妇幼保健院,与一审中的出生证明的出具单位建湖县人民医院相矛盾,故上述证据不能证明白某某、王某平的待证观点。

本院经审理查明,一审法院认定事实无误,本院予以确认。

本院认为,一审法院基于查明的事实对涉案合同的法律效力的认定,并无不妥,本院予以认同。根据查明的事实,白某某、王某平直至2019年4月才取得合法婚姻关系的有效证明,而薛某某已于2018年8月9日以短信方式通知解除合同,且在本案诉讼中以提起反诉的方式明确了解除合同的意思表示。因此,一审法院根据在案证据认定白某某在合同约定的期限内不具备购买本市房屋的资格,薛某某有权解除涉案合同,并无不当。所作相应判决,本院予以维持。

据此,依照《中华人民共和国民事诉讼法》第一百七十条第一款第一项之规定,判决如下:

驳回上诉,维持原判。

二审案件受理费人民币80元,由上诉人白某某、王某平共同负担。

本判决为终审判决。

审判长 ×××
审判员 ×××
审判员 ×××
二〇一九年十二月十三日
法官助理 ×××
书记员 ×××

案例六

没有明确合同和法律依据的官司也有可能打赢

2020年3月16日我方收到一份上海市第二中级人民法院的胜诉判决，这个案例的意义在于即便没有明确的合同和法律依据，官司也是有可能打赢的。

一、案情简介

当事人谭先生是我读研究生时的校友，也是我的好朋友。

谭先生研究生毕业之后有很好很稳定的工作，同时想创业，于是租了一个店面。

这个店面以及周围的很多类似的店面从法律上讲是违建，但是地段很好，生意也不错。这个店被多次转租，谭先生租这个店面时，这个店面的实际使用人是刘某某，刘某某的上家是×公司。×公司租了两间，其中一间自己在使用，另外一间转租给了刘某某（就是打官司的这一间）。

谭先生和刘某某签了一份《转让协议》，条款很少且很混乱，意思就是说刘某某把这个旺铺和赚钱的机会转让给谭先生，谭先生支付刘某某一笔转让费（注意啊，我们打官司打得就是这笔转让费），刘某某退出租赁关系。

当天，谭先生又和×公司签订了房屋租赁合同，其中一个条款是租赁期限到“政府房屋收回拆迁”。这就是不懂法律的人签合同给自己埋下的定时炸弹，我看到这个条款吓了一大跳。你怎么理解这个条款？

合同签订后，谭先生给刘某某付了转让费，给×公司付了房租，然后开始设计、装修……一切准备就绪，没经营几天，政府在门口贴了一张《告知书》，意思就是此房屋是违建,政府要拆了,住户赶紧搬走。没过几天,政府直接就把大门给焊死了。

另外,谭先生找我之前已经起诉过×公司房屋租赁合同纠纷了,这个房屋租赁合同纠纷很简单,调解结案。但是,谭先生说,和刘某某基于《转让协议》的转让费纠纷没法打,不知道如何下手,打不了,所以才来麻烦我的。

二、请求权基础是什么

打官司嘛,要有请求权基础,合同依据是哪个条款?法律依据是什么,具体依据哪条法律哪条司法解释?

谭先生和刘某某签订的《转让协议》转让的是什么?是一个赚钱的机会,可不是转租,更不是买卖,我们要结合合同条款和案件事实探究当事人的真实意思。

那刘某某已经把赚钱的机会给了谭先生,刘某某已经退出,谭先生也和刘某某的上家×公司直接签订了租赁合同。谭先生和刘某某签的《转让协议》已经履行完毕了,《转让协议》没有约定政府拆违建把房子封掉或者导致谭先生不能经营的刘某某要退还转让费。

虽然没有直接的合同依据或法律依据,但是我凭借多年积累的知识和经验,从我专业的敏感的角度,我感觉这个官司可以试试。

(一)灵感来源:“团购费”的纠纷

很多人买商品房付给中介公司团购费,我有一个客户就付了50万元的团购费,我通过协商谈判的方式帮她要回来了45万元(注:我这个客户房子买了,过户了也交房了)。

谭先生转让费的这个案例和上面团购费的纠纷有点像,谭先生付给刘某某转让费,是为了租赁使用这个店铺,但是由于政府拆违建的原因,谭先生只使用了很短的时间,这个店铺就被焊死了,不能使用了,谭先生最终的目的基本没实现。

(二)底气来源:成功案例

没有明确的合同或法律依据打赢官司的成功案例我有很多,比如(这里只列举一小部分):

(1)2016年3月25日上海出台“沪九条”,二套房首付比例由30%提高到了不低于50%,很多房屋买受人因无力支付如此高比例的首付而不得不选择解除合同,但是房屋买卖合同中一般都有“贷款不足,现金补足”之类的约定,没有由于政策原因导致首付比例提高则买受人有权解除合同并要求卖售人全额退还房款的约定，且法律也没有类似的规定。但是我代理的很多房屋买受人通过仲裁或诉讼的方式要回了已付房款，如上海仲裁委员会（2016）沪仲案字第0968号案、上海市徐汇区人民法院（2016）沪0104民初20049号案，上海市第一中级人民法院（2016）沪01民终11280号案等。

（2）2016年11月28日，上海市住建委等单位联合发布《关于促进本市房地产市场平稳健康有序发展进一步完善差别化信贷注册的通知》，该通知规定有贷款记录的再购买房屋首付比例也按二套房政策执行，即"认房又认贷"，这就导致很多名下无房但有贷款记录的人买房很可能要支付比预期首付高出很多的首付，导致很多房屋买受人无力支付如此高的首付而不得不选择放弃购房。同上文所讲，房屋买受人想要回已付房款没有明确的合同和法律依据。但是我代理的上海市松江区人民法院（2016）沪0117民初21700号案、上海市浦东新区人民法院（2017）沪0115民初14715号案、上海市长宁区人民法院（2017）沪0105民初164号案等，通过判决或调解都要回了首付款。

注：上述（1）和（2）提到的由于政策原因导致首付比例提高，在之后的法院判决中，法院一般认为这属于商业风险，房屋买受人不因此而免责。从这个角度讲，我代理的案件起诉比较早，取得胜诉应该说和把握了好的时机也有关系。

（3）上海市普陀区人民法院（2017）沪0107民初31138号案中我代理房屋卖售人起诉房屋买受人返还户口押金。合同约定2017年9月30日前房屋卖售人要将标的房屋内的户口全部迁出，否则房屋卖售人将户口押金赔偿给房屋买受人。但是，房屋卖售人由于自己的原因，在没有任何客观履行障碍的情况下居然在2017年10月17日才将户口迁出，明显是晚于合同约定的截止日期。案情如此不利，但是我代理卖售人起诉要回户口押金的诉请还是得到了法院的支持。

这些没有胜诉的合同依据或法律依据，甚至有败诉的合同依据或法律依据，但最终都打赢了的官司，是我接下这个棘手案件的底气和信心所在。

（三）请求权基础：我准备了很多

我研究了很多相关的案例，非常不乐观，主张转让费的原告大都败诉。所以在这个时候，准备好可能成立的请求权基础显得必要且至关重要。

1. 合同无效的理论

关于这个观点，我认为逻辑上不严密，所以没有重点讲，所以在这里我就不展开讲这个观点了。

2. 合同目的不能实现,对方占主要过错

(1)首先,我认为不能孤立地看这份《转让协议》,而要结合我方与×公司签订的《租赁合同》及相关案件事实综合认定我方签订《转让协议》的最终目的是占有、使用标的房屋,并经营收益。其次,我组织了很多证据形成了一个证据链条,证明刘某某与我方签订《转让协议》前口头向我方承诺标的房屋使用三年没问题。但是事实上,我方只使用了很短的时间,因此可以认定我方的合同目的没有实现。

(2)刘某某向我方转让此租赁机会时并未向我方如实披露和告知标的房屋系违建,甚至故意隐瞒此事实,有明显过错。此外,通过庭审,我们进一步固定了一个事实,即刘某某知道标的房屋是违建,这就进一步证明刘某某有明显的过错,甚至是恶意。

(3)合理解释"硬伤"。前文我说过,谭先生在找我打这个转让费的官司之前起诉过×公司房屋租赁合同纠纷。《租赁合同》是一份基础证据,当然提交了法院,法院开庭的时候也拿出了这份证据质问我方,《租赁合同》约定的租赁期限到"政府房屋收回拆迁"是什么意思?是不是对政府拆违建有预见,对标的房屋随时可能不能使用有预判?我方提交了《现代汉语词典》对"拆迁"的定义,并结合社会大众对拆迁的一般理解,解释此处的拆迁不包括拆违建;我们又结合其他证据说明此处的租赁期限到"政府房屋收回拆迁"的意思是我方要长期租赁标的房屋直至标的房屋在物理上灭失,以摊薄我方的投资成本(转让费、设计装修成本、设备费用、加盟费等)。

3. 公平原则的法理

《合同法》第五条规定:"当事人应当遵循公平原则确定各方的权利和义务。"对于具体的合同纠纷案件而言,这个公平原则虽然很"虚",但是在没有明确法律规定的情况下,能起到"托底"请求权基础的作用。

三、好事多磨:管辖一波三折

上文我提到这份《转让协议》合同条款很混乱,其中有一个管辖的条款居然约定由乙区法院管辖,但是这个商铺是在甲区,被告住所地、合同履行地、合同签订地、原告住所地等与争议有实际联系的地点都不在乙区,这个约定管辖无效。

关于管辖的故事我就不详细讲了,简单来讲就是,这个案子上海甲区法院不给立案并出具了书面的《简复》让我方到乙区法院立案,乙区法院立案庭看到甲区法院《简复》无奈给立案了，但是主审法官认为乙区法院没有管辖权，又顾忌甲区法院《简复》，打算把案件移送到被告刘某某户籍地安徽某县法院，我向乙区法院提交了一份书面法律意见要求把案件移送到甲区法院，最后乙区法院采纳了我的观点，把案件移送到了上海甲区法院。

四、法院生效判决和执行

一审我方胜诉，对方上诉，上诉期间刘某某还给谭先生打电话偷偷录音企图套一些话出来，结果也没套到什么（刘某某二审期间提交了这份录音作为证据）。二审维持原判。

之后经过法院的执行，我方很顺利地拿了钱。

附判决书：

（一）本案一审判决书

谭某某与刘某某其他合同纠纷案

原告：谭某某，男，1988年×月×日出生，×族，住上海市浦东新区。

委托诉讼代理人：张春光，上海市某律师事务所律师。

被告：刘某某，男，1980年×月×日出生，×族，住安徽省宿州市。

原告谭某某与被告刘某某其他合同纠纷一案，本院于2019年8月1日立案。本案适用简易程序，于2019年8月23日公开开庭进行了审理。原告谭某某委托诉讼代理人张春光、被告刘某某到庭参加诉讼。本案现已审理终结。

原告谭某某向本院提出诉讼请求：判令被告返还转让费170,000元并支付利息（以170,000元为基数，按中国人民银行同期贷款利率，自2018年9月13日起计算至实际还款日止）。事实和理由：2018年7月9日，原告与被告就上海市杨浦区国定路×××弄×××号虾域门店右侧一间房屋签订了《租赁转让协议》，约定被告将涉案房屋租赁合同及权益转让给原告，转让费170,000元。被告向原告承诺涉案房屋租三年没问题，当日原告与上海虾域投资管理有限公司（简称虾域公司）签订了租赁协议并支付了九个月的租金，但涉案房屋于2018年9月13日被政府部门告知系违章建筑，应当拆除，并将大门焊死，原告无法继续经营，故起诉至法院，作如上诉请。

被告刘某某辩称,不同意原告诉讼请求,理由如下:原告的租赁合同是与虾域公司签订的,其损失是虾域公司造成的,与被告无关,被告在此处一直是正常经营。被告与虾域公司签订租赁合同时,虾域公司曾告知过被告涉案房屋无法办理产权证,是临时备案,如果政府要求虾域公司迁走,被告需一起迁移,被告将上述情况告知了原告。

经审理查明,2018 年 7 月 9 日,原、被告签订《租赁转让协议》,由被告将国定路×××弄×××号虾域店门口右侧一间(约 18 平方米)店面租赁合同及权益转让给原告。该房屋用途为经营小吃,原告向被告支付转让费为 170,000 元,支付方式为签订本协议时原告现金转账一次性支付。协议签订后,被告将与房东签订的租赁协议以及对应的租赁使用权利全权转让给原告。同日,原告通过手机银行向被告转账支付转让费 170,000 元。

2018 年 7 月 19 日,原告与案外人虾域公司(虾域尚蛙国定路店)签订《租赁协议》,约定虾域公司将上述店面出租,租赁期限自 2018 年 7 月 19 日至政府房屋收回拆迁(和虾域尚蛙大合同同步)。该房屋年租金为 300,000 元,租约签订第一次支付 9 个月租金即 225,000 元,如遇政府拆迁等不可抗力因素,虾域公司退回多余未使用租金。

2018 年 9 月 13 日,上海市杨浦区五角场街道、上海市杨浦区城市管理行政执法大队五角场中队发出告知书,称将开展无违建居村(街镇)创建工作,治理违法建筑。2018 年 9 月 30 日前,请搭建、使用位于国定路×××弄国定路桥西侧违法建筑的业主、经营者、使用者将违建内的物品自行搬离,并拆除违法建筑。拒不拆除或逾期未拆除违法建筑的,区相关部门将代为拆除。后涉案门店被钢筋封门,原告无法继续经营。

以上事实,有《租赁转让协议》《租赁协议》《执法告知书》、转账凭证等证据予以证明。

本院认为,当事人对自己提出的诉讼请求所依据的事实或者反驳对方诉讼请求所依据的事实有责任提供证据加以证明。原、被告签订的《租赁转让协议》系双方真实意思表示,合法有效,双方均应按约定履行义务。本案的争议焦点为,涉案门店被封门,原告无法继续经营,责任应由何方承担。对此,本院认为,原、被告双方均有责任。就原告而言,其签订涉案《租赁转让协议》时,未对房屋的产权情况进行核实,存在过失。其与虾域公司签订的《租赁协议》中明确了租赁期限为 2018 年 7 月

19日起至政府房屋收回拆迁,如遇政府拆迁等不可抗力因素,虾域公司退回多余未使用租金。上述条款证明原告对涉案房屋的收回拆迁风险明知,应对该风险可能产生的后果承担一定责任。原告主张被告承诺其可租赁涉案房屋三年,但其提供的微信聊天等证据并无法证明。就被告而言,本院认为,被告与原告签订《租赁转让协议》已明知涉案房屋无法办理产权证,是临时备案,如果政府要求虾域公司迁走,被告需一起迁移。被告称已将该风险告知原告,但并无相关证据予以证明,对此亦应承担一定责任。综上,本院认定原、被告双方对原告无法继续经营的后果,各承担50%的责任。原告要求被告支付利息的诉讼请求无事实与法律依据,难以支持。据此,依照《中华人民共和国合同法》第六十条、第一百零七条,《最高人民法院关于民事诉讼证据的若干规定》第二条之规定,判决如下:

一、被告刘某某应于本判决生效之日起十日内返还原告谭某某转让费85,000元;

二、驳回原告谭某某其他诉讼请求。

如果未按本判决指定的期间履行给付金钱义务,应当依照《中华人民共和国民事诉讼法》第二百五十三条之规定,加倍支付迟延履行期间的债务利息。

案件受理费3700元,由原告谭某某、被告刘某某各半负担1850元。

如不服本判决,可在判决书送达之日起十五日内,向本院递交上诉状,并按对方当事人的人数提出副本,上诉于上海市第二中级人民法院。

审判员　××

二〇一九年九月二十日

书记员　××

(二)二审判决书

上诉人刘某某与被上诉人谭某某其他合同纠纷案

上诉人(原审被告):刘某某,男,1980年×月×日出生,×族,住安徽省宿州市。

委托诉讼代理人:黄丹绮,上海市某律师事务所律师。

被上诉人(原审原告):谭某某,男,1988年×月×日出生,×族,住上海市浦东新区。

委托诉讼代理人:张春光,上海市某律师事务所律师。

上诉人刘某某因与被上诉人谭某某其他合同纠纷一案，不服上海市杨浦区人民法院(2019)沪0110民初14492号民事判决，向本院提起上诉。本院于2019年12月24日立案后，依法组成合议庭进行了审理。本案现已审理终结。

刘某某上诉请求：1.依法撤销上海市杨浦区人民法院(2019)沪0110民初14492号民事判决并依法改判刘某某只向谭某某支付3万元(币种为人民币，以下同)；2.判令谭某某承担本案的诉讼费用。事实与理由：一审认定事实及适用法律均有错误。刘某某已经尽到了在合同签订前的告知义务，谭某某明确知道合同存在的风险以及房子会拆迁的问题，且已承诺愿意承担这个风险，故不应由双方各承担50%责任，刘某某承担的风险应降低。谭某某与案外人上海虾域投资管理有限公司(以下简称虾域公司)签订的《租赁协议》、二审中刘某某所提交的与吴某盼(系当初与谭某某签订《租赁协议》的虾域公司负责人)的电话录音、与谭某某的电话录音均能证明谭某某知道房屋动迁风险仍承租了房屋，故应对其行为承担不利后果。即使存在过失、需承担一定责任，也应是作为《租赁合同》相对方的虾域公司而非刘某某。此外，《租赁转让协议》签订过程中，一直是涂某甫以谭某某的合伙人身份与刘某某一方接触，刘某某一方已将涉案房屋可能会拆迁的风险告诉了涂某甫。

谭某某辩称：不同意刘某某的上诉请求，依法驳回上诉，维持原判。不论是认为《租赁转让协议》是谭某某与虾域公司签订的《租赁协议》的一部分，还是认为《租赁转让协议》是《租赁协议》的从合同，因为涉案房屋是违法建筑，根据最高人民法院相关司法解释，《租赁转让协议》都是无效的，则刘某某应当将17万元转让费全部返还给谭某某。退一步讲，即便《租赁转让协议》有效，因刘某某曾答应谭某某涉案房屋至少可以租赁三年，但实际上谭某某只使用了十几天的时间，合同目的没有实现，故刘某某也应当返还17万元。再退一步讲，即便刘某某未曾答应涉案房屋可租赁至什么时候，根据公平和诚信原则，刘某某也应返还17万元。刘某某承认其承租涉案房屋时未支付转让费，但转让给谭某某时却收取了17万元转让费。刘某某系经营水果，并无装修且转让时是关门状态，不存在任何经营的损失。而谭某某实际使用涉案房屋仅十余天，且花费了大量资金装修、支付加盟费、购买设施设备等，故刘某某不返还17万元明显不公平。至于谭某某和虾域公司的《租赁协议》上租期约定“政府房屋收回拆迁”是指拆除合法建筑，不包括拆除违建。

谭某某一审诉讼请求：判令刘某某返还转让费17万元并支付利息(以17万元为基数，按中国人民银行同期贷款利率，自2018年9月13日起计算至实际还款日止)。

一审法院认定事实：2018 年 7 月 9 日，谭某某、刘某某签订《租赁转让协议》，由刘某某将上海市国定路×××弄×××号虾域店门口右侧一间（约 18 平方米）店面租赁合同及权益转让给谭某某。该房屋用途为经营小吃，谭某某向刘某某支付转让费为 17 万元，支付方式为签订协议时现金转账一次性支付。协议签订后，刘某某将与房东签订的《租赁协议》以及对应的租赁使用权利全权转让给谭某某。同日，谭某某通过手机银行向刘某某转账支付转让费 17 万元。

2018 年 7 月 19 日（此系合同记载日期，一审中当事人确认实际系 7 月 9 日签约），谭某某与虾域公司（虾域尚蛙国定路店）签订《租赁协议》，约定虾域公司将上述店面出租，租赁期限自 2018 年 7 月 19 日至政府房屋收回拆迁（和虾域尚蛙大合同同步）。该房屋年租金为 30 万元，租约签订第一次支付 9 个月租金即 22.5 万元，如遇政府拆迁等不可抗力因素，虾域公司退回多余未使用租金。

2018 年 9 月 13 日，上海市杨浦区五角场街道、上海市杨浦区城市管理行政执法大队五角场中队发出告知书，称将开展无违建居村（街镇）创建工作，治理违法建筑。2018 年 9 月 30 日前，请搭建、使用位于国定路×××弄国定路桥西侧违法建筑的业主、经营者、使用者将违建内的物品自行搬离，并拆除违法建筑。拒不拆除或逾期未拆除违法建筑的，区相关部门将代为拆除。后涉案门店被钢筋封门，谭某某无法继续经营。

一审法院认为，当事人对自己提出的诉讼请求所依据的事实或者反驳对方诉讼请求所依据的事实有责任提供证据加以证明。谭某某、刘某某签订的《租赁转让协议》系双方真实意思表示，合法有效，双方均应按约定履行义务。本案的争议焦点为，涉案门店被封门，谭某某无法继续经营，责任应由何方承担。对此，一审法院认为，谭某某、刘某某双方均有责任。就谭某某而言，其签订涉案《租赁转让协议》时，未对房屋的产权情况进行核实，存在过失。其与虾域公司签订的《租赁协议》中明确了租赁期限为 2018 年 7 月 19 日起至政府房屋收回拆迁，如遇政府拆迁等不可抗力因素，虾域公司退回多余未使用租金。上述条款证明谭某某对涉案房屋的收回拆迁风险明知，应对该风险可能产生的后果承担一定责任。谭某某主张刘某某承诺其可租赁涉案房屋三年，但其提供的微信聊天等证据并无法证明。就刘某某而言，一审法院认为，刘某某与谭某某签订《租赁转让协议》已明知涉案房屋无法办理产权证，是临时备案，如果政府要求虾域公司迁走，刘某某需一起迁移。刘某某称已将该风险告知谭某某，但并无相关证据予以证明，对此亦应承担一定责任。综上，一审法院认定谭某某、刘某某双方对谭某某无法继续经营的后果，各承担 50% 的责任。谭某某要求刘某某支付利息的诉讼请求无事实与法律依据,难以支持。据此,依照《中华人民共和国合同法》第六十条、第一百零七条,《最高人民法院关于民事诉讼证据的若干规定》第二条之规定,一审法院判决:(1)刘某某应于判决生效之日起十日内返还谭某某转让费8.5万元;(2)驳回谭某某其他诉讼请求。如果未按判决指定的期间履行给付金钱义务,应当依照《中华人民共和国民事诉讼法》第二百五十三条之规定,加倍支付迟延履行期间的债务利息。一审案件受理费3700元,由谭某某、刘某某各半负担1850元。

本院审理中,刘某某提交以下证据:刘某某与吴某盼的电话录音、刘某某与谭某某的电话录音、上海甫柱餐饮管理有限公司的企业信用信息公示报告、刘某某向涂某甫支付2万元凭证,证明涂某甫系谭某某合伙人,刘某某已告知涂某甫房屋动迁风险且向涂支付了2万元,谭某某知道房屋有动迁风险;照片两张,证明二审审理当天涉案房屋隔壁的店铺在正常营业,说明谭某某的店铺也能正常经营。谭某某质证意见为:对刘某某与吴某盼电话录音的真实性不予认可,吴某盼的陈述属于证人证言,应到庭作证,且无法证明待证事实;对刘某某与谭某某的电话录音真实性认可,但该录音未经谭某某同意,属于非法证据,不能作为定案证据,也无法证明待证事实;对企业信息真实性认可,但与本案无关;对转账凭证的真实性认可,但无法证明待证事实,相反证明了涂某甫与刘某某相互勾结欺诈谭某某;对照片的真实性认可,但照片所反映的开业手机店并非涉案房屋,涉案房屋一直处于被封死状态不能使用。

本院审理查明,一审法院认定的事实属实,本院予以确认。

本院另查明,2018年7月4日谭某某方人员战某某与刘某某有微信往来,战某某“老板,你问问大老板签四年可不可以,我刚刚问了合伙人,我们做三年风险也很大,得做四年”;刘某某“自己去问吧”。

本院认为,由上述刘某某与战某某的微信记录可见,谭某某对于房屋承租期能否达到四年是比较在意的,依常理分析,若明知涉案房屋系违法建筑且很快会被拆迁,谭某某应当不会接受转让。现刘某某虽提供了与吴某盼的电话录音,然因吴某盼未到庭,无法核实其身份及录音的真实性,该证据无法采纳,故而不能证明已告知谭某某或涂某甫违章拆迁风险;而刘某某与谭某某的电话录音,虽真实性可确认,但通话内容仅反映谭某某表示“我肯定不知道的,要是知道要拆迁了,我还我还(被打断)”,并未确认已被告知违法建筑拆迁风险。而作为转让协议的双方,出让方当保证出让资产的合法性,受让方则负有对受让资产的合法性进行核实的义务,现刘某某所转让的《租赁合同》项下涉案房屋并未依法取得产权证，谭某某受让时亦未对此加以核实，均存在过错，一审法院据此认定双方对谭某某无法经营的后果各承担50%的责任，并无明显不当。刘某某的上诉理由，依据不足，本院难以支持。一审判决查明事实清楚，适用法律正确，应予维持。依照《中华人民共和国民事诉讼法》第一百七十条第一款第一项之规定，判决如下：

驳回上诉，维持原判。

二审案件受理费1925元，由上诉人刘某某负担。

本判决为终审判决。

审　判　长　×××

审　判　员　×××

审　判　员　×××

二〇二〇年三月十日

法官助理　×××

书　记　员　×××

案例七

做房产律师，必须精通执行异议之诉

2015年7月，南京的刘先生卖掉了自己的两套小房子，想要买一套大房子。前面进展得很顺利，两套小房子顺利卖掉了，买大房子的合同也签了（面积140多平方米，房屋总价190万元）。

刘先生按约支付了62万元房款，房屋卖售人将房屋交付给刘先生。在刘先生开开心心地打算继续履行合同的时候，房子突然被查封了！

之后，刘先生了解到房屋卖售人借了很多钱，在法院有很多诉讼，首封债权人即是一个民间借贷的债权人。

刘先生想找卖售人解决房子被查封的事，但是无果而终。

2015年12月下旬，刘先生起诉了房屋卖售人，要求卖售人协助办理过户手续，2016年3月，法院以案涉房屋有另案查封为由驳回了刘先生的诉讼请求。

刘先生继续上诉到南京市中级人民法院，这期间因房屋卖售人失联，导致南京市中级人民法院到2016年9月才作出二审判决：驳回上诉，维持原判。

收到二审判决，刘先生发现不对劲，好像这个官司打得方向不对，但是又不清楚哪里出了问题。

这个时候，南京的房价已经大幅上涨，且在持续上涨过程中，几个月的焦虑却换来了败诉的判决，这使得刘先生一家更加焦虑。

如果这套房子不能按照原来的价格买下来，刘先生连原来卖掉的任何一套小房子都买不起了。

后来刘先生联系上了我，电话里我告诉他，你打官司的方向不对，你必须打执行异议（之诉）以解除另案查封：如果这个房屋卖售人不会再有其他的债务导致房子被更多的法院查封，你应该先打执行异议（之诉），胜诉解封后再打继续履行合同（过户）的官司；如果这个房屋卖售人还有其他的债权人起诉他导致这个房子可能会有更多的查封进来，你要起诉房屋卖售人并查封这个房子，同时通过执行异议（之诉）解封在你的查封前面已有的查封。

刘先生很兴奋地说："我终于找对人了！"，挂掉电话就买高铁票来上海找我了。

我和刘先生经过很长时间的沟通，考虑了很多因素，最后确定了诉讼方案：先打执行异议（之诉），胜诉并解封之后再打房屋买卖合同纠纷的官司（诉请过户，这不违反一事不再理的法理）。

执行异议因为刘先生没有把购房尾款交付法院而被驳回。

执行异议之诉一审中，我们除了积极举证证明刘先生完全符合《执行异议复议规定》第二十八条的规定，还把购房尾款交付了法院。2017 年 8 月，法院判决支持了我们的诉讼请求。被告没有上诉，判决生效。

之后，刘先生经过必要的诉讼和执行程序取得了房屋的所有权。

附判决书：

原告刘某伟诉被告王某康、被告王某弟、被告王某执行异议之诉纠纷案

原告：刘某伟，男，1980 年 8 月 3 日生，×族。

委托诉讼代理人：张春光，上海市某律师事务所律师。

被告：王某康，男，1986 年 ×月 ×日生，×族。

被告：王某弟，男，1985 年 ×月 ×日生，×族。

被告：王某，女，1987 年 ×月 ×日生，×族。

原告刘某伟诉被告王某康、被告王某弟、被告王某执行异议之诉纠纷一案，本院立案受理后，依法适用普通程序组成合议庭，公开开庭进行了审理。原告刘某伟及其委托诉讼代理人张春光，被告王某康、被告王某到庭参加诉讼。被告王某弟经本院传票传唤未到庭参加诉讼，本院依法缺席审理。本案现已审理终结。

原告刘某伟向本院提出诉讼请求：1. 判令立即终止对位于南京市江宁开发区秣陵街道×××室房屋的执行，解除对该房屋的查封[查封案号：（2015）江宁开民初字第 1483 号]；2. 判令被告承担本案诉讼费用。事实和理由：2015 年 7 月 26 日，其

与王某弟、王某签订了《房地产买卖合同》,约定王某弟、王某将案涉房屋出售给其,房屋总价为190万元。其于2015年7月26日与同年7月30日给付王某弟、王某购房款62万元,并于2015年8月15日占有案涉房屋。2015年8月17日,案涉房屋被(2015)江宁开民初字第1483号案件查封,致其与王某弟、王某之间的《房地产买卖合同》无法继续履行。其与王某弟、王某在人民法院查封之前就签订了合法有效的书面买卖合同;合法占有了该不动产;其已按照合同约定支付部分价款且已经将剩余价款128万元按照人民法院的要求交付执行;因案涉房屋被司法查封,未办理过户登记并非其自身原因。综上,其提出的异议符合《最高人民法院关于人民法院办理执行异议和复议案件若干问题的规定》第二十八条的规定。综上,请求依法解除对案涉房屋的查封,终止对案涉房屋的执行。

被告王某康辩称,对于刘某伟的诉求无异议。

被告王某辩称,刘某伟并未付清购房款,剩余购房款应付给其,由其再付给法院。请求法院依法作出裁决。

被告王某弟未应诉。

本院经审理认定事实如下:2015年7月26日,刘某伟与王某弟、王某签订《房地产买卖合同》,约定刘某伟购买王某弟、王某位于江宁区秣××街道清水××东路××绿洲花园××室房屋,建筑面积为141.18平方米。合同第二条约定,“买卖双方同意该物业总价款为人民币壹佰玖拾万元整(¥1,900,000元)。买方(刘某伟)于2015年8月26日前付给卖方(王某弟、王某)定金人民币贰万元(¥20,000元)定金最终充抵房款,房款支付方式为:首付款人民币壹佰万元整(¥1,000,000元)分两次支付,第一次支付人民币陆拾万元整于2015年8月2日前支付,第二笔人民币肆拾万元整于2015年10月15日前支付,剩余房款人民币玖拾万元由买方做银行按揭贷款直接支付给卖方。卖方保证对上述物业享有合法享有权,如存在隐瞒与该物业买卖有关的重要事实或提供虚假情况等违反诚实信用行为的,或因卖方导致该物业无法办理产权登记手续的,卖方应赔偿由此而给买方及经纪方造成的全部损失”。合同第四条约定,“买卖双方同意该物业交付使用的时间为:卖方收齐房款当天”。合同第六条约定,“因买方或卖方违反本合同约定,如拒不配合提供交易所需资料或逾期办理交易、按揭等买卖相关手续、逾期交付房产、逾期交付房款等无故不履行本合同项下义务,则(1)逾期未超过十天的,违约方需按逾期每日总房价的千分之一向守约方支付违约金;……(3)若守约方同意继续履行合同的,守约方有权要求违约方按每日房价的千分之一支付违约金。合同未约定明确履行期限的，以守约方或经纪方发出敦促履行通知之日起五天为履行期限”。同日，刘某伟支付王某弟、王某购房定金2万元。2015年7月30日，刘某伟支付王某弟、王某房屋首付款第一笔款项60万元。2015年8月15日，案涉房屋交付给刘某伟。

另查明，王某康与王某弟、王某民间借贷纠纷一案，本院于2015年8月17日作出（2015）江宁开民初字第1483号民事裁定，查封王某弟、王某所有的位于江宁区秣××街道清水××东路××绿洲花园××室房屋。2015年12月14日，本院作出（2015）江宁开民初字第1483号民事判决，现已发生法律效力。因王某弟、王某未履行义务，王某康向本院申请执行。本院于2016年2月23日立案执行。2016年3月28日，本院作出（2016）苏0115执1393号执行裁定，冻结提取被执行人王某弟、王某在刘某伟××南京××区秣××街道清水××东路××绿洲花园××室房产价款90万元。当日，本院制作协助执行通知书，连同上述裁定书一并送达刘某伟。

2015年8月28日，刘某伟以王某、王某弟为被告向本院提起诉讼，要求继续履行《房地产买卖合同》。2015年9月14日，刘某伟以双方和解为由向本院申请撤回前述案件的诉讼。2015年12月，刘某伟再次以王某、王某弟为被告向本院提起诉讼，要求协助办理产权过户手续等。本院于2016年3月作出（2015）江宁禄民初字第1367号民事判决，因案涉房屋被保全以及有抵押驳回刘某伟的诉讼请求。后刘某伟向南京市中级人民法院提起上诉，南京市中级人民法院于2016年9月作出（2016）苏01民终5616号民事判决，驳回上诉、维持原判。2017年1月，刘某伟向本院提出执行异议，本院于2017年3月10日作出（2017）苏0115执异12号执行裁定书。刘某伟不服前述裁定书向本院提起本案诉讼。

还查明，案涉房屋登记在王某弟、王某名下，该房屋上存在一次抵押，抵押金额为99万元，抵押权人为中国邮政储蓄银行江宁支行。审理中，刘某伟于2017年4月20日将剩余房款128万元汇款至本院账户。王某弟经本院传唤，无正当理由未到庭。

上述事实，有《房地产买卖合同》、民事判决书、执行裁定书、民事起诉状、撤诉申请书、银行凭证、情况说明及当事人陈述等证据材料证实。

本院认为，当事人的合法权利应受法律保护。《最高人民法院关于人民法院办理执行异议和复议案件若干问题的规定》第二十八条规定：金钱债权执行中，买受人对登记在被执行人名下的不动产提出异议，符合下列情形且其权利能够排除执行的,人民法院应予支持:(一)在人民法院查封之前已签订合法有效的书面买卖合同;(二)在人民法院查封之前已合法占有该不动产;(三)已支付全部价款,或者已按照合同约定支付部分价款且将剩余价款按照人民法院的要求交付执行;(四)非因买受人自身原因未办理过户登记。本案中,其一,在本院查封案涉房屋之前,刘某伟与王某弟、王某已经签订合法有效的书面买卖合同,刘某伟亦占有了案涉房屋。其二,刘某伟已经支付部分房款,且将剩余房款汇入本院账户,可以认定刘某伟按照人民法院的要求交付执行,已经付清购房款。其三,案涉房屋设有抵押且在2015年8月17日被查封,在抵押权未涤除以及未解除查封之前,案涉房屋均无法办理过户登记。王某、王某弟将案涉房屋出售给刘某伟,涤除抵押系王某、王某弟的义务。案涉房屋因王某、王某弟未涤除抵押以及因王某、王某弟原因被查封,致使无法办理过户登记,刘某伟对此不存在过错。综上,刘某伟的诉讼请求符合法律规定,本院予以支持。被告王某弟经本院传票传唤,无正当理由未到庭,可缺席判决。据此,依照《中华人民共和国民事诉讼法》第二百二十七条,《最高人民法院关于适用〈中华人民共和国民事诉讼法〉的解释》第三百一十一条、第三百一十二条,《最高人民法院关于人民法院办理执行异议和复议案件若干问题的规定》第二十八条,《中华人民共和国民事诉讼法》第一百四十四条之规定,缺席判决如下:

不得执行位于南京市江宁区秣××街道清水××东路××绿洲花园××室房屋。

本案应收案件受理费21,900元,由被告王某弟、王某负担。

如不服本判决,可在判决书送达之日起十五日内,向本院递交上诉状,并按对方当事人的人数提出副本,上诉于江苏省南京市中级人民法院。同时向南京市中级人民法院预交上诉案件受理费。

审 判 长 ×××

人民陪审员 ×××

人民陪审员 ×××

二〇一七年八月十一日

书 记 员 ×××

案例八

找出本案和另案的本质区别

“同案同判”背景下，对于同一批案件（一般是某一方当事人是同一主体，如房屋卖售人是同一主体，且标的物也是同一批，相关的交易时间、合同内容等也都差不多），法院的判决结果一般会是一样的。但是，如果这两个案件有本质区别，那就不是“同案”了，那“同案同判”这个原则也就无用武之地了。本次分享的案例中，我代理被告，原告以“同案同判”为由理直气壮地展开强烈攻势，我方沉着应对，见招拆招，以“非同案”破解了对方的“同案同判”，打败了对方。

一、背景案例

Y 公司与高某就 A 房屋签订了网签合同，之后 Y 公司又将 A 房屋抵押给高先生并向高先生借款，Y 公司未按约还款，高先生依据公证债权文书向法院申请执行，法院查封了 A 房屋，经过执行异议之诉，法院判决不得执行 A 房屋并解除了对该房屋的查封，之后又经过诉讼，法院判决高先生在其债权未获清偿的情况下涤除 A 房屋上的抵押权。

Y 公司与杨某就 B 房屋签订了网签合同，之后 Y 公司又将 B 房屋抵押给高先生并向高先生借款，Y 公司未按约还款，高先生依据公证债权文书向法院申请执行，法院查封了 B 房屋，经过执行异议之诉，法院判决不得执行 B 房屋并解除了对该房屋的查封，之后又经过诉讼，法院判决高先生在其债权未获清偿的情况下涤除 B 房屋上的抵押权。

二、本案原告要求“同案同判”

许某某、尹某某提起诉讼，认为其情况和上面的两个案子相同：Y 公司与许某某、尹某某就 C 房屋签订了网签合同，之后 Y 公司又将 B 房屋抵押给高先生并向高先生借款。许某某、尹某某主张，依据同案同判的原则，法院也应当支持其要求高先生涤除 C 房屋上抵押权的诉讼请求。

三、本案和另案本质区别分析

高先生（被告）委托我代理本案。我首先仔细对比了本案和上面两个案子（以杨某案为例），发现本案和杨某案有本质的区别：杨某的执行异议打赢了，但是许某某、尹某某的执行异议打输了。

1. 杨某案中法院判决高先生涤除抵押权的逻辑

杨某案中，法院的生效判决认为，因为杨某执行异议之诉胜诉，法院无权执行 B 房屋并解除了对 B 房屋的查封，高先生通过法院强制执行无法实现其债权，同时，B 房屋上存在高先生的抵押权，导致 B 房屋无法过户到杨某名下，法律关系长期处于不稳定状态，因此法院判决高先生在其债权未获清偿的情况下涤除 B 房屋上的抵押权（注：我认为这个观点不对）。

2. 本案中的许某某、尹某某的执行异议打输了

本案中，许某某、尹某某的执行异议打输了，之后许某某、尹某某提起了执行异议之诉，但是一审中又撤诉了。根据相关法律的规定，许某某、尹某某的程序权利已用尽，永远无法再打赢针对此房屋的执行异议。

那么，为什么杨某的执行异议打赢了，而许某某、尹某某的执行异议打输了呢？究其原因系当时司法裁判中对《执行异议复议规定》第二十八条和第二十七条关系的理解不同，也是执行异议程序和执行异议之诉程序审查标准不同：前者是形式审查，后者是实质审查。在此不展开。

四、本案中的许某某、尹某某无权要求高先生涤除抵押权

本案中，许某某、尹某某要求高先生涤除抵押权没有请求权基础，所谓的同案同判的理由，也因本案和另案有本质区别而站不住脚。

五、法院支持了我的观点

本案一审、二审法院都支持了我的观点，判决我方胜诉。

附代理词、判决书：

（一）我在本案二审中提交的代理词（略有改动）

代 理 词

尊敬的审判长、审判员：

上诉人许某某、尹某某（YIN××）与被上诉人Y公司、高某（注：此处指正文里的高先生）的抵押权纠纷一案【案号：(2022)沪01民终×号】，我依法接受高某的委托，参加了庭审活动，现就该案发表代理意见，供合议庭合议时参考。

上诉人要求被上诉人高某在债权未获清偿的前提下涤除涉案房屋上的抵押权没有事实和法律依据，上诉人的上诉请求应予驳回。

一、上诉人无权排除被上诉人高某的执行

（一）《执行异议复议规定》第二十八条不是第二十七条的例外，案外人（二手房买受人）即便符合第二十八条的四个要件也无权排除抵押权人的执行

《执行异议复议规定》第二十七条规定："申请执行人对执行标的依法享有对抗案外人的担保物权等优先受偿权，人民法院对案外人提出的排除执行异议不予支持，但法律、司法解释另有规定的除外。"第二十八条规定："金钱债权执行中，买受人对登记在被执行人名下的不动产提出异议，符合下列情形且其权利能够排除执行的，人民法院应予支持：（一）在人民法院查封之前已签订合法有效的书面买卖合同；（二）在人民法院查封之前已合法占有该不动产；（三）已支付全部价款，或者已按照合同约定支付部分价款且将剩余价款按照人民法院的要求交付执行；（四）非因买受人自身原因未办理过户登记。"

《九民纪要》第一百二十六条规定："【商品房消费者的权利与抵押权的关系】根据《最高人民法院关于建设工程价款优先受偿权问题的批复》第1条、第2条的规定，交付全部或者大部分款项的商品房消费者的权利优先于抵押权人的抵押权，故抵押权人申请执行登记在房地产开发企业名下但已销售给消费者的商品房，消费者提出执行异议的，人民法院依法予以支持。但应当特别注意的是，此情况是针对实践中存在的商品房预售不规范现象为保护消费者生存权而作出的例外规定，必须严格把握条件，避免扩大范围，以免动摇抵押权具有优先性的基本原则。因此，这里的商品房消费者应当仅限于符合本纪要第125条规定的商品房消费者。买受人

不是本纪要第125条规定的商品房消费者，而是一般的房屋买卖合同的买受人，不适用上述处理规则。”

《全国法院民商事审判工作会议纪要理解与适用》【最高人民法院民事审判第二庭编著，人民法院出版社出版，2019年版】第636页载明：“二手房购买人的权利不应当优先于抵押权人”，第637页第三段载明：“出售在先，抵押权设定在后，购房人的权利优先还是抵押权优先？应当区分是否为消费者购房人，如果是一般购房人，其取得的不是物权期待权，本质是债权，并不优先于抵押权。”

根据上述规定和权威解读，《执行异议复议规定》第二十八条不是第二十七条的例外，案外人（二手房买受人）即便符合《执行异议复议规定》第二十八条的四个要件，即便房屋买卖合同签订时间早于抵押时间，也无权排除抵押权人的执行。

（二）实体上，上诉人无权排除被上诉人高某的执行

上诉人是二手房买受人，不论其是否符合《执行异议复议规定》第二十八条的四个要件，不论其房屋买卖合同签订时间是否早于抵押时间，都无权排除抵押权人（被上诉人高某）的执行。

（三）程序上，上诉人执行异议之诉的权利已经用尽，无权再要求停止执行涉案房屋

《执行异议复议规定》第十五条第二款规定：“案外人撤回异议或者被裁定驳回异议后，再次就同一执行标的提出异议的，人民法院不予受理。”

2014年，上诉人曾对涉案房屋提出执行异议，被驳回，之后提起执行异议之诉，诉讼过程中撤诉，长宁法院作出（2014）长民三（民）初字第×号民事裁定书，同意上诉人撤诉。根据《执行异议复议规定》第十五条第二款等相关规定，上诉人不得再对涉案房屋提出执行异议，其权利已用尽。

2018年，上诉人再次对涉案房屋提出执行异议，长宁法院作出（2018）沪0105执异×号执行裁定书，依据《执行异议复议规定》第十五条第二款，以上诉人再次对同一执行标的提出执行异议不符合受理条件为由驳回了上诉人的异议。

二、根据生效判决，被上诉人高某对涉案房屋享有合法有效的抵押权，上诉人无权要求其在债权未受清偿的情况下涤除抵押权

根据生效判决，上诉人无权排除执行，即上诉人不享有足以排除强制执行的民事权益，即上诉人的民事权利不优先于被上诉人高某的抵押权，这都是以被上诉人高某对涉案房屋享有合法有效的抵押权为前提的。简言之，即生效判决已经认定了被上诉人高某对涉案房屋享有合法有效的抵押权。如果换个案由继续打官司能

把被上诉人高某的抵押权打掉（被上诉人高某在债权未获清偿的情况下涤除抵押权），则说明新的判决改判了生效判决，这无论是从程序上，还是从实体上都是错误的。

三、上诉人无权参照另案判决涤除被上诉人高某的抵押权

（一）另案判决系错误判决

上诉人反复强调和引用的（2018）沪01民终5×××号判决（以下简称5×××号案）是一个错误判决。

1.5×××号案的“上游”判决系错误判决

5×××号案的“上游”判决，即长宁法院（2015）长民三（民）重字第×号民事判决和上海市第一中级人民法院（2016）沪01民终7×××号民事判决（以下简称×号和7×××号判决），认为二手房买受人有权排除抵押权人的执行，此观点是错误的。

2.退一步讲，即便5×××号案的“上游”判决正确，5×××号案判决也是错误的

5×××号案判决以×号和7×××号判决已确认停止被上诉人高某对涉案房屋的执行，之后法院解除了对涉案房屋的查封，被上诉人高某对涉案房屋的抵押权已无实质意义。一方面被上诉人高某无法行使抵押权，另一方面房屋买受人无法取得涉案房屋，涉案房屋始终处于权利不确定状态而不利于当事人纠纷的解决，据此，上海市第一中级人民法院5×××号案判决被上诉人高某涤除抵押权。

5×××号案判决的上述观点是错误的，因为：

（1）被上诉人高某是依据《担保法》和《物权法》的相关规定，履行了登记等相关程序，经过行政机关的审核和确认，才取得涉案房屋抵押权的，高某对涉案房屋的抵押权合法有效。

（2）被上诉人Y公司对涉案房屋享有合法产权，被上诉人高某审核了Y公司的产权证明，还请公证处做了公证，尽到了合理的谨慎的注意义务，没有任何过错。

（3）二手房买受人杨某打赢案外人执行异议之诉的法律后果只是申请执行人不得执行执行标的房屋，《执行异议复议规定》等司法解释并未进一步规定停止执行后，申请执行人有义务涤除抵押权。

（4）从法律位阶的角度，被上诉人高某取得抵押权依据的是《担保法》和《物权法》，是全国人大及其常委会依照法定程序制定的法律，而如果二手房买受人能够依据《执行异议复议规定》等司法解释“架空”《担保法》和《物权法》，甚至剥夺《担

保法》和《物权法》对抵押权人的保护，这无疑违反了《立法法》等法律，违背了基本法理，也违背了权利保护。

(5)法律具有行为指引的社会效果，社会公众也正是基于对法律的信任才敢从事社会经济活动，如果人们依据《担保法》和《物权法》的相关规定，履行了登记等相关程序，经过行政机关的审核和确认，才取得涉案房屋抵押权的，但是却被“抵押权已无实质意义……涉案房屋始终处于权利不确定状态而不利于当事人纠纷的解决”等解释莫名其妙地剥夺了抵押权这一重大权利，试问，社会公众从事社会经济活动的“安全感”何在？难道任何一个人做抵押前都要征得法院的同意？

(6)反观该案中二手房买受人杨某，在涉案房屋(与其他房屋一起)存在刘某新1.2亿元抵押的情况下还购买该房屋，具有明显的过错，理应知道其购买该房屋可能存在的法律风险，并应自行承担该法律风险。

(二)退一步讲，即便另案判决系正确的，本案上诉人也无权参照该判决要求被上诉人高某涤除抵押权

1. 本案和另案有着本质区别

5×××号案中，房屋买受人打赢了案外人执行异议之诉，生效判决判令被上诉人高某不得执行该房屋；而本案中，上诉人的案外人执行异议打输了，且程序权利已用尽。

5×××号案中，法院判决被上诉人高某涤除抵押权是以案外人执行异议之诉的判决结果为基础和依据的，而本案中上诉人没有执行异议之诉胜诉这个基础。

2. 我国非判例法国家

我国非判例法国家。退一万步讲，即便本案和另案案情相似，也不应以另案的判决作为判决的依据，本案的判决仍应以事实为依据，以法律为准绳，作出判决。

综上，上诉人的上诉请求没有事实和法律依据，请贵院驳回上诉，维持原判。

此致

上海市第一中级人民法院

被上诉人高某代理人：张春光

2022年2月9日

（二）本案一审判决书

原告：许某某，女，1955 年×月×日生，×族，住上海市长宁区。

委托诉讼代理人：刘某，上海市某律师事务所律师。

原告：尹某某（YIN××），1983 年×月×日生，澳大利亚国籍，现住上海市长宁区。

委托诉讼代理人：许某某［系尹某某（YIN××）之母］，住上海市长宁区。

被告：Y 公司，住所地上海市长宁区淮阴路 485 号×××室。

法定代表人：王某，职务不详。

被告：高某，男，1964 年×月×日生，×族，住广东省深圳市罗湖区。

委托诉讼代理人：张春光，上海市锦天城律师事务所律师。

原告许某某、尹某某（YIN××）（以下简称尹某某）诉被告 Y 公司、高某抵押权纠纷一案，本院于 2021 年 3 月 10 日立案后，依法适用简易程序进行审理。经审理发现有不宜适用简易程序的情形，裁定转为普通程序。因被告 Y 公司下落不明，本院依法对其进行公告送达，于 2020 年 8 月 10 日公开开庭进行审理。原告许某某（暨原告尹某某的委托代理人）及其委托诉讼代理人刘某，被告高某的委托诉讼代理人到庭参加诉讼。被告 Y 公司经本院合法传唤无正当理由拒不到庭，本院依法缺席审理。本案现已审理终结。

原告许某某、尹某某向本院提出诉讼请求：1. 两被告涤除上海市长宁区荣华东道 19 弄 2 号××××室房屋（以下简称涉案房屋）于 2011 年 8 月 5 日所设的抵押；2. 被告 Y 公司在涤除上述抵押后将涉案房屋过户至两原告名下。

事实和理由：2011 年 3 月 18 日，两原告与被告 Y 公司就涉案房屋签订买卖合同，于 2011 年 4 月签订网签合同。两原告依约向被告 Y 公司支付相应房款。2011 年 8 月 1 日，被告 Y 公司将涉案房屋交付两原告，两原告装修房屋后入住至今。然，被告 Y 公司多年来以种种理由拖延办理房屋产权过户手续。后，两原告发现，被告 Y 公司于 2011 年 8 月 5 日与被告高某签订《抵押借款协议》，将涉案房屋抵押予被告高某。2015 年生效判决认定，原、被告的房屋买卖合同合法有效，应予履行，但因被告 Y 公司设置抵押，导致房产过户存在障碍。两原告认为，两被告在两原告已支付房款并占有房屋后再行设立抵押，且不告知两原告，导致房屋买卖合同无法继续履行，其行为严重损害两原告的权利，故两原告提起本案诉讼，要求判如所请。

被告Y公司未作答辩,就本案亦未提交证据。

被告高某辩称,不同意两原告的诉讼请求。理由:1.涉案房屋存在抵押、司法查封,不能判决继续履行过户手续。2.两原告曾就涉案房屋提出执行异议,被人民法院予以驳回,后提起案外人执行异议之后,但在诉讼过程申请撤诉。因此,根据相关法律规定,其不得再就涉案房屋提出执行异议,两原告的相关权利已用尽,无权排除被告高某对涉案房屋的执行。3.两原告要被告Y公司涤除抵押,系两者之间的房屋买卖合同关系,与被告高某无关,两原告无权要求被告高某涤除抵押。4.两被告之间存在真实的借贷关系,双方无恶意串通的行为,被告高某系涉案房屋的合法抵押权人以及申请执行人,在双方债权债务未履行完毕的情况下,涉案房屋尚不符合涤除抵押的条件。

本案当事人围绕诉讼请求依法提交了上海市不动产登记簿、民事判决书、民事裁定书、执行裁定书等证据,本院予以确认并在卷佐证。

根据当事人的陈述和经审查确认的证据,本院认定事实如下:

2010年3月31日,涉案房屋权利人登记为被告Y公司。

2011年4月13日,两原告与被告Y公司经中介公司居间,就涉案房屋签订《上海市房地产买卖合同》,主要内容为:房屋建筑面积209.70平方米,转让价款计6,500,000元,双方于2011年6月30日前共同向房地产交易中心申请办理过户手续。被告Y公司未按合同约定的期限将房屋交付(包括房地产交接及房地产权利转移)给两原告,应当向两原告支付违约金,违约金按两原告已付款日万分之五计算,自合同约定应当交付之日起至实际支付之日止。两原告于2011年4月22日前直接向被告Y公司支付房款700,000元,同月30日支付1,000,000元,同年5月20日支付250,000元,上述款项用于提前归还被告Y公司尚欠银行的购房贷款及注销银行的抵押权,两原告对上述情况知晓并同意,被告Y公司应于收到上述款项后20个工作日(2011年6月30日前),办理还款手续,并于还款后10个工作日内办妥抵押登记注销手续,两原告以购房贷款的形式向被告Y公司支付房款4,550,000元,该款项由贷款银行收到他项权证后一次性划入被告Y公司账户。

同时,两原告与被告Y公司签订《补偿协议》,明确上述买卖合同约定的成交价6,500,000元,未包含房屋装潢、厨卫设施及附属设施、设备,两原告同意就现有装潢、厨卫设施及附属设施、设备另行补偿被告Y公司1,100,000元,支付方式为:2011年5月20日前支付330,000元,过户前支付770,000元。该协议为买卖合同的有效组成部分,双方同意该协议的违约责任适用买卖合同有关规定,该协议与双方签订的《上海市房地产买卖合同》不一致的,以协议约定为准。双方还约定了其他事项。

2011年4月28日,两原告与被告Y公司办理了《上海市房地产买卖合同》的《公证书》。

2011年8月1日,两原告与被告Y公司就涉案房屋签订《房屋买卖交接书》,并办理了家具清点等交接手续。

两原告向被告Y公司支付房款的情况为:2011年3月18日支付200,000元,2011年4月21日支付500,000元,2011年5月27日支付700,000元,2011年7月22日支付1,000,000元,2011年8月1日支付950,000元,次日支付480,000元,2012年1月11日支付300,000元,共计支付4,130,000元。其中,2011年4月21日支付500,000元以及2011年7月22日支付1,000,000元,由被告Y公司的经办人朱某某出具收条并加盖被告"公章",其余由朱某某出具收条并加盖被告Y公司"合同专用章"。所有收条载明的项目为"房款"。

另查明,朱某某系被告Y公司员工,2011年2月25日至2012年2月24日,被告Y公司委托其处理坐落于本市长宁区××道××弄××号房屋所有权移转、变更等事宜。

2011年8月,本市长宁区××道××弄××号房屋及车位被持证抵押,他项权利人为被告高某,债权金额计116,000,000元。其中,涉案房屋及本市长宁区××道××号××室、××室、××室、××室、××室、××室、××号××室共计8套房屋抵押的债权金额为25,000,000元。

2013年10月,因高某申请执行Y公司,本院裁定查封涉案房屋,启动拍卖程序。两原告对法院查封、拍卖提出书面异议。2014年9月,本院裁定驳回两原告的执行异议。2014年11月3日,两原告以Y公司、高某为被告向本院提起案外人执行异议之诉,案号为(2014)长民三(民)初字第2863号。审理中,两原告向本院提出撤诉申请。本院于2014年12月26日裁定准许两原告撤回起诉。

2014年10月30日,两原告向本院提起房屋买卖合同纠纷诉讼,案号为(2014)长民三(民)初字第2838号。两原告的诉讼请求为:1.被告Y公司将涉案房屋过户至两原告名下;2.被告Y公司支付逾期过户违约金,违约金的计算方法为:以4,130,000元为本金,按日万分之五,自2011年7月1日起计算至实际过户之日止。本院经审理认为,涉案房屋被设定抵押后,因债务人未履行债务,抵押权人申请执行并启动拍卖程序,两原告的执行异议亦被裁定驳回。因此,涉案房屋的过户存在法律上的障碍。被告Y公司作为出卖人,有义务涤除抵押权。但在抵押权未涤除、司法查封未解除前,法院难以支持两原告要求过户及支付逾期过户违约金的诉讼请求。据此,本院于2015年3月23日判决驳回两原告的全部诉讼请求。判决后,两原告向上海市第一中级人民法院提起上诉,后于2015年7月22日向该院申请撤回上诉,该院于2015年7月30日裁定准许两原告撤回上诉。

2018年9月,本院在执行高某与Y公司公证债权文书纠纷一案中,两原告向本院提出执行异议,请求解除对涉案房屋的执行。本院经审查后认为,根据法律规定,案外人撤回异议或者被裁定驳回异议后,再次就同一执行标的提出异议的,人民法院不予受理。两原告就涉案房屋提出异议已被裁定驳回,再次就同一标的提出执行异议,不符合执行异议案件受理条件。据此,本院于2018年9月26日裁定驳回两原告的异议申请。

本院认为,关于被告高某是否应当注销抵押权的问题。两原告主张:一、被告高某全程参与售房,同意将房屋出售给两原告,应当负有注销抵押的义务;二、两被告在两原告与被告Y公司签订房屋买卖合同以及收房后才设定抵押,导致两原告的交易目的无法实现,构成恶意串通,侵害两原告权利,法院应当判决涤除抵押。对此,本院认为,当事人对自己提出的诉讼请求所依据的事实或者反驳对方诉讼请求所依据的事实,应当提供证据加以证明。目前并无充分证据可以证明,被告高某同意放弃抵押权并配合两原告办理过户手续,且庭审中被告高某亦予以否认,在两原告未能进一步证明的情况下,应承担举证不能的不利后果,本院对两原告的该项诉讼理由,不予采信。同时,本院注意到,被告高某取得包括涉案房屋在内8套房屋上的抵押权系为担保被告高某对被告Y公司的债权,该抵押权通过公证债权文书,由被告高某申请,已进入法院强制执行程序。两原告在提起本案诉讼之前,其已先后提起过执行异议以及案外人执行异议之诉,后因两原告自身原因而申请撤诉。在目前并无生效文书认定可停止对涉案房屋执行的情况下,两原告以两被告存在恶意串通之由,要求注销房屋上的抵押权,缺乏事实和法律依据,本院不予支持。此外,现有证据亦不足以证明被告Y公司已清偿对被告高某负有的借款债务,注销抵押权的条件尚不成就。被告高某并非两原告和被告Y公司房屋买卖合同当事人,对两原告并无买卖合同项下义务。故两原告要求被告高某注销抵押权,理由并不充分,本院不予采纳。关于被告Y公司是否负有涤除抵押权以及办理房屋过户手续的义务,因涉案房屋现存有司法查封,被告高某的抵押权实现已进行执行阶段,房屋过户存在客观障碍。故两原告要求被告Y公司注销抵押权、办理过户手续的诉讼请求,本院亦不予支持。

据此,依照《最高人民法院关于适用时间效力的若干规定》第一条第二款以及1999年《中华人民共和国合同法》第一百零七条、一百一十条第一款第(一)项,《中华人民共和国民事诉讼法》第一百四十四条之规定,判决如下:

驳回原告许某某、尹某某(YIN××)的全部诉讼请求。

案件受理费80元,由原告许某某、尹某某(YIN××)负担。

如不服本判决,原告许某某、被告Y公司、被告高某可在判决书送达之日起十五日内,原告尹某某(YIN××)可在判决书送达之日起三十日内,向本院递交上诉状,并按对方当事人的人数提出副本,上诉于上海市第一中级人民法院。

审　判　长　×××
审　判　员　×××
人民陪审员　×××
二〇二一年九月十五日
书　记　员　×××

(三)本案二审判决书

上诉人(原审原告):许某某,女,1955年×月×日生,×族,住上海市长宁区。

委托诉讼代理人:刘某,上海市某律师事务所律师。

上诉人(原审原告):尹某某(YIN××),1983年×月×日生,澳大利亚国籍,现住上海市长宁区。

委托诉讼代理人:许某某[系尹某某(YIN××)之母],住上海市长宁区。

被上诉人(原审被告):Y公司,住所地上海市长宁区淮阴路485号×××室。

法定代表人:王某,职务不详。

被上诉人(原审被告):高某,男,1964年×月×日生,×族,住广东省深圳市罗湖区沿河南路××××号瑞丰大厦1。

委托诉讼代理人:张春光,上海某律师事务所律师。

委托诉讼代理人:王某某,上海某律师事务所实习律师。

上诉人许某某、尹某某(YIN××)(以下简称尹某某)因与被上诉人Y公司(以下简称Y公司)、高某抵押权纠纷一案,不服中华人民共和国上海市长宁区人民法院(2021)沪0105民初5634号民事判决,向本院提起上诉。本院于2022年1月4日立案后,依法组成合议庭进行了审理。本案现已审理终结。

上诉人许某某、尹某某上诉请求:撤销一审判决,改判支持上诉人的一审诉请。事实和理由:(2018)沪01民终5787号生效判决中认定"高某在后取得的抵押权,相较杨某在先享有的债权权利,并非善意取得,不具备优先效力,故被上诉人高某的抵押显系非善意"。本案一审却认为被上诉人不存在恶意串通,显然与生效判决的认定不符。Y公司在2011年8月1日就与上诉人完成了签约付款及交付上海市长宁区荣华东道××弄××号××室房屋(以下简称涉案房屋)的事项,但其于8月5日与被上诉人高某订立涉案房屋的抵押合同,应视作高某自愿承受抵押权成立之前抵押物上已存在的权利负担,在此基础上一审仍判令高某享有完整的抵押权,属法律适用错误。

被上诉人高某辩称,一审认定事实清楚,适用法律正确,请求二审驳回上诉,维持原判。

被上诉人Y公司未作辩称。

许某某、尹某某向一审法院起诉请求:1. Y公司、高某涤除上海市长宁区荣华东道××弄××号××室房屋(涉案房屋)于2011年8月5日所设的抵押;2. Y公司在涤除上述抵押后将涉案房屋过户至许某某、尹某某名下。

一审法院认定事实:2010年3月31日,涉案房屋权利人登记为Y公司。

2011年4月13日,许某某、尹某某与Y公司经中介公司居间,就涉案房屋签订《上海市房地产买卖合同》,主要内容为:房屋建筑面积209.70平方米,转让价款计6,500,000元(人民币,下同),双方于2011年6月30日前共同向房地产交易中心申请办理过户手续。Y公司未按合同约定的期限将房屋交付(包括房地产交接及房地产权利转移)给许某某、尹某某,应当向许某某、尹某某支付违约金,违约金按许某某、尹某某已付款日万分之五计算,自合同约定应当交付之日起至实际支付之日止。许某某、尹某某于2011年4月22日前直接向Y公司支付房款700,000元,同月30日支付1,000,000元,同年5月20日支付250,000元,上述款项用于提前归还Y公司尚欠银行的购房贷款及注销银行的抵押权,许某某、尹某某对上述情况知晓并同意,Y公司应于收到上述款项后20个工作日(2011年6月30日前),办理还款手续,并于还款后10个工作日内办妥抵押登记注销手续,许某某、尹某某以购房贷款的形式向Y公司支付房款4,550,000元,该款项由贷款银行收到他项权证后一次性划入Y公司账户。

同时,许某某、尹某某与Y公司签订《补偿协议》,明确上述买卖合同约定的成交价6,500,000元,未包含房屋装潢、厨卫设施及附属设施、设备,许某某、尹某某同意就现有装潢、厨卫设施及附属设施、设备另行补偿Y公司1,100,000元,支付方式为:2011年5月20日前支付330,000元,过户前支付770,000元。该协议为买卖合同的有效组成部分,双方同意该协议的违约责任适用买卖合同有关规定,该协议与双方签订的《上海市房地产买卖合同》不一致的,以协议约定为准。双方还约定了其他事项。

2011年4月28日,许某某、尹某某与Y公司办理了《上海市房地产买卖合同》的《公证书》。

2011年8月1日,许某某、尹某某与Y公司就涉案房屋签订《房屋买卖交接书》,并办理了家具清点等交接手续。

许某某、尹某某向Y公司支付房款的情况为:2011年3月18日支付200,000元,2011年4月21日支付500,000元,2011年5月27日支付700,000元,2011年7月22日支付1,000,000元,2011年8月1日支付950,000元,次日支付480,000元,2012年1月11日支付300,000元,共计支付4,130,000元。其中,2011年4月21日支付500,000元以及2011年7月22日支付1,000,000元,由Y公司的经办人朱某某出具收条并加盖被告"公章",其余由朱某某出具收条并加盖Y公司"合同专用章"。所有收条载明的项目为"房款"。

一审另查明,朱某某系Y公司员工,2011年2月25日至2012年2月24日,Y公司委托其处理坐落于本市长宁区荣华东道××弄1~4号房屋所有权移转、变更等事宜。

2011年8月,本市长宁区荣华东道××弄1~4号房屋及车位被持证抵押,他项权利人为高某,债权金额计116,000,000元。其中,涉案房屋及本市长宁区荣华东道1号5××室、13××室、12××室、11××室、10××室、5×2室,4号10××室共计8套房屋抵押的债权金额为25,000,000元。

2013年10月,因高某申请执行Y公司,长宁区人民法院裁定查封涉案房屋,启动拍卖程序。许某某、尹某某对法院查封、拍卖提出书面异议。2014年9月,长宁区人民法院裁定驳回许某某、尹某某的执行异议。2014年11月3日,许某某、尹某某以Y公司、高某为被告向长宁区人民法院提起案外人执行异议之诉,案号为(2014)长民三(民)初字第2863号。该案审理中,许某某、尹某某向长宁区人民法院提出撤诉申请。长宁区人民法院于2014年12月26日裁定准许许某某、尹某某撤回起诉。

2014年10月30日，许某某、尹某某向长宁区人民法院提起房屋买卖合同纠纷诉讼，案号为(2014)长民三(民)初字第2838号。许某某、尹某某的诉讼请求为：1. Y公司将涉案房屋过户至许某某、尹某某名下；2. Y公司支付逾期过户违约金，违约金的计算方法为：以4,130,000元为本金，按日万分之五，自2011年7月1日起计算至实际过户之日止。长宁区人民法院经审理认为，涉案房屋被设定抵押后，因债务人未履行债务，抵押权人申请执行并启动拍卖程序，许某某、尹某某的执行异议亦被裁定驳回。因此，涉案房屋的过户存在法律上的障碍。Y公司作为出卖人，有义务涤除抵押权。但在抵押权未涤除、司法查封未解除前，法院难以支持许某某、尹某某要求过户及支付逾期过户违约金的诉讼请求。据此，长宁区人民法院于2015年3月23日判决驳回许某某、尹某某的全部诉讼请求。该案判决后，许某某、尹某某向上海市第一中级人民法院提起上诉，后于2015年7月22日向该院申请撤回上诉，该院于2015年7月30日裁定准许许某某、尹某某撤回上诉。

2018年9月，长宁区人民法院在执行高某与Y公司公证债权文书纠纷一案中，许某某、尹某某向长宁区人民法院提出执行异议，请求解除对涉案房屋的执行。长宁区人民法院经审查后认为，根据法律规定，案外人撤回异议或者被裁定驳回异议后，再次就同一执行标的提出异议的，人民法院不予受理。许某某、尹某某就涉案房屋提出异议已被裁定驳回，再次就同一标的提出执行异议，不符合执行异议案件受理条件。据此，长宁区人民法院于2018年9月26日裁定驳回许某某、尹某某的异议申请。

一审法院认为，关于高某是否应当注销抵押权的问题。许某某、尹某某主张：一、高某全程参与售房，同意将房屋出售给许某某、尹某某，应当负有注销抵押的义务；二、Y公司、高某在许某某、尹某某与Y公司签订房屋买卖合同以及收房后才设定抵押，导致许某某、尹某某的交易目的无法实现，构成恶意串通，侵害许某某、尹某某权利，法院应当判决涤除抵押。对此，法院认为，当事人对自己提出的诉讼请求所依据的事实或者反驳对方诉讼请求所依据的事实，应当提供证据加以证明。目前并充分证据可以证明，高某同意放弃抵押权并配合许某某、尹某某办理过户手续，且庭审中高某亦予以否认，在许某某、尹某某未能进一步证明的情况下，应承担举证不能的不利后果，法院对许某某、尹某某的该项诉讼理由，不予采信。同时，法院注意到，高某取得包括涉案房屋在内8套房屋上的抵押权系为担保高某对Y公司的债权，该抵押权通过公证债权文书，由高某申请，已进入法院强制执行程序。许某某、尹某某在提起本案诉讼之前，其已先后提起过执行异议以及案外人执行异议之诉，后因许某某、尹某某自身原因而申请撤诉。在目前并无生效文书认定可停止对涉案房屋执行的情况下，许某某、尹某某以Y公司、高某存在恶意串通之由，要求注销房屋上的抵押权，缺乏事实和法律依据，法院不予支持。此外，现有证据亦不足以证明Y公司已清偿对高某负有的借款债务，注销抵押权的条件尚不成就。高某并非许某某、尹某某和Y公司房屋买卖合同当事人，对许某某、尹某某并无买卖合同项下义务。故许某某、尹某某要求高某注销抵押权，理由并不充分，法院不予采纳。关于Y公司是否负有涤除抵押权以及办理房屋过户手续的义务，因涉案房屋现存有司法查封，高某的抵押权实现已进行执行阶段，房屋过户存在客观障碍。

故许某某、尹某某要求Y公司注销抵押权、办理过户手续的诉讼请求，法院亦不予支持。

一审法院审理后作出判决：驳回许某某、尹某某的全部诉讼请求。案件受理费80元，由许某某、尹某某负担。

本院二审期间，上诉人向本院提交上诉人于2011年10月26日缴纳涉案房屋契税凭证，以此证明高某在办理抵押权登记后曾协助上诉人办理涉案房屋过户手续，高某与Y公司存在恶意串通的情形。被上诉人则对上述证据的证明目的不予认可。本院审核后认为，仅凭契税缴纳凭证无法证明高某协助上诉人办理涉案房屋过户手续的事实，更无法证明高某与Y公司之间存在恶意串通的情形，故本院对该证据效力不予认可。

经本院审理查明，一审法院认定事实无误，本院依法予以确认。

本院认为，当事人对自己提出的诉请所依据的事实或者反驳对方诉请所依据的事实，应当提供证据加以证明，否则将由负担举证责任的当事人承担不利后果。上诉人主张被上诉人高某曾承诺放弃抵押权并同意将涉案房屋过户给上诉人，但对此上诉人并未提供充分有效的证据加以证明，本院无法采信。上诉人通过与Y公司订立房屋买卖合同取得了对Y公司的债权，而高某则通过抵押权登记取得了对涉案房屋的物权，上诉人以房屋买卖合同买受人的法律地位要求高某涤除其在涉案房屋上的抵押权，不仅缺乏合同依据，亦缺乏法律依据，本院无法支持。

上诉人还主张高某与Y公司设立抵押权的行为系恶意串通，损害了上诉人的合法权益，并以（2018）沪01民终5787号判决作为佐证。但本院认为，生效判决并未认定本案中高某与Y公司存在恶意串通行为。且经抵押权人申请，涉案房屋已作为执行标的进入法院执行程序，虽然上诉人曾提起执行异议，但在执行异议被裁定驳回后，上诉人因自身原因申请撤回了执行异议之诉，故在无生效法律文书可停止对涉案房屋执行的情况下，上诉人要求被上诉人按照前案判决涤除抵押权，缺乏依据，本院不予支持。

涉案房屋上仍有司法查封且已进入执行程序，房屋过户存在客观障碍，故上诉人要求Y公司涤除抵押并过户的诉请，本院同样无法支持。

综上所述，许某某、尹某某的上诉请求不能成立，应予驳回；一审判决认定事实清楚，适用法律正确，应予维持。依照《中华人民共和国民事诉讼法》第一百七十七条第一款第一项规定，判决如下：

驳回上诉，维持原判。

二审案件受理费人民币80元，由上诉人许某某、尹某某负担。

本判决为终审判决。

审判长　×××

审判员　×××

审判员　×××

二〇二二年二月二十四日

法官助理　×××

书记员　×××

案例九

解释法律时要充分重视“比例原则”和立法目的

某执行异议之诉案，一审我没代理，当事人（房屋买受人）一审败诉后通过其弟弟（某大城市的律师）找到我代理二审。二审撤销了一审判决，改判支持我方的上诉请求。

这个案子最大的争议焦点是案外人是否符合《执行异议复议规定》第二十八条的第四个要件“非因买受人自身原因未办理过户登记”，一审法院认为我的当事人不符合这个要件，所以判决我的当事人败诉。

为什么不符合？房屋买受人有什么过错？我的当事人有两个过错，我这里只说一个：她与房屋出卖人签订房屋买卖合同购买该房屋的时候，房屋出卖人尚未取得房产证，而且房屋出卖人是从开发商处买的房子，开发商也尚未取得房产证（初始登记）。

但是，我认为不能因为房屋买受人购房从法律的角度审视做得不完美，有一点小瑕疵，她就要败诉；她败诉，就意味着她已支付的巨额房款“打水漂”，这不符合执行异议之诉的立法价值、“比例原则”和司法裁判的目的。

执行异议之诉审查的是案外人是否享有足以排除强制执行的民事权益，即案外人的民事权益和申请执行人的民事权益哪个更应当优先保护。在对比案外人和申请执行人的民事权益的时候，既要考虑基本法理，也要考虑执行标的对案外人和申请执行人的价值是什么等因素。另外，这里我想特别强调，法律来源于生活，制定法律是为了价值判断和利益衡量，是为了保护更应当保护的民事权益，我们的法律是“善法”，如果司法裁判者只盯着法律条文，作出明显违背一般人价值取向的裁判，那么，这说明司法裁判者没能正确理解法律条文，解释错了法律条文。

《房地产管理法》第三十八条规定，未依法登记领取权属证书的房地产不得转让。既然法律明令禁止买卖没产证的房子，你还买，那你不是有过错吗？此外，你作为完全民事行为能力人，买这种没有产证的房子，你就应当知道今后可能的法律风险并承担不利的法律后果。

上面是法律上的理解，这个理解是对的。但是，“小错，大惩罚”就不对了，就违背“比例原则”了。

房屋买受人用尽了所有积蓄，还借了很多钱，付清了全部房款，已入住。房屋买受人为了确保交易安全，花钱请了中介，买卖合同还在公证处做了公证，还做了个委托办证的委托公证。按一般的房屋买受人的认知，她已经尽到了所有合理的注意义务。

两房屋出卖人原系夫妻关系，已离婚，负债累累，其中一人还在监狱。

申请执行人的债权是基于高息民间借贷而产生的债权，几十万元（远少于房屋买受人已付房款），且此债权形成时间比房屋买受人与房屋出卖人签订买卖合同、房屋买受人付清全部房款并入住该房屋晚了半年多的时间。

综合对比房屋买受人和申请执行人的民事权益，大多数人都会认为房屋买受人的民事权益应当优先受到保护。

我从条文解释与立法价值，当事人的身份与职业，权利性质与来源，过错程度与“比例原则”，执行标的是否属于被执行人的责任财产以及执行标的对当事人的价值等角度综合分析并阐述了我们的上诉观点，最终获得了法院的支持。

附判决书：

本案二审判决书

上诉人（原审被告、案外人）：张某霞，女，汉族，1983年×月×日出生，住河南省南阳市宛城区。

委托诉讼代理人：张春光，上海市某律师事务所律师。

委托诉讼代理人：王润亚，上海市某律师事务所实习律师。

上诉人（原审第三人、案外人）：胡某某，男，×族，1984年×月×日出生，住河南省南阳市宛城区。系张某霞丈夫。

委托诉讼代理人：张某某，某律师事务所律师。

被上诉人（原审原告、申请执行人）：袁某，男，汉族，1978 年 × 月 × 日出生，住河南省唐河县。

原审第三人（被执行人）：柏某某，男，× 族，1979 年 × 月 × 日出生，住河南省南阳市卧龙区。

上诉人张某霞、胡某某因与被上诉人袁某、原审第三人柏某某执行异议之诉一案，河南省唐河县人民法院（以下简称一审法院）于 2021 年 11 月 30 日作出（2020）豫 1328 民初 × 号民事判决。该判决发生法律效力后，一审法院于 2022 年 3 月 4 日作出（2022）豫 1328 民监 × 号民事裁定再审本案，并于 2022 年 5 月 16 日作出（2022）豫 1328 民再 × 号民事判决。张某霞、胡某某不服，向本院提起上诉。本院于 2022 年 6 月 15 日立案后，依法组成合议庭进行了审理。本案现已审理终结。

张某霞、胡某某上诉请求：1. 撤销一审法院（2022）豫 1328 民再 × 号民事判决；2. 改判不得执行南阳市宛城区 × × 房屋；3. 本案一、二审的诉讼费用全部由袁某承担。事实和理由：一、张某霞完全符合《执行异议复议规定》第二十八条的四个要件。（一）2018 年 5 月 30 日，张某霞与柏某某、李某某就涉案房屋签订了《存量房屋买卖合同》，并于 2018 年 6 月 14 日在南阳市智圣公证处进行公证，《存量房屋买卖合同》是双方当事人的真实意思表示，不违反法律、行政法规的效力性、强制性规定，合法有效，早于案涉房屋的查封时间 2019 年 10 月。（二）张某霞于 2018 年 6 月 16 日，入住案涉房屋至今，其间该房屋产生的物业费、空调费、水电费、燃气费均由张某霞缴纳。张某霞合法占有涉案房屋的时间远早于法院查封涉案房屋的时间。（三）张某霞于 2018 年 5 月 17 日支付 2 万元，于 2018 年 5 月 30 日支付 38 万元，于 2018 年 6 月 14 日支付 83 万元，已按约向房屋出售方支付了全部房屋价款。此外，张某霞还应房屋出售方的要求支付了 3 万元家具费。（四）涉案房屋未过户到张某霞名下的原因是开发商未能办理不动产首次登记，而非张某霞的原因，且张某霞在签订合同时已尽到一个普通购房者的注意义务。1. 开发商未能办理不动产首次登记导致案涉房屋未登记到张某霞名下，非因张某霞自身原因未办理过户登记。2. 张某霞尽到了注意义务。张某霞在购房时通过房产中介机构看房和签署合同，并在公证机构对《存量房屋买卖合同》做了公证。二、即便张某霞有过错，也不影响其享有排除执行的民事权益。张某霞对案涉房屋享有物权期待权，优先于袁某的普通金钱债权。即便有一些过错，也不应承担房屋被司法拍卖的法律后果。三、涉案房屋已不能作为被执行人的责任财产被执行。张某霞与柏某某、李某某就涉案房屋签订了《存量房屋买卖合同》并支付了全部购房款后，柏某某、李某某将案涉房屋交付给张某霞，此后柏某某、李某某对涉案房屋不再享有任何法律上的实体权利，涉案房屋就已不再是柏某某、李某某的责任财产。四、从民事权利比较的角度，也不应执行案涉房屋。案涉房屋对张某霞具有生存保障功能，但是袁某的权利只是普通金钱债权。案涉房屋解封后即可办理首次登记，办理首次登记后履行相关程序即具备了过户登记给张某霞的条件。综上，张某霞的权利优于袁某的权利，其享有足以排除强制执行的民事权益。

袁某辩称：一、张某霞、胡某某与柏某某、李某某签订买卖合同购买案涉房屋时，柏某某、李某某未取得房屋产权证，直到原审诉讼时仍未取得。张某霞、胡某某在购房时就应当预见到案涉房屋办理过户登记存在障碍，一审判决认定系张某霞自身原因未办理过户登记正确。购买人张某霞在购买该房屋时没有尽到相关的注意、了解义务，不能办理案涉房屋过户登记的原因，不能排除张某霞自身的因素，虽然张某霞和柏某某、李某某签订了合法有效的书面买卖合同并交付了全部购房款，且已经实际占有该房屋，但凭现有证据，不足以认定非因买受人自身原因未办理过户登记，不符合《最高人民法院关于人民法院办理执行异议和复议案件若干问题的规定》第二十八条第四项的规定；张某霞提交的证据不足以证明其就案涉房屋享有足以排除强制执行的民事权益。二、再审庭审中，张某霞及其代理人均承认在签订买卖合同时，房屋中介及柏某某、李某某告知了案涉房屋仅进行合同备案的实际权利状况、尚未办理首次登记领取权属证书、半年内还不能办理过户登记。张某霞在执行异议审查及执行异议之诉审理过程中，提交的证据材料均证实其了解案涉房产权利状况及存在过户登记障碍的事实，但其仍执意购买，主观上存在过错，系因其自身原因造成不能办理过户登记。三、《中华人民共和国城市房地产管理法》第三十八条规定了未依法登记领取权属证书的房地产不得转让，案涉房屋买卖双方违反限制转让政策，违规入市交易，严重扰乱房地产市场秩序。张某霞在明知案涉房屋未依法登记领取权属证书的情况下仍进行交易，对于未办理过户登记显然存在过错，即使已经支付全部价款并实际居住，也无权要求法院解除查封。《最高人民法院关于人民法院办理执行异议和复议案件若干问题的规定》第二十八条保护的是无过错买受人的物权期待权，张某霞、胡某某属于有过错买受人，不符合该条规定的可以排除执行的情形，《全国法院民商事审判工作会议纪要》第一百二十七条规定了可以认定为符合《最高人民法院关于人民法院办理执行异议和复议案件若干问题的规定》第二十八条第四个条件的情形，但案涉房屋尚未进行首次登记，显然不具备向房屋登记机构递交过户登记材料的条件，也不具备向出卖人提出过户登记请求的前提条件，不能认定其符合第二十八条第四项规定。虽张某霞、胡某某与柏某某、李某某之间的买卖合同经过公证，但仅能证实债权债务真实性，并不产生物权变动的效力。四、最高人民法院（2020）最高法民申1100号案例中，对于签订购房合同时出卖人尚未取得房产证无法办理过户登记的，认定系因买受人自身原因未办理过户登记，该案例也印证了本案一审判决是正确的。

综合相关证据、法律规定及案例，应认定张某霞、胡某某因自身原因未办理过户登记，不享有足以排除强制执行的民事权益。请求二审法院驳回张某霞、胡某某的上诉，维持一审法院（2022）豫1328民再×号判决，准许执行案涉房产。

袁某向一审法院起诉请求：准许执行柏某某、李某某所有的位于南阳市宛城区××房屋。

一审法院原审认定事实：2018年5月30日张某霞与柏某某、李某某签订《存量房屋买卖合同》，合同约定张某霞购买柏某某、李某某共有的位于南阳市宛城区××房屋，房屋建筑面积为137.26平方米，商品房买卖合同编号为10272×××，房屋成交价格为1,230,000元。2018年6月14日，张某霞与柏某某、李某某对上述买卖合同进行公证。南阳市智圣公证处出具《（2018）豫宛智证内民字第25××号公证书》。合同签订后，张某霞及其丈夫胡某某按合同约定向柏某某、李某某支付了全部房款1,230,000元和30,000元家具款。2020年11月17日，李某某出具确认书，对上述款项的收悉进行确认，并进行了公证。2018年6月16日至今，张某霞入住上述案涉房屋，期间因该入住该房屋产生的物业费、空调费、水电费、燃气费均由张某霞缴纳。因开发公司不具备办理不动产首次登记的原因，该房屋至今未过户。

2019年，一审法院在审理袁某与柏某某、李某某为民间借贷纠纷一案过程中，袁某提出财产保全申请，一审法院作出（2019）豫1328民初××××号民事裁定书，对柏某某、李某某出售给张某霞的房屋予以查封。2020年3月10日，一审法院作出（2019）豫1328民初××××号民事判决“一、柏某某于本判决生效之日起十五日内偿还袁某借款本金400,000元及利息33,500元，共计433,500元；二、驳回袁某对李某某的诉讼请求”。判决生效后，柏某某未履行还款义务，袁某申请法院强制执行，执行过程中张某霞提出异议，请求解除柏某某、李某某出售其房产的查封措施。一审法院审查后，作出（2020）豫1328执异××号执行裁定书，裁定中止一审法院（2019）豫1328民初××××号民事裁定“对被告柏某某、李某某所有位于南阳市宛城区××房屋一处予以查封……”的执行。袁某遂向一审法院提起执行异议之诉。

一审法院原审认为,《最高人民法院关于人民法院办理执行异议和复议案件若干问题的规定》第二十八条规定:"金钱债权执行中,买受人对登记在被执行人名下的不动产提出异议,符合下列情形且其权利能够排除执行的,人民法院应予支持:(一)在人民法院查封之前已签订合法有效的书面买卖合同;(二)在人民法院查封之前已合法占有该不动产;(三)已支付全部价款,或者已按照合同约定支付部分价款且将剩余价款按照人民法院的要求交付执行;(四)非因买受人自身原因未办理过户登记。"根据上述司法解释的规定,张某霞对案涉房屋是否享有足以排除强制执行的民事权益,应当从以下四个方面予以分析认定。一、关于是否在法院查封之前已签订合法有效的书面买卖合同的问题。本案中,在查封案涉房屋的时间为2019年,而柏某某、李某某于2018年5月30日与张某霞签订《存量房屋买卖合同》将涉案房屋出售给张某霞。并于2018年6月14日在南阳市智圣公证处进行公证,该协议是当事人的真实意思表示,并不违反法律、行政法规的强制性规定。可以认定在法院查封案涉房屋前,张某霞已与柏某某签订了合法有效的书面买卖合同。二、关于是否在法院查封之前已合法占有案涉房屋的问题。本案中,买卖协议公证后,柏某某将案涉房屋交付给张某霞,2018年6月16日至今,张某霞入住案涉房屋,期间因该入住该房屋产生的物业费、空调费、水电费、燃气费均由张某霞缴纳。张某霞行使对案涉房屋的使用和居住的权利,实际控制和支配案涉房屋,可以认定张某霞在法院查封之前已经合法占有案涉房屋。三、关于张某霞是否已支付案涉房屋全部价款的问题。买卖双方合同签订后至2018年6月15日前,张某霞及其丈夫胡某某按合同约定向柏某某、李某某支付了全部房款1,230,000元和30,000元家具款。2020年11月17日,李某某出具确认书,对上述款项的收悉进行确认,并进行了公证。四、关于未办理过户登记,张某霞是否有过错的问题。本案中,因案涉房屋开发公司不具备办理产权过户登记的条件。张某霞作为案涉房屋买受人,已履行了支付房屋价款的主要义务,案涉房屋未办理过户登记手续,并非其自身原因导致,且其一直积极主张权利,对于未办理过户登记,而现实案涉房屋现处于查封状态,张某霞也不可能办理过户手续,故张某霞并无过错。因此,张某霞对案涉房屋享有足以排除强制执行的民事权益。一审法院原审判决:驳回袁某的诉讼请求。案件受理费7802元,由袁某负担。

一审法院再审查明事实与原审一致。

一审法院再审认为,《最高人民法院关于人民法院办理执行异议和复议案件若干问题的规定》第二十八条规定:“金钱债权执行中,买受人对登记在被执行人名下的不动产提出异议,符合下列情形且其权利能够排除执行的,人民法院应予支持:(一)在人民法院查封之前已签订合法有效的书面买卖合同;(二)在人民法院查封之前已合法占有该不动产;(三)已支付全部价款,或者已按照合同约定支付部分价款且将剩余价款按照人民法院的要求交付执行;(四)非因买受人自身原因未办理过户登记。”本案中,2018 年 5 月 30 日张某霞与柏某某、李某某签订《存量房屋买卖合同》时,柏某某、李某某未取得案涉房屋的房产证,作为购买人张某霞在与柏某某、李某某签订《存量房屋买卖合同》时对该房产的权利状况及是否存在办理过户登记障碍并未了解。由于案涉房屋开发商不具备办理不动产首次登记条件,尚未取得不动产所有权证书,客观上无法办理过户登记。直到原审诉讼时,柏某某、李某某仍未取得案涉房屋的房产证。购买人张某霞在购买该房屋时没有尽到相关的注意、了解义务,不能办理案涉房屋过户登记的原因,不能排除张某霞自身的因素,虽然张某霞与柏某某、李某某签订了合法有效的书面买卖合同并交付了全部购房款,且已经实际占有该房屋,但凭现有证据不足以认定非因买受人自身原因未办理过户登记,不符合《最高人民法院关于人民法院办理执行异议和复议案件若干问题的规定》第二十八条第四项的规定;张某霞提交的证据不足以证明其就案涉房屋享有足以排除强制执行的民事权益。原审认定事实清楚,但处理不当,再审应予撤销。案经调解无效。依照《中华人民共和国民事诉讼法》第二百一十四条,《最高人民法院关于人民法院办理执行异议和复议案件若干问题的规定》第二十八条之规定,判决:一、撤销唐河县人民法院(2020)豫 1328 民初 × 号民事判决,即驳回袁某的诉讼请求。案件受理费 7802 元,由袁某负担。二、准许袁某申请执行柏某某、李某某所有的位于南阳市宛城区 × × 房屋。原审案件受理费 7802 元,由张某霞、胡某某负担。

本院二审期间,张某霞提交了南阳某房产开发公司出具的《情况说明》一份。证明方向:1. 案涉房屋所在的 19 号楼已办理首次登记,案涉房屋因被查封尚未办理首次登记,待查封解除后即可办理首次登记及后续变更登记;2. 像张某霞这样受首次登记迟延影响的居民有 670 户。袁某的质证意见为:对证据真实性无异议,该证据只能证明案涉房产在 2022 年 3 月 2 日之后具备首次登记的条件,不能证明与本案相关的任何问题。本院对该证据的审核意见为:该证据不属于新证据,而且与本案处理结果无关联性,本院对该证据不予采纳。

本院对一审法院原审查明的事实予以确认。

本院认为，本案的焦点问题是张某霞对案涉房屋是否享有足以排除强制执行的民事权益。根据张某霞的上诉请求以及袁某的答辩意见，结合本案的事实和证据，本院认为，张某霞对案涉房屋享有足以排除强制执行的民事权益。因袁某对张某霞与柏某某、李某某在一审法院查封前签订房屋买卖合同、支付全部价款并占有案涉房屋的事实不持异议，仅对房屋买卖合同的效力问题以及未办理过户登记的问题提出异议，故本院仅对该两个问题进行评述。

一、关于买卖合同的效力问题。袁某主张案涉房屋买卖合同违反了《中华人民共和国城市房地产管理法》第三十八条的规定而无效。本院认为，《中华人民共和国民法典》第一百五十三条第一款规定："违反法律、行政法规的强制性规定的民事法律行为无效。但是，该强制性规定不导致该民事法律行为无效的除外。"《中华人民共和国城市房地产管理法》第三十八条的规定系管理性规定，并不能作为认定合同无效的依据。因此，袁某主张案涉房屋买卖合同无效的理由不能成立，本院不予支持。

二、关于未办理过户登记的问题。案涉房屋在交易时尚未办理登记，张某霞与柏某某、李某某对房屋买卖合同进行公证时，同时对柏某某、李某某出具的委托书进行公证，柏某某、李某某委托张某霞代为办理不动产权属证书相关事宜，应当认定张某霞有向出卖人提出办理过户登记请求的积极行为，而且未办理过户登记有合理的客观理由。另外，在执行异议之诉案件中，判断案外人享有的民事权益是否足以排除强制执行，在相关法律和司法解释出台前，可参照《最高人民法院关于人民法院办理执行异议和复议案件若干问题的规定》中的审查标准。若案外人享有的权益符合相关标准，则可以排除强制执行；若不符合，也并非当然不能排除。是否排除强制执行，应基于案件具体情况对案外人享有的民事权益进行实质审查。因柏某某已收取全部房款，其对案涉房屋不再享有任何权益，案涉房屋已脱离其责任财产的范围。张某霞支付了案涉房屋的全部价款并合法占有案涉房屋，可以合理预期通过办理不动产登记将物权期待权转化为法律意义上的物权，应优先于袁某的普通金钱债权予以保护，而无须特别考虑未办理过户登记的过错责任。

综上所述，袁某要求执行案涉房屋的理由不能成立，一审再审判决准许执行案涉房屋错误，本院予以纠正；一审原审判决驳回袁某的诉讼请求，适用法律正确，本院予以维持。依照《中华人民共和国民法典》第一百五十三条、《中华人民共和国民事诉讼法》第一百七十七条第一款第二项、《最高人民法院关于适用〈中华人民共和国民事诉讼法〉的解释》第三百一十一条第一款第二项规定，判决如下：

一、撤销河南省唐河县人民法院(2022)豫1328民再×号民事判决;

二、维持河南省唐河县人民法院(2020)豫1328民初×号民事判决。

一审案件受理费7802元,由袁某承担3901元,由张某霞承担3901元;二审案件受理费7802元,由袁某承担3901元,由张某霞承担3901元。

本判决为终审判决。

审判长　×××

审判员　×××

审判员　×××

二〇二二年六月二十八日

法官助理　×××

书记员　×××

案例十

房屋被查封后另案判决解除合同的，案外人无权排除执行

这是一个执行异议之诉的案子，一审我没代理，当事人一审败诉后找我代理二审，二审中我围绕着争议焦点做了很多工作，最终二审法院撤销了一审判决，改判我方胜诉。

一、案情简介

我的当事人A公司在起诉刘某某等被告的时候预查封（注：预查封效力等同于正式查封）了刘某某购买的B房产公司的房屋，A公司起诉的案件判决生效后即申请执行该房屋，之后，B房产公司在另外一家法院起诉刘某某要求解除双方签订的《商品房买卖合同》并要求返还房屋（以下简称解除合同案），B房产公司的诉讼请求得到了法院生效判决的支持。B房产公司持该解除合同返还房屋的判决书以其是该房屋的所有权人为由提出执行异议，要求排除执行。本案重点案件事实及时间节点如下：

- 2013年7月4日，刘某某与B房产公司签订了《商品房买卖合同》，付了首付款，与光大银行签订了贷款合同，做了合同备案和预告登记，银行放款给了B房产公司（至此，刘某某付清了全部购房款）；
- 2013年9月1日，B房产公司将涉案房屋交付给了刘某某；
- 2015年7月21日，涉案房屋登记在B房产公司名下；
- 2016年6月16日，上海浦东法院受理A公司起诉刘某某等融资租赁合同纠纷案；

•2016 年 7 月 20 日，涉案房屋被 A 公司申请预查封；

• 自 2016 年 9 月 30 日开始，B 房产公司代刘某某向银行按月归还按揭贷款本息；

•2017 年 3 月 7 日，A 公司起诉刘某某等融资租赁合同纠纷案浦东法院作出判决；

•2017 年 9 月 20 日，浦东法院受理 A 公司执行刘某某等的执行案件；

•2018 年 1 月 17 日，B 房产公司代刘某某向银行一次性归还剩余按揭贷款本息，之后 B 房产公司起诉刘某某，要求解除合同，返还房屋；

•2018 年 6 月 5 日，宝鸡市渭滨区法院判决：解除 B 房产公司与刘某某签订的《商品房买卖合同》，刘某某返还房屋于 B 房产公司；

•2018 年 8 月，宝鸡市渭滨区法院向 B 房产公司送达支付首付款与刘某某的裁定和协助执行通知书；

•2018 年 12 月 7 日，B 房产公司将 84 万余元首付款打入宝鸡市渭滨区法院代管款账户；

•2018 年 12 月 22 日，宝鸡市渭滨区法院作出裁定，因涉案房屋被多家法院查封，暂不具备办理《商品房买卖合同》网签注销手续的条件，终结本次执行程序；

•2021 年 4 月 27 日，浦东法院驳回 B 房产公司的执行异议；

•2022 年 1 月 14 日，对于 B 房产公司起诉 A 公司的执行异议之诉一案，浦东法院作出判决支持 B 房产公司关于不得执行涉案房屋的诉讼请求，A 公司一审败诉。

二、争议焦点

本案的争议焦点是 B 房产公司是否享有足以排除强制执行的民事权益，具体而言作如下分析。

（一）B 房产公司是否可以以其是涉案房屋的所有权人为由排除执行

B 房产公司不可以其是涉案房屋的所有权人为由排除执行，因为 B 房产公司和刘某某就涉案房屋签订了《商品房买卖合同》并做了备案和预告登记，刘某某已经付清了全部购房款，B 房产公司已经将涉案房屋交付给了刘某某，至此，虽然涉案房屋尚登记在 B 房产公司名下，但是涉案房屋的财产性权利已经属于刘某某，B 房产公司只负有配合刘某某将涉案房屋过户登记到刘某某名下的义务，而不再享有涉案房屋占有、使用、收益、处分的权利,即B房产公司已不再享有涉案房屋实质上的所有权。

此外,即便认为B房产公司享有涉案房屋的所有权,因该房屋已做所有权的预告登记,权利人系刘某某,商品房买受人刘某某预告登记的权利优先于开发商B房产公司的所有权。而A公司所预查封的即是刘某某对涉案房屋所享有的权利,刘某某自然无权对抗此查封。因此,三方对涉案房屋的权利可以做如下排序:A公司>刘某某>B房产公司。因此,从这个角度讲,B房产公司也不得以其对涉案房屋享有所有权为由排除A公司对涉案房屋的执行。

(二)B房产公司是否可以以解除合同的判决排除执行

B房产公司不可以以解除合同的判决排除执行。

1. 解除合同的生效判决不妥

(1)从解除合同案判决书中法院查明的案件事实来看,法院并未查明案涉房屋存在另案预查封的事实,法院是在此前提下作出的判决。

(2)解除合同案判决违背基本法理。①刘某某已通过支付首付款和银行贷款的方式支付完毕了全部购房款,至此,刘某某已履行完毕其与B房产公司签订的《商品房买卖合同》项下的全部义务。而B房产公司为刘某某提供保证,是刘某某与中国光大银行股份有限公司宝鸡分行《个人贷款合同》项下B房产公司的义务。原《担保法》第三十一条规定:"保证人承担保证责任后,有权向债务人追偿。"根据该规定,B房产公司履行了保证责任后,仅有权向刘某某追偿,此追偿权系金钱债权,而合同解除权系形成权,B房产公司无权将此追偿权转化为合同解除权,即便刘某某与B房产公司签订的《商品房买卖合同》约定了B房产公司承担保证责任后,B房产公司有权解除合同,此约定也系"不合理地免除或者减轻其责任、加重对方责任"的格式条款,系无效条款,法院不得据此判令解除合同。②《关于执行权合理配置和科学运行的若干意见》第二十六条规定:"审判机构在审理确权诉讼时,应当查询所要确权的财产权属状况,发现已经被执行局查封、扣押、冻结的,应当中止审理;当事人诉请确权的财产被执行局处置的,应当撤销确权案件;在执行局查封、扣押、冻结后确权的,应当撤销确权判决或者调解书。"根据上述规定的精神,对于已经被另案查封的财产的判决,以不损害查封申请人的合法权利,不破坏和架空查封之效力为前提。解除合同案虽非确权判决,而是合同纠纷,但是该判决却侵害了A公司等债权人的利益,该判决违背基本法理。

(3)解除合同案判决生效后,B 房产公司向法院申请执行,宝鸡市渭滨区人民法作出执行裁定以“因本案涉案房产已被多家法院查封,暂不具备办理《商品房买卖合同》网签注销手续的条件”为由终结本次执行程序。从解除合同案判决无法执行也可以看出该判决不妥。

(4)B 房产公司在解除合同案的起诉中,未如实向法院陈述案涉房屋已由 A 公司等申请预查封,更未将 A 公司列为该案第三人或申请追加 A 公司为该案第三人,B 房产公司有明显过错,理应承担全部不利法律后果。

涉案房屋登记在被上诉方名下,涉案房屋自 2016 年 7 月 20 日即由 A 公司申请预查封,此外该房屋还有其他法院的查封,B 房产公司对此不可能不知道。但是,B 房产公司在起诉刘某某的解除合同案中未如实向法庭陈述案涉房屋已被另案预查封的事实。对此,B 房产公司应为故意,至少有明显过错。

此外,B 房产公司更未将 A 公司列为该案第三人或申请追加 A 公司为该案第三人,A 公司也完全不知道且无法参与该案的审判,无法发表自己的法律观点。对此,B 房产公司也应是故意为之,或至少是有明显的过错。

2. 退一步讲,即便解除合同的生效判决正确,B 房产公司也无权排除执行

《执行异议复议规定》第二十六条第一款规定:“金钱债权执行中,案外人依据执行标的被查封、扣押、冻结前作出的另案生效法律文书提出排除执行异议,人民法院应当按照下列情形,分别处理:(一)该法律文书系就案外人与被执行人之间的权属纠纷以及租赁、借用、保管等不以转移财产权属为目的的合同纠纷,判决、裁决执行标的归属于案外人或者向其返还执行标的且其权利能够排除执行的,应予支持;(二)该法律文书系就案外人与被执行人之间除前项所列合同之外的债权纠纷,判决、裁决执行标的归属于案外人或者向其交付、返还执行标的的,不予支持。(三)该法律文书系案外人受让执行标的的拍卖、变卖成交裁定或者以物抵债裁定且其权利能够排除执行的,应予支持。”

《执行异议复议规定》第二十六条第二款规定:“金钱债权执行中,案外人依据执行标的被查封、扣押、冻结后作出的另案生效法律文书提出排除执行异议的,人民法院不予支持。”

《九民纪要》第一百二十四条规定,作为执行依据的生效裁判并未涉及执行标的物,只是执行中为实现金钱债权对特定标的物采取了执行措施。对此种情形,《执行异议复议规定》第二十六条规定了解决案外人执行异议的规则,在审理执行异议之诉时可以参考适用。依据该条规定,作为案外人提起执行异议之诉依据的

裁判将执行标的物确权给案外人,可以排除执行;作为案外人提起执行异议之诉依据的裁判,未将执行标的物确权给案外人,而是基于不以转移所有权为目的的有效合同(如租赁、借用、保管合同),判令向案外人返还执行标的物的,其性质属于物权请求权,亦可以排除执行;基于以转移所有权为目的有效合同(如买卖合同),判令向案外人交付标的物的,其性质属于债权请求权,不能排除执行。应予注意的是,在金钱债权执行中,如果案外人提出执行异议之诉依据的生效裁判认定以转移所有权为目的的合同(如买卖合同)无效或应当解除,进而判令向案外人返还执行标的物的,此时案外人享有的是物权性质的返还请求权,本可排除金钱债权的执行,但在双务合同无效的情况下,双方互负返还义务,在案外人未返还价款的情况下,如果允许其排除金钱债权的执行,将会使申请执行人既执行不到被执行人名下的财产,又执行不到本应返还给被执行人的价款,显然有失公允。为平衡各方当事人的利益,只有在案外人已经返还价款的情况下,才能排除普通债权人的执行。反之,案外人未返还价款的,不能排除执行。

仔细阅读、推敲《执行异议复议规定》第二十六条第一款、第二款和《九民纪要》第一百二十四条的规定,我们会发现,《九民纪要》第一百二十四条中所谓的依据解除合同判决排除执行有个前提,即该生效判决发生在执行标的被查封之前,即依据解除合同(或合同无效)判决排除执行是《执行异议复议规定》第二十六条第一款的第四种情形;如果解除合同的判决发生在执行标的被查封之后,案外人无权依据解除合同的判决排除执行。

本案中,解除合同的判决时间是2018年6月5日,而上诉人预查封涉案房屋的时间是2016年7月20日,解除合同的判决发生在上诉人预查封涉案房屋之后,即便宝鸡市渭滨区法院作出解除合同判决本身是对的,B房产公司也无权依据此解除合同的判决排除执行。

(三)B房产公司是否可以以合同解除的法律后果(返还原物请求权等)排除执行

B房产公司不可以合同解除的法律后果(返还原物请求权等)排除执行。

《最高人民法院关于人民法院民事执行中查封、扣押、冻结财产的规定》第二十四条第一款规定:"被执行人就已经查封、扣押、冻结的财产所作的移转、设定权利负担或者其他有碍执行的行为,不得对抗申请执行人。"根据该规定的精神,对于已经查封的财产所作的任何有碍执行的行为,都不能对抗执行。

《江苏省高级人民法院执行异议及执行异议之诉案件办理工作指引(一)》第一条规定："……财产已被人民法院查封、扣押、冻结的，当事人、案外人突破专属管辖原则，在执行法院以外的法院提起诉讼或另行申请仲裁主张确权的，其他法院据此作出的裁判结论以及仲裁机构据此作出的仲裁裁决，不能对抗执行法院的执行行为……"参考该规定，B 房产公司起诉刘某某解除合同案，不论是该案的生效判决之形式，还是判决的内容，均不能对抗 A 公司的执行行为，B 房产公司要求排除执行的异议请求不能成立。

此外，从防止逃避执行的角度也应驳回 B 公司要求排除执行的异议请求。本案中，A 公司预查封在先，之后 B 房产公司才开始代刘某某偿还银行按揭贷款，并以其代第三人偿还银行按揭贷款为由诉至法院要求解除合同。如果法院支持了 B 房产公司要求排除执行的异议，则今后被执行人房屋被预查封之后，都可以如法炮制，通过开发商代还银行贷款并起诉解除合同的方式对抗执行。这样的话，查封的法律效力将被架空，申请执行人的合法权利将无法得到保护，被执行人与案外人联合对抗执行的情况会更多，法律秩序将被严重破坏。

三、二审法院判决

二审法院判决撤销一审判决，驳回 B 房产公司要求排除执行的一审诉讼请求，支持了 A 公司的上诉请求。

附判决书：

本案二审判决书

上诉人(原审被告)：A 公司，住所地上海市浦东新区。

法定代表人：杨某某，董事长。

委托诉讼代理人：戴某某，男，A 公司工作人员。

委托诉讼代理人：张春光，上海某律师事务所律师。

被上诉人(原审原告)：B 房产公司，住所地陕西省宝鸡市渭滨区。负责人：杨某某，总经理。

委托诉讼代理人：李某某，女，B 房产公司工作人员。

委托诉讼代理人：朱某，河北某律师事务所律师。

原审第三人:刘某某,男,1962年×月×日生,×族,户籍所在地陕西省宝鸡市渭滨区。

上诉人A公司(以下简称A公司)与被上诉人B房产公司(以下简称B房产公司)、原审第三人刘某某案外人执行异议之诉一案,不服上海市浦东新区人民法院(2021)沪0115民初47097号民事判决,向本院提起上诉。本院于2022年3月28日立案后,依法组成合议庭对本案进行了审理。本案现已审理终结。

A公司上诉请求:撤销一审判决,改判驳回被上诉人在一审中的全部诉讼请求。

事实与理由:首先,上诉人预查封后,被上诉人无权解除与原审第三人就涉案房屋签订的买卖合同。被上诉人隐瞒涉案房屋已被预查封的事实,导致法院作出错误判决。从被上诉人与第三人商品房买卖合同纠纷案,陕西省宝鸡市渭滨区人民法院(以下简称宝鸡渭滨法院)(2017)陕0302民2769号民事判决书(以下简称2769号判决)可以看出,被上诉人故意向法庭隐瞒了涉案房屋已被上诉人查封的事实。涉案房屋已被预查封,法院无权判决解除合同、返还原物。其次,本案中解除合同的判决时间是2018年6月5日,而上诉人预查封涉案房屋的时间是2016年7月20日,解除合同的判决发生在上诉人预查封涉案房屋之后。根据《最高人民法院关于人民法院办理执行异议和复议案件若干问题的规定》(以下简称《执行异议司法解释》)第二十六条和《全国法院民商事审判工作会议纪要》(以下简称《九民纪要》)第一百二十四条规定,被上诉人也无权依据另案生效判决排除执行。最后,根据《最高人民法院、国土资源部、建设部关于依法规范人民法院执行和国土资源房地产管理部门协助执行若干问题的通知》第十五条规定,上诉人对涉案房屋依法有权预查封,预查封措施应予维持,商品房买卖合同应继续履行。同时,如判决支持被上诉人排除执行,可能造成被执行人与案外人恶意串通,从而对抗执行。综上,被上诉人不享有足以排除强制执行的民事权益,请求依法支持上诉人的上诉请求。

B房产公司辩称:不同意上诉人的上诉请求。一审法院认定事实清楚,适用法律正确,判决结果正确,上诉人的事由于法无据,请求二审法院依法驳回上诉人的上诉请求。首先,人民法院针对案涉房屋作出的预查封行为并不能限制被上诉人行使合同解除权,预告登记的设立及预查封的执行措施对于商品房买卖合同双方当事人解除合同的权利不产生任何影响。其次,第三人刘某某对于案涉房屋不享有任何权利,人民法院将案涉房屋作为刘某某的财产对房屋所有权进行执行,缺乏事实依据和法律依据。B房产公司为案涉房屋的所有权人,对于案涉房屋享有足以排除强制执行的民事权益。

刘某某未发表答辩意见。

B房产公司向一审法院起诉请求：1. 判令不得执行坐落陕西省宝鸡市渭滨区滨河大道××号××幢××××号房屋；2. 本案诉讼费由A公司承担。

一审法院认定事实：坐落陕西省宝鸡市渭滨区滨河大道××号××幢（建筑面积1689.06平方米）房屋登记在B房产公司名下，登记时间为2015年7月21日；房屋状况附表载明，1单元××××室（案涉房屋）建筑面积337.7平方米。根据宝鸡市不动产登记中心出具的案涉房屋查封登记信息显示，2016年4月14日因宝鸡渭滨法院（2016）陕0302字第852号案件查封，期限至2019年4月13日，查封期限届满；2016年7月20日因上海市浦东新区人民法院（以下简称浦东法院）（2016）沪0115民初44037号案件查封，期限至2019年7月19日止。之后另有陕西省榆林市定边县人民法院、河南省郑州高新技术产业开发区人民法院等多次查封。

另查明，A公司与案外人陕西某石油科技有限公司、宝鸡某石油机械科技有限公司、宝鸡市某机械液压设备有限公司、赵某某、刘某某融资租赁合同纠纷一案，浦东法院于2016年6月16日立案受理。审理中，A公司向浦东法院申请财产保全并提供担保。浦东法院于2016年6月29日作出（2016）沪0115民初44037号民事裁定书，裁定冻结陕西某石油科技有限公司、宝鸡某石油机械科技有限公司、刘某某、赵某某、宝鸡市某机械液压设备有限公司的银行存款人民币（以下币种同）4,349,134.05元或查封、扣押其相应价值财产。浦东法院据此向宝鸡市不动产登记服务中心发出协助执行通知书，轮候查封案涉房屋，之前有宝鸡渭滨法院的查封。浦东法院经审理于2017年3月7日作出民事判决书，判决："一、被告陕西某石油科技有限公司应于本判决生效之日起十日内向原告A公司支付租金及留购价款共计3,427,200元（其中包括应付租金4,276,100元，留购价款100元，扣除保证金849,000元）。二、被告陕西某石油科技有限公司、宝鸡某石油机械科技有限公司应于本判决生效之日起十日内向原告A公司偿付至2016年7月4日止的逾期付款违约金（分别以各期到期未付租金为基数按照年利率24%的标准，自《融资租赁合同》约定的各期租金日起算。实际逾期天数按《融资租赁合同》约定的租金日期计算，自每期租金日次日起算至加速到期日止）。三、被告陕西某石油科技有限公司、宝鸡某石油机械科技有限公司应于本判决生效之日起十日内向原告A公司偿付自2016年7月5日起至款项实际清偿日止的违约金（以全部未付租金并扣除保证金后的3,427,100元为基数，按年利率24%的标准，以实际欠款天数计算）。四、被告刘某某、赵某某对被告陕西某石油科技有限公司、宝鸡某石油机械科技有限公司上述第一项至第三项还款义务承担连带清偿责任，被告刘某某、赵某某履行保证责任后，有权向被告陕西某石油科技有限公司、宝鸡某石油机械科技有限公司追偿。五、被告宝鸡市某机械液压设备有限公司应于本判决生效之日起十日内共同支付原告A公司以上述第一至第三项还款义务计算的回购价款。案件受理费41,593元，财产保全费5000元，两项合计46,593元，由被告陕西某石油科技有限公司、宝鸡某石油机械科技有限公司、刘某某、赵某某、宝鸡市某机械液压设备有限公司负担。”宝鸡市某机械液压设备有限公司不服判决，上诉于上海市第一中级人民法院。后因其收到缴纳上诉费通知后不予缴纳，故该院于2017年8月24日作出（2017）沪01民终9021号民事裁定书，裁定：“本案按上诉人宝鸡市某机械液压设备有限公司自动撤回上诉处理，一审判决自本裁定书送达之日起发生法律效力。”因案外人宝鸡市某机械液压设备有限公司等未履行还款义务，A公司向浦东法院申请执行。浦东法院于2017年9月20日依法受理，即（2017）沪0115执23216号案件。该案执行中，执行部门查明在辖区内无财产可供执行；因被执行人住所地及财产位于陕西省宝鸡市渭滨区人民法院辖区，故委托该院执行。执行中，浦东法院于2019年6月10日对案涉房屋续封，结束日期为2022年6月9日。

再查明，2018年6月5日，宝鸡渭滨法院就B房产公司诉刘某某、案外人中国光大银行股份有限公司宝鸡分行商品房买卖合同纠纷一案作出2769号民事判决书，查明：“2013年7月4日，原告与被告（刘某某）签订《商品房买卖合同》约定：1.被告购买原告开发的“龙廷山水”第××幢××××号房屋壹套（位于宝鸡市××××号院），房屋总价款2,816,629元。被告于2013年7月4日前向原告支付首付款846,629元，于2013年7月14日前向原告付清银行按揭贷款1,970,000元，原告于2013年10月20日前向被告交付房屋。2.被告若未按上述约定的期限付款，逾期超过10日，原告有权解除合同。原告解除合同，被告按累计应付款的5%向原告支付违约金；在担保期内被告累计三期（含三期）以上未能足额偿还贷款本息的视为被告违约，自原告向银行偿还贷款本息之日起，被告须按日向原告支付为其垫付的所有贷款本息总额0.1%的违约金；原告有权重新处置该房屋及解除合同。双方解除合同后，若解除前被告已经实际接收该房屋的，则被告须在解除合同后五日内将该商品房腾退给原告。2013年9月1日合同签订后，被告向原告交付了首付款，于2013年7月29日与第三人中国光大银行股份有限公司宝鸡分行、原告签订《个人贷款合同》，约定第三人中国光大银行股份有限公司宝鸡分行向被告提供住房按揭贷款1,970,000元并转入原告账户内，贷款期限168个月，被告以等额本息还款法归还贷款本息，并以所购房产提供抵押担保，原告提供阶段性连带责任担保，保证期间自本合同签署之日起至抵押人已就抵押物有效设定抵押，且相关抵押物权利证明及设定抵押的相关证明文件交付第三人正式执管之日止。原告作为保证人在第三人处开设保证金账户并存入保证金，第三人实现其担保权益时有权直接从保证金账户中扣收被告未付的本金利息和其他款项。个人贷款合同签订后，第三人按约定向被告发放了贷款1,970,000元。被告自2016年4月开始未按合同约定足额向第三人偿还贷款本息。原告自2016年9月30日按合同约定代被告向第三人按月归还按揭贷款本息。原告于2018年1月17日向第三人一次性归还剩余贷款本息1,522,461.72元；原告代被告向第三人归还贷款本息总计1,835,655.66元。被告名下在第三人处的住房按揭贷款本息已于2018年1月17日全部结清。"该判决书判决理由载明："……原告已代被告向第三人归还了借款本息，有权依据合同约定解除合同。原告请求判令解除其与被告签订的商品房买卖合同的诉讼请求，理由成立，本院予以支持。……因该合同在相关房屋管理部门办理了备案登记手续，在商品房买卖合同解除后，被告有义务协助原告在相关房屋管理部门办理房屋注销登记手续，原告要求被告协助办理注销《陕西省宝鸡市商品房买卖合同》网签备案手续的诉讼请求，本院予以支持。……因被告下落不明，本案对其缺席进行审理，为保证被告的合法权利，关于被告已支付给原告的购房款，被告可与原告协商解决或另案诉讼主张其权利，在本案中不作处理。"据此该院判决："一、解除B房产公司与刘某某签订的《陕西省宝鸡市商品房买卖合同》；二、刘某某于本判决生效之日起五日内向B房产公司返还位于宝鸡市渭滨区滨河大道龙廷山水第××幢××××号房屋；三、刘某某于本判决生效之日起十日内协助B房产公司办理注销《陕西省宝鸡市商品房买卖合同》网签备案手续；四、刘某某支付B房产公司违约金98,500元；五、刘某某支付B房产公司律师费损失30,000元；六、驳回B房产公司其他诉讼请求。"该判决生效后原告向该院申请执行。该院于2018年12月22日作出（2018）陕0302执1746号之一执行裁定书，载明："因本案案涉房产已被多家法院查封，暂不具备办理商品房买卖合同网签注销手续的条件"及"经穷尽财产调查措施未发现被执行人有其他可供执行财产"，据此裁定，终结本次执行程序。

还查明，2018年8月宝鸡渭滨法院向B房产公司送达（2018）陕0302执815号执行裁定书及协助执行通知书，要求止付刘某某位于渭滨区滨河大道××号院××幢××××号房屋首付款846,629元。同年11月16日，该院向B房产公司送达通知书：在执行宝鸡某机械液压设备有限公司与宝鸡某石油机械科技有限公司、陕西某石油科技有限公司、刘某某、赵某某定作合同纠纷一案,根据已经发生法律效力的2769号民事判决,被执行人刘某某在B房产公司处有到期债权,依照规定通知B房产公司履行该笔到期债权,不得向被执行人清偿。B房产公司根据执行法院要求将该笔钱款转入该院执行账户,备注为刘某某首付转法院。

后B房产公司向一审法院提出书面异议,要求对案涉房屋中止执行。一审法院经审查于2021年4月27日作出(2021)沪0115执异904号执行裁定书,以预查封的效力等同于正式查封及B房产公司据以主张权利的2769号民事判决书作出于法院查封之后等,不符合《执行异议司法解释》第二十六条规定为由,裁定驳回其异议请求,B房产公司不服,遂提起诉讼。

一审法院认为,《最高人民法院关于适用〈中华人民共和国民事诉讼法〉的解释》第三百一十二条规定,案外人执行异议诉讼案件中,法院就案外人就执行标的是否享有足以排除强制执行的民事权益进行审理。第三百一十一条规定,案外人应当就其对执行标的享有足以排除强制执行的民事权益承担举证证明责任。A公司依据浦东法院作出的(2016)沪0115民初44037号民事判决书申请执行,并对案涉房屋采取了查封措施,该判决判项中A公司对刘某某享有普通金钱债权。B房产公司是否对案涉房屋享有足以排除普通金钱债权的执行,一审法院认定如下:首先,根据物权公示原则,案涉房屋始终登记在B房产公司名下而非完成转移登记至刘某某名下,故案涉房屋的所有权清晰无误,为B房产公司所有,故A公司关于(2016)沪0115民初44037号民事判决书未进行确权的抗辩缺乏事实和法律依据,一审法院不予采纳。其次,法院对案涉房屋进行了预查封及续封,符合法律规定;但预查封及续封等执行措施均是为了对案涉房屋进行控制、待条件成就即完成转移登记至被执行人名下后方能处置、并通过拍卖变卖等变现,以达到申请执行人实现金钱债权的目的。依据2769号民事判决书,B房产公司与刘某某就案涉房屋所订立的合同已经解除、刘某某依据合同取得案涉房屋所有权已不可能实现。再者,刘某某就案涉房屋仅支付了部分首付款,后B房产公司依据另案执行法院要求协助执行完毕,即B房产公司已通过该协助执行行为返还了刘某某的首付款;刘某某尚欠银行的按揭贷款本息部分已由B房产公司代为归还,故刘某某在案涉房屋项下不再享有包括债权在内的任何权利。一审法院认为B房产公司对案涉房屋享有的权利足以排除A公司的普通金钱债权的执行。刘某某经合法传唤未到庭,不影响审理。一审法院遂依照《中华人民共和国民事诉讼法》第二百三十四条,《最高人民法院关于适用〈中华人民共和国民事诉讼法〉的解释》第二百四十条、第三百一十一条、第三百一十二条第一款第(一)项之规定，判决：不得执行陕西省宝鸡市渭滨区滨河大道××号××幢××××号房屋。

二审中，上诉人A公司出示证据：浦东法院执行裁定、协助执行通知书送达回证，证明就案涉房屋已进行续封。被上诉人B房产公司质证认为，对该证据不予认可，被上诉人享有案涉房屋所有权，执行法院不应予以续封。

被上诉人、原审第三人没有出示新证据。本院对一审查明的事实予以确认。

本院认为，本案的争议焦点仍在于B房产公司对案涉房屋是否享有物权，并能否据此排除执行。上诉人主张原审第三人已经支付了全部房款，且案涉房屋已经交付并转移占有，刘某某系案涉房屋的实际所有权人。被上诉人主张，案涉房屋始终登记在B房产公司名下，因此被上诉人是房屋所有权人，案涉房屋不属于刘某某所有的财产，故不应予以执行。就此争议本院认为，2007年《中华人民共和国物权法》第九条规定："不动产物权的设立、变更、转让和消灭，经依法登记，发生效力；未经登记，不发生效力，但法律另有规定的除外。"该条规定虽明确不动产物权变更采登记生效主义，但不动产物权登记所具有的是推定效力，如法律有特别规定或存在相反证据时，则仍应当根据法律特别规定和客观证据判定实际权利主体。根据2004年《关于人民法院民事执行中查封、扣押、冻结财产的规定》第十九条规定："被执行人购买需要办理过户登记的第三人的财产，已经支付部分或者全部价款并实际占有该财产，虽未办理产权过户登记手续，但申请执行人已向第三人支付剩余价款或者第三人同意剩余价款从该财产变价款中优先支付的，人民法院可以查封、扣押、冻结。"同时参照《执行异议司法解释》第二十八条、第二十九条规定可知，商品房消费者与房地产开发企业签订房屋买卖合同，支付所有价款并占有该房屋后，虽未转移登记，但消费者对该房屋享有物权期待权，故而人民法院得对之实施查封、扣押、冻结。

另外，2769号民事判决中解除了案涉房屋的买卖合同并判令刘某某返还案涉房屋。上诉人认为该判决形成于执行法院对该房屋实施预查封之后，依照《执行异议司法解释》第二十六条第二款的规定，不能排除执行。被上诉人认为该判决确认了其对案涉房屋享有所有权，故可以排除执行。就此争议本院认为，形成于法院保全执行之后的生效裁判是否能作为排除执行的依据，需要根据该生效裁判所确认的案外人权利性质予以判定。本案中，被上诉人与原审第三人之间就物权变动合意所订立的基础合同主要义务已经履行完毕。被上诉人所主张的解除合同并返还房屋的请求权，系基于其向担保权人履行担保义务后，因债权之转移而形成的债权请求权,而非因物权变动的基础合同违约而形成的物权性质的请求权。除非物权变动的基础合同无效或被撤销,原审第三人向担保人承担的违约责任也并不必然导致其丧失对案涉房屋所享有的物权期待权。

最后,为了避免当事人恶意逃避执行,以及各权利主体之间的利益平衡,执行标的被法院查封、扣押、冻结后,涉及该执行标的确权的案件审理和裁判也应依照相应程序规定并结合实体权利状况进行处理。被上诉人直接依据2769号案件判决对案涉房屋行使物权,也不利于各债权人执行利益的平等保护。

综上所述,被上诉人B房产公司对案涉房屋不享有排除执行的权利,一审判决结果应当予以纠正。上诉人A公司的上诉主张,符合法律规定,可予以支持。据此,依照《中华人民共和国民事诉讼法》第一百七十七条第一款第二项、第一百八十二条之规定,判决如下:

一、撤销上海市浦东新区人民法院(2021)沪0115民初47097号民事判决;

二、驳回被上诉人B房产公司的诉讼请求。

一审案件受理费人民币29,333元,二审案件受理费人民币29,333元,由被上诉人B房产公司负担。

本判决为终审判决。

审 判 长　×××
审 判 员　×××
审 判 员　×××
二〇二二年八月二十四日
法官助理　×××
书 记 员　×××